在其他世界

史碧瓦克文化政治論文選

In Other Worlds：Essays in Cultural Politics
by Gayatri C. Spivak

蓋雅翠・史碧瓦克————著
李根芳————————譯注

目次

導讀兼譯序　總是能引起騷動的史碧瓦克　李根芳　　　004

羅特里奇經典版序　　　024

前言　柯林‧麥卡比　　　027

作者記　　　044

第一部　文學

第一章
信函做為前沿　　　046

第二章
發現女性主義解讀：但丁——葉慈　　　068

第三章
《燈塔行》的做與不做　　　097

第四章
渥茲華斯《序曲》第九部到第十三部中的性與歷史　　　126

第五章
女性主義與批判理論　　　179

第二部　走入世界

第六章
閱讀世界：八〇年代的文學研究　212

第七章
解釋與文化：旁注　227

第八章
詮釋的政治　256

第九章
國際架構下的法國女性主義　288

第十章
絮語論思：何謂價值　327

第三部　走入第三世界

第十一章
〈都勞帕蒂〉(都帕蒂／黑公主) (瑪哈綏塔・戴薇／著)　372

第十二章
底層研究：解構歷史學　408

第十三章
〈乳母〉(瑪哈綏塔・戴薇／著)　452

第十四章
底層的文學再現：來自第三世界的女性文本　488

導讀兼譯序
總是能引起騷動的史碧瓦克 [1]

李根芳

引言

　　印度裔學者蓋雅翠‧史碧瓦克（Gayatri C. Spivak）為當代知名的馬克思女性主義者，同時也是後殖民論述的重要理論家，對於解構主義哲學、精神分析有深入的剖析與認識。除了是美國最精英的哥倫比亞大學教授外，也在印度西孟加拉省及孟加拉偏遠小學訓練教師，同時她也是極受敬重的譯者，譯介了法國哲學家德希達（Jacques Derrida）的專著與印度女性主義者小說家瑪哈綏塔‧戴薇（Mahasweta Devi）的文學作品。數十餘年來更積極結合文學文化研究與區域研究、新社會運動，一方面批判全球化資本主義經濟，一方面主動介入弱勢南方的底層階級抗爭，無論是在理論或實踐上，都對全球學術場域及政治經濟學上發揮其影響力。她的成就可以從她的諸多獎項得到證明，2007 年獲頒哥倫比亞大學最高榮譽的講座教授，這是該校264 年的歷史中，首度將這項榮譽頒贈給非白人女性。2012 年

1　標題靈感來自於 2002 年 2 月 9 日《紐約時報》由 Dinitia Smith 撰寫的一篇報導，篇名為〈她所到之處總引起騷動〉（"Creating a Stir Wherever She Goes"）。http://www.nytimes.com/2002/02/09/arts/creating-a-stir-wherever-she-goes.html?pagewanted=all&src=pm&_r=0

獲得日本「京都賞思想及藝術部門」的思想暨倫理項目獎項，該獎項堪稱人文學界的諾貝爾獎；2013 年獲得印度政府所頒發的第三級公民榮譽獎「蓮花裝勳章」。

　　史碧瓦克於 1942 年出生於印度加爾各答，1959 年在加爾各答大學（University of Calcutta）所屬的總統學院（Presidency College）以優異成績畢業，獲得英文學士學位。她的父母親均十分開明有見地，她認為他們兩人都是超越其時代、具有女性主義特質的知識分子。她父親在她 13 歲時過世，1961 年 18 歲的她借了一筆錢到美國康乃爾大學攻讀碩士學位。她的特立獨行及卓越的學術表現使她甚至初到美國不久，就和數名外國留學生登上了美國《新聞週刊》1963 年 4 月 22 日以「外國學生：學位與外交」為專題的雜誌封面，[2] 該期雜誌在文章中探討外國學生的湧入，反應出美國與世界各國頻繁多元的文化交流。當時年輕的史碧瓦克身著亮麗衣裳，高跳的身材、顯眼的外貌，使得她顯得格外突出，在訪談中她對於來到美國後所面臨的文化差異直言不諱，甚至因為批評美國文化而收到威脅信函。這樣一件軼事恰恰說明了她始終如一的坦率直白、無所畏懼，無論是面對強勢媒體或是保守體制，她都一以貫之。

　　史碧瓦克多次提到她的精讀策略是在印度念書時即已養成，在美國攻讀博士學位時，受教於保羅・德曼（Paul de Man），嫻熟於當時各種歐陸哲學與理論，1976 年出版了德希

2　這段軼事在 *Converstaions with Gayatri Chakravorty Spivak*, London: Seagull, 2006, p. 10 及 Sangeeta Ray 所著的 *Gayatri Chakravorty Spivak: In Other Words*, Oxford: Wiley-Blackwell, 2009, p. 4 均有提及。

達的《論書寫學》（*Of Grammatology*）英文譯本，[3] 這成為她最早的成名作，奠定了她在解構理論研究領域的一席之地。她強調當時英美學界對德希達所知仍相當有限，她自己也是著手翻譯這本書之後，透過 J・希爾斯・米勒（J. Hillis Miller）的引介，才真正展開與德希達多年的友誼。在長達 79 頁的譯者序裡，她清楚地耙梳了德希達與黑格爾、海德格、尼采、胡塞爾等重要哲學家之間的關係，也探討拉岡和傅柯與德希達彼此的對話與相異處。這部翻譯鉅著不僅展現了她的翻譯理念，也對英文世界接受、詮釋德希達產生了重大的影響，史碧瓦克曾再三闡述解構主義的思想如何對她產生深刻重大的啟發。[4]

的確，她對解構主義的嫻熟與掌握，在其字裡行間隨處可見。無論是做為一種解讀策略，或是運用核心的關鍵辭彙來分析複雜的政治經濟學議題，解構主義的用語或自我詰問的精神往往成為她論文的一大特色。例如《論書寫學》的譯序中，她追溯英文的 preface 字源，探討了某種時間空間的矛盾（成文於

────────────────────────

3　Johns Hopkins 大學在 2016 年 1 月發行《論書寫學》英譯本出版 40 週年的修訂版，史碧瓦克除了重譯、校訂外，並撰寫了後記。美國的現代語文學會（MLA）也於 1 月召開的研討會中特別安排一個場次，由學者討論該書影響，史碧瓦克擔任回應人。此外，全球各地學界均舉行盛大的發表會及座談會。參見 http://heymancenter.org/events/of-grammatology-re-translated-40th-anniversary-edition-a-tribute/http://english.columbia.edu/announcements/professor-gayatri-spivak-has-new-book-out-40th-anniversary-re-translation-jacques 等。但也有若干學者撰文批評其中諸多謬誤偏差，甚至要求出版社撤回發行新譯本。參見 Geoffrey Bennington, "Embarrassing Ourselves,"*Los Angeles Review of Books*, 2016/3/20，https://lareviewofbooks.org/article/embarrassing-ourselves/。

4　史碧瓦克談論她和德希達的情誼，可參見 https://lareviewofbooks.org/article/critical-intimacy-interview-gayatri-chakravorty-spivak/#!

全書作品之後，但卻安排在作品正文之前；這樣的次文類不可
避免地勢必重複正文內容，但又不是正文的一部分；既是向正
文的致敬，同時又隱含了弒殺尊長的姿態。Cf. pp. ix-xi），德希
達所提出的「置疑」（aporia）、「痕跡」（trace）、「塗抹刪
去」（under erasure）、「雙重束縛」（double bind）等概念，
亦不斷地出現在史碧瓦克的論述之中。她在訪談中提到從後
殖民角度思考，其實也是受了解構主義思維影響而萌發的。當
1980 年代初重要期刊紛紛請她就法國思潮發表論文時，她意識
到自己的定位，因而於 1985 年發表了〈底層階級能發言嗎？〉
（"Can the Subaltern Speak?"）正如學者史蒂芬・莫頓（Stephen
Morton）所述：「史碧瓦克往往應用嚴謹的中斷與增補修辭策
略，來質疑各派理論方法學的權威與真理宣稱。」（3）

　　她的第一部論文集《在其他世界：文化政治論文選》（*In
Other Worlds*: *Essays in Cultural Politics*）發表於 1987 年，全書
分成三個部分，分別是第一部：文學，第二部：走入世界，第
三部：走入第三世界。由於出版後影響深遠，2006 年 Routledge
發行了經典版，為此史碧瓦克也特別撰寫了簡短的序言。

　　她的第二本論著為訪談錄，《後殖民批評家》發表於 1990
年，奠定了她身為後殖民研究的巨擘地位。史碧瓦克的學術生
產力十分旺盛，在過去 20 餘年間出版陸續出版了專著《教學機
器之外》（*Outside in the Teaching Machine*）（1993）、《後殖
民理性批判：邁向消失當下的歷史》（1999）、《學科之死》
（*Death of a Discipline*）（2003）、《其他複數亞洲》（*Other
Asias*）（2005），以及晚近的《全球化時代的美學教育》（*An
Aesthetic Education in the Era of Globalization*）（2012），　這

還不包括為數眾多的期刊論文、訪談錄和無數的演講。這些作品持續關注知識建構與各種資本流動的關係，在 2012 年的作品《全球化時代的美學教育》，她更以「雙重束縛」做為核心譬喻（trope），一再闡揚在晚期資本主義社會全球化的年代裡，馬克思主義能夠為人文社會研究者帶來何種啟發與契機，並強調人文學者負有非強制性重新安排欲望（the uncoercive rearrangement of desires）的責任，以訓練讀者發揮想像力以抵抗全球化時代資本與資訊（capital and data）對人的宰制。光是由上述專著的書名即可看出，她的立足點確實是由後殖民批判角度出發，觸及的議題則包括再現、性別、階級、西方形上學與理體陽物中心論的諸多盲點，馬克思主義所談的價值論與當代全球化資本主義社會的關係等。對史碧瓦克而言，理論、實踐、教學、研究無不是發揮影響力的場域，惟有透過積極介入，才有可能改造社會，她強調既要堅決地對抗，也要進行批判地協商，正是在這種自覺地解構與定位之中，她的論述因而具有高度的反思與批判力道。

《在其他世界：史碧瓦克文化政治論文選》的介紹

正如前文所述，由於《在其他世界：史碧瓦克文化政治論文選》是史碧瓦克第一部學術論文選，可以說是了解其論述不可或缺的重要著作。她的關懷面向及批判討論的議題相當深廣，無論是文學理論、文化批評、哲學思考、性別研究，或是對全球化資本主義發展、高等教育的責任與義務等諸多關注，都可以在本書裡得到啟發。所以在出版 20 年後，知名的英國學術出版公司 Routledge 又再發行了經典版，除了史碧瓦克為此

寫了一篇短序、封面設計有所不同外，內文並無更動。該書的寫作背景亦可做為八〇年代美國文化論戰的說明與注腳，1980年代美國社會氛圍在共和黨長期執政下顯得愈益傳統保守，向來引發爭議的墮胎權、同性戀、基督教會與國家等敏感議題，隨著七〇年代以降的女性主義運動、同志運動與尊重少數族裔等抗爭，也在媒體、教育及學術圈持續發酵。此時學術文化圈掀起了激烈的文化論戰，主要便是針對高等教育課程裡該教授那些作品，那些作家才是經典重要作家等，多元文化價值成為主要的論戰焦點。各派論者紛紛在各種學術場域捉對廝殺，赫許（E. D. Hirsch, Jr.）的《文化素養》（*Cultural Literacy*）、艾倫·布魯姆（Allan Bloom）的《美國精神的封閉》（*The Closing of the American Mind*）、以及小亞瑟·梅爾·斯勒辛格（Arthur Schlesinger）的《美國的分崩離析》（*The Disuniting of America*）可說是保守傳統西方陣營的捍衛者，攻訐多元文化價值不遺餘力；史碧瓦克及杰拉德·葛拉夫（Gerald Graff）《文化戰爭之外》（*Beyond the Culture Wars*）、雷納托·羅薩爾多（Renato Rosaldo）《文化與真理：重塑社會分析》（*Culture and Truth: The Remaking of Social Analysis*）、薩伊德（Edward Said）《文化與帝國主義》（*Culture and Imperialism*）都對所謂的「普世價值」（universal values）有所批判。她在這本著作裡所關注的諸多重大議題迄今仍然發人省思，具有相當重要的意義，隨著全球化發展及貧富差距拉大，某些議題也更加迫切需要我們去面對因應。

　　本書第一部分「文學」共有五篇文章，前四篇文章以解構主義策略分析英國文學經典，如柯立治、葉慈、渥茲華斯、吳爾芙，

有關語言、修辭及性別、階級等議題都是她關注的焦點。即便這些作家都是西方經典，但是她卻能從中讀出帝國霸權與底層階級之間的張力與對峙。第五篇文章的標題為〈女性主義與批判理論〉，她勾勒了女性主義、馬克思主義、精神分析與解構主義等理論在其論述中的重要意義，其中並討論了當代英國作家瑪格莉特・德萊波（Margaret Drabble）的小說《瀑布》（*The Waterfall*）（1969），並藉此強調「其他世界」的女性必須要考慮階級、種族、族群等迫切議題，這是許多白人中產階級異性戀女性沒有意識到的。她之後的諸多著作也不斷重申此立場，對全球女性主義（global feminism）提出質疑與挑戰。

第二部分「走入世界」，史碧瓦克從文學文化研究的基礎出發，積極介入學術政治生態與文化政治論述，無論是文學研究更「入世」的社會關懷，或是詮釋權與意識形態之間的糾結，在在都突顯了文學與文化絕對不是某種超然的、不可言說的美學體驗或價值，而是深植於歷史文化脈絡之中，不僅是我們觀看、理解世界的一種再現，同時也影響我們對自我及他者的認知。對於語言文化的感知力（sensibility）正是人文科系學者學生的專業，在理解與詮釋的過程中，意義的散播（dissemination）促使我們去質問何謂價值，並進而思考人的主體性；就此而言，馬克思在分析資本與使用價值、交換價值的深刻見解，就不僅僅局限於經濟學上的意義，還有更值得深究的國際的勞動分工、性別分工等剩餘價值，如何形塑知識建構與各種資本的流動。

在本書的第三部分，史碧瓦克透過兩篇她所翻譯當代印度女作家瑪哈綏塔・戴薇的短篇小說及兩篇討論「底層階級」的論文，帶領讀者「走入第三世界」。長期浸潤在美國比較文學

學界，史碧瓦克非常清楚以歐洲中心為主體的「比較文學」、
「世界文學」觀點，她也一再強調我們所認知的「世界文學」，
無非是以美國大學出版社視野出發而選譯的「世界」。循此脈
絡觀之，透過更多第三世界作品的再現與傳播，全球知識與文
化生產才有可能初步認知到「其他世界」的存在與其「差異」
的價值觀，惟有細緻的分析討論，才有可能避免一種虛無的相
對主義，或是假理性之名的文化霸權，對底層階級形成「再現
／代表」（re-present）壓迫。

史碧瓦克的重要概念

　　正如蘭德里（Donna Landry）和格拉爾德・邁克林（Gerald
Maclean）所述，史碧瓦克認為倫理是自我與他者連繫的重要關
係，她主張倫理關係是一種擁抱、愛的行動，自我向他者學習，
這並不代表自我可以代替受壓迫的他者發言（5）。她在〈底層
階級能發言嗎？〉即已提出省思，並由英文的「representation」
一字所蘊含的雙重意義來檢視享有特權者及底層階級之間的倫
理關係。在英文中「representation」一方面是「代表、代言」、
一方面又有「再現、象徵」之意。當自我試圖「代表／再現」
他者時，很可能踰越了恰當的倫理關係，以第三世界女性的經
驗為例，當西方白人知識分子「代表／再現」這些受壓迫者，
將之形諸於論述之中，解構主義理論提醒我們必須要對這樣的
論述加以審視質疑，在絕大部分的情況下，底層階級之所以無
法發言是因為結構使然，即使他們試圖發聲，也無法被聽到。
因此了解制度所造成的根深柢固的問題，進而去改變結構，或
許才是回應解決這個問題最根本之道。

　　另一方面，史碧瓦克深諳文字語言做為一種符號，在表述系統中自有其象徵及修辭意涵，且意義永遠處於一種不斷延宕、不確定的動態過程中，因此不斷地置疑文本意義便成為解構主義式的解讀策略，這不僅是針對分析的文本，也反身置疑自我的定位及身分認同的某種不確定性（Sanders, 40-41; 62-65）。史碧瓦克在《後殖民理性批判：邁向消失當下的歷史》的〈歷史〉這一章後半段重新改寫了〈底層階級能發言嗎？〉，她加入了若干具體的家族解讀及個人軼事，藉此彰顯「南方」女性在跨國資本主義體系中所扮演的「能動者角色」，並批判法國知識分子德勒茲和傅柯解讀被壓迫者明白且能說出自己的情況，其實是忽略了跨國資本主義市場的國際分工，因此他們無法進一步看清當代的經濟剝削形式（Morton, 107）。

　　她強調必須挑戰語言行動表述型（constative）和踐履型（performative）功能的截然二分，透過「解構主義毫無保留的開始運作」（setting-to-work of deconstruction without reserve, *Critique of Postcolonial Reason*, p. 430），從而打破社會主義做為取代資本主義的幻想，取而代之的是，不斷地區辨／延宕「資本主義（者）對資本的社會生產力所產生的牽制」（ibid.）。這樣的運作或許才能夠更為實際去消解跨國資本主義對性別與階級分工的壓迫與剝削。

　　史蒂芬‧莫頓指出，史碧瓦克之所以如此強調「底層」的意涵，即在於它是「截然異於西方知識與意義的支配體系，其中包括本體論在內。這樣的立場不只是拒絕接受霸權歷史書寫的權威，同時也使為這種權威承擔責任的哲學邏輯無以為繼」（103）。史碧瓦克進而闡述，無論是印度的底層研究歷史學家

或是法國知識分子，他們都無法看出底層做為階級的表述描繪，以及在體制裡把這種表示描繪當成是踐履語言行動的有效依據兩者之間的差異，因此無法跳脫對底層階級的理解與想像，甚而鞏固了底層階級無法發聲的宿命。根據史碧瓦克的定義，「沒有人可以用任何語言說『我是底層』」……底層性是社會流動的界限不允許行為形成任何可辨識的基礎」（《全球化時代的美學教育》，頁 431）。因此，我們的責任不是去研究底層，而是向底層學習（ibid., 440）。

　　史碧瓦克指出，身為人文學科的教師，她選擇了一項閱讀目標，亦即「充分向這些群體學習，以便將權利思維縫合進責任的文化結構裡；或者說，去變化概念—隱喻，去活化潛藏的倫理當務之急」（ibid., 440）。對於倫理與責任的關係，在《後殖民理性批判：邁向消失當下的歷史》裡，她延用德希達的論述，指出「倫理學作為一種『體驗不可能的經驗』，以及政治作為一種行動的算計，也都是在一種解構的擁抱之內。……於是，生命乃是做為完全他者的召喚被活著，而這樣的召喚勢必要以可究責理性（accountable reason）所約束的責任（responsibility）來回應（Spivak, *CRP* 427；筆者根據張君玫譯文稍做修改）。

　　史碧瓦克以文學訓練出發，積極介入社會行動，她不僅是個理論家，更是位實踐者。誠如馬克‧桑德斯（Mark Sanders）以史碧瓦克的一篇文章篇名〈閱讀世界〉做為理解她一生志業的關鍵辭彙所示，她對世界的閱讀分析不單單展現了她解讀文本的能力，同時也是她的社會實踐及積極改變世界的策略（27）。她除了在美國最精英的哥倫比亞大學任教，傑出

表現獲得該校最高教授榮譽「大學講座教授」（University Professor），更於 1980 年代在印度與孟加拉偏遠鄉村教育底層，訓練他們具備基本的自我學習能力，而不是毫無批判能力地接收由上而下的知識灌輸。她強調的是「認識論上的改變，而不是社會動員」（*Conversations with Gayatri Chakravorty Spivak*, 113）。

長期以來她目睹跨國資本主義在全球化的勢力下如何強化了國際分工的剝削與壓迫，非政府組織也在「開發」的邏輯下加深了重重的宰制，她提出的「跨國閱讀能力」（transnational literacy）便是強調必須認識南方國家在全球生產鏈上所扮演的生產線角色，若是對跨國企業資本流動及生產一無所悉，自以為是的從自由主義者的角度支持立法，抵制南方工廠雇用童工，卻不明白這些不受雇用的童工可能遭受更嚴重的經濟、物質窘困，這便是毫無「跨國閱讀能力」所造成的後果。

正如她在〈翻譯政治〉一文中所提出的，當第二波女性主義高喊姊妹情誼（sisterhood），倡議全球女性「結盟」（coalition）、「聯合」（alliance），應該要團結一致時，她給這些呼喊口號的英美中產階級白人女性的忠告是，或許妳可以從學習妳南方姊妹的語言開始，試圖深刻了解不同的文學與文化，而不是以多數的、強者的姿態要求別人和自己一樣，以大寫單數女性（Woman）進行另一種壓迫（182-191）。否則不過是強加自己的價值在第三世界女性身上，自欺欺人的稱之為「普世價值」。

史蒂芬‧莫頓亦指出，史碧瓦克相信，如果我們要對底層階級的政治及社會負起倫理上的責任，那麼學習全球南方的語

言便是當務之急。她在《全球化時代的美學教育》闡述席勒的美學教育主張，強調我們身處全球化時代，受到各種型式的雙重束縛，具體而微地展現便是「人類生命的有用性（宇宙存有〔planetarity〕）與有用的推動力（世俗性〔worldliness〕）之間的雙重束縛」。借用張淑麗的闡述便是：

> 〔這〕「雙重包袱」適足以說明跨國研究或者世界文學的普遍獨特性之觀點。若我們跳出國族主義的認同邏輯，而由世界文學與「宇宙存有」的角度來閱讀文本，則文學研究在當代已經不僅是文化素養的養成，而是取徑精讀來搭建平臺，一則藉此以演練想像與創意，再則透過精讀而脈絡化知識生產、進而展演與翻譯「已然」的知識系譜為具有「未然」向度的倫理行動。（〈「世界化」文學研究：創造世界或全球化成〉，2016）

做為文學文化教育者，我們所能做的是「透過專注的實踐演練語言的獨特修辭性，想像力才得以訓練去接受有彈性的認識論踐履」（〈以「純粹」文學術語與史都華‧霍爾閱讀〉，Spivak, 2012，頁 353）。史碧瓦克的意思是，這樣的深層語言學習（deep language learning）使我們得以拆解意義的多重性與矛盾，若以翻譯做為隱喻，以翻譯做為一種閱讀，我們必須意識到各種語言之間在過去的歷史脈絡下並未享有對等的地位，透過學科與體制的努力，建構這些語言之間的緊密連結，我們可以打破以民族國家為中心、以文化為中心的分野，讓所謂的底層語言或文學經由細緻的翻譯更能夠流通，不同的文化有更

多互動的可能，於是某種程度的對等才有可能達成（Spivak, 2012: 26-27, 472-73, 483）。唯有透過這種認識論革命把資本轉向性別化的社會正義，將美學教育當作是一種認識論上的準備，了解差異及責任，全球化發展才不會淪為跨國資本主義機器運作全面壓迫排除底層階級，卻完全罔顧自我與他者之間倫理關係的一種沒有希望、去人性化的未來。

重要文獻評述

《在其他世界：史碧瓦克文化政治論文選》最早於 1987 年由英國的 Methuen 出版公司發行，1998 年改由 Routledge 出版公司重新發行，2006 年 Routledge 再發行經典版，加入史碧瓦克的經典版序言。該書於八〇年代晚期問世不久即受到各界囑目，根據加州大學爾灣分校圖書館的整理，光是書評就有十篇之多。[5]如果以「in other worlds, spivak」為關鍵詞用谷歌學術搜尋，也可得到 44,800 筆資料，其中光是該書的引用次數即達到 6,110 次。[6]

大部分的書評均肯定史碧瓦克藉由解構主義及後殖民論述的角度，突顯出第二波女性主義、陽物理體中心主義的盲點與

---

5 加州大學爾灣分校針對史碧瓦克的著作及有關其著作的評論均匯整在網頁上，搜集了自 1980 年代迄 2000 年左右的資料，為研究者提供有用的資訊。http://www.lib.uci.edu/about/publications/wellek/spivak/index.html。印度裔學者 Sangeeta Ray 在 2009 年出版的 Gayatri Chakravorty Spivak: In Other Words，介紹了史碧瓦克的核心思想，並整理了直到 2009 年的著作書目，亦具參考價值。

6 https://scholar.google.com.tw/scholar?hl=zh-TW&q=in+other+worlds%2C+spivak&btnG=&lr=（擷取日期為 2021/02/14）。

弊病，但是這些八〇年代後期的書評家及學者顯然尚未對「底層階級」、「介入世界」的區域研究有更深刻的體認，因此他們關注的重點便停留在文本分析的層面。蘇拉蕊（Suleri）點出了史碧瓦克有關底層階級研究的貢獻，她自己在 1992 年發表的〈Woman Skin Deep: Feminism and the Postcolonial Condition〉對於第三世界女性主義論述也引發了熱烈的迴響。

加拿大學者 Sherry Simon 在 1996 年出版《翻譯中的性別》（*Gender in Translation*）以史碧瓦克及峇巴的理論來分析「雜混」（hybridity）概念，並且探究性別與翻譯某種底層性、被次等化的歷史脈絡。周蕾 1998 年出版的《唯心論之後的倫理》（*Ethics afterIdealism: Theory-Culture-Ethnicity-Reading*）中有相當長的篇幅著墨於史碧瓦克的論述，並針對她和紀傑克（Slavoj Zizek）不約而同地藉由馬克思主義討論文化中的「價值」、「商品」概念深入剖析，指出兩者其實是透過命名來提出有別於西方啟蒙理性時代的替代倫理（45）。由於周蕾全書亦在探討九〇年代之後美國多元文化論影響之下的批判理論、區域研究、文化研究之間糾結的關係，因此在諸多層面上與史碧瓦克關心的議題均不謀而合。

臺灣學界雖然對史碧瓦克的作品並不陌生，但以外文學門來說，主要仍是透過原作理解認識其論述，不過她的影響力絕對不僅止於英美文學文化的討論。她最知名、最廣受引用的論文為〈底層階級能發言嗎？〉，在社會人文學科影響相當大。她曾兩度來臺訪問，也曾在論文中提及臺灣。[7] 此外，在後殖民

7　她曾於 1990 年、2002 年分別應清華大學、交通大學之邀來臺參加國際研討

論述中，國內學者經常援引她的作品，[8] 不過，史碧瓦克的書寫風格向來以晦澀難解著稱，因此她的論文被譯成中文的數量並不多，外文學門參照其論述的面向較廣，她的多部著作都有人討論引用，至於其他學門若述及其後殖民理論，通常都援引其訪談集《後殖民批評家》（*The Postcolonial Critic*），或許是因為訪談文字比起論文來要容易親近些。

以正體字的翻譯引介來看，早在 1991 年與 1995 年《中外文學》曾刊登過她的兩篇論文中譯，分別是節譯版本的〈三位女性的文本與帝國主義的批判〉（"Three Women's Texts and A Critique of Imperialism"）（24:5=281，民 84.10，頁 6-21）（李翠芬譯）、及〈從屬階級能發言嗎？〉（"Can the Subaltern Speak?"）（24:6=282，民 84.11，頁 94-123）（邱彥彬、李翠芬譯）。至於全書完整的中文譯作，一直要到社會學教授張君玫於 2006 年出版的《後殖民理性批判：邁向消失當下的歷史》（*A Critique of Postcolonial Reason: Towards a History of the Vanishing Present*），才在臺灣出現。張君玫並撰寫了一篇譯序，耙梳分析史碧瓦克的理論，對於理解其論點頗有幫助。

續 ⋯⋯⋯⋯⋯⋯⋯⋯⋯⋯⋯⋯⋯⋯⋯⋯⋯⋯⋯⋯⋯⋯⋯⋯⋯⋯⋯⋯⋯⋯⋯⋯⋯⋯⋯⋯⋯

　　會。在〈翻譯的政治〉（"The Politics of Translation"）中她提及翻譯要掌握歷史脈絡、文化差異及性別差異等問題，舉例臺灣男性作家和巴勒斯坦女作家的英文譯本可能讀起來沒有什麼不同，就是忽略上述細緻差異而犯下的常見錯誤。

8　以搜尋國家圖書館期刊文獻資訊網為例，在參考書目或論文行文中提及史碧瓦克者約有二百多筆資料，直接與其論述對話者則不到五篇，較具代表性為陳春燕刊登於《歐美研究》之 "Absolutely Postcolonial? — Singular Relationality, Comparability, and Walcott's Tiepolo's Hound"，以及張君玫 2012 年的專著《後殖民的陰性情境：語文、翻譯和欲望》。關於這兩部著作將在本文稍後做更深入討論。

　　另外，生智出版社於 1999 年出版了《史碧娃克》，作者為北京清華大學外語系教授曹莉，該書以深入淺出的方式介紹她的生平、學說論著及理論思想。算是中文著作裡引介史碧瓦克論述最為平易近人的入門書。2000 年香港牛津大學出版社出版的《語言與翻譯的政治》，由許寶強、袁偉選編，其中選譯了史碧瓦克的〈翻譯的政治〉（"The Politics of Translation"）。對於其翻譯論述有初步的引介作用。

　　至於在簡體字方面，在中國大陸所出的譯本則以 2007 年北京大學出版社所出版的系列叢書：培文讀本《從解構到全球化批判：斯皮瓦克讀本》較為完整的譯介了她的思想與著作。論文集總共選了十篇論文，另外有兩篇訪談演講記錄：一篇刊登於女性主義期刊《符號》（*Signs*），另一篇是她於 2006 年在北京清華大學的講演記錄，這十篇論文則是由史碧瓦克自 1976 年至 2002 年之間發表過的論文選輯而成，內容涵蓋了史碧瓦克的譯者序、刊於各期刊的論文等，彰顯出中國主編者的考量，而不是就現有的英文論文集裡直接全譯。

　　在臺灣的學術生產中，就學術論文觀之，分別有陳春燕刊登於《歐美研究》之〈Absolutely Postcolonial?--Singular Relationality, Comparability, and Walcott's Tiepolo's Hound〉（2010）以及周剛刊登於《同心圓：文學與文化研究》（*Concentric: Literary and Cultural Studies*）的〈Other Asias, Other Renaissances〉（2008）。前者主要是就後殖民論述的「specific」、「singular」兩者概念的差異進行梳理，後者則是試圖從史碧瓦克的其他複數亞洲概念來談「中國」、「華文」文化的生產與影響。以學術專著形式對於史碧瓦克理論有較深入全面觀照，則以 2012 年張君玫發

表的《後殖民的陰性情境：語文、翻譯和欲望》為代表，她在2006年翻譯了《後殖民理性批判：邁向消失當下的歷史》，譯序裡即提出了解構主義、後殖民批判精神如何提供「非西方」知識分子一個主體發言位置，在她的專著裡，她也特別針對以性別的角度，重思現代性與翻譯錯綜糾結的關係。

在學位論文方面，近來有不少研究論文是從後殖民論述的角度切入，提及史碧瓦克的立場。除了外文系所研究後殖民文學不免援用史碧瓦克論述外，輔大哲學系1997年張琮琳的碩士論文，《突破噤聲——史碧娃克》，探討史碧瓦克的理論如何為被迫噤聲弱勢族群發聲，「將被迫噤聲的邊緣推向主流話語的倫理政治意圖為核心」。在教育學及教學研究方面則有兩篇碩士論文是採用了史碧瓦克的理論做為核心架構，《Spivak 再現理論及其對我國中學教師主體之蘊義》（2002）、《學習者主體性的再思索：Spivak 後殖民論述中知識域暴力觀的啟示》（2009），但教育學相關問題非本研究者領域，因此僅羅列於此，做為史碧瓦克在臺灣學界影響力的一個參考資料。

就簡體版方面，中國的吉林大學出版社於2011年出版了《斯皮瓦克翻譯思想背景研究》，由張建萍撰寫，另有李紅玉亦針對其翻譯思想所著的〈斯皮瓦克翻譯思想探究〉發表於2009年的《中國翻譯》。顯示出中國方面對於史碧瓦克在翻譯上的貢獻，有較多的關注。但是就其論文深度而言，這兩部作品主要仍屬於介紹整理性質，對於其理論並無深入的對話或提出進一步的批判思考。另有碩博士論文若干探討其後殖民論述及文化批評等議題。其他專著或論文則主要是「橫的移植」，對其後殖民論述及底層階級的討論加以描述，批判性的閱讀或

對話較少。

　　無論是推崇史碧瓦克學術貢獻，或是詆毀其論述著作的研究者及讀者，大概都很難否認史碧瓦克的文字並不容易理解。即便如此，英國理論家泰瑞・伊格頓（Terry Eagleton）也公允地表示，她是「當代所有理論家中最閃耀睿智的，她所提出的洞見或許與眾不同，但都很有開創性」（"In the Gaudy Supermarket"）。筆者從事翻譯多年，在 1990 年代仍在清華大學念研究所時，有幸第一次接觸到史碧瓦克的作品，後來更有機會在研討會上親炙大師風采，她所提出的批判及關懷對筆者個人的學術生涯影響至鉅。筆者甚至曾開玩笑地和學生說：「我是把史碧瓦克的論著當作勵志書來閱讀。」在全球化跨國資本主義的浪潮席捲下，我們看到的是底層所受的壓迫未曾稍減，高等教育市場化、商業化的趨勢使得人文學科愈益被邊緣化。然而，篤信著人文教育是對抗壓迫剝削的「必要且不可能」的途徑，憑藉著批判精神不斷詰問人與世界的倫理關係，在濁濁亂世依靠著美學傳遞著某種人之所以為人的信念及當負之責任，史碧瓦克的實踐與理論確實帶給我們諸多啟發。套用史碧瓦克的話說，翻譯是一種親密的閱讀，做為一名稱職的譯者，勢必要掌握文本的邏輯、修辭和靜默。我希望藉由此經典譯注計畫結合研究、翻譯實踐與教學，以期在這個全球化的年代裡產生更多的對話與思考。史碧瓦克在當今全球學術圈的重要性不言可喻，筆者也希望藉由這部經典譯注為中文語境帶來更多的刺激與思考。

參考文獻

Ashcroft, B, *The Empire Writes Back: Theory and Practice in Post-Colonial Literature.* London: Routledge, 1989.

Ashcroft, B., Griffiths, G., and Tiffin, T., eds., *The Post-Colonial Studies Reader.* London: Routledge, 1995.

Ashcroft, B., Griffiths, G., and Tiffin, T., *Key Concepts in Post-Colonial Studies,* London: Routledge, 1998.

Bennington, G. "Embarrassing Ourselves," *Los Angeles Review of Books,* 2016/3/20，https://lareviewofbooks.org/article/embarrassing-ourselves/

Bhabha, H. K., *The Location of Culture.* London: Routledge, 1994.

Chambers, I., and Curti, L. （eds）, *The Post-Colonial Question.* London: Routledge: 1996.

Chakrabarty, D. *Provincializing Europe.* Ithaca: Princeton UP, 2000.

Chakravorty, S., SuzanaMilevska&Tani Barlow. *Conversations with Gayatri Chakravorty Spivak.* London: Seagull, 2006.

Chatterjee, P., *The Partha Chatterjee Omnibus.* New Delhi: Oxford UP, 1999.

Chen, C. Y. "Absolutely Postcolonial? — Singular Relationality, Comparability, and Walcott's Tiepolo's Hound," *EurAmerica.* 40.1 （March 2010）: 65-101.

Chow, Rey. *Ethics afterIdealism: Theory-Culture-Ethnicity-Reading.* Indianapolis: Indiana UP, 1998.

Chun, A. "Fuck Chineseness: On the Ambiguities of Ethnicity as Culture as Identity." *Boundary* 223.2 （1996）: 111-38.

Dirlik, A. "Confucius in the Borderlands: Global Capitalism and the Reinvention of Confucianism." *Boundary* 2 22.4 （1995）: 229-273.

_____. "The Postcolonial Aura: Third World Criticism in the Age of Global Capitalism." *Critical Inquiry* 20 （1994）: 331-50.

Eagleton, T. "In the Gaudy Supermarket," *London Review of Books,* 21.10 （1999）: 3, 5-6.

Featherstone, M., ed. *Global Culture: Nationalism, Globalization and Modernity.* London: Sage, 1990.

Featherstone, M., Scott Lash, and Roland Robertson, eds. *Global Modernities.* London: Sage, 1995.

Hallward, P. *Absolutely Postcolonial: Between the Singular and the Specific.* Manchester: Manchester UP, 2002.

Lazarus, N. *The Postcolonial Unconscious.* Cambridge: Cambridge UP, 2011.

_____. *The Cambridge Companion to Postcolonial Literary Studies.* Cambridge: Cambridge UP, 2004.

Loomba, A. *Colonialism/Postcolonialism.* 2nd. Ed. London: Routledge, 2005.

McLeod, J., *Beginning Postcolonialism.* 2nd Ed. Manchester: Manchester UP, 2010.

Morton, S. *Gayatri Spivak.* Key Contemporary Thinkers Series. Cambridge: Polity, 2007.

Ray, S. *Gayatri Chakravorty Spivak: In Other Words.* Oxford: Wiley-Blackwell, 2009.

Sanders, M. *Gayatri Chakravorty Spivak: Live Theory.* London: Contiuum, 2006.

Simon. S. *Gender in Translation.* London: Routledge, 1996.

Singh, A. & Peter Schmidt. Eds. *Postcolonial Theory and the United States: Race, Ethnicity, and Literature.* Mississippi: UP of Mississippi, 2000.

Spivak, G. C., Trans & Preface. *Of Grammatology* by Jacques Derrida. Baltimore: Johns Hopkins, 1978.

_____. *Selected Subaltern Studies.* New York: Oxford UP, 1988.

_____. *The Postcolonial Critic.* Sarah Harasym Ed. London: Routledge, 1990.

_____. *Outside in the Teaching Machine.* New York: Routledge, 1993.

_____. *A Critique of Postcolonial Reason: Towards a History of the Vanishing Present.* Cambridge: Harvard UP, 1999.

_____. *Death of A Discipline.* New York: Columbia UP, 2003.

_____. *An Aesthetic Education in the Era of Globalization.* Cambridge: Harvard UP, 2012.

_____. D. Landry, and G. M MacLean, Eds. *The Spivak Reader: Selected Works of Gayatri Chakravorty Spivak.* New York: Routledge, 1996.

Yadav, N. *Mahasweta Devi: An Anthology of Recent Criticism,* Michigan: U of Michigan, 2008.

Young, R. J. C., *Colonial Desire: Hybridity in Theory, Culture and Race*(1995).

_____. *Postcolonialism: An Historical Introduction*(2001).

李翠芬譯，〈三位女性的文本與帝國主義的批判〉《中外文學》，24:5 (1995): 6-21。

邱彥彬、李翠芬譯，〈從屬階級能發言嗎？〉，24:6 (1995): 94-123。

陳永國、賴立里、郭英劍主編，《從解構到全球化批判：斯皮瓦克讀本》北京：北京大學出版社，2007。

張君玫譯，《後殖民理性批判：邁向消逝當下的歷史》，臺北：群學，2006。

張君玫，《後殖民的陰性情境：語文、翻譯和欲望》，臺北：群學，2012。

張淑麗，〈世界文學或「世界化」文學〉《英美文學評論》，2016: 53-87。

史碧瓦克論文目錄網頁連結：

1. http://www.lib.uci.edu/about/publications/wellek/spivak/index.html

2. http://onlinelibrary.wiley.com/store/10.1002/9781444310894.biblio/asset/biblio.pdf?v=1&t=itp8my9w&s=490c352cd13a1812036bd4944ccd755ac5f84e3b

羅特里奇經典版序

蓋雅翠・恰克拉沃提・史碧瓦克

　　這一切都是受到威廉・傑曼諾（William Germano）的鼓勵，他當時擔任馬修恩出版社（Methuen）的主編，邀我將論文結集成書，這便是後來的《在其他世界》。他也替書下了副標題：「文化政治論文」，這讓我了解到我作品的走向。這個方向我至今仍然依循不懈。尤其是文化現在被當作是治療全球化病症的萬靈丹，我仍然致力於探究「文化」生產的政治。

　　我開始撰寫這本書頭幾篇文章時，文化戰爭的新聞尚未傳到愛荷華大學，我在 1965 年至 1977 年在此任教，1978 年至 1982 年我轉到德州大學。〈信函做為前沿〉是為我的博士論文指導教授保羅・德曼而寫的。我在這個解讀裡所提出的論點，偉大的浪漫主義詩人兼批評家山謬爾・泰勒・柯立治（Samuel Taylor Coleridge）展現了想像力是不可能解碼的，這樣的主張迄今仍然沒有改變。26 年後，我出版了《學科之死》（*Death of a Discipline*），我解讀維吉妮亞・吳爾芙《自己的房間》，認為她展現了同樣場景的不同版本。對我而言，這個無法管理的東西——想像力，已經變成了某種道德工具。泰瑞・伊格頓最近提醒了我，歐洲 18 世紀的概念是，想像力可以幫助我們進入其他人的心靈，這樣的說法一無是處。我同意。對我來說，想像力已經變成差不多等同於思考不存在事物的能力。當你試

著學習一種語言，你會使用和訓練想像力，進入到想像力的「語言記憶」（A. L. Becker），*如此一來你才可以悠遊其中。

　關於但丁和吳爾芙的論文則是 1978 年我在德州大學暑期班一門課的成果，當時我正處於自身女性主義的第一階段，藉由檢視偉大作品，看看這些作品如何幫助我們對性別更加敏感。這些年來唯一改變的是女性主義的議題益發多元多樣。我現在認為，再生產異性戀常態化（reproductive heteronormativity）是世界上最廣泛、最古老的體制，這兩篇文章現在看來並未過時。

　我對渥茲華斯這篇文章特別有感觸。這是我 1961 年在康乃爾大學修亞伯拉罕（M. H. Abrams）大學部課程「浪漫文學的偉大作品」所寫的報告，這是我離開印度剛到美國的第一個學期。可說是我向加爾各答大學教授致意的論文。我希望能對我的學生讀者有些激勵作用。

　第一部的最後一篇文章，我進入了文化戰爭論爭。在書中我直接稱之為「世界」。在 1977 年至 1978 年間，我有一段時間在芝加哥大學擔任國家人文學科研究員，這讓我進入了更俗世關懷的群眾。〈詮釋的政治〉就是當時一場研討會的記錄。

　〈國際架構下的法國女性主義〉及〈都勞帕蒂〉反映了之後被稱為後殖民主義的一個開端。1981 年《耶魯法國研究》（*Yale French Studies*）和《批判探究》（*Critical Inquiry*）分別向我邀稿，撰寫法國女性主義及解構主義的主題。我經歷了道

---

* 　譯注：A. L. Becker 在《翻譯之外：朝向現代語言學之論文》（*Beyond Translation: Essays toward A Modern Philology*, 1995）提出每一種語言都有其語言記憶，每個人的語言記憶都是獨特的、私人的，但又是透過傳承學習及與其他人的互動而形成的（71-87, 367-426）。

德危機，於是完成了兩篇論文。我沒有捲入文化戰爭，我認為
這是歐美現象，所以我從來不像我的朋友洪米・峇巴那麼受歡
迎。我期待的是〈三名女性的文本及批判帝國主義〉與〈底層
階級能說話嗎？〉，這些文章收錄在《後殖民理性批判》。

1984 年我認識了拉納吉・古哈（Ranajit Guha），他是領導
南亞歷史學家協會「底層研究」的靈魂人物。這本書最後三篇
文章出自於當時動盪多事的連結。我仍然關注底層。數週前我
才寫下這樣的句子，「底層之於大眾，就好比性別之於性，階
級之於貧窮，國家之於民族」。

〈絮語論思：何謂價值〉是本書較難定位的文章。1978 年
我第一次教授馬克思，這門課大概每 3 年就重開一次。價值現
在已經被簡化為可通約性（commensurability）。我已經針對馬
克思寫了許多文章，族繁不及備載。這些年來我心裡一直記掛
著要寫一本書談社會主義倫理的可能性，隨著歷史此刻的記錄，
這本書在我腳下也改變了樣貌。我希望本書的讀者接下來會繼
續找其他的書，就像我一樣。

寫於哥倫比亞大學

前言

柯林·麥卡比[*]

　　蓋雅翠·史碧瓦克一般被稱作「女性主義—馬克思主義—解構主義者」。用這一長串名詞來聲明全功能的基進身分認同，似乎頗惹人嫌。對於這本書的讀者而言，這應該是不得不然的複雜描述，重點不在於描述身分認同，而是多重矛盾、痕跡、銘記的網絡。這本書不僅說明了我們是由建構的矛盾所形成，我們的身分認同是異質表意實踐的效果：其分析更是從矛盾與異質性開始，並朝向矛盾與異質性。啟發照明必然只是瞬間結合的片刻。要為這本書做任何的前言，也必然要針對女性主義、馬克思主義、解構主義這三個領域有所回應。不過，史碧瓦克作品的力量主要來自於其重述聲明：只有透過持續關注這些領域的相互穿透與重新連結闡釋，才有可能了解這些領域，並且加以利用。任何簡化的前言都冒著風險，可能會化約了這部建設性作品的潛力。然而，我還是接受了這個任務，正是因為對於任何關心我們如何了解文化的人來說，這些文本實在是太重要了。或者說，只要是關心文化及其詮釋與形塑我們生活的其

----

[*]　譯注：生於 1949 年的英國學者、作家兼電影製作人，八〇年代初因在劍橋大學國王學院教授結構主義引起爭議，拒絕該校終身職而聲名大噪，後任教於英國各大學，他於 1986 年至美國匹茲堡大學英文系教授電影，目前為該校榮譽教授。學術作品及影視製作十分豐富。

他實踐之間的關係，更是非看這本書不可。

那麼前言可以提供讀者什麼幫助呢？認為這些文章「很困難」的畏懼，無疑地潛藏在某處。如我們所知，困難其實是個意識形態概念。我們覺得很辛苦的勞動只不過是個簡單工作，女性覺得容易的、男人覺得很困難，小孩覺得困難的、大人覺得容易。我們歸於困難的事物，其實潛藏了許多複雜的評估。所以假使史碧瓦克的作品被歸為是困難的，那麼困難點在哪裡？雖然這些文本先前都刊登在深奧的學術期刊上，不過迄今為止主要還是靠著演講時才較為流傳。所以判斷困難的標準似乎停留在演說的層次、謠言的層次。也許澄清這些謠言會有些幫助，讓讀者可以更快地從史碧瓦克的探問中獲得樂趣與挑戰。

讓我們很快地來列舉在那些方面這些文章並不困難。就風格而言它們並不困難：她所使用的是最令人愉快的合時英文，不時穿插著犀利的美國用語，優雅精準。它們也不像典型的模糊挑釁、無所不知的學術寫作，後者所造成的困難，往往以一種隨意信手拈來的方式標記紀元與文化，而且從不指明引述出處。史碧瓦克也不會根據一點二手資料就去分析中國文化，或是用「自從柏拉圖以降」這種空洞的修辭。每項分析都經過審慎注記，這是印度大學及美國研究所課程訓練而成的模範生，這種訓練恐怕是整個地球最具學術性的組合了。事實上這本書的注解在某種程度上就是附注解說書目，為過去 20 年來馬克思主義與女性主義的論爭提供了最有趣而極富參考價值的說明。

另外還有一種比較心機的耳語謠言則是別有目的。我們說

的是「難搞的女性」、「難搞的土著人」（"native" *）。史碧瓦克自己在〈解釋與文化：旁注〉裡解釋得非常清楚，我幾乎沒法對她描述的學術研討會結構的說明做任何補充修正，邊緣旁注在知識的長廊和學習的餐桌間流淌，結果竟然起了重要核心作用。此處值得強調的是，我們不需要那些小心翼翼從學術意識中抹除的具體實例來理解這個形容詞的意義。這裡的重點在於語調、姿態與風格——性別歧視者的種族歧視所搬演的歌劇與芭蕾舞劇，仍然持續地主導著學術劇場，只要一出現，每分每秒都應該受到質疑挑戰。特別是這類情事一旦上演，被指控者總是振振有辭地否認，使得挑戰更加困難。

　　不過，這些文本確實在兩方面是困難的，雖然這兩個層面不可能在理論上區隔開來，但是在實踐上倒是可以區分的。第一層困難是避免不了的——只要是在公共可取得的論述裡，試圖認真嘗試思考分析世界，那麼就勢必會遇到困難。無論想要清楚說明的決心有多麼強大、無論想要溝通的欲望有多麼激烈，當我們試著描述與區辨實踐與客體時，這對於了解我們自身的作用而言相當重要，然而對於這一點我們仍然欠缺適當的辭彙，這就是困難所在。只有那些自認了解透徹的超級自信者，他們否定任何歷史、無意識或物質的現實存在，才有可能沈浸在自我滿足的確切世界的確切語言裡。但是，這不應該被當作是一小撮執意搞小圈圈的人能夠全權處理的理由，這些人對語言的

---

*　譯注：此處使用人類學及族群誌學者的譯法，將 native 譯為「土著」，在史碧瓦克的論述中經常提及「土著報導人」（native informant）在後殖民情境扮演提供資訊及翻譯操縱的角色。

不充分同樣抱持著自滿肯定的態度：技術官僚愚蠢的文學反設計。不過，如果有任何作品真正想要掌握若干我們所面臨的最迫切問題，但卻還沒有我們一般對已了解事物的明瞭易懂（這一點構成了這些問題最具挑戰性的智識面向），那麼要閱讀這樣的作品確實有某種困難度。如果要否認史碧瓦克作品在這個層次的困難度，那就是在誤導大家了。

即使是困難的作品，但還是可以在既有的學科及論點裡找到參考點，這自然是基本的切入方向。但這不見得適用於史碧瓦克的論文。無論風格如何令人愉悅、參考資料如何詳細，她的文本基進地踰越了學科界限，不論是人類學、歷史學、哲學、文學批評、社會學的正式分野，或是馬克思主義、女性主義、解構主義的非正式分野，都很難去界定她。少有現成的範疇或是閱讀清單可以界定她的論點。這並不是個意外：這本書很重要的一個論點即在於，學術如此的建制使其無法處理最嚴肅的全球問題，事實上，許多最基進的批判完全只能在既定的學術圈裡所限定的條件下提出。史碧瓦克的主題很宏大：學術的微觀政治及其與帝國主義的宏觀敘事的關連。但這是一個沒有主體的主題：完全沒有閱讀清單、基礎介紹、工作機會。要定位與已建制的主體畫分也不太容易（文學批評家為什麼要去討論經濟理論？），或是直接去處理馬克思主義、女性主義、解構主義批評相對已經界定的領域，也不是件易事。

所以，對於這三類「對立」立場提供粗略的分類應該有些幫助，也可以透過這些立場來定位史碧瓦克。問題也在於強調這個分類的暫時性；我們別忘了一個事實，或是要對這樣的事實加以製碼理解，亦即以每個案例來說，這種同質性都是從異

質性中奪取而來的，而異質性永遠無法被化約成同質性，除非被當成是一種限制，否則無從掌握，這是一種過度，以特定的論述來說，一旦超越了臨界 點，就會變得無從理解。這種思維受到了賈克・德希達的影響，蓋雅翠・史碧瓦克迄今最著稱的也就是翻譯了他最有名的作品《書寫學》。因此，她顯然是個解構主義者。她自己也這麼說。不過，這部非比尋常的論文集搜羅了這 10 年來她最重要的作品，倒是欠缺了在美國的解構主義最顯著的特色。

　　這樣的矛盾只不過是凸顯了美國接收德希達思想的貧乏指數，諾曼・梅勒在他獨到的精闢旁注裡曾說到，凱魯亞克是「艾森豪式的吉普賽人」，美國風格的解構主義則是「雷根式的基進理論」。解構主義在美國的特色及重要性完全是從文學批評的學術學科所發展出來的。確實，它已經變成了當代文學教育的主要方法。仿照德希達所發展出來的方式，對文本進行嚴格的形式分析，將論述潛藏的、可能的基本對立一一拆解，並且彰顯這些對立本身總是在其運作中出現。這些對立如何在論述自身的可理解性最後消失隱遁了。

　　德希達以海德格對存在的沈思這個脈絡來說明這樣的作用，嘗試著重新掌握文學現代主義關鍵文本的革命潛力，如馬拉美、亞陶、喬埃斯。這樣一個計畫在 1960 年代的法國有其發展緣由。目前並沒有對這個階段的充分記錄，我們甚至連實證主義文化史最枯躁無味的元素都沒有。然而，可以確定的是，這樣的反應主要是針對戴高樂統治下消費資本主義突然的進展，以及法國共產主義廣為接受的熱誠。在 1956 年之後的 10 年間，法國經歷了最快速而多元的變動，現在回想起來，無論

是在社會矛盾或是文化生產上,都是驚人的豐富多變。如果有人想要象徵性地掌握這種對於基進政治的承諾,及消費資本主義嶄新複雜的文本進行分析,首要的核心文本就是羅蘭·巴特的《神話學》(1957)。在文化上我們可指向尚一盧·高達及他在 1960 年代中葉的電影,如《關於她的二三事》(1966)。在政治上我們可以參照情境主義和紀·德博的《奇觀社會》與拉鳥·凡艾根的《日常生活革命》為代表。

　　不可否認的,這些都是截然不同的代表人物,但是在不同層次上,他們都嘗試去掌握發達資本主義社會細緻的表意系統,龐大的表意網絡,從巨幅廣告看板到雜誌電視等,主體不斷地在符號的流通之中出現重塑。在那個階段發展的文本概念(以及與解構主義連結的概念),在嘗試連結主流文化的現實與逃避刻板印象式的認同之中,找到了特定的知識與政治目的。

　　要回想這段時光是單純黃金時代並不困難,特別是對於曾經歷那無拘無束的興奮與能量的人而言更是如此。但是這麼一來就忽略了它的多重問題。我們太容易去假設前衛主義政治與前衛藝術的知性傲慢,雖然我也會同意其最初的強調來自於法國消費文化的爆炸,但是它從未真正積極介入文化,而只是假設另一種基進文化空間,主要是透過新超現實主義經典來建構。其當代文本是理論的,而不是文學的。更重要的是,它從未真正的連結新的政治或是它所承諾的對馬克思主義傳承徹底的修正。

　　隨著它在法國可疑的勝利之後,1970 年解構主義移植到美國,它是以個人移植的方式進行的,也就是德希達的移植,所用術語也做了調整。這項計畫與原本重新要尋找現代主義革命

力量的嘗試分了家，而在現代主義裡藝術體制總是受到討論質疑，於是這個計畫被重新安置在一個較為安全馴化的浪漫主義裡，在此藝術保留了一個清楚界定的制度空間。「文本」完全不是一個用來解構個人及社會的概念隱喻，以便掌握其矛盾決定因素的複雜性，反而變成了文學的換喻，以其獨特排他的精英形式孕生出來：文本性變成了一片無花果葉，遮掩的只不過所有關於教育及階級的困難問題。解構主義的到來只是點出了經典最後的特權防衛，在這本論文集的第二篇文章裡對此有精彩的描述。解構主義被化約成有力的方法，揭露了重要文學文本的相同與偉大。

在第四章她討論渥茲華斯的長文裡，史碧瓦克在文學學術圈對這個特定的發展做足了細部工夫，為美國解構主義最具地位的文本重新引入了性與政治的課題，這是渥茲華斯在他的文本費盡力量去抹滅的，為的是要建構不受這兩個課題影響的藝術。但是假使史碧瓦克批判解構主義的馴化，她也並不擔心重回到基進源頭。不受任何解構主義對源頭的原創性懷疑所左右，史碧瓦克對於現代主義計畫毫無熱忱，對於六〇年代嘗試恢復其基進潛力也不特別熱中（她可能想去批判原初的計畫及其在女性主義用語的復甦）。這些文本巨大的當代興趣，在於它們的脈絡是在兩個雖然具體卻截然不同的面向上，發展了六〇年代若干概念和研究方法：在發達國家的大學發展，與第三世界發展中的剝削形式。史碧瓦克決心去掌握這兩種情況、她的兩種情況，放在一種持續的緊張關係裡，不斷地解構互換。這正是這本書給我們最驚人的啟發與愉悅。對於史碧瓦克來說，解構主義既不是保守美學，也不是基進政治，而是知性上的倫理，

接合了持續關注決定因素的多重性。同時，史碧瓦克絕對貫徹執行以掌握那樣的多重性，以使得有效用的分析成為可能。從史碧瓦克和德希達對於解構主義感染力的態度不同，最能看出他們兩者的差異：「解構主義的事業總是在某方面會成為自己的犧牲品」，德希達的評論經常在這些論文裡浮現出來。對德希達來說，這是個永遠的問題，對史碧瓦克而言卻是個限制，無論再怎麼臨時短暫，這樣的限制也不能去掩蔽解構主義嚴格分析所啟動的價值。

要掌握史碧瓦克作品的旨趣，勢必要超越第一世界智識生產及第三世界具體剝削的二元對立。她身為女性學者，又是過去 20 年來女性主義理論和實踐爆炸階段中重要的一員，跨越進一步的矛盾／生產正是她所處的情況。

史碧瓦克的女性主義，就像她的解構主義一樣，或許乍看是無法讀懂的。這是因為她拒絕以任何形式的本質主義，去連接檢視重新挪用女性身體經驗的關鍵重要性。她避免了無新意的解構主義論爭，或是只有間接加以評論，其實是積極地參與了女性主義論爭，但是她的立場又是刻意詰難地結合了相反觀點。許多女性主義者希望強調本質的陰柔氣質，這是長期以來被男性主導所壓抑的領域，但是在這樣的領域裡，有可能找到方法和價值以打造一個迥異以往、更美好的社會。這種觀點最知名的反對者就是受到精神分析影響的學者，尤其是拉岡學派後繼者。他們強調性欲特質是透過家庭互動所生產建構的。無論是男性或女性的性欲特質都無法據此來理解，而是當小孩在核心家庭之中複雜的交換尋找定位，透過其不可確定性來得以理解。

　　精神分析命題對上述兩者提出了基本的雙性戀主張，雙性
戀是在成為和擁有陽物之間的辯證找到原始的連結闡釋。直接
與身體相關的所有問題，都被精神分析歸為是身體有被再現或
被象徵化的需要。確實，這樣的再現若是失敗就會導致精神病。
因此，對拉岡來說，真實就是我們所不可能接觸的，從意識場
域消失正是互為主體性的條件。接受這種說法的女性主義者不
會去質疑政治鬥爭，以及取代男性主導的必要。但是他們主張
在特定的情況必須找到形式和目標，這是不可能透過與本質陰
柔天性的關係來闡釋的。以第一個例子來看，史碧瓦克反對的
本質主義是解構主義式的，而不是精神分析式的。女性，就像
是任何其他的語彙一樣，其意義是透過系列複雜的差異化過程
而產生的。其中最重要的是，或至少是最直接的，就是女性是
相對於男性而形成。以解構主義的術語來看，討論本質的陰柔
性，就好像是討論其他任何本質一樣，都是荒謬的。然而，根
據這個說法，去討論女性身體的特殊性則並不荒謬。假使解構
主義從批判的角度，對於任何奠基於經驗的優越時刻的記錄都
十分敏感，那麼它就會允許經驗異質性得以充分發揮。所以，
對於女性而言，很重要的是，異質性必須包括她的身體經驗，
這樣的經驗長期以來受到男性最嚴格的檢查制度，這在女陰殘
割實踐是最驚人的展現，對史碧瓦克則而言則是最具代表性的
例子。

　　史碧瓦克在兩個截然不同的方向裡發展出女性身體的經
驗。一方面她希望強調陰蒂是基進過度的場域，跳脫再生產與
生產的循環，另一方面，她又要強調子宮的再生產力量在古典
馬克思主義文本裡討論生產的記錄完全付之闕如。她更進一步

主張，只有在陰蒂過度被納入討論時，才有可能定位評估子宮的社會結構。史碧瓦克將這些主題編織運用，以討論馬克思主義的生產主題，完成了相當不容易的工程。

在討論馬克思主義之前，先說說精神分析有什麼用處？最多只可能提出最簡短而暫時的答案。部分原因是史碧瓦克從來沒有那麼專注於精神分析理論，而比較是關注在文學理論對精神分析的使用，做為一種基進的虛構，藉此來說明文本的作用。史碧瓦克似乎接受小孩獲得性別身分認同的說法，這樣的解釋把取得性別放在欲望的社會交互作用來理解。不過，顯然她反對陽物在這種關係裡被當成是關鍵語彙，在暗地裡，她反對家庭的描述做為唯一顯著欲望的場域。對史碧瓦克來說，很清楚的是，在這樣的交換裡必須考慮子宮的定位，她沒有說明這和陰蒂的關係是什麼，她也沒有取代視覺的首要性，這會使得陰莖因其可見位置的尊榮，在任何精神分析記錄裡獨占優勢。但正如我先前所述，精神分析並不是史碧瓦克最迫切關切的主題，有關她對於精神分析術語所發表的獨到非凡的啟發性評論，有待其他人進一步發揮。

然而，馬克思主義是她迫切關懷的主題，在其字裡行間充分可見。但是她的馬克思主義至少對某些馬克思主義者來說，恐怕是相當異化的。她的馬克思主義植基於第三世界經驗，因此聚焦於帝國主義和剝削，她對於生產模式的規範性敘事是批判的，並且認為其毫無用處。在已開發國家最晚近的馬克思主義文化批評中，著重的是修正下層結構和上層結構這種粗糙的經濟論模式，因此傾向於壓抑經濟學的探討，至於必須把那些文化分析放在生產以及其剩餘價值挪用的組織來加以討論，似

乎早被輕易地拋諸腦後。現在馬克思主義往往只不過意味著對基進的或社會主義式的政治的承諾，以及採用古典的生產敘事模式——從奴隸、到封建、再到資本主義的秩序轉變。我們必須要強調，這並不是單純譴責，而是從《資本論》所說明的辭彙來分析當代已開發國家，對此困難加以描述記錄：分析龐大中產階級而提出的問題，工廠生產的沒落，以及更重要的，過去 10 年來電腦化生產的成長。在這樣的脈絡下，宣稱勞動力量不再是已開發經濟的主要生產要素，看起來似乎就很有說服力了。

　　從第三世界的觀點來看，這樣的可能性本身被看作是危機管理，也是古典馬克思主義的剝削分析，可以擴充到解釋帝國主義，這樣更能說明情況，正如史碧瓦克在許多真情流露的題外話所示。在〈絮語論思：何謂價值〉一文中，這些題外話出現在一個充分保留馬克思將剝削奠基於剩餘價值理論的徹底論點，這個論點非常地複雜有趣，我在此所能做的只是點出它的幾個重要方向。

　　史碧瓦克很清楚地理解到要保留剩餘價值理論，就必須保留它的基礎，這是馬克思從古典經濟學裡所採用的概念：即現在飽受質疑的勞動價值論。她透過徹底的重讀《資本論》第一卷第一篇，再加上《政治經濟學批判大綱》做為補充，達到了這個目標。她最大膽的舉措是否定馬克思曾經採用勞動價值論，在「連續論」解讀裡，她從勞動到價值到貨幣到資本，探討表現與轉化的關係。相反的，史碧瓦克主張，我們必須了解馬克思對價值的說明，不是陳述勞動代表自身價值的可能性，而是去分析資本消費勞動力的使用價值的資本能力。藉由集中探討

使用價值為價值決定鏈的不確定時刻，史碧瓦克打斷了這個連續鏈，在價值的普遍記錄裡重新定義了勞動，這就使得勞動無論是在科技改變和政治鬥爭上的關係都是無止盡地變動，特別是和女性主義相關時更是如此。即使我了解無誤，這樣的論點也太過複雜，我無法在此充分說明清楚。對此我僅提出我有所保留的一點，以及其論述所造成的一個後果。有所保留的是，為了要解釋第三世界的連續剝削，史碧瓦克強調了矛盾，而資本必須生產更多絕對的、更少相對的剩餘價值。我覺得不太清楚的是，這樣的區分是否存在於她對「連續論」價值說明的批判。比較確定的是，馬克思完美地掌握了資本主義的構成危機，但他並沒有提出任何其他的生產模式說明；如果價值和勞動沒有固定關係，那麼就不可能在一個特定的群體裡充分了解價值的組織構造之外，去了解剩餘價值的挪用。這樣的結果可以看作是史碧瓦克背書支持的，因為，對她而言，生產模式的規範說明阻礙了第三世界的努力。

如果她想保留馬克思做為危機理論家的地位，她會很樂意把他看作是歷史哲學家。這不只是因為亞洲生產模式提供了歷史上亞洲社會不充分的記錄，而是因為「轉變」為資本主義的概念阻礙了解放運動，迫使他們思考他們的奮鬥必須與全國的中產階級發展相連結。對史碧瓦克來說，致力理解底層階級只能透過他們與歐洲模式的相合性，這是極具破壞力的。政治擘畫變成是讓底層能說話，讓他們的意識得以表達，以改變或生產可以完全不理會歐洲國家形式的政治解放形式。正是這種重大的計畫為史碧瓦克書中最後幾篇論文提供了一個歷史脈絡。

這樣的作品是在「底層研究」這個歷史研究群體裡發生，

並且與其密切相關。雖然史碧瓦克支持這個群體放棄生產模式敘事，她也主張這樣的棄絕還不夠。只要學科和主體性的概念未受檢視，底層就會以理論上另類、但在政治上大同小異的方式被敘事化。為了避免這種主導支配令人無力的舉措，歷史學家必須面對當代關於底層（這不可能是恢復底層意識的問題，而是追溯底層性主體效果的問題）及關於他們自己（他們認識肯定自身實踐的主體效果）對主體性的批判。只有在當代反人文主義所有力量都能符合基進的方法質問，才有可能提出一個在政治上有效果的歷史方法。

　　史碧瓦克解讀瑪哈綏塔‧戴薇傑出而駭人的故事〈乳母〉，便運用了這樣的方法。她展現了消解文學批評和歷史區分的重要性，在另一個層次上她消解了想像和真實事件的區分。這並不是「所有歷史都是文學」這種美學上的愚蠢。簡單地說，這項主張不過是馬克思的格言，理念只要能抓住大眾就成為物質力量。但是史碧瓦克的論點是，要了解這個過程，文化分析者必須在她的研究對象裡，能夠勾勒出想像的真實效果，但在審視中她從未忘記真實（完全掌握她所屬情境之不可能）的想像效果。拉岡了解的真實完全是從與閹割的關係切入，確立了想像的位置，史碧瓦克了解的真實則是女性身體的過度，必須要放在文化和經濟的特定性，這樣才能呈現出想像。

　　瑪哈綏塔文本的力量在於其奠基於性別化的底層身體上，其中女性身體從未受到質疑、只有剝削。雅修達和都帕蒂的身體凸顯了無法發聲的醜陋殘忍，在第三世界的廚房烹煮著，生產出我們每天在第一世界享用的大餐。但是這些女性身體並不是陽剛所指的另一個空白能指。這些女性連結闡釋（更好地建

構了）真理，說明了我們和他們的情況。史碧瓦克解讀的力量在於其關注真實與想像的辯證，必須在這些文本裡解讀，以及關注這樣的辯證如此反思當代理論的想像與真實。史碧瓦克的勇氣就在於她直面這種困境的兩面，以當代西方批判論述全副武裝來解讀瑪哈綏塔文本，同時，又利用文本來解讀這個批判機制的前提。如果不是從這樣的立場出發，就會輕易地接受一個主體位置，對於史碧瓦克來說，那是不可避免的詐欺徵兆。史碧瓦克作品的力量就在於她絕對的拒絕在主體位置的多重性有任何折扣。這是她被指派的、或說是充分接受的立場。就這個意義來說，史碧瓦克永遠是在「另一個世界」——永遠允許自己從真理脫離出來。這是這些文本可移動的基礎，所以我們在閱讀時，我們就受這思想所啟發，又受到包含這思想的既刺激又痛苦的冒險所影響。但是這個文本並不只是個人的漫遊，同時也是一連串努力的痕跡：在西孟加拉邦的左派政治、六〇年代美國大學制度、全球女性主義的發展。正因為這些文本對這些奮鬥有作用，所以才能產生效力。沒有人可以事先保證是否有效。這些針對文化政治的論文不可能只看成是分析而已，它們也是行動的助力，如此一來也有可能完成它們自身的消解。這樣的行動是多重且異質的。我既沒有資格為印度或第三世界說話，也沒有能力為發達國家各式各樣的政治鬥爭表態。但我可以說，這部作品的重要性會落在超出其控制的事件上，它之後的意義和影響力恐怕不是個人選擇的力量所能決定的。

　　不過，我必須超越史碧瓦克文本的限制來結束這篇前言。我要特別評論已開發世界裡的大學微觀政治。這個作法會馬上把這本書的潛力限縮到西方學術圈的世界裡。但是當然這不是

一個世界——任何一個世界都總是基進的異質性，以各種差異向外發散，消解了最初的身分認同。或許我們可以在此談談理論和政治的辯證，理論（就像是旅行）把你從真理拉出來，而政治（像回家）把你拉回去。我們或許可以在此聊聊維根斯坦，斷章取義地說：「差異終結了。」換言之，特定的身分認同無論多麼短暫，都強行施加在特定的實踐上。

我和史碧瓦克有一個共同的正式身分認同和特定實踐：不單是我們都是大學教師，而且從今年（1987 年）起，我們在匹茲堡同一所大學同一個英文系共事。如果限制在最簡單而明顯的事情上，我可以先從「英文系」這個學科的概念反映出來的限制開始談起。建構英文成為一門學科有相當複雜的歷史，涉及到 19 世紀資本主義帝國主義及 20 世紀新殖民主義所制訂的社會世界學科分工。你可以研讀文學、原始社會、進步社會、過去社會、外國社會、經濟力量、政治結構。如果你不在長春藤連盟的大學裡，你甚至可以研讀電視電影。但是，你在學科上受到限制，你不能預設一個共同的主題。世界自動地把這些分門別類。

當然，許多先進的研究是跨越學科的，但這不會出現在大學部和研究所的課程設置上。如果人文學科和社會科學要對世界有任何較嚴肅的討論，如果這些學科能讓學生去利用他們的研究，那麼重新定位調整人文學科和社會科學，就是件刻不容緩的事。一方面學生必須直接面對當今世界的龐大問題，另一方面他們必須了解自身情況與那些問題間的關係。微觀政治抗拒任何教育改革的程度是相當驚人的。個人封邑將會分崩離析，權力和贊助網絡的瓦解也不容輕忽。但是每天這些封邑領土都

在消失，每天這些網絡都在瓦解。

　　在這種抗拒之下潛藏的是真正的問題：難道知識進展到資料如此龐大，特殊性如此複雜，以致於任何可能的學術單位即使在技術上和專業上不受限制，也僅能製造出對一切事物有所涉獵，但毫無專長的研究生？這樣的系所單位其實已經具備了解決問題的種子。知識的確是飛快地增長，但是問題出在如何訓練學生使用分析資料。在社會領域裡，目標就在於面對資料的組成，孩童／公民所得到的資料是由電視統整一致所提供的，他們必須開始去思考這樣一種組成的特定形式。從那樣的分析裡，才有可能透過不同的學科去理解當下社會所遇到種種挑戰，以及這種形式所製造的問題。我並不是倡議一體適用的媒體研究，現下這類研究往往是稀少可憐的學術單位生產出來稀少可憐的分析，變成了物以稀為貴的知識對象。我所提倡的是，一種教學法要把社會資料的公共組織當作是起點，以提供一個可能性去判斷檢視資料和組織。這樣的教學法會是真正地解構，因為分析者的立場永遠不是固定的，而是不斷地在調查探問中轉變。這和過去幾年許多教育發展會有清楚的斷裂，個別教師的角色會變得更重要，他或她身為特定的調查起點，必須在教師和學生之間協商。同時，在這些特定的學術單位裡必須要有普遍一致衡量的共同能力，顯然這項建議涉及到仔細規畫考量的課程設置及方法。這項計畫必須要花上數十年而不是幾年才能完成，如果低估了時間規模那就太不智了。如果這項批判能夠嚴肅地正視教育，那麼，就像是史碧瓦克在這本書所述的，我們要讓學生準備充分地進入社會，同時他們也有能力去批判社會，這一點十分重要。

　　然而，最重要的問題，既不是任何體制保守主義的微觀政治，也不是強調個人特殊性及公共能力的教育計畫真正問題說明。真正的問題是，這樣的計畫將會面對強大的宏觀政治的抗拒。「政治化」和「偏見」的指控一再被提出。這是個強大的指控，一旦指涉了教條灌輸，或是政黨立場特定的宣傳，就有充分理由受到公眾熱烈回應。他們反對的就是學校和大學執行在歷史上受到認可、在社會上受到審查的功能，亦即使學生有能力思考、有能力去行動。社會上有龐大的勢力不希望人民學習關於種族或生態或媒體的知識，或是關於任何形式的剝削及主宰。這些勢力，正如史碧瓦克所指出，並不是單純外於大學的力量；任何一個第一世界的大學教師必然在某種程度上承認能夠辨識／認同出這些勢力。

　　這些論文最大的優點在於對教學和教育的念茲在茲。對今日全球所面臨的諸多關鍵問題有深刻了解，同時又對特定教育情況的繁瑣問題仔細思考，史碧瓦克可說是極為難得的個中翹楚。從帝國主義發展、性欲面相研究、再現存在的不可能性等高度，到討論區隔不同類型寫作課程優缺點的瑣碎庸俗，看似從崇高（sublime）到荒謬。這是本書帶給讀者的一大樂趣，和過去比起來，「我比較不再輕易想到『改變世界』了，我教授一小群男女經典作家，女性主義者或男性主義者，如何去解讀他們自己的文本，我盡其所能」。任何閱讀史碧瓦克這些文本的讀者都將能夠更好地去思考與建構那些構成他們自身生命的矛盾文本。

匹茲堡大學

1987 年 2 月 14 日

作者記

　　要不是有現在被稱為解構主義的理論，破壞了後殖民學者的離散空間，就根本不會有「其他世界」。因此，我非常感謝賈克・德希達。

　　保羅・德曼在我撰寫這些文章的不同階段給了我很大的鼓勵。麥克・萊恩在1980年代初期與我交鋒陪伴，帶來不少生產能量。我也要感謝我學生的支持和堅持。

　　我也要感謝下列單位同意我重刊論文。〈信函做為前沿〉、〈國際架構下的法國女性主義〉兩篇，原刊於《耶魯法國研究》。〈發現女性主義解讀：但丁──葉慈〉，原刊於《社會文本》。〈《燈塔行》的做與不做〉，最早刊登於《文學與社會中的女性與語言》，感謝普利傑出版公司。〈渥茲華斯《序曲》第九部到第十三部中的性與歷史〉，原刊於《德州文學與語言研究》。〈女性主義與批判理論〉原刊於《致母校》，感謝伊利諾大學出版社。〈閱讀世界：八○年代的文學研究〉，原刊於《大學英文》。〈解釋與文化：旁注〉，原刊於《社會中的人文學科》。〈詮釋的政治〉與戴薇原著、我所譯的〈都勞帕蒂〉原刊登於芝加哥大學發行的《批判質疑》。〈絮語論思：何謂價值〉，原刊於《變音符號》。〈底層研究：解構歷史學〉，原刊於《底層研究》。

　　依照論文集結成書慣例，我對書中論文幾乎沒有做任何修改。

第一部

文學

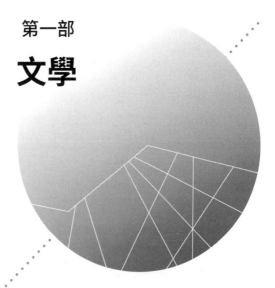

第一章
信函做為前沿

　　如果精神分析批評的目標之一是「讓哲學傳統若干陳述接受這個〔口說地位〕測試」,[1] 那麼我們這位美國普通批評家,儘可以把焦點放在柯立治《文學傳記》(*Biographia Literaria*)的第十二章和第十三章。無論是從心靈的、有機想像力的作為及有自主權的自我這些角度來看,這兩章必然都被詮釋為主客體合而為一的重要典範陳述。過去 50 年來的新批評,自理查茲(I. A. Richards)、威廉·燕卜遜(William Empson),之後的布魯克斯(Cleanth Brooks)、蘭遜(John Crowe Ransom)、泰特(Allan Tate)、溫塞特(W.K. Wimsatt),「〔其〕建立基礎為一不言自明的前提,即文學是一種心靈的自主活動。」[2] 這個學派成為美國最廣為接受的文學教學基礎原則,柯立治則被視為是探討崇高主體的先知,這派學說的發展可說是和柯立治的主張進行漫長的對話,這一點也就不足為奇了。以下容我引用理查茲的一段話,他討論了柯立治的第十二章和第十三章:

....

1　Jacques Lacan, "A Jakobson," *Le Séminaire de Jacques Lacan*, ed. Jacques-Alain Miller, Livre XX, Encore (1972-1973), Paris, 1975, p. 25。所有引述拉岡的文字均為本人自譯。

2　Paul de Man, "Form and Intent in the American New Criticism," *Blindnessand Insight: Essays in the Rhetoric of Contemporary Criticism* (New York: Oxford University Press, 1977), p. 21.

「要開始去探究柯立治想像力的理論，我倡議從他自己在《文學傳記》裡……真正的起點開始：也就是說，配合著知識行為的理論，或是意識行為的理論，或是如他所稱的，『客體與主體的一致認同或結合』。」[3]

因此，我們這位美國普通批評家藉由新的精神分析規則來測試《文學傳記》這兩章，既不是毫無根據，也並非沒有重要性。我在描述這樣的測試之際，也必然涵括了它的意識形態——在批評實踐中「運用」一種在其他條件下所發展的「理論」的意識形態，以及在任何「人的科學」的詮釋情況裡，要找出類比文學批評家任務的意識形態。在本文最後，我會更直接地評論這種意識形態。隨著論點推演鋪陳，讀者可以逐漸明白我的用心，我無意將柯立治「定位」在某種知識框架裡，也不打算去討論他所謂的「剽竊」這個相當豐富的主題概念。

《文學傳記》是柯立治影響最深遠、最重要的理論作品，同時他也宣稱這是一部自傳。我們這位接觸過新穎精神分析主要文本的批評家，了解到任何語言行為不僅是由所謂的實質所構成，同時也受到以實質來構築並／或堵塞的裂痕縫隙所形塑。「我們可以由某種扮演光圈快門（*obturateur*）——小客體（the object *a*）的某物行為，認知到無意識的封閉（*fermeture*），被

3　Ivor Armstrong Richards, *Coleridge on Imagination* (Bloomington: IndianaUniversity Press, 1960), p. 44. 關於柯立治宣揚「有機形式主義」所扮演的重要角色，以下文字說得很好：「這樣的有機形式主義有許多前例：最早是從 18 世紀晚期的德國展開，由柯立治引介至英國……柯立治、克羅齊及法國象徵主義都是現代英美所謂新批評的前身。」

吸納吞吐進去，這也正是陷阱之所在。」[4] 這些問題意識也許在像柯立治這類自稱為自傳的文本裡占有一席之地。有了這樣的洞察，批評家發現在柯立治的文本中，邏輯和修辭滑溜閃躲，看起來非常像是敘述的快門（*obturateur*）。由於這個文本的意涵如此豐富，而且歷來有十分透徹的評論，在此我只用最簡略的方式勾勒這些意義的藍圖。

　　整部《文學傳記》是以前兆（*pre-monition*）及延後（*post-ponement*）（今天我們或許會說差異——自然是避免與渴望）的敘述結構展開，這是許多浪漫主義作品共有的特徵。「一開始其實是想做為《西比拉書葉》（*Sibylline Leaves*）（一部詩集）的序言，結果發展成為文學自傳，需要自己的序言。這篇序言超出了它原本預設的限制，而被納入了整部作品，最後分成兩個部分發行——自傳（兩卷）和詩集。」[5]

　　所以，《文學傳記》根本不是一部真正的完整作品，它一開始只是一篇序言，指涉的是之後接續的作品，它並未達到原本設定的卑微目標，結果反而成了發展完備的專著。即便如此，它也有不足之處，其中之一就是把不成功的序言也收進來。這就使得本書變得很難定位。一方面往前讓人有所期待，一方面回顧又看到它的失敗，同時也標示出自身的缺席：誤打誤撞而

4　Lacan, "Analysis and truth," *The Four Fundamental Concepts of Psychoanalysis*, trans. Alan Sheridan (New York: W.W. Norton, 1981), pp. 144-145。有關拉岡視覺隱喻裡客體 *a* 和無意識之間存在著分歧，這個隱喻即含括了事件角度的概念。

5　"Introduction," Samuel Taylor Coleridge, *Biographia Literaria*, ed. J. Shawcross, (Oxford: Oxford University Press, 1907), vol. 1（之後本文所引均以頁碼呈現），p. V.

成的自傳，不可控制的序言。而且，即使不考慮這一點，這部作品仍然常被視為是序言：「在這部作品結尾時宣告，我會提出經過科學整理的動態哲學（Dynamic Philosophy）說明與建構」，「這會是我的《理性智慧書》（*Logosophia*）第三部」，但這作品從未寫出來（179-180）。柯立治又對自己說：「不過，我保證，我十分期待你關於建構哲學的偉大著作，這是你已經承諾並且宣布的。」（200）

　　關於《文學傳記》地位聲明的敘述是如此刻意閃躲，書寫也呈現出裂縫。在這樣的框架下，討論想像力而廣受讚譽的第十三章，其實宣告了自身的不在場版本。柯立治告訴我們，本章論點舉證的責任受到一位友人的要求而被壓抑下來（眾所皆知，此人是「柯立治想像力虛構出來的」，換言之正是「柯立治本人」。「我正為了出版而謄寫這部作品，結果收到一名友人來信，我有十足的理由看重推崇他的評論……受到了這封十分明智的信函所啟發，我對於目前這篇文章的主要成果尚稱滿意，我已經保留了文稿要在未來出版，詳盡的計畫說明，讀者可在第二卷的結尾看到〔結果只是空話〕」。）（198, 201-202）

　　或許更精準地說，就是這篇文章宣告了自己的無法取得，而不是真正的缺席。它本來應該是存在的，而且柯立治的友人，這位有特權的讀者已經讀過了，但是，因為《文學傳記》是自傳和序言，它就必須被壓制下來：「柯立治的友人說道：『從書頁上，他〔你的讀者〕可能真正觀察到的，就是〈我的文學生活與意見〉（"My Literary Life and Opinion"），這可以看成是詩選的緒論，他們原本期待或臆測的，可能是有關唯心寫實主義的長篇論文』……」（200-201）。我們可以確認這篇文章

毋庸置疑的強大存在；不論是金錢上或是長度上：「我毫不遲疑地建議敦促你把這篇文章從現有作品抽出來……這一篇文章一旦印出來，是不可能局限在區區 100 頁以內的，最後一定會大大提高整本書的費用」（200）。那些以「我認為，想像力」起頭的段落，經常被引用解讀為「柯立治的想像力理論」，其實不過是「這個篇章的主要成果，我已經保留〔留住〕了文稿要在未來出版，詳盡的計畫說明〔期待未來〕，讀者可在第二卷的結尾看到」。（201-202）

在這些篇章裡最偉大的敘事折射工具，如果你喜歡的話，可以說是快門，當然就是阻止原本第十三章出版的信函。這樣的姿態與「無窮盡我是的永恆創作行為」（202）幾乎是毫不相關的，這句話是柯立治公式最常被引用的名句，描述了最基本的想像力。這是書寫給自己的信息，以一種外在的中斷而再現出來。而且，批評家無法忘記，這種外在的中斷取代了論點的有機過程和生長而出現，導向了討論崇高想像力的本質而廣受讚譽的結論。為什麼虛假的取消（畢竟那封信也是柯立治自己寫的）自己的名字做為作者，虛假的宣告另外一人的權力，這樣的行為反而最成功地彰顯了自我？我們的批評家接受了精神分析研究的洗禮，因此得以提出這樣一個問題。

柯立治寫信給柯立治，說：「我清楚地看見你做得太多，但是又不夠。」在這些章節裡，除了宣稱的及停住的空白這個普遍的敘事主題之外，讀者面對了事物與其對立之間某種特定的修辭擺盪，有時候取代了這樣的對立（就像現在，太多的也正是不夠的，這兩者當然不可能完全一樣），刻意地暗示了事物本身的缺席，同時，實際上來說，由於修辭的傳統，又暗示

了它的出現。這種典型的隱藏在揭露之中，能指創造了「所指的效果」，經由安排一種期待——精神分析教導她指認出這樣的期待。以下是這類修辭的若干姿態。

想想第十二章的標題：「要求」——期待未來的成果——與「前兆」——預先知道結果，涉及的是「接續篇章」的「細讀」或「省略」。頭兩頁可以看作是「了解一位哲學家的無知」或「對他的了解無知」。這兩者的連繫以及後續的文字在文本中並不是十分清楚。提出這樣的區別似乎只是在強化修辭的擺盪。我們再看到下一個要求，讀者「可以完全略過接下來的篇章，或通篇連貫來閱讀」（162）。就算我們不考慮其實柯立治將會安排許多的阻礙，讓我們無法順利地通篇連貫閱讀，而且這樣的要求並不是在適當的位置被提出來的，而是「取代了各式各樣要求，讓作者向未知的讀者表達了他的焦慮」（162），我們或許有充分理由去詢問：「後續的哪一章？」第十二章，這章才剛剛開始，而且緊跟在後，或是第十三章，在這一章之後的一章？當然，我並不是說，以常識判斷，我們做不了決定，而是以修辭的角度來看，這個要求似乎模糊了討論事件本身出現的可能性。

在這種擺盪的修辭之上，柯立治現在又強加了條件修辭。他告訴我們，那一種讀者是他不樂見的。「如果一個人接受了基本的事實……事物、精神、靈魂、身體、主動、被動、時間、空間、因果、意識、認知、記憶與習慣等一般的概念，對於這樣的心靈，我會儘可能有禮貌地傳達我的暗示，這篇文章並不是為他而寫的」（163）。這個句子從提及「因果關係」開始，明顯打破了原本的平行對比。在這個句子之後，柯立治突然掉

入「更多與更少」的語言，如果我們仔細閱讀的話，就會看到「要簡化並不會更加困難」，以及「更不敢期待一種較受偏好的細讀」，這兩者並不契合：「大量地擷取〔這些語彙〕，又毫不加以檢驗，只需要在邏輯上受過基本訓練，以各種形式與色彩描繪出其內容，就像是村子裡市集的江湖郎中從嘴裡吐出一條又一條的彩帶。把它們再次簡化成不同的屬（genera），並不會更加困難，更不敢期待從那種簡明哲學改信皈依者得到一種較受偏好的細讀⋯⋯」（163）。「更多與更少」的修辭是為了迷惑我們，它本身就是以其適當方式宣布某物缺席的伎倆，此處是一種歪斜與缺陷，引導我們進一步踏入在場與不在場的掩飾戲碼。

「但是」，柯立治在下一段寫著，「是說出真相的時候了」。否定的真相，以遮遮掩掩的其他方式呈現：「讓所有人或許多人都成為哲學家，這既不可能，也不必要」（164）。在做了這個畫分之後，柯立治把自發意識定位在人類知識所不能及的，或是無法理解的：「我們把所有人類知識的對象畫分成兩邊，一邊是這一側，另一邊是自發意識的一側」（164）。

柯立治於是假設了什麼是可以認知的哲學陳述語言。此處讀者一再看到的是邏輯的滑移鬆動。

在第十二章，其實是為了第十三章的宏大論證開路，柯立治說：「有兩種情況都是可能的。要不是把客體當作是第一⋯⋯就是把主體當第一。」因為「自然的概念化顯然並不涉及一個高智慧者創造自身理想複製品，兩者共同存在，換言之，即是再現其複製品」（175）。他的論點到目前為止沒什麼問題。然而，幾頁之後，柯立治提出了第一個替代理由是偏見，而第二

個替代理由本身就是理由。這樣的原因是一種不由自主；否則思想就消失了。

> 　有些事物不需要我們而存在著……即使不惜餘力藉著各種理由和論點來排除這一點，但還是其理自明……哲學家因此驅策自己把這樣的信念看成是偏見而已……其他的立場……其實是毫無根據的……這是毫無根據的；但只是因為它自身就是所有其他定論的理由。現在明顯有了矛盾……超然的哲學家也只能透過假設來解決……這與我們直接的自我意識……不僅連貫而且一致（178；強調為筆者所加）

　　根據這種基本的、不由自主而必要的欲望，哲學家追求連貫與知識可能性的欲望——追求至高唯一的欲望，柯立治奠定了他的論點基石。接著他就說要闡釋上一段裡所呈現的兩個立場的一致認同，正是「哲學的責任與目標！」（175-178）讀者在下一章會讀到，責任與目標，只能從延宕及虛飾來完成。

　　確實，在第十二章這一節裡，柯立治有系統地為我們鋪陳第十三章的分析，也就是接下來的一章，並且提供了分析的用語。這一章他警告絕大多數的讀者不宜閱讀，總之也沒有什麼讓任何讀者可讀。第十二章從頭到尾，柯立治掌握了他理論中最有力的矛盾：客體可能的優先權必須立刻放棄，雖然看起來不過是個不由自主的計畫，但主體和客體的一致認同，必須要以哲學的定理來呈現。這種「一致認同」本身是自我再現（self-representation）與自我彰顯（self-signification）無限且基本的特

性，而這兩個概念是藉由與自我區隔而建構的。然而，即便如此，一致認同必須是天衣無縫的。當然這並不是柯立治獨到的偶然之想。如果隨意地以「心靈只是作為，而心靈的行為就是使其成為自身意識的客體」來質疑，那麼誰來指派一個適當的作者？

我上述所引的柯立治的段落很接近下列這種說法：哲學家計畫的驅動力正是欲望。柯立治在其他地方不會公開地宣稱，整合主體和客體、以及自我分裂原因的動力，也是一種欲望，這樣的欲望在拉岡看來是對他者的欲望，以及生產他者，挪用他者、客體、客體替代物、主體形象或諸多主體的欲望——所有喬裝的戲耍作用，弄假成「真」。不過，柯立治追求完整連貫的欲望似乎總是被分裂的論述所背叛。首先是原則與其彰顯的分裂。「這個〔一致認同〕原則彰顯自我……」（183）。一致認同的彰顯本身是以兩部分，而不是一個完整面貌呈現，透過一個替代方案來連結，藉由翻譯的可能性來支撐，這就與其獨特性起了衝突，而且以語言的多元性來看，也會使得它在原則上便充滿了開放性。第一個部分是拉丁文字 sum，在扉頁上顯示出它的英文圖像的對等字：sum。它的翻譯替代打破了完整的 sum，分解為兩個字「我是」（"I am"）。「這項原則，如此展現其特徵，在 SUM 或我是（I AM）彰顯了自身」。

不久，柯立治俐落地翻轉了情勢。在先前幾頁，我們注意到，他主張客體和客體的位置是可互換的，並且「說明它們的一致認同是……哲學的責任與目標」。現在，以最全面的中間步驟承先啟後，完全沒有提出任何證明，柯立治肯定地表示：「因此可以被描述成是單一相同的力量持續的自我複製成客體

和主體。」(183)接下來的命題，由「因此」與「接下來」轉折，並未依賴或期待文中呈現證據來證明，而是以一種輕描淡寫的肯定確認它具備了法律的所有力量：

> 這構成了精神的本質，也就是自我再現的……必然得知在它所見的所有客體的精神，只看見自己……它被展現了，精神就是那個，是它自己的客體，但並不是原始就是客體，而是絕對的主體，所有一切都可以變成是客體。因此這勢必是一種行動……再一次地，精神……必須要在某個意義上化解這個〔主體與客體〕一致認同，才能意識到自己……但這暗示了一種行動，因此可以說，智慧或自我意識是不可能的，除非是透過而且在意志之中……自由必須被看作是哲學的基礎，而且永遠不能從中演繹。(184-185)

在這不由自主的論證連珠炮裡，我們很容易忘記前三頁柯立治所寫的東西，他先前描述了可能生產出這種論點的想像力策略：

> 同樣不可思議的是同等真理的循環，沒有一個共同的中心原則……荒謬之所以不會立即地衝擊我們，顯然不是同樣地無法想像，而是因為想像力偷偷摸摸的行為，直覺地、沒讓我們注意到相同之處，不僅填補了中介的空間，也預期了循環……做為一種持續的週期賦與整體共同一致的軌道；同樣地亦提供了……一種中心權力，使得運作和諧，生生不息。(181)

這有助於我們的批評家去臆想，直覺的、偷偷摸摸的、不被注意到的想像力，也許符合拉岡在〈主體的顛覆與欲望的辯證〉（"*La Subversion du sujet et la dialectique du désir?*"）所勾勒的圖像？這樣的想像力在平等的──無止盡可替代的──真理沒有中心的循環之中，去填補縫隙，每個真理都代表了下一個真理，反之亦然。柯立治也許會欣然接受拉岡縫合點（*points de capiton-quilting buttons*）的概念：「藉由這個點，能指停止了原本可能毫無止盡的表意滑動？」[6]

批評家無法知道這個問題的答案。但是她至少可以看出，對柯立治而言，如果支配想像力或自我意識沒有發揮作用，去達成能夠確立可理解性諸多條件的任務，結果就會導致混亂，無止盡的滑動表意狀態。柯立治以一種較老派的語言稱呼這是固定或穩定基礎位置。「即使設想客觀（the Objective）是第一優先，我們也永遠無法超越自我意識的原則。就算我們想嘗試，我們也會回到基礎，一旦我們接近了基礎，那樣的基礎就停止為基礎了。我們被投擲到無止盡的鴻溝之中。」不論是拉岡或是德希達對於這種威脅都得提出一種保護措施，或許是文本或主體的「特性」，柯立治則是以一種必要性和規範的語言來描述：

> 但是這會使得我們的理性遏制所有理性的結果與目的，也就是說，統一和系統。或者我們必須武斷地打破系列，確認絕對的某物本身同時就是因，也是果。……主體與客

6　Lacan, "La Subversion," *Ecrits* (New York: W.W. Norton, 1977), p. 303.

體，或是兩者的一致認同。但是這既是不可想像的，除非
是在自我意識之中，那麼接下來……我們……就來到……
自我意識，在自我意識中，存在原則（principium essendi）
和認知原則（principiumcognoscendi）的關係不同於因果關
係，兩者是互為內在（co-inherent）且相同一致的。（187）

　　柯立治對於存在原則（本質、真理）並不是認知原則之
原因的可能性輕描淡寫，這兩種原則很有可能是不連續的，而
不是相同一致的，他的原因卻只是這樣的不連續是「無法想像
的」。在討論存在與認知時，以不可想像和沒有理性為根據，
並不足以支撐其主張。我們必須要允許懸而未決的邏輯僵局浮
現。尤其是在前一頁，柯立治還以這兩項原則的差異而不是其
相同一致為由，替自己開脫：「我們並不是在審視絕對的存在
原則：如果是的話，我承認有許多有效的反對言論都可以反駁
我們的理論；但是我們要探索絕對的認知原則。」（186）在真
理與知識[7]的合理疆界來看，這樣的差異必須由一致認同所掩護
遮蔽，這一點令柯立治感到焦慮。

　　那封想像信函的插曲所屏障的，正是這種介於存在與認
知的鴻溝。在第十二章的結尾，柯立治突然用一句與前後文不
相關的奇怪句子召喚出一個顯然是神學而非只是邏輯的權威，
來思考統一而非差異：「我會以傑若米・泰勒主教（Bishop
Jeremy Taylor）的話來總結：『所有事物皆為一，所有事物皆
歸為一，在所有事物皆看見一，能到達這樣的境界的人，便能

7　ibid. p, 294.

享有精神真正的平靜安息。』」（194）。但是在第十三章結尾，這位想像的友人，自我的虛構，取代了上帝的代言人，即善意的主教。「存有只是單純的存在」這樣墮落的論述，自傳的軼事，從他者世界傳來的信件，打斷了認知的論述，阻礙了其呈現可以（如果能夠的話）和證據一致的發展，遏制了一個承諾：一個去閱讀和書寫的承諾。

　　拉岡的讀者可以用另一種方式來詮釋這個文本姿態：他者噴發到主體文本。用這種方式來解讀，原本被看作只是對想像力這個論點推演的中斷干擾，也許會因為欲望的不滿足，而被當成不只是使推演論點的欲望維持不墜的力量，同時還是使想像力法則可能成立的藉口。這個所謂作者的友人，自我分裂假扮成他者，從這個觀點看起來，可以被稱作是「立法者」（Legislator），他一方面決定了作者的行為，然後又使制訂法律成為可能。為了要把他的文本帶到適切的結論——討論想像力極具權威的段落——這樣看來，主體勢必得問他者（不再是客體，而比較像是另一個主體）：「你有什麼願望？」（我的願望是你應該把這章壓下來）「藉由明顯而不是刻意揭露的父親的真正功用，在最底層其實是把欲望和律法統合。」[8] 柯立治文本欲望著在邏輯上有所缺陷，但又在立法上能起作用。在這條通往關於「想像力」種種結論的路徑上，沿途充滿了邏輯的掩飾。要求這樣的路徑被抹殺，立法者允許不受認可的欲望和想像力的律法（而不是論點，這是文本表面的欲望）合而為一。如果我們了解了討論中的律法不是隨便什麼律法，而是自我主

8　ibid. p. 824.

權的律法，文本的豐富性也就隨之而增加，柯立治的文本透過作者狡詐地擔任立法者的「父職」來敘述這樣的立法，而不是反過來，於是那樣的父職就被取消了。這裡出現了重鏡迷宮……

我們的批評家在柯立治文中似乎遇到了一個經典例證。他的文本把理論和主體敘事混在一起，以新的精神分析作品來討論柯立治的文本似乎最有收穫。一方面是欲望一神論派理論，另一方面是欲望一種斷裂，這種兩面刃作法似乎是可行的。

如果我們的批評家確實依循我所預示的意識形態去發展，她接下來就透過拉岡的基本文本去尋找她所解讀的意義，然後了解她把柯立治的章節連結到兩個重要的精神分析主題：閹割與想像（the Imaginary），後者是拉岡特別闡釋的重點。

雖然主體勢必受到在論述「象徵」世界的位置所定位及形塑，但仍然藉由建構客體形象或「真實」世界及其自身的替代品，來欲望接觸那個「真實」世界。這是想像的位置，而且，根據拉岡的說法，所有哲學文本都向我們顯示了它的記號。「所有一切說明了存在，甚至述及本質，比方說，在亞里斯多德作品裡，我們可以看到，藉由分析經驗來解讀，這其實是小寫客體 a 的問題。」[9] 柯立治謹慎地聲稱他會討論認識，而不是存在，似乎也並沒有逃脫那樣的印記。對所有論述來說，包括論述的作者，在某種意義上，都是存在的論述，因此必須接納論述引人入勝的對立面，想像的生產（the production of the Imaginary）。因此拉岡提出了問題：「有小客體 a，就是存在

9　"Le Savoir et la vérité," *Encore*, p. 87.

嗎？」[10]

　　共享作者責任的「朋友」或許具備反射的（因此是客體化的）與論述的（因此是主體化的）主體形象。「這個我不是一個存在，而是一個假設涉及了說什麼的問題。」[11]「主體相信能夠透過在陳述中被說明指稱，就能夠理解接納自我，其實也與客體無異。問問那個擔憂白色頁面的人，他會告訴你誰是他幻想中的人渣。」[12]

　　這封「朋友」信函有趣的細節突然以金錢和頁數來描述遺失的篇章，把論思想的偉大思想化約為龐然大物，同樣符合這樣的主題。拉岡一而再、再而三地說，只有透過與象徵的（the symbolic）瞬間接觸，我們才得以一瞥想像（the imaginary）。在信裡的那句陳述或許確實就是那樣的瞬間。

　　信函整體而言是「象徵」的典範，在語言中傳達的信息——如果可以這麼說的話，說的是能指的集合，具再現／代表意義的能指。正如我們所見，它中止了作者明顯欲望提出想像力理論充分發展的完成，甚至也鼓勵並承諾了更進一步書寫和閱讀。這是有銳利前沿的工具。

　　批評家明白，在精神分析的辭彙裡，所有能夠接近取得律法的切割形象，都是閹割的記號。正是柯立治論述的切痕，才使得律法得以充分地開展。移除陽物使得陽物能夠以欲望的能

10　這句刻意而笨拙的翻譯還是無法貼切掌握法文的文字遊戲：「有小客體 a 存在嗎？」以及「有小客體 a，就是 a 嗎？」為主體（預先）設定主體與此處柯立治文本的問題有關。

11　"Ronds de ficelle," Ibid., p. 109.

12　"Subversion," *Ecrits*, pp. 314-315.

指浮現出來。「閹割代表的是，為了達到欲望律法相反規模的快感，〔性高潮〕快感〔jouissance，絕爽〕必須要被拒絕。」[13] 正如隨後對於柯立治的批評接受充分地展現，這封信函拒絕對含糊論點做充分的說明，因此成功地以先前出現的主張連結闡釋了第十三章宏大結論。因此是閹割，做為一個精神分析概念，它既是一個欠缺，也是一種授權：「讓我們這麼說閹割，它是接合條件那個不在場的木釘，以便建構系列的一系列或一套，或者，相反的，是裂縫，標示不同條件之間分隔的裂縫。」[14]

隨著美國一般批評家閱讀愈來愈多新的精神分析文本，依循著以類比為應用的意識形態，未來像這一類的解經注釋一定會大幅激增。[15] 因此與法國運動較為接近的批評家，對這類挪用抱持輕蔑和謹慎的姿態也會大大地增加。我在此刻提議，對於前者挪用的信心，以及安撫後者的階層化，同時要採取中立，並且要去探問這種對文學批評精神分析辭彙的使用究竟隱含什麼意義。

可以想見以精神分析解讀文學文本，必然會利用象徵手法的字彙及結構圖表，羅列精神分析場景的敘事，以生產意義。

....

13 Ibid., p. 324. 我被德希達論點打動，主要是一般的而不是精神分析的，以重寫閹割主題做為處女膜主題 ("The Double Session," *Dissemination*, trans. Barbara Johnson (Chicago: University of Chicago Press, 1981)，或是「花粉囊—立起／反勃起」（anthérection）(Glas, [Paris, 1974])。不過既然這篇文章是普通批評家藉由特定精神分析辭彙來討論的故事，我就不在此深究這個重新銘刻的問題。

14 Serge Leclaire, *Psychanalyser: un essai sur l'ordre de l'inconscient et la pratique de la lettre* (Paris: Seuil, 1968), pp. 184-185.

15 關於典型解讀未關注信函及剪報重要性的討論，可參考 Owen Barfield, *What Coleridge Thought* (Middletown: Wesleyan University Press, 1971), pp. 26-27.

文學批評家擁有不只是普通批評家一般所知的相關領域知識，還有偉大的精神分析家利用文學為例子，似乎都在重複這個過程。事實上，佛洛伊德在討論霍夫曼的《沙人》（*The Sand-Man*），或是拉岡討論愛倫坡的〈失竊的信〉（"The Purloined Letter"）都清楚地顯現了這樣的連繫。文本比喻學或敘事學明暗交叉的平行線，配合精神分析描述，可以被定位為精神分析場景開展的諸多階段。經典的場景倒不少見，以我們的觀點來說，其中最重要的，就是我們的批評家在柯立治文中所看到的：透過父親禁令而接觸律法——進入到伊底帕斯符號三角的段落：「分析的籌碼〔en jeu，下注「戲耍」〕所代表的無非是——認可主體在能夠涵括人類所有關係場域的象徵關係次第的功能，這個核心細胞是伊底帕斯情結，據此一個人的性別得以被決定。」[16]

　　鋪陳這樣的敘事就是揭露文本的可理解性（即使最極端的情況是呈現文本性如何讓可理解性永遠懸而未決），在精神分析論述的協助下，至少暫時滿足了批評家透過知識主宰的欲望，甚至暗示了批評家之所以為批評家，如果不是享有特權，至少是有特別的文本知識，這是作者不可能擁有的，或者只能去連結說明的。移情作用（transference）的問題性對於佛洛伊德和

---

16 Lacan, "Analyse du discours et analyse du moi," *Séminaire*, ed. Miller, Livre I, *Les Écrits techniques de Freud* (1953-1954), Paris, 1975, p. 80. 再一次的，我們的批評家大概不會進入這個全面的評論—批判位置，這番討論在德勒茲及瓜達里的《反伊底帕斯：資本主義與精神分裂》（*Gilles Deleuze and Félix Guattari in Anti-Oedipus: Capitalism and Schizophrenia*, trans. Robert Hurley, et al. New York: Viking, 1977）提出，或是普遍的精神分裂分析討論。

拉岡如此重要，如果嚴格加以追溯探究，就會將批評家這樣的
計畫斥之為瑣碎細微，然而這樣的分析實際上重新定義了詮釋
學價值的問題。拉岡以黑格爾主奴辯證來解釋移情關係，無論
是主或奴都是由彼此來定義及否定。至於主人的欲望——這裡
指的是分析者或批評家——拉岡寫道：「主人的欲望從開始進
入歷史發生影響的瞬間起，似乎在本質上就成為最不準確的術
語。」[17]

　　讓病人和分析者的無意識能夠產生作用的，並不是主人的
欲望，而是移情的產生，由主人和奴隸的互為主體性去詮釋。
對於避免誤解移情作用，和強調移情作用在分析的重要性，拉
岡抱持同樣的審慎態度。這並不是中立分析者可以小心操控的
單純取代或認同。他和病人一樣臣服於移情過程。在這個過程
中，分析者既不知道也不能忽略自己的欲望：「移情不是去行
動，把我們推向疏離的認同，這種認同是所有趨同過程所建構
的，即使這是服膺一個理想模型，分析者無論如何也不可能成
為模型的支柱。」[18]「至於處理移情作用，另一方面，我的自由
受到我的自我在那裡受苦的雙重分身而產生疏離，而每個人都
知道就是那裡可以找到分析的祕密。」[19]

　　除了決定去否認充當主人的欲望，我看不出來文學批評
還能多做些什麼，它也不可能不去關注文本可理解性的條件。
批評的文本當然是臣服於可理解性與不可理解性之間的作用，

17　"From Interpretation to transference," *Fundamental Concepts*, pp. 255-256.
18　"Analysis and Truth," *Fundamental Concepts*, pp. 145-146.
19　"La direction de la cure," *Ecrits*, pp. 228-229.

但是比起質疑可理解性的地位，或是多多少少刻意地不正經，它的決定永遠不可能再更加自我顛覆了。即使這是孤立「某個不可化約、無意義之物，其功用是一開始即被壓抑的能指」的問題，分析者的功用就是給予不可化約的能指一個「有意義的解讀」。「並不是因為我曾說解讀的效果是去孤立主體無意義（*non-sense*）的心，用佛洛伊德的話來說，核心（*Kern*），或是解讀本身是無意義的。」[20] 如同塞吉・勒克雷（Serge Leclaire）在《精神分析者》（*Psychanalyser*）所強調，精神分析者不可能透徹掌握指稱（reference）的問題。另一方面，我覺得重要的是，為了可理解性，把文本當作一個場景的敘事，或甚至是說明一項原則，新的精神分析恰恰讓我們可以去懷疑理解力的地位，知識的意義，意義的知識。「〔黑格爾的辯證法〕是演繹法，所以只能是象徵和真實的連結，此外便沒有可以期待的……這種末世學的探究只是說明了佛洛伊德式和黑格爾式這兩種主體與知識的關係間巨大的鴻溝。」[21]

　　就像是哲學批評一樣，這種精神分析批評也陷入著名的雙重束縛。考慮到所有預防措施，文學批評必須要以批評家得為解讀負責來運作，其次，在較小的程度上，則是作家要為文本負責。「如果精神分析和哲學都發現，在今日它們不得不脫離『意義』，不得不和臨在（presence）與意識的認識論截然『畫分』，它們發現兩者同樣掙扎著要把彼此的論述和其發現、計

20　"From Interpretation," *Fundamental Concepts*, pp. 250-251.
21　"Subversion," *Ecrits*. pp. 296, 300-301.

畫相提並論、等而視之，這是多麼的困難（或不可能）。」[22]
批評能做什麼？不過是命名前沿概念（frontier concepts，配合
多多少少的深思熟慮），因此替自己勉強取得一點空間寫得
讓人看得懂：布魯姆（Harold Bloom）的指示場景（Scene of
Instruction），德曼（Paul de Man）的反諷（Irony），克莉斯
德娃（Julia Kristeva）的宮籍（chora），拉岡的真實（réel）。
或者不妨試試前沿風格（frontier styles）：拉岡在七〇年代的蘇
格拉底研究會，德希達的「雙陽物的」（diaphallic）《喪鐘》
（Glas），嗯，還有類似本文之類的論文裡某種欲拒還迎的氛圍。
至少雙重束縛的批評，此處用的是精神分析的辭彙，邀請我們
去設想──即使我們膽怯地或猛烈地質問那樣一種反射邀請的
價值──柯立治其實受到了雙重束縛：想像力是他的前沿概念，
自我抹除／假裝文學（自）傳記是他的前沿風格。

　　我們還可以從另外一種角度來看待移情作用概念如何被挪
用到文本與批評家的關係：「在此處來思考以下的事實還蠻適
合的，不在場（in absentia）、肖像形式出現（in effigie），其
實是什麼也得不到的。只是這個事實常被規避，這成了移情作
用的原因而不是藉口……恰恰相反的是，主體正因為是臣服於
分析者的欲望，欲望透過這種臣服去欺騙分析者，藉此贏得對
方的情感，他自己提議了這種本質的表裡不一，這正是愛。移
情作用的效果是欺騙的效果，在此時此刻正重複著。」[23] 這在哲
學上聽起來有些天真，但可不容忽視，這本書不可能設想自己

22　Shoshana Felman, "La Méprise et sa chance," *L'Arc* 58 (Lacan), p. 46.
23　"From Interpretation," *Fundamental Concepts*, pp. 253-254.

像批評家那樣自說自話。現在德希達很小心地展現了「活的」言語和「死的」書寫其實是可以互相替代的。[24] 但是那樣細緻的哲學分析不應該用來做為文學批評家權力意志的藉口。畢竟，文本和個人的一般意義共享結構，這會使得批評本身絕對地脆弱。德希達的舉措一旦被書寫進批評實踐裡，它的意義，不是把精神分析和文學批評的情況相提並論，或是把兩者做類比，或是把這看做是書本與讀者的情況，而是對於兩者區隔進行永遠的解構（逆轉及取代）。德希達舉措所具備的哲學嚴謹要求，根本不可能成為精神分析式文學批評的途徑。

我們不可能藉由拒絕討論精神（psyche），以及把討論文本當作是自我宣傳機制的一部分，就輕易地抹滅了文本和個人的差異。主體分裂的、不延續的隱喻，藉由欲望自身的負擔承載或背負，有系統地誤導及建構文本機器，承載或是被「譬喻」負擔背負。我們無法把前者看做是生產切割所造成的殘餘而對其嗤之以鼻，也不可能看重後者，把它當作是「哲學」文學批評唯一可能的關注，而是得去面對這種負擔。主體「隱喻」和文本「隱喻」之間的對立需要無窮盡地解構，而不是階層化。

而一個精神分析的程序，是以欲望的範疇補充了代替的範疇，反之亦然，這是去執行踐履那種解構的方式。移情作用的

---

24 在德希達《書寫學》（*Of Grammatology*, trans. Gayatri ChakravortySpivak. Baltimore: Johns Hopkins University Press, 1976）第一部分大致處理了這個面向，更特定的討論可參見其探討胡塞爾的《言說與現象：及其他論胡塞爾符號理論之論文》第七章（*Speech and Phenomena: And Other Essays on Husserl's Theory of Signs*, trans. David B. Allison (Evanston: Northwestern University Press, 1973, Chapter VII）。

情況充其量只是提供氛圍，做為文學批評的實踐。我們很清楚所有的批評實踐都一定會被一個人或許不知道知識是否可能的可能性所擊敗，被自身的深淵結構所擊敗。但是在夜晚來臨前的降霜之日，一個精神分析辭彙，以其充滿張力的隱喻，給了我們一點點空間去戲耍。如果我們只是跟隨著《文學傳記》第十二章和第十三章邏輯上或「譬喻的」不一致（這是一般習慣的理解），我們只會看到柯立治的支吾搪塞。正是閹割和想像力的主題揭露了在場與不在場的戲耍，律法意志的完成與未完成。精神分析辭彙闡明了柯立治的主張：《文學傳記》是一部自傳。在精神分析論述裡，藉由欲望範疇來補充代替範疇，使我們不僅得以檢視柯立治的主張，也可以檢視我們自己為何拒絕認真地把這當一回事來看待。

那麼，最終，批評家或許必須承認她對拉岡醫師的感激，只是為了可理解性的手段這樣卑微的一件事，一個描述了柯立治兩章作品策略的公式：「我要求你拒絕我提供給你的東西，因為那個不是。」[25]

....

25 Lacan, "Ronds de ficelle," *Encore*, p. 114。這個不尋常的建構藉由否定它所提供的禮物而導向了迷宮。這個公式——出自拉岡最近研討會文章的其中一篇——援用拉岡完整的無意識主題，在藉由生產滑動的能指以定位主體時，也製造了自己的滑動，這點還需要我說嗎？不過，最常被引證的權威章句仍然是較早一篇出自《文選》（*Ecrits*. pp. 146-173）的文章〈無意識字母的強調〉（trans. Jan Miel as "TheInsistence of the Letter in the Unconscious," *Structuralism*, ed. Jacques Ehrmann. New York: Doubleday, 1970. pp. 101-37）。

第二章
發現女性主義解讀：但丁 ── 葉慈

　　主流文學批評的虛構——往往是如此的「男性主義」，以至於這個形容詞開始失去所有意義（在這個普遍性的層次，你可以將其稱之為「資本主義的」、「唯心論的」、或是「人文主義的」，只要你可以說明是怎麼一回事就行了）——就在於，只有在科學場域，或是具備法律論證效力的場域，才會有嚴謹的解讀。另外一種觀點來自於一種有系統地遭到邊緣化的思維模式，我們儘可以稱作是「女性主義的」：即使是生產公共嚴謹意義，仍然在所有層次上背負著受到策略性壓抑的所謂「私人的」印記。在批評勞動裡細分能量所畫分出來的保留意見中，允許私人的面向稍有發揮，這是不夠的：例如在政治論爭或精緻新聞報導裡，出現一絲自傳的莊嚴自重或挖苦自貶。相反的，在與讀者分享其出處時，可能需要去呈現解讀情境的脆弱。在女性主義另類解讀經典時尤其如此，這類解讀在引用科學專門研究顯而易見的先例裡，不會找到任何慰藉。女性必須訴說彼此的故事，並不是因為她們是頭腦簡單的生物，而是因為她們必須去質疑批評模式是中立的定理或科學。這篇論文便是試圖寓言化這種情況的演練。我希望讀者可以在進入直接解讀之前，學習到笨拙、刻意但又邊緣的「自傳」重點。

　　1977 年的春天，我參加了一個女性主義文學批評國際會議。主要發表論文的其中一篇是對但丁詩集《新生》（*La Vita nouva*）[1] 精彩的學術研究。對於這部作品所處傳統裡殘忍的性別歧視，這篇論文沒有採取任何立場，觀眾席中一名女士在一小時的演講最後問道：「身為女性如何能學習去讚美這部文本？」在講者回答問題之前，另一名在觀眾席內的傑出女性以很有權威的口吻說：「因為文本自我解構，作者不需要為文本大概說了些什麼負責。」

　　這段對話令我十分困擾。我認為，一名男性權威被一名女性召喚出來讓另一名女性的政治無法發聲。就算是這樣，最有可能的理解方式是，「文本自我解構」當然是文本標示了其欲望「討論某事」的旅程，而這樣的旅程必須費心去處理意義場域的開放性；或許有可能在某個階段確立了那個關鍵瞬間，發現這樣的精心設計揭露的是自身其實是無法解決的自我取消的結構。即使一個人鑽研一套批評方法論，對於這種了解很敏感、容易受其影響，但在某個層次上還是有「某些東西」被闡釋連結的特定性，這是文本所希望表達的意義，文本費盡心機去處理的某些東西。這些是「最低限度的理想化」，建構了解讀的可能性。[2] 在一個變動的、如深淵般的框架裡，這些理想化是我

1　Dante's *Vita nuova: A Translation and an Essay*, trans. Mark Musa (Bloomington: Indiana University Press, 1973)，以下出自此作之引文均只列出頁碼。*La Vita nuova di Dante: con le illustrazioni di Dante Gabriele Rossetti* (Torino-Roma, 1903)，在本文若引用義大利文原作分以 D 代表。感謝 Gianna Kirtley 女士協助理解義大利文原作。

2　忽視這樣的「最低限度的理想化」倫理哲學的力道，有時會以形式主義偏見影響了最細緻的解讀。舉例來說，在 Shoshana Felman 對《碧廬冤孽》（*The Turn of the Screw*）精彩的分析中，閱讀一事業之間的矛盾正是透過紳士老闆的女性員工來運作而產生的，但這一點卻被忽略了。當 Felman 寫道：「『管家』確實管理」（170），或是「管家的確變成了掌舵人，故事意義的主宰（主

們這些做為讀者的「物質材料」，利用我們自己難以捉摸的歷史—政治—經濟—性的決定因素，帶進我們解讀的器械，以及，沒錯，判斷。選擇觀眾席回應的策略時刻就充分顯示了，要了解判斷的局限，並不代表能夠幫助判斷。「《新生》就像所有詩文本一樣自我解構，所以不應該被評斷」，這句話本身就是一句判斷，即使是就一般口語的意義都再明顯不過。確實，「文本自我解構」也是一句判斷，即使只是在哲學意義上。

我承認我那晚一直想著計算「實際的」理由，以口語意義而不是形上學包夾的方式提出判斷，後者使得哲學判斷在可容忍的極限裡無可遁逃。無論是講者或回應者當時都面臨教職終身職決定。在那些決定裡所涉及的制度判斷，至少有部分（或是關鍵地）正是由詩語言的場域來執行，而詩語言的判斷原本應該是永遠被懸置或放棄的。當我走出演講廳時，我回想著這

續..

人—讀者）」（173），我們不禁想到社會—性別的用法，確立了管家與總督、女主人和男主人的巨大鴻溝，在述及「無論是在詹姆斯或索福克利斯的文本裡，自命為偵探者最終發現他自己是他所調查罪行的作者：罪行是他的，也就是他自身正是他所尋找的罪犯」（175）。Felman 的觀察其實相當犀利，但此處似乎忽略了在詹姆斯的作品裡管家並無法接觸到伊底帕斯場景：和伊底帕斯不同的是，她不知道自己是罪犯，當然也沒有懲罰自己以拯救人類，或者是拯救故事裡世界的特權。雖然是以「性—中立」的方式，Felman 的論文確實指出了文本的反諷是靠著管家把舵輪（陽物）抓得太緊而形成的。因為她在文本中追蹤出意義逃離的細膩譬喻，她是否自己也淪為文本陷阱的受害者？我們從小說中的譬喻試圖解讀格羅斯太太（不識字的管家）和弗蘿拉（小女孩）的排除而不得其解。Felman 與這本作品最為人敬重的讀者並列：主人—作者（拉岡，他足稱主人而禁止承認——「我會不時地指涉拉岡的作品，倒不是當作權威（強調為我所加）的理論知識，而是當作非常豐富複雜的分析文本」〔119〕）。作者—主人（詹姆斯在整篇文章被當作是相對於批評家粗俗錯誤的權威，最後則是自身小說的主人／受騙者現身；女管家則以自己的樣貌現身。

兩名女士判斷的傲慢與焦慮——通常是在對話中展現——她們對判斷她們價值的評斷，當作是對詩文本的評斷。

「因為詩文本自我解構，所以不應該被評斷」，如果這句話是毫不妥協地用來終結討論，而不是使討論更複雜，那麼這樣一來，似乎是對一個人專業本行的文本的全面辯解，讓文本有機會說：「我不是我所不是的我不是的我所不是」這樣無止盡的延續，或是直到活潑生氣戛然而止的時刻才罷休。如果是這麼使用，這般口號就和美國主流教學法和文學批評可怕場景再契合不過——彷彿是被「文本自主性」、「意圖謬誤」，還有「自願擱置懷疑」給束縛住。在這樣的例子裡，主流美國正統學院派此時此刻充斥著他們一知半解的解構主義辭彙和假設的懼怕，或許只不過是局部化的歷史矛盾。難道我們應該這樣來理解解構主義的情況嗎？

那年的整個夏天和秋天我一直想著這個問題，到了耶誕節我想我應該得到一個公式：狹義來說，解構主義馴化了解構主義的普遍意義，因此可以進入美國文學批評現有的意識形態，因為美國文學批評已經吸納了現象學所強調的意識，而且正要吸納結構主義明顯的科學論。解構主義的普遍意義以自我的角度看來，可能只是基進異質性的（解）形構效果，質疑批評家的權力基礎。狹義的解構主義只不過是一種精選的文學批評方法，將這種表意或形構效果放在「文本的」踐履上，允許批評者的權威能夠揭示譬喻和踐履的經濟。

我從 1976 年夏天到 1977 年春天閱讀了德希達的《喪鐘》（*Glas*），對於以狹義解構主義去破壞廣義的解構主義，我想我看到了不同的處理方式。由於這兩者是共謀且緊密連結的，

批評家必須書寫這個自我在理論上不可能的歷史傳記，而這不過是結構上抗拒不可化約異質性的效果。我把《喪鐘》當成自傳來讀，「有關」黑格爾、馬克思、尼采、佛洛伊德、惹內特等等。[3] 由於解構主義形態主義已經徹底地質疑過對自傳自我的信仰，或是對歷史敘事權威的信仰，德希達的計畫就是要冒必然風險去「展示」理論如何必然——在運作時——被實踐所削弱。[4] 我覺得，德希達並不是逃避責任，而是現在嘗試要以不同的方式去書寫責任的局限。他不帶任何敵意，謹慎地保留未被揭露的階級組織的律法隱喻：「語言總是如此，這是限制和機會的聯姻。」

繼《喪鐘》之後，德希達大部分的作品都帶有這種「歷史的」（自）傳記印記。我上面所引述的文章是這麼開頭的：「我在這裡把我介紹（進）到翻譯裡」，結尾又說：「不是為了去決定你會以那種語調說，在虛假的無盡裡，如此多方面衰敗的我——受格小寫我（I-me）：受格大寫我（Me）——精神分析——你知道。」

在本文開頭第一段，我提出女性主義的另類解讀，透過作品源頭自傳脆弱性的戲劇化安排，或許可以質疑專家主流研究的嚴謹正規訓練。所以，我思考到這兩位同事的對話，覺得必須在解構主義狹義與廣義（本身並非截然畫分）的定義空間帶入「主格我／受格我」（I/me）的區分，這種「主格我／受格我」

3　見 "Glas-Piece: A Compte-rendu," *Diacritics* 8:3 (Fall 1977)。

4　必須要在描述裡包含進來的，也就是一定要描述的，同時在實際的論述裡，在描述的書寫裡，並不是敗壞和變動的現實，而是敗壞性」。Jacques Derrida, "Limited Inc," trans. Samuel Weber, *Glyph* II (1977), p. 218。

正是女性主義的主體。這並不是眾多的「主體」之中的一個。而是「最卓越的客體」成為「主體」。因此，「把建構客體的法則重新運用到語料庫」的「姿態」，對一名女性而言，會有某種暴力，這和精神分析主體做為一名批評家細緻的語言替代是有點不一樣的[5]。

　　當女性主義「主體」出現，「歷史時刻」也隨之到來。無疑地任何歷史時刻都是分散的空間，一種只能無限地界定的開放關係架構。然而，如上所述，解構主義的實踐，就像是所有實踐，或有過之而無不及的，總是在每個轉折都會削弱自身理論的嚴密。所以，努力定義歷史時刻的自我痕跡，支撐了分散的空間，即便這個空間給了這樣的努力一個謊言，無論如何自我痕跡都必須留下記錄。[6]觀眾所提供的答案已經決定，要把這樣的衝突從解構主義文學批評有秩序的領域裡排除化解。我的目標變成是去闡釋一種解讀，不可化約地由女性主義的主體及其「歷史時刻」所標記定義。

　　因此，那年我就在暑期研究班教了《新生》。明確的課程名稱是「晚近詮釋理論」。我在上課第一天就表示我的目標是闡釋一種解讀，不可化約地由女性主義的主體及其歷史時刻所標記定義。有兩名男性想從他處尋求快感及指導，因此就退了這門課。

　　在一群充滿熱情的年輕女子及兩名男子協助下，我讀了《新

5　Jacques Derrida, "ME-PSYCHOANALYSIS: An introduction to the Translation of 'The Shell and the Kernel' by Nicolas Abraham," trans. Richard Klein, *Diacritics* 9:1 (Spring 1979), pp. 6, 4, 12. 強調為我所加。

6　Ibid., p. 8.

生》、葉慈的〈吾乃爾主〉（"*Ego Dominus Tuus*"，這個標題出自《新生》）、《靈視》（*A Vision*）（這個標題或許令人連想到但丁的《神曲》）。[7] 我們特別強調的是，除了這些書寫的語言所引發的任何比喻的或踐履的解構主義外，其實這些作品的情節也有自我解構的敘事。更有趣的是，女性通常都被當成是這個敘事計畫的手段。[8]

　　做為一個小團體，整個班級同意撰寫報告，最後再匯集成書。我和全班同學一樣在截止日期完成了一篇論文（即本文的一到四節）。而且這篇文章和修課同學的論文都要接受全班的評論。這個決心最後還是無疾而終，想當然耳。所有論文太不一致了，參與者沒有自信，我又沒有把「擔任領導者」這回事看得太認真。在一個有系統地回饋個人而非群體卓越與原創性的社會及體制裡，這樣一種具備烏托邦式虔誠的私人行為，無論如何是於事無補的。

1.

　　葉慈需要理想的他者。我們知道他深諳此需求，經常提出診斷，從中創作出詩、自傳和靈視。「說我有這樣的朋友

7　這一點的前解構主義模型可以在海德格的一個概念中見到，他在討論一個世界的勞動世界性與地球的自我排除存在之間必然衝突的建構地位時提出了類似概念：非解構主義模型則可見於德勒茲和瓜達里的欲望生產、分裂合成、記錄及連接合成之間斷裂的生產地位。

8　H. F. Cary 牧師所翻譯的版本是葉慈所使用的譯本，標題為《靈視》。葉慈自認為和但丁一樣是月亮第十七個階段的主體。參見 Richard Ellmann, *Yeats: the Man and the Masks* (New York: WW Norton, 1948), pp. 236-237。兩個標題使用定冠詞或不定冠詞之間的關係值得玩味。

是我的光榮」（〈重訪市立美術館〉"The Municipal Gallery Revisited"）這種葉慈式的情緒蔓延擴大，直到吸納了歷史與神話的精選居民，甚至包括野天鵝和鑲嵌畫裡的聖人。究竟為什麼、又是如何有這樣的需求？這是我在這篇短短的論文裡不能回答的問題。我要討論的是，但丁可能是這些理想他者中的領袖。但丁是 19 世紀偉大風尚代表，沒錯。愛默森、羅塞蒂、朗費羅翻譯了他的作品；布雷克、羅塞蒂、古斯塔夫·多雷（Gustav Doré）為他的作品畫插畫；雪萊、馬修·阿諾德及約翰·西蒙茲（John Symonds）評論他；但是葉慈似乎最喜愛他，因為他愛上基督教最受推崇的淑女。葉慈以為，正是這份愛，而不是其他任何事，使得但丁成為詩人，而不是一個普通人，能夠得到「存在的統一」。葉慈在《靈視》裡寫道：「但丁遭受不義，失去了碧雅翠絲，結果尋獲了神聖的正義與天堂的碧雅翠絲。」[9]

　　在詩人技藝實踐中，女性形象究竟是如何發揮作用，而能夠達到這種心理療癒的完滿充足呢？這是我在本篇論文中想要探討的。還有一個更大的問題則蘊含其中。無論是在但丁作品裡，或是在葉慈作品裡，女性做為一種手段被客體化、分散各處或是封閉遮掩；一種反動的運作才把文本收束起來。如果身為一名女性，我刻意拒絕被這樣的文本所感動，那麼我應該如何面對精緻藝術？如前所述，我並不是不明白解構主義對於整體單一分析（無論是分析「但丁」、「葉慈」、「我自己」、「藝術」）的可能性保有戒心，在德希達的理論裡，所有像這

9　像 Felman 這樣的解讀精彩地描述了故事的鋪陳，但是沒有看出性別歧視的能量。

類統一的概念，都不過是文本藉口，用以延宕基進異質性的可能；在拉岡的理論裡，這些都是想像的象徵性扮裝表演。（想像「關係是由意象、想像、幻想所建構出來的，但是它們是以這樣一種尋常不受識別的方式建構，以至於我們很容易被社會所誘導而想像它們是真實的，於是就會把它們當作真有那麼一回事」）[10] 不過，我也指出了，從這些潛在基進的位置所發展出來的保守主義：不經檢視使用論點去主張偉大文本會自我解構，因此經典就可以得到保存，這樣的保守主張也是不夠的。

如果，身為一名女性，我拒絕被這些文本感動，那麼我應該如何面對精緻藝術？更大的問題我且暫時拋開，先回到較次要的問題：在詩人技藝實踐中，女性形象究竟是如何發揮作用，而能夠達到這種心理療癒的完滿充足呢？

2.

葉慈的〈吾乃爾主〉（1917）是從但丁的自我心理故事《新生》的第三節取材而來。這些字眼是由愛所說，葉慈很令人滿意的將但丁式的描述翻譯成「可怕的主」。

但丁在《新生》通篇裡的策略之一就是責任的移轉。他不斷地提醒我們他文本的本質是片段的，把這當作是真正發生事件的記錄並不恰當。比方說，在第三節裡，但丁描述他第一次見到碧雅翠絲，我們讀到：「他〔愛〕說話了，提到許多事情，我只能明白一點點；其中一點是吾乃爾主」（5；D 37）。

「在夢中責任開始」（《責任》的題辭），而這個一知半

10　*A Vision* (New York, 1961). p. 44.

解的夢，應該是要對先前所創作集結的詩有提綱挈領之效，《新生》的散文文本則是為這部詩集提供一個框架。愛與碧雅翠絲或許是自體性慾自我分離的戲劇效果。這裡所討論的靈視和夢遺十分相似。但丁在路上看見碧雅翠絲，就魂不守舍地退到自己的房間裡獨處，想著她而陷入夢鄉，結果出現了又驚又喜的靈視，「之後過了一會兒」，就如浪漫主義小說的含蓄之語，雖然仍在夢境之中，但丁無法忍受這種焦慮，於是就悠悠地醒來。

　　在夢中，愛現身讓詩人看自己流血受傷的心，碧雅翠絲半裸地躺在愛的手臂上，愛強迫她吃掉他的心。如果我決定要透過精神分析結構來描述這個夢境靈視事件，我可以把這個夢境看做是幻想故事，女人允許男人得到某種「被動」，以禁止「主動」。藉由吞噬但丁的陽物——流血的心明顯是個偽裝——碧雅翠絲「吸納」他，「認同」他，代理他[11]。不過，這並不是一個雙值的而是三角的交易。愛讓但丁看見他的心是已經切斷的「部分客體」，他是給予碧雅翠絲這個可疑權力的主。[12]透過愛

11　很難在拉岡理論裡找到有系統的定義，因此我引用 Anthony Wilden, "Culture and Identity: the Canadian Question, Why?", *Ciné-Tracts* 2. ii (Spring 1979), p. 6。我在某種程度上相當認同 Wilden。我翻譯了德希達早期的作品，他則翻譯了拉岡早期作品，他似乎也抗拒拉岡的作者精英主義式高高在上的姿態，並且把作者的作品移植到明顯的政治和情境範疇，這些範疇往往缺乏「風格的精煉」。

12　要啟動吸納—認同的經典論點非佛洛伊德的〈哀悼與憂傷〉("Mourning and Melancholia," *The Complete Psychological Works of Sigmund Freud*, trans. James Strachey. London: Hogarth Press, 1957, vol. 14; *Gesammelte Werke*. London, 1940, vol. 10）莫屬。在但丁文本中可以發現以吸納涵括做為語言加密狂的痕跡，這在 Nicolas Abraham and Maria Torok, *Cryptomanie: le verbier de l'homme-au-loup* (Paris: Flammarion, 1976) 的作品裡已有討論。德

的中介，幻想的交換場景便開啟了。

現在碧雅翠絲非自願地被迫吸取內化，但丁可以向外投射，創造文本為產品，開始尋找重要性，分析他的夢境，對這個完整的女性宣戰（畢竟她現在塞滿了陽物）。這場戰爭同時是自我榮耀之役，因為這是他自己的陽物。責任在他處，是主人犯下了罪行，奇特地閹割詩人而賦與權力。女人的欲望根本無處可尋，她是沈默的，違反意志而行，透過了古怪的移植而擁有了陽物。

移轉責任，但丁使自己變成被動的角色。這個被動角色或作者預先設定犧牲者的特定主題，在文中不斷地出現，然而其可信度是非常複雜的。

拉岡在〈關於《被竊的信》的研討會〉（"The Seminar on *The Purloined Lette*r"）對佛洛伊德暗示女性揮舞垂下陽物以掩飾自己的恥骨，並沒有提出質疑或詮釋，他認為愛倫坡故事裡的部長開始以某種方式藏信時是「陰柔的」[13]。依循著這種不加

續

希達對這本書的導論已經被翻譯收錄在 "Fors: The Anglish Words by Nicolas Abraham and Maria Torok," trans. Barbara Johnson, *Georgia Review* XXXI:1 (1977) 一文中。《新生》可以看作是但丁為碧雅翠絲哀悼的行為，將她吸納為他自身自我—認同做為詩人的一個面向。這樣一來，碧雅翠絲的鏡像恰恰展現了但丁哀悼失去的姿態正是一種幻想。

13 Melanie Klein 發展的論點是，其實是部分客體，而未必是一個完整的人，可能才是情感的對象。「我對這個主題主要的結論是：原初的內化客體形成了複雜的認同過程基礎……內在世界由客體構成，首先是母親，內化成情緒狀況的不同面向……就我的觀點來看，佛洛伊德描述的過程暗示了這個被愛的對象包涵了自我分裂、被愛、被看重的部分，這麼一來也持續在客體的內部存在。因此它變成了自我延伸」。"On Identification," *New Directions in Psycho-analysis: the Significance of Infant conflict in the Pattern of Adult Behaviour*, ed. Melanie Klein, et al. London: Tavistock, 1955, pp. 310,

質疑的精神，我們可以說但丁自我陰柔化，為自己選擇了這個被動的角色。如果傳統和慣例允許但丁利用這種選擇被動的矛盾，那麼更大的問題就出現了：為什麼會有這樣的傳統和慣例？女性主義—唯物主義分析由解構主義的抹滅建構時受到威脅，但似乎在此刻被召喚了。

此外，據說是碧雅翠絲使但丁有這樣的作為。但丁這個奇特的自我耽溺的故事，就這麼編造出藉口。然而碧雅翠絲自己並不作為：她的招呼姿態只有在報導中出現（sec. 3, p. 5; D 36）。她接下來的動作是收回她的歡迎姿態，而這樣的收回在但丁敘事裡也被省略了（sec. 10, p. 16; D 55）。因為她是非代言人（non-agent），所以她成為但丁的代言人；顯然規範了主體的行為而成為客體，她使主體解構自身的主權動機，又掩飾了自身的受虐／自戀。

碧雅翠絲收回她的招呼之後，在夢裡，愛又再度現身，以拉丁文暗示有關碧雅翠絲的情節可能只是擬象，然後告訴但丁不要直接寫她，而是透過愛的中介來書寫，因為該是消除擬象的時候了（sec. 12, p. 17; D 58）。在書的前半部，但丁試著寫一首詩，結果傳來碧雅翠絲的死訊（sec. 28, pp. 60-61; D 125）。

她的宣福*儀式是把她的名字化約成一個普通名詞，在語言

續 ....

313。部分客體是母親的換喻，指的當然是乳房，就像陽物是男性的換喻一樣。有趣的是，如同我在注解 12 所提到的，但丁「客體」化自身，所以碧雅翠絲可以填補他有距離的「主體」性。

＊ 譯注：「碧雅翠絲」（Beatrice）的字源是拉丁文的「Beatrix」，意思是「使人幸福快樂的」，在天主教會中有「宣福禮」（拉丁文為「Beatificatio」，

中一個可能的字眼,未必代表了玻提納里小姐,而是代表了「她賜福予人」(因此我詮釋了在《新生》介紹她出場的這句模稜兩可的陳述,「即使不知道她的名字的人也稱呼〔她〕碧雅翠絲*」(sec. 2, p. 3),伴隨而來的是詩人「動物精神」的揭露:「現在你的至福已經顯現」(sec. 2, p. 4; D 34)。

她名字的普通意義是「她賜福予人」,因此可以將她安置於具有神祕意義的基督教故事裡,能夠被踢上樓或揚棄消除,這樣一來她就能歸屬上帝,這個絕對男性似乎是置身於愛—碧雅翠絲—但丁這個分析迴圈三角關係之外。她的專有名稱/所有權(property)的剝奪,以公式化的手法來說,就是她的宣福。她的「專有名稱」(proper name),最適合她的名字,被淘空了原本做為她的指標的適當表意象徵,恢復成「普通」語言,神奇的是,透過字典裡所提供的非指涉意義,反而成為她的定義性述詞。這項工作是由死亡來完成;透過了一種數字命理學的幻想,倒是和施萊柏(Daniel Paul Schreber, 1842-1911)、沃夫森(Louis Wolfson, 1931-)單純藉由基督教學說歷史想像的權威毫無相似之處,結尾是這麼寫的:

> 這個數字是她自己——我是根據相似性的法則來說的。我的意思是:數字3是9的根數,沒有其他數字,3自乘得9,很明顯地3乘以3就是9。因此,如果3本身就是9的因數,而神奇的數字也是3,亦即聖父、聖子、聖靈,三者為一。

續..

英文是「Beatification」,均來自相似的字源,這是天主教會追封已逝者的一種儀式,以尊崇其德行,認定其信仰足以升上天堂)。史碧瓦克在此衍譯但丁命名「碧雅翠絲」的用心,及其濃厚的宗教意涵。

這位女士伴隨的數字是 9，所以我們可以解釋成她就是 9，或是一個奇蹟，其根數，亦即奇蹟的根源就是神奇的三位一體。或許有人可以找出比這個更細緻的理由，但這是我所看到的，也是最令我欣喜的（sec. 29, p.62; D 127）。

但丁無法描述碧雅翠絲在自我的榮耀中所有權與身分的剝奪，但是他同樣無法允許自己的被動是充分的偽裝面具。愛的陽剛形象使得但丁重獲控制權。在第九節裡，愛在夢境中消失在他體內。這是個不太顯著的舉措，但確實逆轉了碧雅翠絲在最初夢境裡執行的逆轉認同。

然而，正是在第二十四和第二十五節之間的戲耍，反映出但丁的控制最堅定的拒絕與恢復。在前者，但丁把擬象放置於真實與神聖文本的字母裡，把碧雅翠絲與未指名的基督連結。「這些女士〔喬凡娜別名春天／普莉瑪維拉，碧雅翠絲〕經過我身旁，她們一前一後走著，愛似乎在我心上說著：走在前面的叫做春天，表示碧雅翠絲在虔信者幻想裡出現的那天，她會是最先出現的。〔此處專有名詞普莉瑪維拉也成為普通名詞「春天」，「最先出現的」。〕如果你仔細想想她的名字，喬凡娜──Joan（Giovanna）源於 John（Giovanni），意謂著走在真理之光前，其實意思也就是最先出現的。」（sec. 24, p. 52; D 110-111）

這是個名字改換的時刻，令人想到相似與起源的權威（Joan來自於 John），而不是認同。「愛似乎再度說話了，他說：『任何有敏銳辨識力的人，藉由命名碧雅翠絲就是在命名愛，因為她和我是如此相似。』」

　　在第二十五節，緊跟著這宏大的揚棄之後，但丁確立了他自身技藝的掌控。他把愛的形象放在詩作傳統裡。他說，他提到愛時彷彿愛本身就是完整的，有具體的形體存在。當然，這明顯是錯的。他從維吉爾、魯坎（Lucan）、賀拉斯（Horace）及奧維德作品中舉例，解釋透過詩人的特權（poetic license），不管是這裡或是任何其他文本，愛這個形象是可以存在的。另外還有更進一層的翻轉：「最早使用方言寫詩的詩人之所以會這麼做，是因為希望他的文字能夠為理解拉丁文有困難的女士所閱讀接受。」（sec. 25, pp. 54-55; D 115）。這樣的主張與那些以方言寫作而主題不是愛的作者有所扞格，因為以方言寫作從一開始就是為了處理愛的主題。他大筆一揮，愛（主）與女性都在他的掌控之中。紳士們的拉丁文俱樂部仍然決定了文章優越與否，就算不是一成不變，愛通常還是對但丁說拉丁文。我們懊惱地記起在前一節頌揚聲裡，碧雅翠絲令人敬畏的名字是以小名暱稱的方式（「我的碧絲」而不是碧雅翠絲）。

　　的確，但丁在寫作的專業裡，才得以完全獨立。《新生》的故事是公開聲明要為先前所做的詩提供一個敘事框架，當然，把詩作放進全書的框架裡，解構了它的優先權，並且無限地延伸。[14] 真理，或是接近框架敘事的真理，透過下列安排而被揭露：

14　Trans. Jeffrey Mehlman, *Yale French Studies* 48 (1972); "Le Séminaire sur la Lettrevolée." *Ecrits* (Paris, 1966)。拉岡沒有問的問題是：以這種方式去描述女性欲望，什麼是他需要的佛洛伊德？這是伊莉嘉黑所問的問題，她在 "La Tacheaveugle d'un vieuxrêve de symétrie," (*Speculum: de l'autre femme.* Paris, 1974) 一文中提出此疑問。Maria Torok 的文章 "La Signification de l'envie du penis' chez la femme," (Nicolas Abraham, *L'écorce et le noyau.* Paris: Flammarion, 1978) 在最後的分析裡，似乎無法問這個問題。她當然

記憶被命名為書，其特權讀者，雖然不是作家，但其實是自傳者自己。然而，我們受他的權力控制，因為我們所讀到的《新生》不過是因為他自己決定了在記憶之書裡有那些部分會成為梗概。這是解構主義者最後的擷取姿態。身為作者，他幾乎（並沒有完全）放棄了主權。「這是我的意圖，把我在這個標題下〔新生〕所寫的文字原封不動放進這本小書裡」（p. 3; D33，強調為筆者所加）。但是這個集體讀者的特權實際上仍然不太確定地被維繫著，而文本性據稱超越了這本成書的限制。但丁故事的第一首詩，以及其他的多首詩，都是為了同儕作家的兄弟情誼與愛的同儕僕人而作（我在一開始就指出，「文本自我解構」這句口號的使用，正是棄絕─恢復這個傳統主題的例子，即使個人主權被取消，但讀者是被恢復了。）

　　即使是作者，而不只是眾多讀者的其中之一，但丁也展現了權力。當然再清楚不過的是，就算把碧雅翠絲放在她的位置，他也把自己寫進了這個有宗教意涵的作品裡。然而，若是手中沒有但丁這本書，在這個例子裡，我們也無法召喚出文本。因此，即便更高的文本和碧雅翠絲仍然是最主要的因素，《新生》幾乎每個章節都是以「受到這個念頭左右，我決定寫點東西」開始。此外，不管是引述前或引述後，但丁非常嚴謹地分析了

<hr />

續

把 Melanie Klein 和 Ernest Jones 的作品進一步延伸，主張陰莖不過是理想化的部分客體，雖然它的戀物傾向需要女性的共謀，它的體制化合乎男性的利益。但是她從未質疑這個社會性，而似乎假定這是母親普遍的惡性意型（imago）──無論是肛門的或陽物的──並且以讚揚分析來結束她的文章，因為「它是為了治療」女性的陰莖崇拜，而以非常矛盾、甚至可能帶有諷刺的情況指稱，「分析者她本人免於陽物中心的偏見，這和人性一樣古老」（171，強調為我所加）。

他的每一首詩，如果他沒有這麼做，他一定會解釋說，因為詩的意義很清楚，所有讀者都看得懂。所以詩的最後，作者承諾還有後續，我們也就不覺得驚訝了：「我希望能以前所未有描述女性的方式來描寫她。」在但丁的文本裡，碧雅翠絲完全被揚棄為客體——被描寫，而不是寫給她。

但女性也被更進一步提升了。她思考著太一（the One），但是她不了解他，他的述詞是以拉丁文寫就：「qui est per Omnia seculabenedictus」。因此，這最終是文學實踐史裡，拉丁文和方言兩者之間的角力。他獲准成為代言人。「那麼這或許讓太一歡喜，祂是優雅高尚之主，我的靈魂得以提升注視這位女士的榮光。」（sec. 42, p. 86; D 164）。

3.

葉慈從這樣的文本借來詩的標題。這個標題隱藏了什麼？葉慈的詩有兩個聲音，兩者互為共犯。我們再一次看到了自體性慾的自我分離，自我以兩種方式表達的渴望。在此我抗拒詮釋的誘惑去展現為何如此。這兩者合而為一構成自我（Ego）嗎？標題是否描述了兩個聲音之間的關係，各自都主張自己對另一方的主宰？或者，標題描述了這首詩的主題——尋求自我或對方的動力？很顯然以上皆是，而且還不止於此。

身為一名女性讀者，我其實更放不下的是另一個問題：為什麼詩中兩名對話者的名字，*Hic* 和 *Ille* 是拉丁文，這在葉慈的作品裡並不尋常。這是葉慈版本的但丁夢境嗎？除了詩中兩句：「他發現不可說服的正義，他發現／男子所愛的最崇高的女士」，這位女士究竟在哪裡？

　　和往常一樣，我們至少有兩種方式來建構這個問題的答案，一長一短。長的答案可以這麼說：愛確實就是葉慈的主，但是如同但丁的創作所示，愛就像上帝一樣，在文學史的象徵次第裡占有一席之地。愛是真正的主，出現在《新生》的結尾。這麼一來我們就可以開始去構建一套女性主義者—精神分析系譜學，對受鍾愛者（茉德・龔恩〔Maud Gonne〕）與女贊助者（奧古絲塔・葛瑞格莉〔Augusta Gregory〕）客體化，以面具與阿尼瑪（Anima）做為神祕女性「東西」墮落或提昇至複數的名稱，或是以上種種做為一種行為的否決，對犧牲、失望和欺騙意識形態的討論，以及葉慈最後幾首長詩裡所描述的挫敗英雄，緩慢的鍛鍊以對抗集體行動的愚蠢，直到愚蠢懦弱的惡魔以安逸及殘酷的忠誠之名而獲勝。

　　至於短的答案，就是別忘了〈吾乃爾主〉是一部更長的散文作品裡的第一部分，這部散文作品的標題同樣也是拉丁文：「*Per AmicaSilentiaLunae*」（〈在月亮的友善的靜寂中經過〉），它的兩個部分同樣也有拉丁文標題：「*Anima Homini*」（〈人的靈魂〉）、「*Anima Mundi*」（〈世界的靈魂〉），整個文本是由兩封寫給一位女性的信構成一個敘事框架，她的名字以一個男性化的名字「莫利斯」（Maurice）所掩飾。這些信確實是「失竊的或延遲未寄的」，正如我先前已提及的拉岡論文所闡述的字源幻想。我不會再追續這個軌跡，因為這又會把我們帶回到長的解答。我提議探討葉慈典故運用的技巧，此處所有拉丁文都是某種後設敘事的符號，這樣一來，他就可以把這名女性排除在外，阻絕，中立，然後就可以繼續整個揚棄與客體化女性的歷史。

把這名女性排除在外，此處葉慈生命第三名女性扮演了要角。她仍在婚姻體制裡，卻遇見了葉慈，因此有個男性化的暱稱，「喬治・葉慈」。她是透明的媒介，透過她，葉慈指示的聲音得以傳達，而葉慈的指示一開始也要依賴他自己的文本才存在。葉慈在《靈視》裡寫道，「1917 年 10 月 24 日的下午，我結婚後的第四天，我的妻子試著自動寫作而令我驚奇⋯⋯一位不知名的作家首先從我剛剛發表的〈在月亮的友善的靜寂中經過〉擷取他的主題」（p. 8）。我們又回到了〈吾乃爾主〉。這位不知名的作家就是葉慈的主，還是葉慈是他妻子的主？我們又陷入了另一個「我」、「你」及主宰的迷宮。

4.

女性客體化的整個問題意識都被中立化、加密、擴散，因此藉由葉慈標題的典故來運作。在但丁作品裡，重點不單純只是來自外在的意象，而是這個意象是不情願的碧雅翠絲吞噬詩人心臟的意象。葉慈的詩靜靜地指向這個意象，但表面上則在論述詩的起源。

〈在月亮的友善的靜寂中經過〉做為《靈視》的代言人或非代言人（non-agent）並非偶然。即使不懂拉丁文的女性讀者，也能夠認出標題裡的月亮一詞是陰性的，而且記起了月亮是葉慈頌揚主體性時所喜好使用的符號。如此說來，這是一篇主觀的作品，詩人有月亮／女性的陪伴！我幾乎要迷失了。我再找回線索，指出月亮靜寂時，詩人說話。然後我提醒自己米爾頓的影子在葉慈作品裡隨處可見。米爾頓（Milton）的盲眼參孫，與狄萊拉結合，就像荷馬與海倫，或愛爾蘭詩人拉夫特瑞

（Raftery）與瑪麗・海恩斯（Mary Hines），這些盲眼詩人都
為女人歌唱：

> 太陽於我是黑暗
> 寂靜如月
> 當她遺棄夜晚
> 躲在她放空的無月的洞穴裡
> （《力士參孫》11. 86-89）

　　「放空」（vacant）（意思是「渡假」〔vacationing〕）幾
乎是個拉丁字了，月亮的靜寂，在葉慈典故的輪廓裡，是友善
的，因為月亮的黑暗接近純然的客體性，不是自我的部分接收
一切。[15] 確實，客觀的太陽是無法接近的，「太陽於我是黑暗」。
米爾頓的典故帶著能量，使葉慈的「系統」更加複雜。彷彿詩
人希望能從與個人無關的「寓言」真理擠壓出個人的「意義」，
即便有寓言的計算也要強力地運作。在〈高塔〉（The Tower）
一詩中這些著名的詩句裡，他更公開地重複這樣的姿態：

> 但是我在這些眼裡找到答案
> 急著要走；
> 那就走吧；但留下韓拉漢

---

15 有關框架或邊緣的解構主義獨特性，可參見 Jacques Derrida, "The Purveyor
　of Truth," trans. Willis Domingo, et al., *Yale French Studies* 52 (1975);
　"Le Facteur de la vérité," *Poétique* 21 (1975); and "Le Parergon," in *La
　Véritéenpeinture* (Paris, 1978)。

因為我需要他強大的記憶。

（〈高塔〉11.101-104）

　　我們為什麼要相信這個「發現」的宣稱？詩人只不過顯示了他操縱的是他自己過去創造的韓拉漢？他必然是用他自己創造的虛構記憶來搪塞，以得到他想要的答案——不是駁斥而是退讓（這正是他對蒙昧起義者的論點，在〈1916年復活節〉也看得到——「他們在隨意的喜劇裡退出自己的角色」），並不是拒絕，而是有良知的放棄，並不是成就，而是失敗：

想像力究竟最常佇足
於得到的或失去的女性身上？
如是得不到的女性，承認你自己轉身
出於驕傲離開一個偉大的迷宮，
懦弱，某個愚蠢而過於細微的念頭
或是其他曾經被稱作的良知。

（〈高塔〉11. 113-118）

　　〈在月亮的友善的靜寂中經過〉也一樣，宣告月亮的靜寂是友善的，是文學史而不是寓言系統。這個片語有維吉爾的影子，是他擔任但丁的嚮導所說的話。在葉慈詩作裡，維吉爾這句話全文照錄，在〈世界的靈魂〉的一開頭，繼祈求召喚廢墟、破敗楣樑之後：「從滕那多，穿過月亮的友善的靜寂」（"A Tenedotacitae per amicasilentialunae"）（《埃涅阿斯記》，II. 255-256）。

　　我要避免的另一個誘惑，是去解讀耙梳葉慈這個複雜的長句。我要問的是：是誰從滕那多經過月亮的友善的靜寂中來到這裡呢？這可是個大有玄機的時刻。阿爾戈斯（the Argives）抵達了，把希臘人從木馬攻勢中解救出來。特洛伊城被摧毀了。這場以踰越規範的女性為性代理者為名的大屠殺場景，隱藏在字裡行間。然而，海倫的名字只出現兩次，而且巧合的是，是在《埃涅阿斯記》第二卷裡。主人翁埃涅阿斯回憶他夢到被殘害的海克特交棒給他，其中一名聽眾就是狄多女王，「在愛河中的女人」，穿著海倫的衣服，從埃涅阿斯的船被帶出來，身陷在心懷惡意的朱諾與維納斯的爭吵之中（善意的宙斯居中協調）；這個故事有一部分是要合理化（埃涅阿斯死去的妻子在另一個夢裡說的）埃涅阿斯在面對希臘大軍進逼時拋棄妻子的行為。無論我們怎麼理解這個場面調度的安排，重點是男人之間的交易，這裡的事件是一個墮落的女人，不守婦道的王后，和貞潔聖母（virgin mother）一樣是個刻板印象。這個交易是從荷馬到維吉爾、但丁、米爾頓，再延續到葉慈。在這一脈相承的縫隙之間，是歐洲詩的偉大傳統。[16] 因此葉慈雖然不是由表面上的主導作者而是讓文本性稱勝，他在〈吾乃爾主〉最後尋找讀者就不是無的放矢。透過這首詩，原本只不過是「神奇的形狀」，現在變成了值得解析的「人物」。書寫的形象交棒給神祕的未來讀者。而現在：

---

16 我指涉的是葉慈在《靈視》及他大部分成熟的詩作所發展的象徵主義式幻景。

我召喚那神祕者，他

……站在這些人物身旁，揭露

我追尋的一切，悄聲說著，彷彿

他害怕鳥，高聲啁啾的鳥

天亮之前牠們短暫的鳴叫，

會把他帶去褻瀆神明的人們那兒。

就像是但丁或愛倫坡的部長一樣，葉慈讓自己被動、「陰柔化」。在〈在月亮的友善的靜寂中經過〉詩末就更清楚了，他寫道：「我好奇自己再一次會帶給他們什麼〔我「野蠻的文字」〕，這些聲音令我啞口無言……或許現在我年長些了，會有某種簡單的虔誠，就像是個老婦的虔誠一樣。」（366）

5.

我在這裡展現了什麼？試著解讀出女性角色在兩篇有自傳色彩及自我解構文本內建剝削的兩個版本。那麼，一個女性究竟應該如何面對精緻藝術裡反動的性別意識形態？用「通俗」來取代「精緻」，然後主張一種自滿的拒斥主義意識形態，或以學術民粹逆轉性別歧視，這樣是不夠的。另一方面，不遺餘力地追求保存並不惜一切為經典作品找藉口同樣也是不夠的。

這種難題本身是否就是害怕所有重大改變可能帶來風險的病徵？我們難道一定要單純地遵從「行為場域」與「藝術場域」之間的漏洞，然後藉由不斷的精神發洩歷史分析來運作，並且試著刻意消解恐懼、欲望及快感結構嗎？更遑論快感就算是一種取代，也往往是無法控制的。無論這個籌畫為何，至少都涵

括了重新解讀的決定，「以女性主義的角度出發」。這些日子以來，我所有論文似乎都以未來的工作計畫做為結束[17]，這樣的事實讓我無助。我似乎臣服於偉大傳統，以一個承諾來結束我的論文。

6.

這篇論文匆匆寫就，以趕上我某個課程原訂將大家的論文結集出版的最後期限，這門課是女性主義者對學術女性主義解構主義實踐的某種焦慮而衍生的。之後我在四個不同場合報告這篇論文，一次是為了訪問，一次是研討會，還有一次是女性午餐會。這並不是要提出一個浪漫的免責聲明，解釋這篇文章所能發揮的微小影響。而是憂心地回應古老的炫學情懷：「要改變恐怕就太激烈了；我只是表達想表達的。」

不過，我想以一種如果不是很具體但至少是正式的方式，來談談早先論文沒有回答的一些問題。比方說，為什麼藝術的傳統和慣例會有如此殘酷的性別歧視？這裡有龐大的系譜調查等著我們。可惜的是，傳統的實證主義歷史記錄及復原作品都受到因果律意識形態的局限，使我們很容易沾沾自喜，而無法觸及心理社會結構化的替代謀略，這些謀略使倆表現得一付歷史方法學嚴謹無誤的態勢〔字典裡「metalepsis」（取代作用）的解釋是「一個譬喻的意思以一個轉喻代替另一個轉喻」。以

---

17 比方說，如以下的標題便足以為證。Henry Walcott Boynton, *The World's Leading Poets: Homer, Virgil, Dante, Shakespeare, Milton, Goethe* (New York: Ayer Co. Pubs., 1912)。雨果和魏爾倫在論特洛伊之作或許可做為參照比較的女性主義附記。

馬克思的講法（有關拜物教、貨幣形式及意識形態的論點）、尼采（出自系譜學與真偽虛構的論點）、佛洛伊德（無意識及不可化約的扭曲）及海德格（次要掩飾及雙重取消），後結構主義趨勢（拉岡、後期的巴特、傅柯、德勒茲與加塔里、德希達）都會呈現出「因」與「果」做為兩個「譬喻形象」（figures）。所以用「果」取代「因」是歷史最主要的濫用，進而演變成取代作用的特例。〕現在這篇論文是對兩篇「文學文本」論述實踐的扼要分析，這樣的分析至少在形式上是「文學批評」領域的定義下許可的。其目的是分析「記錄」文本的論述實踐，而不只是從主流的「譬喻」或「修辭手段」觀點來討論（那樣會使得「文學批評」學科享有特權，進而使系譜學分析變得中立了）。本篇論文的目的是「論述實踐如何由研究客體場域的限制，知識能動者合法觀點的定義，以及限定概念與理論闡明的規範等以上種種而形成。」[18] 為了避免不假思索地引用口號（就像是女性主義國際會議裡觀眾席的意見）只會切斷這樣的「非文學」分析，接下來或許值得一記：「解構主義運動〔或是系譜學分析〕並不是從外部來摧毀結構。除非這些運動存在於那些結構裡，否則根本不可能、也沒有效果，更遑論能有一個精準的目標……運作勢必要從內部展開，從結構上來借用，也就是說，解構主義大業就某種角度來說，不能夠獨立出結構的元

---

18 繼這篇論文寫就之後，提及這樣一個計畫的完成似乎頗為適切。我一篇標題為 "Displacement and the Discourse of Women" 的長篇論文收錄在 Mark Krupnick, ed., *Displacement: Derrida and After* (Bloomington: Indiana Univ. Press, 1983)。

素及原子，因此永遠也逃不開自身運作的手掌心。」[19]（在《喪鐘》德希達採取了這樣一種共謀的歷史哲學系譜學分析。）如果所有分析都是在存在的不可化約而原初的廢墟之間來支撐自我，那麼我們似乎就得接受那樣的分析，我們從分析的對象借用結構，只能在判斷中給予判斷的限制。

我也沒討論葉慈詩裡為什麼用了 *Hic* 和 *Ille* 這兩個拉丁字，兩者是彼此的共犯。艾茲拉‧龐德開了個玩笑，稱之為 *Hic* 和 *Willie*。[20] 這裡是個簡單的藍圖：*Hic* 在 *Ille* 的「召喚」下到來——他是 *Ille* 要的（11. 7-10）。為了尋找真實的面貌，而不是面具意象，*Hic* 描述但丁，彷彿但丁做了個面具：「他做了個自己空洞的面貌／比心之眼更加平淡」（11. 21-22）。*Ille* 同意原初的面貌才是飢餓的原因，驅動石頭意象的完成，他把這個意象當作是但丁的面貌：

> 他確實發現自己
> 或是那種飢餓使得它顯得空洞
> 渴望樹枝上的蘋果的餓……
> （11. 23-25）

那麼我們也許要問，但丁石頭意象（因為這是一首關於藝

19 Michel Foucault, "History of Systems of Thought," in *Language, Counter-Memory, Practice: Selected Essays and Interviews*, trans. Donald F. Bouchard and Sherry Simon (Ithaca: Cornell University Press, 1977). p. 199.

20 Jacques Derrida. *Of Grammatology*, trans. Gayatri Chakravorty Spivak (Baltimore: Johns Hopkins University Press, 1976), p. 24.

術家心理的詩）的心理地位和濟慈奢侈的詩歌，兩者之間的差別是什麼？*Ille* 並沒有對 *Hic* 否認濟慈在尋找幸福，只是否認他找到了。但是 Hic 在使用「刻意」一詞時已經注意到這一點（1. 54）。這兩個位置的所有這些滑動和模糊都在句子的二元對立權威下受到牽制：

> 修辭家會欺騙他的鄰居
> 情感豐富的人欺騙自己；至於藝術
> 不過是現實一望。
> （11. 47-49）[21]

　　這首詩的最後幾行和第 7 至 10 行一樣，原則上可以看成是對 *Hic* 的描述，神祕的氛圍則是與自大的 *Ille* 形成戲劇性的反諷，好比詩中對立的氛圍有可能是對讀者形成戲劇性的反諷。龐德的錯誤，如果是這麼一回事的話，那就是把這個可疑的複雜性看成是邏輯上的失誤。我們的作法則是接受自我解構的迷宮，就免於受指控是「溝通傳達」藝術家負面能力這個老掉牙主題，卻以壓抑女性或排除女性為代價。

　　我要以〈在月亮的友善的靜寂中經過〉傳達出「從滕那多，穿過月亮的友善的靜寂」細緻和諧的句子作結，

> 我總是尋求將心靈靠近印度與日本詩人的心靈，（愛爾蘭）康諾特省的老婦蘇活區的靈媒，我想像出來的世俗弟

---

21 Ellmann, *Yeats*, p. 197.

兄在某個中古世紀的修道院做夢，夢到他們的村子，有學
問的作者一切都能引經據典；將之沈浸在普通的心靈，而
它幾乎無法與我們開始稱之為「潛意識」之物分開；從所
有評議會和委員會的討論解放出來，從大學所看到的世界
或是從人口眾多的城鎮裡解放出來；那麼我也許會相信我
已呢喃召喚、造訪靈媒，高高興興透過感官形象或令人興
奮的隻字片語所呈現的重大問題，從抽象學校接受的不過
是一些些技術辭彙，如此陳舊，結果看起來不過是破敗的
楣樑倒在荒煙蔓草間，我把自己放在得見一切事物的學校：
「從滕那多，穿過月亮的友善的靜寂」。（343）

　　這個解讀的嘗試把我帶回這篇文章一開始的若干假設：這
個文本可能意味著「某些東西」的連結特殊性還是在那裡，這
就涉及到策略與計謀。這些是「最少的理想化」建構出解讀的
可能性。在一個不穩定又深不可測的框架內，這些理想化和種
種事物都是「材料」，我們身為讀者，以我們自身難捉摸的歷
史—政治—經濟—性別條件，帶進我們自己的解讀及判斷機制。
這個機制是去尋求認同與差異——去做出連結。選擇不閱讀也
是去合理化閱讀，把解讀當成只不過是不可解的寓言，其實是
忽視了「材料」的異質性。

　　葉慈的句子陳述了一個計畫，我們以一種自我解構的心情
可以看出，在主體及他的行動之間存在著障礙。這個計畫透過
使自身成為被動，其實是從有限的阿尼瑪擴及到普遍群體。被
挑選用來描述這個計畫的暗示性隱喻，就是那偷偷摸摸進入特
洛伊的行徑。

　　也許有人會說，藉由這種編造出來受到被動強化的主動，以便與世界精神接觸——「在創作中最受推崇的女士」，葉慈希望消解抽象語言與技巧對心靈所造成的傷害。然而，他會使用那樣的語言，即使是最少限度，而且以「不過是」這樣的構句為防衛——一些抽象，「一些些技術辭彙……如此陳舊」（雖然「潛意識」在這裡頗為突兀）——透過召喚時間暴政及荊棘廢墟的隱喻予以「自然化」。但是，這些陳舊字眼只是「看似」像破敗楣樑，就像特洛伊城的木馬只是看似無辜。我們可以自由想像，葉慈夢想著以這些字眼當作是宏偉建築的主樑（拱門和橫樑），以連結到所有抽象手法及技巧的目標：書寫，「在此得見一切事物」，在遮遮掩掩之間的《靈視》。

　　我必須強調葉慈的句子是刻意的尋求心靈念頭的領域，幾乎超越了深思熟慮的範疇。「我總是尋求將心靈靠近〔某種心靈〕，將之〔我的心靈〕沈浸在普通的心靈，而它〔我們知道先行詞，但是在這個精心營造的笨拙句子，「it」和「that」開始變成是次文本的交換，「我的心靈」僭越了「普通心靈」，反之亦然〕與我們開始稱之為『潛意識』之物是少見可分開的」（強調為我所加）。確實，句子有更多的琢磨。從理想他者的形象（在更大的運動裡，這些他者的述詞從種族、性別—階級為基礎、心靈異質專業特質，到受過訓練與偷懶的做夢，再到引經據典的參考，種種階層不一而足）到喜好限定的藝術類型，再到精準選擇語言，最終的確以引經據典的參考到達高峰。我特別感興趣的是葉慈的語言，千年積累的選擇，阿尼瑪，計畫的目的與手段，以女性形象來說明；令人興味盎然的還有，歷史的信號以拉丁文出現，間接地由但丁指揮統帥，正是那獨特的維吉爾—荷馬式的一行詩。

第三章
《燈塔行》的做與不做

　　這篇論文未必是嘗試說明《燈塔行》，讓大家對這部作品有正確的解讀。反倒比較像是刻意用文法上和性慾上的兩個寓言強加在作品之上，在某些時刻把這部作品看作是自傳。這樣謙抑的嘗試，是想把批評理解成不只是從理論途徑去追求文本的「真理」，同時也把它看作是實際的努力，使解讀成為更大的論戰的一部分。*我把《燈塔行》帶入這個論戰，把它解讀成藍西先生（哲學家─理論家）和莉莉（藝術家─實踐者）環繞著藍西太太（文本）的故事。

　　維吉妮亞・吳爾芙的《燈塔行》可以被解讀為是一項掌握藍西太太本質的工程。有一派解讀顯示這樣的工程如何受到破壞；另一派解讀則顯示它如何被闡釋連結。雖然破壞在哲學上更具冒險精神，我認為這並不是吳爾芙的作品要討論的，探討闡釋連結才是更吸引人的重點。

　　就某種程度的普遍性而言，這項捕捉藍西太太本質的工

---

*　此論戰可溯自海德格對哲學傳統的研究「開始」，目前還是以賈克・德希達《論書寫學》的連結闡述，最為簡單可循（頁 157-164）。關於建設性或「強迫的」解讀，我在〈德希達之後的馬克思〉（"Marx after Derrida"）一文中，嘗試著依循德希達的建議發揮。〔譯者說明：當時該文仍在撰寫之中，後收錄於《後結構主義與歷史的問題》（*Post-Structuralism and the Question of History*, Derek Attridge, Geoffrey Bennington & Robert Young, eds., 1987）一書中。〕

程，是透過尋找適當的語言來連結闡釋的。作品的第一部分
（〈窗〉）檢視婚姻的語言：在這裡是否可以看到藍西太太的「現
實」？作品的第三部分（〈燈塔〉）揭示了藝術的語言：莉莉
在她的畫作裡捕捉住藍西太太。或者，至少是在畫布上的一個
姿態隱隱地被視為是可能靈視的再現（暗示可能是藍西太太或
是繪畫本身的再現）。

> 突然一股力量，彷彿她有一秒清楚地看見了，她畫了一
> 筆，就在正中間。完成了，大功告成。就是這樣，她想，
> 精疲力盡地放下畫筆。我有了靈光。[1]

作品的第二部分媒合或銜接了第一和第三部分。就文法意
義來說，第一部分藍西太太是主詞，在第三部分畫作是她的述
詞。[*]我可以用這部作品的結構當成是文法的寓言：主詞（藍西
太太）——連繫動詞——述詞（畫作）。這是命題的結構，非
矛盾邏輯不可化約的形式，最簡單也最有力的句子。在這個寓
言中，作品的第二部分是連繫動詞的位置。這也衍生出具有暗
示意味的隱喻。連繫動詞不僅是文法及邏輯的軸心，理想語言
的輪軸，「to be」的第三人稱單數直陳法；同時也承載了性能量。

....

1　Virginia Woolf, *To the Lighthouse* (New York: Harcourt, Brace & Company, 1927), p. 310. 後文引用此作均直接列出頁碼。

*　他從瞥見這一安全的象徵，即以妻兒為一發揮作用的單元，突然迸發出的
　　精彩思維而得到力量，這一點頗耐人尋味：「一時之間他無法分辨妻兒的
　　身影，這樣的一瞥讓他變得強大而滿足，使他的努力得以完美清晰的理解
　　了現在讓他那傑出心智聚精會神的問題。」（53）

「連繫動詞」不只是語言及邏輯上有意義，同時也可以指人與人之間的連繫接合。連繫的隱喻從兩方面擁抱了藍西先生。身為邏輯命題的管理人（「如果 Q 是 Q，那麼 R……」），他走私了繫詞；身為父親和丈夫，他是性結合的管理人。莉莉試著以不同的繫詞來捕捉藍西太太，不同的橋樑銜接述詞，「存在」的不同語言，這不是哲學的語言，而是藝術的語言。藍西先生似乎是在婚姻的接合上捕捉住她。

莉莉和藍西先生在第三部分形成了某種敵對及夥伴關係。但是這種敵對和夥伴關係無法解釋第二部分，此處對語言的追求，似乎很奇怪地無法與單一或數個人物有任何連結。我不得不說這是小說的聲音（voice），或者也可以說，這是吳爾芙的聲音。我認為，在這個奇怪的章節裡，作品和生平的慣性切割本身變得模糊，這裡所找到的語言是瘋狂的語言。

在作品結構的文法寓言裡，我們可以這麼看：最強的連繫，在命題裡的繫詞，語言的堡壘，「is」的位置，在《燈塔行》的連繫部分幾乎被拆解了。那麼這種拆解和破壞是如何在這個工程的連結上發生，而以一種適當的語言掌握了藍西太太的本質呢？

1.〈窗〉

如果好的語言能促成溝通，那麼婚姻的語言似乎是拒絕「好的」語言。藍西太太說話時，總是說著文明禮儀「墮落」的語言，掩蓋了人際關係的嚴峻刺耳。（她和她丈夫最成功的溝通——沈默——就是轉移了他對卡麥可要第二碗湯的憤怒！）她和藍西先生談話或是一起看書的時候，彼此並無交會。她知道婚姻

帶來麻煩，然而她提到婚姻時，還是滿懷著期待和樂觀。當文字破碎，沈默逐步進犯，或是沒有生命的世界映照著她的時刻，也就是她自己的特權時刻。最後她把自己對論述的拒絕轉化成勝利的宣告，在這部作品裡，如同成功婚姻（結合）關係的縮影。

　　第十二節整節都以輕鬆的筆觸來呈現婚姻的不溝通。以下引述兩個時刻來加以說明：「這一切咬文嚼字都是遊戲，她想著，如果她說了一半他所說的話，她的腦子恐怕早就爆炸了。」（106）「而且，」

> 　　往上看，她看見稀疏的樹梢上出現了第一顆熠熠閃動的星星，希望她丈夫也能看見，因為這景象帶給她這樣大的喜悅。但是她克制住，他從來不會觀賞景緻，就算看了，他也只會歎一口氣，然後說，可憐的小小世界。就在那一刻，他說了「真美」來取悅她，假裝欣賞那些花兒。但是她明白得很，他根本沒感覺，甚至根本沒意識到花兒的存在（108）。

　　如果我要解讀她的知識和權力之間的關係，在這裡我就要談談她的作媒，或是她透過刻意的自我壓抑來操弄男性。但是我只對她不太運用語言這一點感興趣，尤其是婚姻中的語言。她的特權時刻（這項特權往往只有恐怖）是文字消失的片刻，或是無生命世界反映出她的心境。在某個這樣駭人的特權時刻，男人們停止說話，海浪安撫人的歌聲也停頓了：

低沈沙啞的說話聲⋯⋯一直令她心安，雖然她聽不清楚他們說什麼⋯⋯但她知道那些男人正愉快地聊天；這樣的聲音，⋯⋯蓋過了其他聲音⋯⋯現在戛然而止；海浪拍打著海岸發出單調的聲響，在大部分時間裡⋯⋯當她和孩子們坐在一起時，似乎令人安心地不斷重複著一首古老搖籃曲的歌詞⋯⋯但是有的時候，⋯⋯就沒有那麼善良的意思，而是像魔鬼般的鼓聲無情地敲打著生命的節奏⋯⋯——那樣的聲音原本被其他聲裡掩蓋而顯得模糊，突然間在她耳畔轟然作響，讓她嚇得抬起頭來。

他們停止談話了：那就是原因。（27-28）

為什麼語言是她的同盟，或是承諾等同於她的自我呢？她對「人生」、她的「老敵人」的論述——她的「和談」（92），雖然沒有和任何人分享，但是「在大部分時間裡」是個充滿敵意、很不友善的交換。她的性意識是兒子與丈夫之間行動的舞臺，給予她的無非是最邊緣的工具和自我表現的能量：「她自己幾乎一無所有來認清自己是誰了，一切都被揮霍殆盡；而詹姆斯一動不動地站在她的兩膝間，感覺到她在一棵開滿粉色花朵的果樹升起，枝葉茂密，樹影搖曳，他父親則是自私傲慢之人，如黃銅的尖喙，沈悶的彎刀深深刺入狠砍」（60）。這也就難怪，她覺得自由時（可以「離開」和「休息」），「生命沈澱下來一會兒」，不只是語言，就連她的個性和自我都消失了：「這個黑暗的核心可以去任何地方，⋯⋯並不是一個人真的得以安息。⋯⋯而是像黑暗的楔子，失去了個性。」（96）。

任何解夢辭典都會告訴我們，編織代表的是自慰。文本辭

典會提醒我們編織一張網，就是在編織文本。吳爾芙策略性地利用藍西太太編織的形象（自我情欲的文本）。它可以再現反思的行為，一種論述性。強調第二種特權時刻是藍西太太的祕密：她傾向無生命事物時，這些無生命事物反映出她的存在。這樣的反射結構確實是性交（性接合）的結構，以及他者的自我鏡像結構。不過，在這樣的結構裡，在這個最後的動作，她是客體而不是主體，是他者而不是自我。自我特權的時刻現在是自身的保護措施，屈從於事物的世界。

　　想像她自己是黑暗的楔子，她「朝外望去，看到了燈塔的閃光，悠長而穩定的閃光，是三道閃光的最後一道，那是她的閃光」（96）。我必須把「閃光」看成是述詞，在這光的房子裡三道閃光句子的最後一道閃光（「主詞是述詞」的句型），任何一本講象徵的字典都會這麼告訴我們，這就是知識或哲學的房子。如果藍西太太認清自己的印記是述部，而不是主語部，她仍然身陷於繫詞裡。正如吳爾芙把一個未完成的織物形象編織進她的文本裡，她透過鏡像反射的相近認同（「像是」、「其實」），她帶領我們遞送出令人滿意的交合門檻的意象（「新娘要去會她的心上人」）：

　　　她從手上編織的活計上抬起頭來，迎向第三道閃光，彷彿是自己的目光遇上自己的目光，……她想著，好奇怪啊，為什麼人獨處時就會靠向沒有生命的東西；樹啦，河流啦，花朵啦；感到它們表達了一己；感到它們變成了一己；感到它們了解一己，其實它們就是一己……她目不轉睛地盯著，手上的織針停住了，心靈深處一縷薄霧繾綣上升，從

存在之湖升騰而起，新娘要去會她的心上人。（97-98）

「一己」同時是「認同」（一個單元的代表）與「差異」（與己無關的能動者，不是她自己）；「其實」可以理解成「慣用地」及「照字面的」（意思是「就某種意義來說」）。

但是這些並不是在〈窗〉一章裡最後描述藍西太太的文字。大部分時間她都是扮演保護者（13）、管理者（14）、掌管男性不孕的帝國主義統治者（126）。在屬於她的章節最後，就像是女性該扮演的角色，她在男性觀者眼中迷人地結合了愛、美，與力量。她拒絕說出「我愛你」，以此奪走他否定的權力；她說了「你說得對」，因此她勝利了：

　　她從來沒法說出她的感覺……他正看著她。她知道他在想什麼。妳比任何時候都更美。於是她也覺得自己格外美麗。……她露出微笑，雖然她一句話也沒說，但他知道，他當然知道，她是愛他的……
　　「對，你說得對。」……她笑著看他，因為她又一次獲勝了。她什麼也沒說，然而他是明白的。（186）

學院哲學語言又怎麼說呢？這個藍西先生用來連接主詞和述詞的工具？文字對他而言一點兒也不難。吳爾芙讓我們看見他準備開始長篇大論了（67）。他把樹葉連結到書頁：「再一次看見那些紅色天竺葵……它們往往妝點著思想歷程，寫在葉片上，彷彿葉子就是紙片，一個人在閱讀中隨手匆忙記下隻字片語……」（66）。接著他發現這些都是可有可無的：「他突

然摘下一片葉子……然後又把它丟掉。」（67）

　　大家最常討論藍西先生形象的段落，莫過於那段有名的鍵盤字母比喻。以下是傳統的連接命題為認同與幾何學證明的邏輯服務：如果 Q 是 Q，那麼 R 是……*

　　「如果思想像是鋼琴的琴鍵，」——像嗎？別想太多了。這是個排他主義的舉措，把先驗的命題視作當然，讓連繫詞發揮作用——「切割成這許多音符，或者像是字母表，26 個英文字母按順序排列，那麼他那聰穎的頭腦毫不費力地經過一個個字母……最後來到，比方說吧，字母 Q」。Q 是個有趣的字母，「question」（問題）、「quid」（拉丁文「這」）、「quod」（拉丁文「那」）、「quantity」（量）、「quality」（質），當然還有「q.e.d」（拉丁文「這就是所要證明的」）。「Q 是他可以證明的。如果 Q 是 Q，然後 R，那麼 R——」（54）。

　　「但是在 R 之後呢？接下來是什麼？」在證明的論述，「q」的語言之後，接下來是欲望的語言。如果他能到達 R ！能夠以他姓氏縮寫來認同思想地位，他父親的姓，他兒子的姓！如果藍西太太重複地履行婚姻的結合，這是為了唯物論系譜學的緣故——就像是萊禮夫婦（the Rayleys）一樣，那麼藍西先生利用哲學的交合，則是為了父權挪用的緣故。† 但是萊禮的婚姻最終

---

* 這種寓言式的幻想當然不應該和托多洛夫《散文詩學》〈敘事轉變〉（Tzvetan Todorov, "Narrative Transformations," *The Poetics of Prose*, trans. Richard Howard, Ithaca: Cornell, University Press, 1977, pp. 218-233）一文中所勾勒的「敘事類型」混為一談（頁 218-233）。托多洛夫在這篇論文裡說明了他自己研究取徑的先驅。

† 以下是藍西太太以唯物論角度支持婚姻的論點片段。「深深潛入，透過她自己的過去，大約是蘿絲的年紀，對於自己的母親某種深處的、某種埋藏

沒有結果，藍西先生則相信「他永遠到不了 R」（55）。

2.〈時過境遷〉

我不懂如何解讀影射小說，尤其是自傳色彩濃厚的。我不知道如何把吳爾芙的生平放進她的作品裡。不過這裡是有些值得推敲之處。我會試著呈現一些可能的傳記推演的材料，描繪我無法以理論呈現的生平與作品之間的關係，思考我所提出的論點，然後再提出一套解讀。

由於《燈塔行》版權頁上的出版年是 1927 年，顯然〈時過境遷〉裡的戰爭是發生於 1914 年至 1918 年間的大戰。最末節開頭的句子有些神祕，「然後和平確實到來」（213）。莉莉，作品裡的計時者，告訴我們在〈窗〉一章的事件是「10 年前的事了〔1908 年間〕」。不久，藍西太太「就突然過世了」（194）。

史蒂芬一家（「真實的」藍西一家）在 1894 年最後一次造訪了聖艾芙斯（St. Ives）（《燈塔行》「真實的」地點）的達倫宅園（Talland House）。茱莉亞・史蒂芬（「真實的」藍西太太，維吉妮亞・吳爾芙的母親）於 1895 年過世。就某個意義來說，〈時過境遷〉壓縮了 1894 年至 1918 年，從史蒂芬太太過世到大戰結束。

對吳爾芙而言，那些年代表了瘋狂。她母親 1895 年過世，

（續）的、某種難以形容的情感」（123）。「這一切都會在保羅和敏塔的生活裡復甦；『萊禮夫婦』——她嘗試了這個新稱謂……這匯成了一條溪流……如果她死了保羅和敏塔也會傳承下去」（170-171）。至於藍西先生的事業呢，如果我們回想維吉妮亞・史蒂芬的父親負責編撰《全國名人傳記辭典》，這樣的反諷就更強烈了。

她父親 1904 年過世，她幾度精神崩潰。1910 年再度發作，1912
年短暫崩潰，1913 年也不太穩定，1915 年情況最糟（大約是〈時
過境遷〉敘事開始的時間）。從 1917 年起，有一段時間她是持
續比較清明穩定的。在 1919 年（大約是〈時過境遷〉敘事結束
的時間），她出版了《夜與日》（*Night and Day*）。下一節我
會討論《夜與日》其實是「關於」她的畫家姊姊凡妮莎・貝爾
（Vanessa Bell）的重要作品。

我想要主張的是，不論她的寫作意圖為何，〈時過境遷〉
描述的是在自傳性的影射小說裡瘋狂論述的生產。在繫詞的位
置或是書中銜接的篇章，訴說出一個鬆解的故事。

也許吳爾芙自己並不是沒有懷疑這個鬆解或「褻瀆」。在
維吉妮亞・史蒂芬 1899 年的日記裡，我們受邀來解讀一段有趣
的書寫表面，把它看作是褻瀆理性的正確使用。這段文字是以
「細小、像蜘蛛網一樣，幾乎無法認得的字跡呈現，她又把這
幾頁黏住或是夾在艾薩克・瓦次博士（Dr. Isaac Watts）《邏輯
／或／正確使用理性／以各種規則來防範在宗教及人類生活與
科學犯下錯誤》（*Logick/or/the right use of Reason/with a variety
of rules to guard against error in the affairs of religion and human
life as well as in the science……*）的書頁裡，使得這些文字更加
難以閱讀辨識。維吉妮亞因為它的裝幀和風格而在聖艾芙斯買
下這本書：「任何其他書，幾乎是，都會太過神聖，而沒法接
受我計畫的褻瀆。」[2]

2　Quentin Bell, *Virginia Woolf: A Biography* (New York: Harcourt Brace
　　Jovanovich, 1972), p. 65.

〈時過境遷〉一開始，就清楚地暗示了屋子的意義在於其為理性的住所，光線則是理性的符號。在這樣的框架裡，「某種態勢」及「巨大的黑暗」開始降臨（189, 190）。房子不再有人居住，人類的能動性也就降低。「幾乎沒有身體或心靈留下來，可以讓人說，『這是他』或者『這是她』。」有時候一隻手抬起來，彷彿是要抓住什麼，或是揮開什麼，或是有人大笑，好像是要講笑話給虛無聽。……你簡直可以想像出這一切。」（190）藍西太太有教養的語言帶給人的撫慰力量，漸漸地消磨成淡漠抽離。房子的解體是透過她曾包裹死亡的頭顱所用的披肩鬆開來而展現的：「一聲怒吼，一個斷裂，彷彿經過幾個世紀的沈默，一塊岩石從山上裂開，轟隆隆地衝入山谷，披肩的一角鬆開來，來回搖擺著。」（195-196）

（在〈窗〉裡用披肩包住死亡的頭顱是不確定性的神奇欺騙手法。侃恩，這個小女孩，一定想到了動物的頭骨；詹姆斯，這個小男孩，就沒有；藍西太太包住死亡的頭顱，引起了小女孩的興趣，想知道底下是什麼，她讓詹姆斯覺得事情已經結束了，她把兩人帶去睡覺，編了一個荒唐的故事。）

在這個很奇怪的分解場景裡，可以瞥見接近真理的可能性；同時，個人的進路卻被拒絕了：

彷彿被人類的懺悔和辛勤勞作所感動，神聖上意拉開簾幕，展現出後面不同尋常、獨一無二之事；野兔直立，波濤洶湧，船隻顛簸不定；命中該有的就不會遺失，可是，唉，神聖的上意又拉動繩子把簾幕關起來；他覺得索然無趣；他用一陣冰雹蓋住他的珍寶，把它們打破，弄得面目全非，

再也不能恢復以往的寧靜，或者我們也無法用它們殘破的
碎片拼成一個完整的形狀，或者從散亂的紙片上讀出真理
的清晰文字（192-193）。

我無法說明，只能記錄那奇怪的罪惡感的刺痛：「他覺得
索然無趣。」在帷幕之後真理的守護者不再是美麗但說謊的母
親；而是善良的上帝－父親，因為「神聖上意」是「他」，而
他「蓋住他的珍寶」，遮掩他的性器官，這通常是「陰柔的」
姿態。這個性別轉變——因為《燈塔行》的作者是名女性——
也指示了拒絕接觸。下一段有關真理靈視的書寫是被當作「最
奇特的想像——肉身變成原子」而呈現。男人和女人被看成是
「海鷗、花朵、樹木，……還有白茫茫大地」（199）。「峭壁、
大海、白雲、藍天」必須「把內在零落的靈光碎片向外聚集匯
合」（198）。人類能動性現在是可有可無的，接近真理的管道
仍然被拒絕了。因為「如果受質問」，宇宙似乎「立刻抽離」。
　　在同一段裡另一個動作是，「絕對的善」被看作是「與家
庭生活的過程毫不相干」，以藍西太太的風格來說，這些過程
能讓理性之屋井然有序。透過兩個句子之間的沈默間隙，吳爾
芙把我們帶回到那些家庭過程，彷彿是不惜任何代價排除瘋狂
的脅迫。透過邏輯上無法接受的「此外」，外在世界的其中一
個能動者「春天」，建構出一個家庭的、陰柔的形象，讓人不
僅連想到藍西太太，還有在下一個句子裡從系譜學上指向了她
的女兒普露。然而，此處同樣的，我們只看見了家務的黑暗面：
「那年夏天，普露因為生產的併發症而過世了。」（199）
　　這個段落稍早描述到「男人的心智」被稱作「鏡子……那

些不安的水池。」而且確實，就像是人類能動者被拒絕了，光線開始自戀的比喻，產生在人類之外的文本：「現在，日復一日，光線變幻，就像是花朵映照在水裡，在對面牆上投下了鮮明的影像。」（194）藍西太太的披肩變成沈默的書寫，包裹住聲音：「搖擺的沈默披巾，周而復始地在這空蕩蕩的房間裡，織進鳥兒的悲啼聲、輪船的汽笛聲，田野裡的嗡嗡哼哼聲，一隻狗的吠叫，一個人的呼喊，默默地把這些聲音通通折起，裹住房子。」（195）、「空蕩蕩的房間似乎縈繞著田野的回聲和飛蟲的嗡嗡聲……太陽的光線在整個房子投射出密密的條紋欄杆。」（200）

　　最後一個形象把我們帶回模糊的罪惡與折磨意象，當光線和自然的自戀變成是自慰時，我們也可以聽到排除人類的語調：「夜晚現在充滿著風與毀滅，……大海**翻攪**＊，如果有那個熟睡的人幻想著在海灘尋找答案解除疑惑，找到一個人可以共享孤獨，他就該掀開被子，獨自到海邊去沙灘徘徊，沒有一個殷勤服侍及神聖敏捷的身影，會順手輕易地就使夜晚恢復秩序，讓世界反映出他靈魂的羅盤方向。」（193）自然本身自顧不暇，無法提供鏡子或伴侶給尋求繫詞的人，亦即連繫結合的那個字。

　　大戰使這個疏離的敘事充分展現了毀滅的潛力：「自然能彌補人類推進的一切嗎？……以相同的滿足她看見他的不幸，他的卑賤，還有他的痛苦。那個舊夢，有關分享、完成，在海灘的孤寂中尋找答案，那時都只不過是鏡像的反射，鏡子本身

＊　譯者按：吳爾芙用的是 toss 這個字，史碧瓦克解釋說 toss off 在英文的俗語裡就是自慰的意思。

不過是表面光滑的玻璃，當更高貴的力量在底下沈睡時，靜靜
地成形了。……要跟上海灘的腳步是不可能的；沈思是無法忍
受的。」（201-202）

在這個大規模疏離發生之前，有某種真理的可能性，或是
出現在這永遠無法實現、總是處於譬喻的過程，與光線裡分解
的自戀之中，或是以它們「幾乎不受打擾……的淡漠」與它們
「純粹真正的空氣」，在沒有身體的手中抓住愛與沈靜（195）
而現身。針對主體與客體的問題，若是保證可以得到答案（無
論答案是多麼愚蠢），就能令人寬慰：「神祕主義者、先知、
在美好夜晚走在海灘上……問自己『我是誰』，『這是什麼』？
突然得到肯定的答案（他們也說不出那究竟是什麼），但他們
在森林中就感到溫暖，在沙漠中就得到慰藉」（197-198，標楷
體處為筆者所加）。

確實，〈時過境遷〉整體來看並沒有敘述一個完整的瘋狂
的論述。即使是描述我稱之為大規模疏離的段落裡，也能得到
一絲安慰，但這幾乎不是作者所認可的。這或許是在雙面刃事
實中所標記，在這部女性作品裡，自滿與不合作的本質是陰柔
氣質，她和人類心靈共享的是反映鏡像表面的形象。不過，在
下一段裡，在「自然」與「心靈」之間缺乏一個連繫詞，促成
了色欲薰心盲目追求交合與自體性欲，似乎就是瘋狂猖獗的寫
照：

在空屋樓上的房間側耳傾聽（如果有人傾聽的話），只
能聽見混亂的聲音夾著道道閃電，在翻滾、顛簸，狂風巨
浪盡情嬉戲，像變幻莫測的海怪巨獸，眉宇間毫無理性之

光的穿透，只知道一個個地堆疊，不分黑夜和白日（因為
日夜糾纏，年月無別）衝殺拼搏，玩著白痴的遊戲，最後
彷彿整個宇宙都在殘暴困惑、淫蕩色欲中盲目地搏鬥、翻
騰……白天的寂靜和明亮也如夜晚的混亂和喧鬧一樣地陌
生奇異，樹直挺挺地站在那兒，往上看，但什麼也看不到。
鏡子破了。（202-203）

理性消失與性欲的困惑不斷地被連結起來：「隨罌粟花自
己播撒種子，康乃馨和卷心菜自由交配」（208）。現在一切似
乎都迷失了。「那個時刻、那個躊躇不定的時刻終於到來。黎
明顫抖，黑夜消逝，一根羽毛就會讓天平傾斜……整棟房子……
陷入深淵，躺在遺忘的沙堆上。」（208-209）

但是羽毛並沒有落下。因為冗長的「淫蕩色欲」段落中，
只有看似自瀆的結合。夜與日的區別，如果幾乎被抹滅（本身
就是可能的交合——夜是日是夜是日），卻也在最後無眼的
樹木形象裡恢復了。此外，從理性「空屋樓上的房間」去觀
看的可能性也被提出來了。女傭麥克納布太太也獲得了有權力
修復鏡子的暗示。她站在鏡子前，但是我們不確定她是否在
端詳自己的樣子。這裡的連繫詞是不確定的。她和納西瑟斯
（Narcissus）一樣，說出 *iste ego sum*「我是我〔我的形象〕」
嗎？我們有的只是引號裡的一句話：「（她兩手叉腰站在鏡子
前面）。」（203）

於是，在理性受到瘋狂威脅的譬喻裡，麥克納布太太遏止
了災難，繫詞幾乎分解的災難邊緣的本體論。她被連結到「一
股力量在起作用；並不是有高度意識的」（209）。再一次地，

她和這段敘述之間沒有繫詞，它們只是並置的句子。

　　隨著〈時過境遷〉進入尾聲，房子修復，和平也到來了。但是〈窗〉與〈燈塔〉（或是藍西太太「存在性」的述詞）之間的結合仍然令人起疑。當「世界之美的聲音」現在懇求著熟睡的人下床來到海灘，我們知道有些時候是暴力的時刻，熟睡者提出請求，卻被殘酷地拒絕了。確實這聲音低低地呢喃：「因為太過溫柔，而聽不清究竟說了什麼——但是如果意思簡單明瞭，又有什麼關係？」（213）是嗎？吳爾芙在稍後的請求裡，這個聲音「可能恢復」的「這個」究竟是什麼，她並沒有說清楚：「為什麼不接受這個，滿足於此，默許一切，靜靜退讓？」（214）我們可以自由地說：「這個」就是語言的極限。

3. 〈燈塔〉

　　吳爾芙在第三部分呈現了獲得藝術靈光的故事。我們必須要把這一段和藍西先生準備演說那充滿情感地傲慢而簡短的描述做對照。莉莉透過藝術創造了連繫，用繪畫而不是一個句子來描述了藍西太太。在解讀這個故事之前，我必須再次呈現某種不完整的結論，連結人生與作品。

　　大概每個讀者都知道「維吉妮亞・吳爾芙」同時是侃恩和莉莉・布里斯科。在〈窗〉裡，侃恩才 7 歲，很籠統地說，她也許可以看到某種前伊底帕斯女孩經驗：「我想了很多……我那時〔在聖艾芙斯〕是個多麼乖巧的小女孩……你小時候喜歡自己嗎？我喜歡自己，大概在 10 歲以前是這樣吧——在開始有

強烈意識之前。」[3] 侃恩和詹姆斯是連在一起的（就像是《自己的房間》裡莎士比亞和莎士比亞的妹妹一樣），隱隱地指射維吉妮亞的兄弟托比（Thoby）和艾德里恩（Adrian）。侃恩和詹姆斯一起經歷了伊底帕斯情景，父母親同時代表了律法和語言的給予者，因此他們讓維吉妮亞‧吳爾芙能夠去質疑正統的男性主義者精神分析立場。* 但這並不是我此處的主題。我必須把焦點放在莉莉身上。

莉莉和吳爾芙開始寫《燈塔行》的年紀相當，都是 43 歲。莉莉經歷過適合受孕的 10 年，這是〈時過境遷〉的 10 年。吳爾芙數十年來都有種特別的感覺：

> 在 20 歲、然後在 30 歲，每 10 年就有某種不一樣的焦慮襲擊我，無法滿足用大量散步和閱讀去終止這一切……我猜想，每隔 10 年就會帶來一種最私密的感受，我覺得，是和種族繁衍有關的。我認為人生是要面對的；要拒斥的；然後再根據新條件歡天喜地的被接受。等等、等等；直到妳到了 40 歲，唯一的問題就是把它抓得愈來愈緊，它快速地彷彿一下子就溜走了，如此無止盡地令人欲求它。（《吳爾芙書信集》第二卷，頁 598-599）

....

3　Virginia Woolf, *The Letters of Virginia Woolf*, ed. Nigel Nicholson, vol. II: 1912–1922 (New York: Harcourt Brace Jovanovich, 1976), p. 462. 之後在本文中引用此作均直接列出頁碼。第一冊和第二冊則各別以 L I、L II 代表。

*　關於引述佛洛伊德的部分，請參見本文之後有關伊莉嘉黑討論佛洛伊德之「陰柔氣質」，將有更詳盡的說明。

不過莉莉是個畫家。所以她也「是」維吉妮亞的藝術家姊姊凡妮莎‧貝爾。在莉莉和藍西先生之間有個有趣的事件，「在全然的靜默中她站在那兒，握著她的畫筆」（228）。這是凡妮莎和萊斯里‧史蒂芬之間常發生的事。[4] 而且事實上這本書是為了讓母親的靈魂安息，維吉妮亞對凡妮莎指出了這個問題：「為什麼你要帶我來到這個世界，經歷這一切苦難？」（《吳爾芙書信集》第二卷，頁458）

莉莉開始或完成她的畫作，恰恰是在「和平已經到來」之後。在大戰停戰的「真實」時間，維吉妮亞完成了一本有關凡妮莎的書：「槍聲停了半小時，警報器低鳴著；所以我想現在是平靜了，……在這樣的紛擾中我怎麼完成我的最後一章呢？……我不覺得我曾經像寫《夜與日》後半部那樣享受創作……。試著把凱撒琳〔小說中的女主角〕想成是凡妮莎，而不是我自己」（《吳爾芙書信集》第二卷，頁290、295、400）。莉莉，在我構思這個角色時，就可以看作是藝術家（維吉妮亞）和素材（凡妮莎），一個嘗試性的繫詞（「藝術家就是她的作品」）必須永遠被打破，這樣藝術家才能活下來。

如果我知道如何去操縱性欲的文本性，我應該在寫給凡妮莎的一封長信裡讀出驚人的情感力量，她稱呼她「最親愛的」、「摯愛」、「海豚」。如果說清醒的、被眾多情人包圍的、多產的凡妮莎，是某種維吉妮亞理想他者，這樣的說法是否太粗糙了？她寫道她希望可以冒充凡妮莎女兒的母親。她也在無數

4　Virginia Woolf, *Moments of Being: unpublished autobiographical writings*, ed. Jeanne Schulkind (Sussex: Sussex University Press, 1976), p. 124.

封信函要求克萊夫・貝爾，或是凡妮莎的情人鄧肯・格蘭特替她愛撫她的姊姊。以下引述其中的一段為證：「吻她，最熱情地，所有我最私密之處——頸子——手臂、眼球，告訴她——還有什麼新鮮事可以說？我多喜歡她的丈夫啊？」（《吳爾芙書信集》第一卷，頁325）如果莉莉，藍西先生的競爭者、藍西太太的書寫者，確實是凡妮莎—維吉妮亞的名字，只有最簡單的性慾的性器理論者才會稱呼她是雌雄同體的概念。但是，我必須一再強調，我無法發展這個論點。

　　我們不妨來談談莉莉的媒介：那就是書寫和繪畫。維吉妮亞在討論兩人之間的關係時，總是指涉到凡妮莎：「成為畫家是多麼奇怪的事啊！他們幾乎不思考，感受每隔一兩分鐘就出現。但是他們又是那麼深刻且無法表達，告訴妮莎。⋯⋯」（L.H. 541）在這部作品裡：「如果她能夠⋯⋯用某個句子把它們寫下來，那麼她就掌握到事物的真理⋯⋯她從未完成那幅畫。她現在可以完成這畫了。」（219-220）「她的心理不斷從深處湧現出情境、人名、話語⋯⋯在那耀眼的可怕困難白色空間上，她用了藍色和綠色來塑造形象」（238）。「一個人如何能用語言來表達身體的感受呢？⋯⋯突然間⋯⋯白色的波浪和花園的耳語變成了曲線和花紋，裝飾環繞著全然虛無的中心。」（266）一份手稿，一半設計、一半文字，結合了字與圖，逼近事物的真相，表達了身體的感受，這就是莉莉所欲求的「論述」。「但是她希望掌握的是令人神經緊張的刺激，事物本身在變成任何事物之前的樣子。」（287）吳爾芙的語言，或是莉莉的語言，就像是所有語言一樣，不可能讓這些目標完全天衣無縫、統整一致。正是事物的真理、身體的感受，還有，繼德希達之後，

我們可以更容易地說，「任何」總是已經銘刻在「事物」之中，這樣才有可能開放「成為任何事物」。*所以她就像是哲學家德希達一樣，為了目標，她必須追求一個繫詞。無論如何孕生，總是會畫分為二。在最神祕的願望裡，或許她祈望美是完全相同的，就好像 Q 就是 Q：「美會自行捲起來，空間會填滿。」（268；斜體為筆者所加）她希望銜接隔閡，做成一個球體，並不只是透過對學習的熱愛（哲學），而是對遊戲的熱愛，或是對愛的遊戲：「也許有戀人的天賦是在事物的元素裡揀選，然後把它們拼起來，這樣一來就賦予它們原本生命中沒有的完整性，構成了某個情境、某次與人的相遇（現在這一切都消逝分離了），這些球狀壓縮事物之一，有些思緒縈繞，愛遊戲著。」（286）或許她希望磨滅「或許」，讓第一和最後同時發生：「今天早上一切事物都是第一次發生，或許也是最後一次。」（288）

　　她抓住了表面上看起來提供了一個繫詞的兩個「靈光」，在事物之間、同時又超越事物的橋樑。第一：「你悠然滑行，你搖擺著風帆（在海灣有許多運動，船隻紛紛啟航），在事物之間，超越事物。一點也不空虛，而是要滿溢出來了。她似乎是站在某種物質的前緣，在其中移動、漂流、沈下去。沒錯，因為這些水域深不可測。」（285-286）哎，既然這是語言，如果我們想要找到分裂的痕跡，只要我們仔細看，當然就可以找

---

* 此處我指涉的是補充（supplementarity）的概念，德希達曾指出，如果在兩個概念之間建立一個有位階的對立關係，較不具優勢的或在邏輯上較後產生的概念往往隱含在他者之中，在原本即已存在的他者之中形成了一個欠缺。參見〈繫詞的補充〉（"The Supplement of the Copula"），trans. James Creech and Josué Harari, *Georgia Review*, 30 (Fall 1976) 527-264。

到。但還不僅止於此，因為不論是畫筆一揮、「時間性」的入侵、以及度量修辭和「幾乎」的修辭，在在都揭櫫了這種豐盈滿溢感。因為「10 年前，幾乎就在她現在站的這個位置上，她曾有過類似這種圓滿的感覺，或許就讓她說出她一定是愛上了這個地方這種話。」（286；強調為筆者所加）

另一個靈光是有關藍西太太的。吳爾芙很溫柔的用括號帶進來，在頁 290：「有個聲音把她的注意力帶向客廳窗戶——是鉸鏈發出的吱呀聲。輕輕的微風〔這讓我們想到了〈時過境遷〉裡空空的屋子〕撩撥著窗戶……（就是這樣；她意識到客廳前的臺階上空無一人，但是這對她沒有絲毫影響。她現在不想要藍西太太出現。）」藉由一種細緻的女工人一樣的間接迂迴，莉莉透過八頁半的篇幅慢慢地讓這個靈光醞釀成熟。之後，她得到了回報：

> 突然間，在她凝望的窗戶後面出現了白色的光影。終於有人走進了客廳；有人坐在椅子上。天啊，她祈禱著，希望他們一直坐在那裡，不要亂跑出來硬要跟她說話。不管是誰，幸好那個人安穩地坐在裡面，而且很幸運地是，他的位置在臺階上投下一個不規則三角形的影子。這多少改變了畫面的構圖。（299）

這種無法確定性（「有人」、「不管是誰」、「幸運的是」）如何轉變為靈光的一種肯定與適切呢？透過宣告這種不確定性（某種不在場）為一種確定（一種在場），而不是透過在場本身的充分完滿。換言之，這被轉換成一種在場的符號。「影子

的來源」仍然「留在房間裡」。在臺階上只有影子而已。莉莉
宣告影子的來源不是「某個人」，而是藍西太太。而且，矛盾
的是，更進一步強化這一點，莉莉「想要」（want）藍西先生，
此時此刻，因為唯有透過符號或象徵，他才能到達 R。他抵達
燈塔，雖然他「大概永遠到不了 R」。藝術的「隱喻」語言就
像是哲學的「命題」語言一樣欠缺「真正的」繫詞。吳爾芙寫道，
「一個人想要」現在式的「這是椅子，那是桌子，同時，這是
奇蹟，那是狂喜。」但是我們看到的是過去式的「她坐在那兒」、
無法證明的現在完成式「我已經得到了我的靈光」、否定假設
句「他大概永遠到不了 R」、副詞子句明喻「彷彿他正在說『上
帝並不存在』……彷彿他正要跳進虛空」（308）。假的繫詞，
總是一項線性事業，一座危險的橋，只能從刪除或否定〈時過
境遷〉的擺盪來呈現出來，藉由《燈塔行》中間這一章節來能
畫出一條線來。「突然一陣悸動，彷彿她在瞬間看清了，她畫
了一條線，就在畫布正中央。」（310）

　　如果能在這裡停筆結束，我也就心滿意足了，但是為了要
對《燈塔行》這個寓言式解讀加上後記，我必須對莉莉的性欲
再多加著墨。所以她其實是雌雄同體、自給自足的嗎？

　　我想提醒所有引述《自己的房間》的讀者，文中「一個人
必須是像女人的男人，或是像男人的女人」，這句話是書中虛
擬人物瑪麗・貝敦（Mary Beton）說的。[5] 吳爾芙必須在中間一
章打斷她，然後恢復她的作者聲音。誰能否認她心中有一種對

5　Virginia Woolf, *A Room of One's Own*, Harbinger Books edition (New York: Harcourt, Brace and World, 1929), p. 108.

雌雄同體的渴望，那個藝術上完滿成就的繫詞？但是要把她的偉大文本化約成那個繫詞成功的連結，我相信，是在閱讀上犯了錯誤。

在一個沒有特色地可怕又突如其來的段落裡，莉莉不讓性的恐懼對她造成影響：

> 突然間……紅色的光似乎在她腦海裡燃燒，籠罩了保羅·萊禮，從他身上發出來……她聽到叫喊聲和爆裂聲。方圓好幾哩的海面被映得一片金紅。混著酒氣的海水味令她有些醺醺然。……她對叫喊聲和爆裂聲感到恐懼和嫌惡，彷彿見到了它的光芒及威力的同時，她也見到了火焰貪婪地、令人作噁地吞噬著房子的寶藏，她覺得很反感。但是這火焰做為一個景致、一種光輝，超越了她所經歷的一切，年復一年燃燒著，像是大海盡頭一座荒島上的烽火信號，她只要說出「戀愛了」這個詞，保羅的火焰就會立刻再次燃起，就像現在一樣。（261）

我想探討維吉妮亞和莉莉─凡妮莎之間的情欲張力，並不會排除一個事實，那就吳爾芙讓莉莉·布里斯科壓抑、排除，而不是適應或超越，這種把萊禮視為陽物的看法，才能讓她專心繪畫。她選擇的關係──正如藍西先生選擇說：「如果 Q 是 Q……」──受到輕微的斥責，因為這是一種一板正經的敏感的排擠論：「她愛威廉·班克斯。他們一起去了漢普頓宮，他總是表現完美的紳士風度，讓她有充分的時間使用化妝室。」（263）

那麼她不需要男人嗎？我的重點恰恰是她很會利用他們。他們是她的工具。她利用了令譚斯利痛苦的刺激──「他們不會寫，也不會畫」──讓自己持續有動力。她利用藍西太太想像查爾斯‧譚斯利來改變她自己的想像。「如果她想對他認真，她就得接受藍西太太的話，透過她的眼睛去看他。」（293）「透過威廉的眼睛」（264）她看見穿灰衣服的藍西太太。但是她最不可或缺的工具是藍西先生。

（萊斯里‧史蒂芬在妻子過世 9 年後去世，再也沒有回到聖艾芙斯。我們幾乎可以說他在《燈塔行》重生了，人生未盡之事得以完滿解決，他可以讓凡妮莎─維吉妮亞得到靈光。）

當然，我想的是書中結尾的雙重結構。莉莉在岸邊作畫，藍西先生必須要坐船到燈塔去。「她覺得很奇怪地分裂了，彷彿有一部分的她被拉到那兒……這天早上燈塔看起來特別遙遠；另一部分的她則頑固地牢牢釘在草地上。」（233-234）坐在船上的藍西先生是她自我分離的實現工具：某種穿梭的工具繫詞。永遠是一種被保留的分裂，絕對不是雌雄同體的合成。「莉莉想著，距離真是太重要了。」（284）這種相同的不安語氣也出現在「我有了自己的靈光」，在藍西先生上岸時，她也只能說：「他一定已經到了」（308），而不是「他已經」到了。

我得先說我必須把全書最後一部分燈塔和畫布交錯的節奏解讀成一種交合。和父親上床以便生出孩子（一幅畫，一本書）應該是女人最開心的願望。但是，吳爾芙給那樣的殘酷判決一個神來之筆。因為生下的嬰兒其實是母親──莉莉想要製造的是藍西太太的昇華版──然而佛洛伊德的重點是，這種願望的出現是學習去恨母親。吳爾芙所強調的並不是每隔一段就再出

現的陽物，而是子宮做為一個工作空間，生產出作品。事實上，透過文本，藍西先生的遠遊之所以能開始，是因為莉莉「決定」這一定要發生。「她決定在那非常遙遠而全然寂靜的小船上，藍西先生和侃恩、詹姆斯一起坐著。現在他們張起風帆啟航了。現在經過一點垂墜和猶豫，風帆漸漸漲滿，在蕭穆沈靜之中，她看著小船謹慎地經過其他船隻，駛向大海。」（242）

4. 後記

在〈窗〉裡，知識做為一種不矛盾（認同）受到了質疑；以沒有什麼比「如果 Q 是 Q」更不可改變做為例子，加上藍西先生的「人格」看起來很軟弱狂妄，證明了這一點。婚姻做為一種交合連繫，也在〈窗〉一節裡被貶抑了價值；婚姻像是脆弱且自我欺騙的戰鬥，藍西太太的「人格」看起來是愛支配人且不誠實的，而且對於語言也不信任。〈時過境遷〉寓言式地敘述了沒有繫詞的（非人的或自然的）運作所帶來的恐怖。〈燈塔〉質疑的是（關於藍西太太的）知識做為譬喻的可能性；因為藝術的隱喻也是一種繫詞（這樣的繫詞畢竟也是隱喻），連結了兩件事物。

莉莉並沒有質疑這樣的困境，她只是反抗。她藉著在畫中央畫了一條線，提出了連結的繫詞，這可以是填補空白的邀請，也可以是刻意的塗抹。如果是後者，那麼她塗抹的（一方面要保持可辨識性）部分，恰恰是最有活力欲望去彌補這樣的僵局，去達成那不可決定的，去書寫瘋狂敘事──〈時過境遷〉──因為這部分恰恰是書的「中央」。

不過莉莉「在中央的線條」同時也是畫的一部分，書中一

部分的圖畫，它是故事中及我們手中的某種成品。我可以把這一點更充分地解釋為性的寓言，而不是文法生產：這不僅是莉莉決定交合，她還讓我們看到她的子宮活動。過去 15 年來哲學和文學最具前瞻性的評論絕大部分都和質疑命題（因此，也是繫詞的）權威有關。*這種質疑往往被誤解是玩弄繫詞的邀請。我要反過來說，其實這種「新批評」才是一種「批評生產的陰性模式」。+ 在此處我解讀《燈塔行》，把它當作是校正那種可能的誤解。彷彿這是在說，任何人（這個普遍人類代表是名女性）若是想要玩弄繫詞，那就是走向了瘋狂與戰爭論述的殘酷敘事。我們必須把繫詞當作是必然受限的工具，然後儘可能地發揮其作用。

　　（這實際上並不是像它聽起來那樣匪夷所思。史蒂芬·希斯最近刊登在《銀幕》的一篇文章再次收集了證據，證明質疑

....

* 　我再次連想到德希達的解構主義批評。在他的《言說與現象及論胡塞爾符號理論其他論文》（*Speech and Phenomena and Other Essays on Husserl's Theory of Signs*, trans. David Allison, Evanston: Northwestern University Press, 1973）對此命題有最清楚的拆解。在這個領域裡的其他文本可參見 Jacques Lacan, "La Science et al Vérité," *Ecrits*, pp. 855-877; Gilles Deleux, Logique du sens (Paris: Minuit, 1969).

+ 　正是從這個觀點出發，許多有意幫助我的審閱者對這項研究所提出的報告同樣令我困惑。透過吳爾芙和「新批評」，他們反映出一種欲望，要求在理論及命題上必須能明顯清晰才行。我在此要對審閱者〔如下〕的文字加以反駁：「這篇論文及其所有的『交合連繫』都有某種欲語還羞，但同時，解讀狼性（reading Wolf [sic] 原文照引，譯按：應為閱讀吳爾芙「reading Woolf」之筆誤）著實令人有諸多聯想，我認為自己受到文中雙關語力量所打動。〔為回應這一點我才會寫出本文的第一段。〕作者對語言的興趣（做為形式系統，與繫詞等等）所為何來，為什麼作者認為這種分析會導向她所發現的那類洞察力，著實令人費解。若能提出某種理論的明確性在此應該會有所幫助！」

繫詞和精神分析對「女性病症」歇斯底里的描述，其實非常相近，這類病人不確定自己是否有陰莖。）[6] 德希達試著在他的書中《喪鐘》（Glas）捕捉尚・惹內（Jean Genet）的母親惹內女士的精神，就像是莉莉試著捕捉藍西太太一樣，沒有人可以肯定究竟這是代表了擁有或欠缺陰莖，[7] 德希達在拜物這個點上停下來。在這篇論文的這個部分，我想要討論的是《燈塔行》所強調的不只是交合連繫，也是談孕生醞釀，而且是從歇斯底里或拜物論來改寫論點。）

　　法國女性主義者露思・伊莉嘉黑（Luce Irigaray）解讀佛洛伊德晚期作品〈陰柔氣質〉時指出，佛洛伊德讓小女孩受到陰莖（就前伊底帕斯階段而言，她是個小男孩）嫉羨（扭曲）影響而有所成長，因為父親（和佛洛伊德差不多）需要透過宣布律法來引誘（42, 44），因為一旦「成長」了，她就必須安慰及隱藏男人對有可能閹割而產生的焦慮（6, 74），而且因為她的作用就是要讓伊底帕斯情結能維持而付出代價（98）。於是伊莉嘉黑問道，為什麼佛洛伊德沒有去連結陰戶的、陰道的及子宮的階段（29, 59），為什麼他忽略孩子在子宮生產的作用？（89）[8]

　　我當然明白佛洛伊德必須要變得庸俗化才能夠被當成一個

6　Stephen Heath, "Difference," *Screen* 19.3. (Autumn 1978): pp. 56-57.

7　Jacques Derrida, *Glas* (Paris: Galilée, 1974), p. 290b.

8　Luce Irigaray, "La tâcheaveugle d'un vieuxrêve de symétrie," *Speculum: del'autre femme* (Seuil, Paris, 1974). 之後在本文中引用此作均作直接列出頁碼。關於對伊莉嘉黑立場的批判，可參見 Monique Plaza, " 'Phallomorphic Power' and the Psychology of 'Woman': a Patriarchal Chain," *Ideology and Consciousness* 4 (1978): 5-36.

性別歧視的文本，我也明白，在伊莉嘉黑所閱讀的佛洛伊德文本裡，佛洛伊德已經在某個句子裡暗示自己的缺陷，而不只是一種修辭作勢而已：「如果你把這個概念看作是古怪空想，然後把我的信念，亦即沒有陰莖對陰柔氣質形構的影響當作是固定觀念，而予以否決，那麼我當然就沒有什麼好說的了。」[9] 但是我寫作的目的不是要去指責佛洛伊德，而只是要從伊莉嘉黑解讀佛洛伊德中得到一點線索。

所以，我要說的是，我們有可能把類似像吳爾芙這類的文本看作是允許我們發展出一套子宮嫉羨的主題。我得立刻說明的是，子宮嫉羨可不是什麼「新的」、「原創的」概念。從蘇格拉底到尼采，哲學家往往希望自己是助產士或母親。我只是把這樣的概念和生理子宮的定義並置，做為一種欠缺。我猜想子宮向來被男人定義是一種欠缺，以掩飾男人自己的欠缺，這種欠缺正是缺乏具體的生產場域。為什麼男人說他把小孩「給」女人？既然我們是在幻想的性辭彙領域裡，試想巨大的卵要在數百萬的微小精子裡「挑選」，這得仰賴女性生理循環的有效運作，那麼也許提出我們應該重新思考「給予」的問題，也就不是那麼荒謬了。佛洛伊德認為卵子是「被動的」。[10] 我們也應該指出，如果一定要用寓言來解釋的話，我們就一定會注意到子宮會「釋放」、「啟動」卵子。子宮重要的規律節奏和負責裁定的陽物隨機狂亂是截然不同的。我希望此處和《燈塔行》

....

9 Sigmund Freud. "Femininity," *The Complete Psychological Works of Sigmund Freud*, ed. James Strachey (London: The Hogarth Press, 1961), XXII, p. 132.

10 10Ibid., p. 114.

寓言的平行參照說得夠清楚。我當然不是要貶低陰莖嫉羨的重要，而只是要把它和子宮的可能嫉羨做對比。正如傅柯曾說過，「問題不在於把真理從每一個權力制度釋放出來，⋯⋯而是把真理的權力從當前的霸權（無論是社會的、經濟的、及文化的，都是在現有的框架裡運作）形式抽離出來。[11]這或許是我在論文一開始所提到的，莉莉・布里斯科和藍西先生之間的「敵對與夥伴」關係的祕密。

　　總結來說，《燈塔行》提醒了我，子宮並不是一個空或奧祕事物，而是生產的場域。子宮所生產的不只是歇斯底里可鄙的文本，解構繫詞的實驗性瘋狂。做為一個具體的生產場域，無論多麼地不可捉摸，它還是可以嘗試建構藝術的繫詞。我不確定自己是否能夠全然接受這種對事物的看法，把提昇藝術地位當作是個契機。至少我可以尊重這種嘗試，藉由把男性當作是工具，以連結女性對女性的靈光啟發*，而不是只因為沒有人的手可以去捕捉住靈光，然後就加以拆解，或許，有可能是因為根本沒有靈光可得。

---

11 Interview with Michel Foucault, *Politique-Hébdo*, no. 247 (Nov. 29.Dec. 6,1976), p. 33. Trans. by Colin Gordon, "The Political Function of the Intellectual," *Radical Philosophy*, no. 17 (Summer 1977).

* 這本書的這個面向讓我得以合理化我們對各種理論的應用，當然有部分理論是由歷史偶然、由男人所建立的。

第四章
渥茲華斯《序曲》第九部到第十三部中的性與歷史

不論渥茲華斯漫長人生（1770-1850）的「真相」究竟是什麼，他的自傳詩篇《序曲》1805 年的版本，從第九部到第十三部，確實把法國大革命刻畫成詩人詩作成形的重大危機。某位批評家指出，「他的革命熱誠是如此強大，所以當他看到革命政府尋求國族主義戰爭（加上他和妹妹安頓下來之後，他們終於能夠過渴望已久的生活），他陷入了毀滅性的憂鬱期，使得許多現代評論家把法國大革命（或是和安娜特·瓦隆〔Annette Vallon〕生了孩子，並且「拋棄」她，沒有人可以 100% 確定究竟是那一樁）看作是他人生中的創傷。[1] 這個分析提醒我們，渥茲華斯生命中的「革命」同時也涉及到兩名女性。不管是在評論家的文字裡，或是《序曲》之中，安娜特的故事都被放入括弧裡，她被拋棄是被置入引號予以保留的。「他的妹妹」──渥茲華斯確實都沒有提到她的名字──也同樣被置入括弧。

《序曲》連續的部分並不是按時序連續寫下的。文本中的記錄並未按照時間安排。我按照作者的決定把整個作品的文本或敘事當成是連續的。最重要的是，這樣的決定本身就是處理

───────────────

1　*Wallace W. Douglas, Wordsworth: The Construction of a Personality* (Kent: Kent State University Press, 1968), pp. 3-4.

危機的一種作為。

　　我閱讀《序曲》這幾部的內容，得到了以下論點：

1. 渥茲華斯不僅需要驅除非婚生子嗣的陰影，同時也想在性方面重新建立自我，以宣告他的想像力重新恢復。
2. 他藉由把法國大革命變成是他可以書寫閱讀的一種象徵標記文本，以處理這樣的經驗。
3. 比起政治經濟學或革命，他認為詩更能夠為人類所受的壓迫帶來較好的治療，他自己的生命目的就是注定要教育人類這寶貴的一課。

　　我的批判希望能拋磚引玉，對法國大革命與英國反應的歷史和政治做更深入的解讀，這個目標是我在此無法充分達成的。

　　在下文裡我有時會使用德希達的用詞，如「痕跡」（trace）、「痕跡結構」（trace-structure）。在致力於定義事物之際，我們追求的是源頭。我們找出的每個起源都會把我們帶到更早的使用，或是隱含了某種後來發生的可能。換言之，表面上看起來自給自足的起源都隱含了某種痕跡。基於本文目的，我稱之為痕跡結構。

　　痕跡拆解了每個第一因或起源，所以不可能是超然先驗的原則。以書寫或溪流來看，以痕跡做為原則，及以痕跡作為例子，要清楚區分兩者之間的差別是很困難的。痕跡結構不只是削弱了起源，也破壞了事物統一自足的描述。我從渥茲華斯作品裡歸結出三項論點，這樣的作法其實和痕跡結構的概念是不一致的。然而，如果不把某種事物的統一性看作理所當然，那

就根本不可能有任何論述。我們也不可能充分完全地去討論痕跡。在研究痕跡相關問題時，一個人本身自足的批評位置也會來回擺盪。我們有可能把它們當作是參考，在我們的「歷史」與「政治」裡予以落實。既然痕跡不可能被充分探究，我們就有一個說得通的托辭，亦即關注歷史與政治的文本，明白這兩種文本本身會互相交織，我們就可以把它們看作是不同立場的痕跡結構過程。

渥茲華斯對於非婚生子的驅除儀式；性自我建立以恢復想像力

一般咸認《序曲》第九部所描述的沃德拉庫（Vaudracour）與茱莉雅（Julia）的故事是渥茲華斯和安娜特·瓦隆交往的偽裝版本。真實故事其實是更庸俗的：安娜特根本就沒有一個開始的機會。她既浪漫又柔順。結婚的打算早在幾年前就被巧妙地否決了。即使是渥茲華斯之後接受了微薄遺產餽贈，他也沒有給安娜特任何資助。她一直積極參與法國保王黨反抗運動，最後在 75 歲時貧苦而死。在艾密兒·勒固伊（Emile Legouis）的《威廉·渥茲華斯和安娜特·瓦隆》（*William Wordsworth and Annette Vallon*）一書中有詳盡的描述。[2]「我們還是要持平

2　勒固伊的方式帶著十分性別歧視及政治反動色彩，使得讀者會覺得安娜特被渥茲華斯利用是很幸運的事，渥茲華斯判斷正確地以堪稱典範的虔誠冷淡來對待她，並且不提供任何財務上的資助，他寬宏大量地在女兒長大成人後給她錢，而且在默許的情況下讓女兒冠上他的姓氏，在「一個美好的夜晚」稱呼她是「親愛的女孩」，亦即在他與甜美的瑪麗·哈金森結婚之夜，桃樂絲與威廉和 10 歲的女孩卡洛蘭，安娜特不在場，因為她「雖然儘情傾訴時非常健談……但似乎欠缺智識上的好奇心」（Emile Legouis, *William Wordsworth and Annette Vallon*. London: J. M. Dent, 1922, pp. 68, 33）。一般評論的共識是從表面上來理解渥茲華斯愈來愈殘忍的評斷與

的說，渥茲華斯從他女兒 1816 年 2 月結婚起開始匯錢給她。
他每年支付 30 鎊，直到 1835 年協定最後一次支付 400 鎊而終
止。」[3] 在〈沃德拉庫與茱莉雅〉，這名女子住在女修道院裡，
嬰兒夭折，男子最後發瘋。

在這節討論裡，我關注的不是渥茲華斯到底可不可以被原
諒，或是安娜特究竟是不是值得他多關愛一些。我的重點在於，
在《序曲》這幾部中，我們可以看到棄絕父職身分的文本符號，
以及主體做為一名兒子（而不是父親）在伊底帕斯律法之中的
重新確立，然後是透過想像力，主張取得雌雄同體的地位。

承認父職身分是父權社會對痕跡的認可，也是葉慈所說的

續 ....

安娜特的情事，「回顧起來〔他對安娜特的熱情〕似乎只是暫時的激情，
而不是長久的，或許只是捕捉住詩人心靈自然成長的片段，而不是發展茁
壯……所以，無論這在他長大成人的傳記裡有多重要，對於他心靈的歷史
恐怕並非如此。」（*The Prelude, or Growth of A Poet's Mind*, ed. Ernest de
Selincourt. Oxford: Clarendon Press, 1926, p. 573）女性批評家未必會質疑這
樣的論斷：「安娜特·瓦隆究竟是怎樣的女孩，竟然會在渥茲華斯心中激
起這麼強的熱情？」（Mary Moorman, *William Wordsworth: A Biography*.
Oxford: Clarendon Press, 1957, p. 178.）更令人驚訝的是，「我們不可能在閱
讀《序曲》時不去質疑究竟為什麼沃德拉庫與茱莉雅會突然出現，或是為
什麼渥茲華斯不直接提及安娜特·瓦隆。不過，即使我們不禁懷疑這些事，
畢竟這些都不是這首詩真正要討論的。」（Margaret Drabble, *Wordsworth*.
London: Evans Brothers, 1966, p. 79）Herbert Read 事實上相當強調安娜特在
渥茲華斯創作詩篇時所扮演的角色（*Wordsworth, The Clark Lectures, 1929-
30*. London: Jonathan Cape, 1930）。他完全是採取情緒感傷式的觀點來看待
男女之間的關係——「他那受創哀傷的心在 1792 年底被帶回到英國」——
而他的政治的斷裂——「他把對安娜特冷卻下來的情感效果，轉移到這個
法國象徵」——使得我很難完全接受他的解讀。

3　Read, pp. 205-206.「不可能明確地標示出沃德拉庫與茱莉雅的日期；我們目
前查不到有比 MS. 'A' 更早的版本，但是有可能這段插曲是寫在 1804 年之
前。」F. M. Todd, "Wordsworth, Helen Maria Williams, and France," *Modern
Language Review*, 43 (1948), p. 462.

「那些瀕死世代」會員身分的認可。透過這樣的認可，男人承認他的結局不是在他自身終止。稍早這個男人才接受了兒子身分，並且承認他的起源也不是在他自身。這樣一來就讓這個男人可能去宣告歷史。渥茲華斯這名自傳書寫者在此似乎更在意的是超越或處理，而不是宣告歷史——他要的是生產一首詩，而不是生個孩子。他解構了父子之間的對立與合作。在沃德拉庫與茱莉雅這段敘事裡，他處理了身為父親的可能性。在著名的「時間點」（"spot of time"）段落裡，他建構了身為人子的追憶——結構象徵性的重寫修訂。由於母親沒有背負姓名，藉著把自然當作母親，渥茲華斯投射出詩中同時身為兒子與情人、父親與母親、男性與女性的可能性。

　　我會試著解讀幾個段落，以說明這種投射。但是首先我應該強調，就算有能力處理，我也完全沒興趣對渥茲華斯做個人精神分析。精神分析做為一種局部性的科學，它的主題應該被當作是男性普遍主義意識形態的一部分，我在此處想說明的重點是，渥茲華斯同時受這樣的意識形態所影響，但又跳脫這個意識形態。如果真的有人想要進行嚴謹的結構精神分析研究，大概就得考慮「渥茲華斯母親過世時，他只有 8 歲」這件事。研究者可能也得考量「在兒童生命中的創傷事件所造成的壓抑、固著、否認及扭曲，以及在他長大成人的人生裡，甚至更有可能的是他的詩作裡，影響他的歇斯底里與種種無意識的偏執」[4]，還要去探索「失去的客體」；並訴諸文本裡的物神崇拜，

4　Richard J. Onorato, *The Character of the Poet: Wordsworth in the Prelude* (Princeton: Princeton University Press, 1971), p. 409.

將其看作是主體的簽名印記。

　　沃德拉庫與茱莉雅的故事一開始，正是法國大革命故事產生分歧的時刻，標記出一個刻意的延宕或替代：

> 我不應該，依我昔日目標，注意
> 其他事物，那些往往囚住我們
> 於思緒或對話，公共行為
> 與公眾人物，情感湧現
> 在我們心中受不斷改變的風向
> 記錄報導，日復一日
> 席捲而來，但是我此時卻是
> 模糊之中喚起一則悲劇的故事
> 它本身並不獨特
> 但或許值得紀念……
>
> （IX, 541-550，強調為筆者所加）

　　不單是這個故事沒有一個適當位置或獨特性，而且它的敘事開頭也是以兩個隨意的，在眾多可能性之中沒有充分區隔的選擇而鋪陳：「喔／年輕戀人的快樂時光！那麼／我的故事可以開始，喔！溫和的時刻……」（IX, 554-44）。《序曲》最後一個版本，修改時間大約是始於1828年，開頭更加低調：「（那麼／故事或許就開始了）」是用括號呈現的，而且故事本身也被壓縮，好像只不過是曾經發生在某處某個記錄的痕跡而已：「所以或許──配合那段序曲就此展開／這記錄」（IX, 557-58[1850]）。如果在《序曲》中嚴肅的公眾事物裡，要提出像愛

和拋棄這種不嚴肅的主題，1850 年代的版本問道：「同行的伴侶啊！／你難道不會斥責嗎？」（IX, 563-564）。

在兩個版本中第九部的結尾，沃德拉庫都沒有好下場，作者並沒有給我們一個明確的時間點，沃德拉庫就好像是不變的藉口，同時也串連第十部到第十三部往前和往後的時間點，讓故事有一個結局。瘋狂的沃德拉庫「永遠在那裡」：

> 於是青春永存
> 切除人的一切智力
> 甚至避開了尋常日光
> 自由的聲音也不能達，從法國傳來
> 迅速地迴盪不已，大眾的希望
> 或是他所犯的種種大錯的個人回憶
> 觸動了他，但是在那些孤單的陰影裡
> 那些他荒廢的時日，愚蠢的心靈
> （IX, 926-933）

在這個源起與結束的自傳裡，沃德拉庫只是繼續活著，虛度光陰；開放的時間沒有為他的人生畫下句點。在這個法國審判的故事裡，他不受自由之聲的影響。在這個詩人心靈成長的記錄裡，他的心靈仍然是愚蠢的。這是序曲起源的反記錄，作者的別名。作者和後面幾部結尾的遺囑寓託人物是對比，同時也是共謀。這些寓託人物可以看作是沃德拉庫的揚棄版本。

我們可以在第十部的結尾看到一個可接受的他我（alter ego）。他和代表罪惡故事的沃德拉庫很不一樣。這當然是柯立

治，也就是《序曲》所獻給的友人。這個揚棄的他我並沒有留在一個不確定的時間點裡，而是邁向一個被作者影響的未來前進：

> 你會聳立
> 不是放逐者而是嘉賓
> 在埃特納火山頂上。
> （X, 1032-1034）

他所虛構的沃德拉庫，置身於艱困的懸宕未決之中，柯立治現在身處遭貶抑的西西里島，做為與當時在不安定的法國的渥茲華斯的平行對照，兩者顯然是不一樣的。渥茲華斯無法找到線索來解釋巴黎9月大屠殺文本：

> 有關這些
> 與其他景致看起來彷彿是一個人
> 看著一本書，他知道內容
> 是值得記憶的，但是他卻將其深鎖，
> 用一種他不能解讀的語言寫就，
> 所以他痛苦地質問著不語的扉頁
> 並且有些責怪它們的靜默。
> （X, 48-54）

似乎在所有的文本例子——安倍多克勒（Empedocles）、阿基米德（Archimedes）、提奧克里提斯（Theocritus）、柯馬

特斯（Comates）——那樣的失敗得到了彌補，透過這些文本去認清當代的西西里，以便將西西里轉變為一個適合柯立治逗留的愉快所在。想像力，這是沃德拉庫愚蠢心靈拒絕應用的能力，在此獲得更充分的強化與推崇：

> 充滿田園風光的林仙泉
> 或者，如果那美麗噴泉已不復存在
> 那麼靠近某個其他的源泉，以其名
> 至表歡迎，甘願被矇騙
> 將如欣喜的信徒就此停駐
> 而不是囚徒。
> （X, 1034-1038，強調為筆者所加）

我稍後會再說明，第十一部歡迎柯立治成為伊底帕斯情境的同伴，在第十二部的結局引述柯立治為保證人，見證了在渥茲華斯早期詩作瞥見的未來世界，會比革命所帶來的改變更美好。

第十三部的結尾，《序曲》整部作品的結尾，完全否定了沃德拉庫的揚棄。如果他的人生只是虛度光陰，藉由文法上無止盡的延宕，詩人的替身在這裡得到某種確認：

> 然而數年短暫的有用生命，
> 而一切都將完滿，你的種族會延續，
> 你的光榮紀念碑會豎立。
> （XIII, 428-430）

如果沃德拉庫做為一種愚蠢心靈，完全不受革命影響，這裡詩人表達了他的願望，為了自己，也為了他的友人，他們可以：

> 指導……人類心靈如何變成
> 美過一千倍
> ……比起現有事物的架構
> （這，在所有革命之中，希望
> 與人的恐懼，仍然是一無改變）（XIII, 446-450）

茉莉雅很快就從故事消失了。在重述這些接續的遺囑寓託人物的結局，把這些人物和第九部結局沃德拉庫的命運做比較，我試著指出，沃德拉庫把這未受認可的自我做為父親，透過他的否認及揚棄，有助於確認詩人心靈發展過程與成長的記錄。讓我們再來看看渥茲華斯是怎麼利用伊底帕斯情結的信號。

在第十部開頭的部分，有一段關於兒子運用父親形象的描述——這可以和承認自己是父親做為對照。（X, 467-515）渥茲華斯描述在聽到羅布斯皮耶爾的死訊時，他感受到莫大的喜悅。對任何人的死有接近狂喜的快樂，難道不會有種罪惡感嗎？我們有自由可以做如是聯想，因為渥茲華斯在敘述這種極度的喜悅時，他突然想起他在鷹岬（Hawkshead）文法學校時的老師，這個父親形象對他的專業未來深具信心。（就如同《序曲》多數的情況一樣，這兩件事的連結安排絕非巧合；事實上彼此的緊密關係在此有強烈暗示）這段記憶是透過憶及老師的墓誌銘

而來的，湯瑪斯・格瑞（Thomas Gray）所寫的銘文提到優點與
弱點。而格瑞是年高德劭的專業詩人，關於召喚出父親律法的
碑銘，在稍後的詩篇裡會有更充的表達。

　　第十一部開頭的一個段落裡，再一次出現了學科判斷的場
景。在詩、歷史和邏輯三學科中，邏輯在渥茲華斯此時的人生
階段裡似乎扮演了重要角色。至於其他兩者──「它們的句子，
我想，是已經說出來了」（XI, 94）。邏輯戰勝詩的這種不祥的
勝利，是以一種自我分裂與閹割的潛藏形象所呈現：

> 如此奇怪地我與自己交戰
> ……就像是一名僧侶誓言棄絕這個世界
> 狂熱地費心切割我的心
> 去除她昔日力量的所有來源。
> （XI, 74, 76-77）

　　「時間點」的回憶從這樣的困頓中帶出正面的實現。細節
非常明顯而有反諷意味。[5]詩人尚未到達男人的階層：「當時幾

5　我請讀者參見我的論文 The Prelude, "Allégorie et histoire de la poésie: hypothèse
　de travail," *Poétique*, 8（1971），以理解我對「圖像式」風格的定義。「在
　篇章裡〔假定存在的〕模仿真實時間為了描述的非時間性而暫時被抹除」
　便創造出「圖像」（430）。這樣的段落篇章在浪漫主義及後浪漫主義譬
　喻裡，很有代表性地往往包涵了「時間的威脅……造成了最後的錯位干
　擾。」（434）這篇較早的論文並未把渥茲華斯「圖像」實踐連結到政治規
　畫。Geoffrey Hartman 對「時間光點」概念的定義，雖然也沒有連結到政治
　論點，但是卻相當具有啟發性：「這個概念……非常豐富，不僅融合了時
　間與地方，也連結了停滯與連續。」Geoffrey Hartman. *Wordsworth's Poetry
　1787–1814* [New Haven: Yale University Press, 1964], p. 212.

乎沒法（我那時還不到 6 歲）／手都抓不住繮繩」（XI, 280-81）。當他跌跌撞撞、孤單一人時，意外地發現一個沒有公開的專有名稱的無名自然銘刻，受到人為保存，這是律法陽物工具唯一僅存的：

> 絞刑架桅杆已崩塌，屍骨
> 與鐵箱都不在了，但是在草皮上，
> 非常靠近，在那樣墮落的行為發生不久
> 某隻不知名的手刻下了兇手的名字。
> 紀念碑上鐫刻著
> 時代久遠，但仍然，年復一年，
> 街坊的迷信
> 草地經過整理；直到此時此刻
> 刻字仍然清晰可見。
> （XI, 291-299，強調為筆者所加）

　　此時他立刻離開這個點。悲傷地發現律法紀念碑的回憶現在提供了

> 受歡樂加持的美德
> 射入，使我們登上
> 高高地，更高地，在我們墜落時再把我們高高舉起。
> （XI, 266-268）

　　後面幾部的許多段落都讓法國大革命受到控制，宣告它是

帶來福音的墮落（felix culpa），這是為了促成渥茲華斯做為詩人成長的必要手段：這就是文中的暗示。法國大革命所引發的一系列事件會帶來追憶的行為，發洩般地完成童年時期無法掌握理解的伊底帕斯記憶。

以他老師墓碑的記憶為例，第二個時間點和真實父親之間的轉喻連結，透過了相近性，既不是邏輯的、也不是隱喻的連結，而呈現出來。渥茲華斯和他的兄弟停留在分叉的道路上，讓我們想到伊底帕斯罪行的場景：「兩條路一條通往德爾菲，／另一條通往達烏利亞。」[6] 他們抵達父親房舍 10 天後，父親就死了。這 2 個事件彼此並沒有邏輯關連，不過這個時間點在精神上的禮物，恰恰是「事件／伴隨著所有悲傷而來的，還有／責罰」（XI, 368-70）。

此處我們可以生產出一個文本鏈：聽到羅布斯皮耶爾的審判（藉由父親形象而得以避開）而喜悅；在邏輯手中對於詩的審判（藉由歷史提醒的律法審判而得以避開）感到自我閹割的絕望；最後接受自己無故的、轉喻的（只是因為時間上很接近）罪惡感。現在，根據經典的伊底帕斯解釋，「渥茲華斯」是身為人子的男人。就像是殺人兇手的名字刻印在草地上，到今日仍清晰可見，所以這種透過記憶而取得的男人身分，維持了一種持續的權力：「在這晚近的時光……我一無所知」。（XI, 386, 388）我們可別忘了，虛偽的父親沃德拉庫，並未在伊底帕斯律法下建立合法父親的地位，經由文法的許可認定，也存在

6　*Sophocles I*, ed. David Grene (Chicago: University of Chicago Press, 1954), p. 42.

於這個時間上。

　　在接近第十一部結尾的部分，柯立治，這個良善的他我——類似回想中「原初」事件裡的兄弟——再次被召喚出來見證伊底帕斯的正式就位。稍早，渥茲華斯曾寫下：

> ……我擺脫了舊習
> 完完全全徹徹底底，再次
> 站在大自然裡，就像此刻一樣站著
> 敏感的、有創造力的靈魂。
> （XI, 254-257, 強調為筆者所加）

　　雖然「舊習」有複雜的概念鋪陳，大概在先前30幾行輕描淡寫的論點，這個隱喻的力道強烈地暗示了性的衝突，一種生理上的裸裎以對。150行之後，渥茲華斯歡迎柯立治進入語言的兄弟聯盟，洗淨所有性的形象，仍然讓我們想起稍早的片段：

> 那麼看著我
> 再一次在大自然裡，於是恢復了
> 或者不然，再一次強健了
> （先前逃竄的僅存記憶）
> 最最虔誠的同情的習慣。
> （XI, 393-397, 強調為筆者所加）

　　歷史和父親身分在此處完全以痕跡的方式揭露，在括號裡呈現的僅存記憶（1. 396），或是在眾多替代的恢復方法的其中

一個（11, 394-95）。可以確定的是，一個男人，曾褪去衣服，
現在著上新裝，站在大自然跟前。

　　值得注意的是，在這段回想伊底帕斯事件裡，渥茲華斯的
妹妹也在一個段落裡出現，最後進入了雌雄同體的階段。和負
責懲罰、或是展示及審判法律的男性沈思者——老師、殺人犯、
父親、柯立治——有所不同，桃樂絲‧渥茲華斯是以一個活躍
的能動者，恢復了她哥哥的想像力。而且，的確，威廉把他的
讚美之詞和當時典型的贊助精神交織在一起，或者也是我們這
個時代的贊助精神，而稱她是「完全自由的」（XI, 203）。[7]有
趣的是，她和自然的關係的述詞，強烈地令人連想到《汀騰修
道院》（*Tintern Abbey*），完全是用條件句寫的：

　　　所有遇見她的鳥
　　　每朵她遇見的花，也許都
　　　認得她，就一定會愛上她。我想她的魅力
　　　她一出現就帶來甜美氣息
　　　所有的樹木，所有靜謐的山丘
　　　所有她看到的一切，都應該會帶有
　　　她所具備的意味
　　　朝向它們及一切生靈。
　　　（XI, 214-221）

7　關於渥茲華斯如何實際地利用桃樂絲但未給予認可，可參見 Drabble。關於
　渥茲華斯和桃樂絲的關係最深刻引人共鳴的記錄是 F. W. Bateson 所撰寫的
　Wordsworth: A Re-interpretation, 2en ed. (London: Longmans, Green, 1954).

這段唯一的指示描述是由主控的「我想」所帶進來的。

　　雖然渥茲華斯對妹妹感到欣喜，使他自己比較像是上帝，而不是像她——「上帝歡喜／這樣的存在」（XI, 221-22）——但是她的確為他提供了移情的可能性。接下來的段落開始——「即使像這位女孩」（XI, 224）。茱莉雅做為一名欲望客體已經消失在女修道院裡，小孩則跟著沃德拉庫。他是詩人做為一名父親的替身，只能在文本裡提供一個無限延長的愚蠢拙劣形象。桃樂絲身為妹妹，則被當成是讓詩人有可能重新上演伊底帕斯情境的寓託人物，這樣的為人子情境出現在他拒絕接受過早發生的父親身分之後。如果伊底帕斯解釋的歷史權威，雖然不是先驗的，特別是對男性主角而言，但還是因為他像她，所以提供了某種可靠性。威廉召喚的是前伊底帕斯階段，當時小女孩和小男孩是一樣的，所以透過這段伊底帕斯情境重演的描述，兒子欲望的客體合法地（雖然似是而非地）被定義為他的母親。[8] 自然維繫了這個矛盾：因為自然不是文化，在這個場域或舞臺裡，親屬關係尚未被連結闡釋。「在這種密集的、非人際的體制下提出亂倫，這是一種情況，另外一種情況是在禁止亂倫的狀態下，亂倫被擴大再現，並定義這樣的行為是踰越人性的行為，我們不可能混淆這兩種情況的亂倫，……受到禁止的亂倫（人與人之間可辨識身分的形式），被用來壓抑被欲望

8　"Femininity," in *The Standard Edition of the Complete Psychological Works of Sigmund Freud*, trans, James Strachey (London: Hogarth Press, 1964), vol. XXII.

的亂倫（嚴酷土地的實質）。」[9]

　　渥茲華斯在這裡超越了種種禁令，為自己清出一個空間。桃樂絲承載著「妹妹」的親屬銘刻，做為客體選擇，提供了一個段落以連向自然；渥茲華斯，因為不承認自己的父親身分，所以不允許安娜特取得親屬銘刻（在指稱她時，要不是稱之為女士，就是威廉的遺孀）。第十一部的文本進而將自然銘刻為母親與情人。在敘事裡，桃樂絲拯救了他，這裡所衍生的困境也可以看作是踰越了自然的雙重銘刻：

> 我毫無悔意的進一步
> 推動我的臆測；是的，立足於
> 大自然最神聖之處。
> （X, 877-879）

　　這個文本鏈最後的一個連接是詩人取得了雌雄同體的自我銘刻，這同時包含了母親與情人。透過大自然的補充呈現，這樣的銘刻似乎擁抱了歷史上「外在」的場域，及詩人存在的「內在」。在發現殺人兇手姓名的記錄，以及父親死亡的記錄之間，出現這樣一個段落：

> 喔！人的神祕，從多麼深遠之處
> 你的榮耀前行！我迷失了，但是看看

9　Gilles Deleuze and Félix Guattari, *Anti-Oedipus: Capitalism and Schizophrenia*, trans. Mark Seem, et al. (New York: Viking Press, 1977), p. 161.

單純的童年是某個基礎

偉大便由此而生，但是關於這，我的感覺是，

出自於你的你必須付出，

否則永遠不可能獲得。逝去的日子

再度浮現幾乎是從人生的

晨曦：我權力的藏匿點

似乎是開放的；我一接近，它們就關閉；

我現在瞥見了；隨著年紀漸增，

也許什麼都看不到，而我將付出。

不過，我們仍可以，端看文字能付出多少，

實質與生命予我所感受的：

我會將過去的精神供奉起來

讓未來修復。

（XI, 329-343，強調處為筆者所加）

　　在此我們注意到內與外的不確定性：「出自於你」的意思或許是「出自於我」，但是如果針對的是「人的神祕」，那麼嚴格說來，這個意思可能有問題；「『我的感覺是』既是詩的主觀表現，也是詩的主題；而且，關於記憶究竟是內或外，也充滿了不確定性。我們另外也注意到雙重的銘刻：子宮或深處生產出主體及陰道，主體的權力在此找到隱藏之處。圓滿交合仍然是不可能的。權力的藏身處似乎打開了，一旦靠近又關閉了。這是一個誘惑的情境，但不是沒有未來的期待。這是性、傳記紀念及精神歷史學可重複書寫的重寫本」。

　　桃樂絲事實上是做為女伴而被召喚的，自然則是渥茲華斯

的侍女。（XIII, 236-46）同樣在《序曲》全作的倒數第二段裡，
她是被加上省略符號的（astrophized）。威廉為充分成長的詩人
爭取了雌雄同體的豐盈圓滿，這包括了在自我之內具備母親與
情人的不確定角色：

> 而他的靈魂將升起
> 到達情感智性的高度
> 不再欠缺謙卑的溫柔，他的內心
> 就像是慈愛的母親的心一般溫柔
> 他的生命將充滿女性的柔軟
> 些許的愛與精巧的欲望
> 溫和的興趣及最柔和的同情
> （XIII, 204-10）

在《序曲》最後一部的開場裡，我們可以看到，有關雌雄
同體豐盈圓滿的暗示的敘事，透過自我分離及自我情欲、痕跡
的預示等主題而呈現。這個主題至少是以兩個層面呈現，在文
法上則是多元的。一項是想像力，本身是心靈其他三種特質的
「另一個名稱」，另外一項是「智性的愛」（XIII, 186），「那
個」除了雙重建構之外，在文法上是不完整的，在前面 20 行，
想像力在此確實據稱是有另一個名字。關於想像力和智性的愛，
（「彼此互相擁有」，而不是「存在在他者」；「分裂地」而
不是「個別地」）。在這個主題的宣言裡，他在自己的生命中
看到代表性詩人的人生過程。渥茲華斯似乎很奇怪地自我分離
了。他寫道，「這個能力」，而且我們已經看到它是如何地多元，

「一直是移動的靈魂／我們漫長勞動之功」。移動的靈魂這樣一個內在的原因，同時也被描述為追求的外在目標，痕跡如同溪流。

> 我們追溯溪流
> 從黑暗之中，誕生之處
> 盲目的洞穴，微微地聽見
> 水的聲音。
> （XIII, 172-75）

誕生之處，或子宮，承載著聲音的痕跡，證明了某種早先的源頭。源頭明顯的描述為誕生之處，說明了「歡迎它，在它再度揚起／充滿著力量」（XIII, 179-80）自體情欲的陽剛氣質。有一段時間，詩人「看不見它，不知所措、被吞沒似地」（XIII, 178）。這兩個形容詞／副詞的開放性，使得詩人做為主體（內）、想像力做為客體（外），能夠有所區隔。強而有力勃起陽物是他的移動靈魂，主體迎接陽物的自體情欲形象，很快地滑進邏輯的矛盾裡。在它「莊嚴的胸前」沒有升起的溪流能夠「反射」任何事物，更別說「人的作品和人類生命的臉龐」（XIII, 180-81）。一直要到以想像力做為痕跡的這種多元化及自體情欲的故事之後，渥茲華斯才向「人」保證，這個「最好也最重要的原則就是你的／在你天性的最深處」，接下來就是前面曾引述的 204 至 210 行公開的雌雄同體宣稱。

渥茲華斯確立想像力的路徑，值得我們再扼要重述。壓抑茱莉雅，可有可無地保留沃德拉庫做為一個持續且負面的條件，

隨時有取消的可能，他揚棄而化身為柯立治，透過桃樂絲的託寓中介，重新記憶他自己的伊底帕斯情境「以接近律法，想像力則是自然與人的雌雄同體——女性因此被排除出局。我不得不把這看作是偉大傳統的性—政治計畫。在揭露這樣一個精心設計的路徑，如果我不討論渥茲華斯文本不可化約的異質性，那也是基於某種政治立場而做的選擇。如果一名男性（這裡指的是渥茲華斯）在看來普世的主題上針對另一名男性（柯立治）不斷地對話，那麼我們就必須學習去解讀女性部分的微結構負擔。

將革命改變為聖像文本

要介紹這個章節，讓我們先看看第十部的幾行詩：

> 有關這些
> 與其他景致看起來彷彿是一個人
> 看著一本書，他知道內容
> 是值得記憶的，但是他卻將其深鎖，
> 用一種他不能解讀的語言寫就，
> 所以他痛苦地質問著不語的扉頁
> 並且有些責怪它們的靜默。
> （X, 48-54）

革命之書的內容必須被轉化成個人的記憶。自傳者向我們保證，在 22 歲時，他就知道這些內容是「值得記憶的」。他使用強烈的語言來描述，學習閱讀這些作品的任務究竟為何。為

的是要踰越禁忌，因為這本書被「鎖住了」，他無從接觸。

　　在第九部裡，喬叟、史賓塞、《失樂園》的米爾頓都來幫助解讀山水景觀文本，也協助解讀了革命景觀的文本。隨著渥茲華斯的絕望日深，他開始認同米爾頓的個人立場，如前所述，比方說《力士參孫》（*Samson Agonistes*）所述。不眠的城市透過馬克白闡述了它的罪惡。他自己的罪惡透過移情作用（包括可能拒絕承認父職角色的罪惡），使他呼應了馬克白的夢魘。他推崇同情吉倫特黨人（the Girondist），因為他們認同古典的希臘羅馬人。

　　第十部後半部一開始，渥茲華斯採取了雙重策略，他清除了革命經驗中一般稱之為革命本質的部分。在 658 行，他「從描述英國政府在 1793 年至 1794 年間的作為，轉而重述他自己抵達法國（1791 年 11 月）直到之後回到英國，這段時間他與公共事件的關係。因此再次詳細述說了他在第九部與第十部 1 至 227 行所討論的內容（de Selincourt, 583）。

　　這個保持距離的姿態，似乎為我現在所描述的文本鏈，標示了重要的一大步。他不再傾心於藝術和詩的偉大大師，把他們當作模範，以此來組織不連續的、陌生的山水景觀和事件，在第十部後半，渥茲華斯開始從英文及自然材料來組織聖像。在這個文本鏈最後一個連結，我們可以看到他在撒倫平原（Sarum Plain）犧牲祭典的靈視。（第十三部斯諾登山登高的偉大聖像，洋洋得意地把我們帶回到先前的時間點，這是在渥茲華斯的法國經驗之前。）由於我們已經檢視了排除父職、人子及雌雄同體身分主題的文本鏈，這個明顯且確實堂而皇之的努力，就不需要我們再多費心思。這一節要做的不只是透過解

讀幾段詩行，來充實我在上兩段已摘要說明的內容而已。渥茲
華斯在構思這幾部詩作時，自己宣稱在政治上的忠誠態度，當
然不是我們在此要補充說明的重點。[10]

　　可察覺的或可見的事物不僅只是立即經驗的假設事實，它
承載了歷史的痕跡。我們必須學習加以解讀。渥茲華斯在判斷
最初對法國事件的反應時，以合理的方式記錄下這種衝動：

> 我沒有準備好
>
> 必須的知識，突然地走進
>
> 戲院裡，舞臺
>
> 忙著搬演著十分先前的劇碼
>
> 就像是我曾讀過的其他劇本一樣，而且渴望地
>
> 有時候，今日的大師級小冊子；
>
> 我也不想要那些一半的見解變得狂野
>
> 在那貧瘠的土壤上，道聽途說

....

10 以下的作品可以讓我們了解其涉及的場域 : A. V. Dicey, *The Statesmanship of Wordsworth: An Essay* (Oxford: Clarendon Press, 1917); Crane Brinton, *The Political ideas of the English Romanticists* (New York: Russell & Russell, 1926); Kenneth MacLean, *Agrarian Age: A Background for Wordsworth* (New Haven: Yale University Press, 1950); E, P. Thompson, "Disenchantment or Default? A Lay Sermon," in *Power and Consciousness*, ed. Conor Cruise O'Brien and William Dean Vanech (London: University of London Press, 1969); George Watson, "The Revolutionary Youth of Wordsworth and Coleridge," John Beer, "The 'Revolutionary Youth' of Wordsworth and Coleridge: Another View," David Ellis, "Wordsworth's Revolutionary Youth: How We Read The Prelude," in *Critical Quarterly*, 18, 19, N 感謝 Sandra Shattuck 提醒我注意到這一點；另外還有 Kurt Heinzelman, *The Economics of the Imagination* (Amherst: University of Massachusetts Press, 1980).

> 和公共新聞的幫助；但從未有機會
> 見到正常的編年史也許會顯示，
> （如果當時那樣的東西真的存在）
> 公共權力的主要公器
> 已經形成，它們的輪迴何時及如何
> 完成，讓事件有了
> 形式和本體⋯⋯
> （IX, 91-106）

　　就《序曲》的記錄來看，渥茲華斯從來沒有真正探究過法國大革命權力結構原初的、正式或具體的編年史。他只是替代地尋求文學歷史的案例，以便穿插歷史及地理山水景觀。如果我在這裡引用馬克思 20 幾歲的話，那麼只是因為我們可以見證，對於相似的問題有兩套文本方案，它們的方向完全相反。路德維克・費爾巴哈（Ludwig Feuerbach）似乎也不明白如何去解讀社會文本，馬克思的提議是：

> 我們周圍的感知世界，絕不是某種開天闢地以來就已存在的、始終如一的東西，而是工業和社會狀況的產物，是歷史的產物，是世世代代活動的結果，每一代都在前一代所達到的基礎上繼續發展前一代的工業和交流往來，並隨着需要的改變而修正其社會制度。甚至連最簡單的「確實感知」的對象，也得透過社會發展、工業和商業往來，我們才有可能得到。〔因為他缺乏這個研究方法，〕費爾巴哈〔在曼徹斯特〕只看見工廠和機器，而在 100 年以前這

裡只有手紡車和織布機,或者在羅馬四周的平原,他只看見牧草原和沼澤,在奧古斯都時期,他可能只看得到葡萄園和羅馬有錢人的別墅。[11]

　　渥茲華斯面對這個鮮為人知的歷史文本,他的解答方式是取消歷史或系譜學式的生產,試著透過私人影射式地指出相似性來加以控制,他自己就能保持權威及消息來源的地位;至少是幾乎 10 年後他採取了這樣的寫法。這些完全不明顯的「相似性」,絕大部分只有充分了解英國文學文化的讀者才能了解。比方說,渥茲華斯讓他描述法國經驗的目標,「相似於」《失樂園》第九部的開場白,米爾頓從刻畫一個完全沒有罪的天堂轉而描述:

　　　走味的信任,破壞了
　　　人類是不忠實的,反抗
　　　不服從,以天堂來說
　　　現在是疏離的,距離和嫌惡
　　　憤怒與公平都被駁斥,審判到來。
　　　（de Selincourt, 566）

11　此處未提到馬克思和恩格斯,因為這一段是出自《德意志意識形態》第一部（Karl Marx and Friedrich Engels, *The German Ideology*, in *Collected Works*, ed. Jack Cohen, et al.. New York: International Publishers, 1976） V, pp. 39-40。「這部作品給人的印象就是它是《關於費爾巴哈的提綱》的綱要:因此我們可以推論這是馬克思所撰寫的」（*The Marx-Engels Reader*, ed. Robert C. Tucker[New York: Norton, 1972], p. 110）。

　　這裡必須指出，「罪」不只是法國背叛天堂，這是渥茲華斯自己判斷的。這只能是「字面上的」、渥茲華斯自己肉欲的知識，這個文本必須在下意識裡被抹滅。

　　米歇·博普伊（Michel Beaupuy）試圖針對現有困境，提供渥茲華斯若干消息來源，以及對未來所懷抱的希望。渥茲華斯紀念這些對話，對他而言，這是最接近時代的「一般編年史」，他給予一種道歉式的核定，替柯立治著想，以迪昂、柏拉圖、尤迪莫斯、提莫尼德斯之名，發起「哲學之戰／由哲學家引領」（II, 421-422）。確實，渥茲華斯同情吉倫特黨人，因為他們是「理想主義者，他們的言論無不以古代希臘羅馬為尊。」（de Selincourt, 576）這裡我們也不妨拿馬克思來比較：

　　　　路德戴上了聖徒保羅的面具；1789 至 1814 年的革命依次把自己打扮成羅馬共和國和羅馬帝國；而 1848 年的革命只知道勉強戲仿 1789 年的一些皮毛，或者是從 1793 年至 1795 年的革命傳統得到一點靈感。就像剛學會一種新語言的人，總是要在心裡把新語言先譯成母語一樣：只有當他能夠不必在心裡把新語言譯成母語，當他使用新語言時，能夠忘掉原本的語言，他才算領會了新語言的精神，才能夠真正地運用自如。[12]

新的未知語言正面衝擊了威廉·渥茲華斯。即使他對新

12　Karl Marx, "The Eighteenth Brumaire of Louis Bonaparte," in *Surveys from Exile*, ed. David Fernbach (New York: Vintage Books, 1974). pp. 146-147.

語言的元素有所認識，但是他對舊語言採用了一種奇怪的「重譯」。對於對話的具體內容他略略提了一下，比較謹慎描述的是「從最誠懇的對談裡，我滑入自己的思緒／讓記憶偷偷潛入其他的時刻」（IX, 444-445）。在這些中介的時刻，原來提供的編年史被忽略了，詩人召喚的是「迷失的」隱士和「流浪的」旅人（IX, 446, 448）。接下來詩人以回憶逃脫女僕的故事，或是「好色之徒……／享受女色」（IX, 460-461），帶過對當時正在進行的論述。地理，而不是文本化，做為「世世代代活動的結果，每一代都在前一代所達到的基礎上」，這句話「被重譯為」褻瀆女性或女性逃脫的偉大文學記錄。詩人看見「女修道院」，「並不是因為時間虔誠接觸／瓦解了，而是突然的暴力」（IX, 469-470）在這份清單上占據了一席之地，讓我們接下來準備聆聽茱莉雅的故事。兩者間插入的詩節，確實讓我們得以洞悉博普伊的論述。我們先來簡略地看看這個段落的策略。

首先，召喚出不在記憶中的城堡（在清單裡排在羅莫倫汀及布洛瓦之後，Romorentin and Blois）——「名字現在滑出／我的記憶」（IX, 483-484）——這裡曾經是法蘭索瓦一世（Francis I）某個情婦的居住所在。這個視覺對象，如渥茲華斯所記得的，讓想像力有機會燃起兩種情感：一種當然是「美德的憤怒與高貴的嘲諷」，雖然在「和平的屋邸／宗教的」的情況可能未必如此（IX, 496, 492-493）；另一種情感則是：

> 力量的緩和
>
> 公民偏見，冥頑不靈者
>
> 這麼稱呼吧，年輕愛國者的心靈

　　然後渥茲華斯接著說，「在這些點上，我見到許多光線
／來自於騎士般的歡愉！」（IX, 500-501）。在書寫文本裡，
博普伊只有透過隱喻化法國大革命的目標為「受飢餓所苦的女
孩」，……「這與那相抗／我們奮鬥為那樁」（IX, 510, 517-
518），才能夠總結出他論點的摘要。以下就是他的摘要：

> 所有永恆的體制都被摧毀
> 合法化的排除，空洞的壯麗
> 被廢除了，感官狀態和殘酷力量
> 不論是單一的或少數的法令所決定
> 而最終，一切的財富與權位
> 都應該看到人們有力量
> 制訂自己的法律，因此更好的日子
> 人們指日可待。
> （IX, 525-532）

　　這段令人推崇的摘要緊接著預期中的反問，提醒我們在恐
怖統治期間，正當程序仍然停滯不前。從這個主題叉出去，沃
德拉庫與茱莉雅的故事被帶出來。我們想到博普伊，這個支持
法國大革命的唯一的善良天使，「其他的模型」，他自己把事
件重新翻譯為藝術與性的慇懃（不經意的呈現階級與性偏見），
以做為他自己革命情感的藉口：

> 他透過這些事件
> 那重大的改變而以完美的信仰飄流，

彷彿透過一本大書，一則古老的傳奇或精靈

故事，或個情節的夢境……

……他愛的人類

做為人，對於那些低劣的與無名的……

轉移了殷勤禮貌，沒有半點

降尊紆貴，而是

熱情又有禮，就像是

他，身為士兵，在閒暇之際

對女性應有的風度〔！〕

（IX, 303-306, 311-312, 313-318；強調為筆者所加）

　　在冗長的第十部裡。這個段落讓《序曲》的詩人得以把自己壓抑為生成主體。第九部裡藉由內在化（interiorizing）文學類比，將文學歷史典故與重譯改變成失控故事的聖像。我們已經看到，在有關雌雄同體想像力的最後一個段落裡，內與外的區隔得以動搖。渥茲華斯試著把革命改變成聖像文本時，我們再一次看到，文學記憶內在與外在情境的外在二元對立是無法維繫的。渥茲華斯在使用莎士比亞時，這樣的區分開始動搖，結果令許多讀者感到不解。

　　第十部 70 至 77 行，不論是那個版本都很值得深究：

「馬被教導著要受控制，天堂

轉輪的風在他自己的腳步裡旋轉踩踏，

年復一年，潮水一次又一次地回來，

日復一日，所有事物都有了重生；

地震不會立刻滿足。」
以那樣的方式我打造了自己，
直到我彷彿聽到有聲音高喊著，
對著整個城市：「別再沈睡了。」

這一段大部分都是在引號裡，詩人「打造」自己。大約在完成《序曲》1805 年版本的 2 年後，引號被刪除了，無眠的夜的獨特感也被消除了。在 1805 年的版本，詩人迫切想要達到的是要召喚莎士比亞，而不是使前後文連貫一致。段落一開始很不恰當地引用了《皆大歡喜》輕鬆的開場，奧蘭多抱怨他哥哥的馬受到的待遇比他還好。渥茲華斯硬把這段文字抽離出來，搭配其他的句子，要不是引言，就是他自己先前說過的話（因此混淆了自我的內在與外在），這似乎呼應了兩種不一樣的情緒：狂野事物被馴化，事物不斷重複自我。這些句子對於大屠殺並未帶來多少慰藉，同時確保了它們的馴化及回歸，雖然狂野事物遵守它自己回歸的法律，這種想法本身就是一種馴化。

然而，接下來提及馬克白的典故，之所以變得如此易怒，似乎是承認了謀害父親／國王的罪惡感。莎士比亞的聲音似乎是對著整棟房子喊著，「別再沈睡了！」因為馬克白已經謀害了鄧肯。雖然在渥茲華斯的眼裡，巴黎才是殺害國王的兇手，在莎士比亞的原作裡，有罪的馬克白自己是說話者，這暗示了渥茲華斯是透過否認接納他的第一個孩子，藉此殺害了父職身分。在這一連串的話語中，有一句話特別突出：「一切事物都有再生。」在馬克白段落之後大約 200 行的延伸部分，他向柯立治坦承，雖然這個嬰兒期的共和國頗為成功，隨之而來的所

有不公不義卻為他帶來許多失眠的夜。一個不情不願的括號以同樣令人不安的方式而顯得特別突出：

> 那時絕大部分的憂傷，喔，老友啊！
> 是我的日有所思，我的夢境都是悲慘的；
> 透過經年累月，最後一擊久久之後
> 這些殺戮（我說的是直白真相，
> 彷彿是私下和你的單獨談話）
> 我幾乎沒有一個晚上能安眠
> 如此可怕的絕望入眼
> 以及暴政，死刑的執行，
> 冗長的演說我在夢中的辯護
> 在不公的法庭之前，以一種聲音
> 努力，腦子混沌不清，一種
> 背叛及遺棄之感，在
> 我所知的最神聖之處。我自己的靈魂。
> （X, 369-381；強調為筆者所加）

　　勝利的共和國形象是赫邱里斯女嬰的形象（安娜特生了個女兒，卡洛蘭），她讓搖籃邊的蛇窒息而死。當然，我主張的是，即使當渥茲華斯試圖透過文學歷史及那時的聖像文本，來控制革命的異質性，以排除自己不承認父親身分的個人罪惡感仍然明顯可見。

　　莎士比亞的回聲散落在《序曲》的各個篇章。多數時間米爾頓幫助渥茲華斯掌握法國大革命。我已經提過第九部一開始

就呼應了米爾頓。渥茲華斯描述恐怖統治的開始，所使用的文字呼應了米爾頓的詩句：「所以魔鬼說話，不得不然，／暴君的請求，免除自己邪惡的行為」（《失樂園》IV, 394-395; de Selincourt, 579）。

　　第十部的 117-202 行的詩句裡某種有意識的神聖感，在此再清楚不過。這些詩行總結了渥茲華斯只是因為盤纏不足而不得不離開法國，不過這恐怕也是目前最好的作法，因為這樣一來，他未來成為詩人的可能性就增加了。渥茲華斯提到自己時，自比為天使，也提及他對法國勇敢的期望，他不再藉由莎士比亞那有罪的馬克白說話，而是成為米爾頓的神聖參孫，被一名女性牽累：

> 但是耐心更常常是聖人的
> 練習，他們的堅毅的試鍊
> 使他們每一個都成為他自己的引渡人。
> 與克服一切的勝利者
> 暴政或幸運都能承受
> （《力士參孫》，1287-1291;de Selincourt,577）

　　確實，在聽到羅布斯皮耶爾的死訊時，他認為這是公正定罪的權威，《失樂園》的語言帶給他喜悅：「這可怕的莫洛克神的部族被推翻了，／他們的主要攝政者隨著塵土逝去」（X, 469-470）

　　我們目前討論了譬喻文本化的例子，也述及文學典故的內在化。接下來讓我們談談聖像的組成。

論者常指出重點不是法國大革命的經驗,而是英國與法國
交戰的事實,才是讓渥茲華斯絕望的真正原因。他對革命最初
的反應,其實頗符合良好的英國模範:「中產階級與上層階級
普遍歡迎法國大革命最初的發展——即使是傳統派也主張,法
國終於也趕上英國「混合憲法」的概念了。」[13]此外,渥茲華斯
宣稱有三個私人的理由,所以抱持同情法國大革命的立場:「出
生在貧困的地區」,他童年時期從來沒有見過:

> 一個人的臉,不管他是男人或男孩
> 配戴著專注與尊重
> 因為與生俱來的財富或血液
> (IX, 223-225)

在劍橋他看見了「財富與頭銜的地位不及/天分與成功勤
勉」(IX, 234-235)。(這個分析很表面但可以理解。)一直
以來,「與值得尊敬的書本為伍……與山所帶來的自由」讓他
得以:

> 高喊
> 平等權利與個人價值的政府
> 最好
> (IX, 246-248)

---

13 E. P. Thompson, *The Making of the English Working Class* (New York: Vintage Books, 1966), p. 105.

　　基於直覺─愛國的基礎而支持理想主義者的革命原則，對於英國的法國政策沒有太大的幫助。幸好渥茲華斯長期以來頭腦清楚，法國的軍事行為、「大革命的激進化」，以及對法國入侵的恐懼，讓他有理由撤退到意識形態─再生產的「消極」政治，這是與政治無關的、個人主義式的。使得小威廉・皮特（William Pitt the Younger）成為「歐洲反革命的外交建築師」。[14] 如果我們先把對詩人的尊敬暫且擱置一旁，把渥茲華斯看成是在某種傳統下定義極有作詩天分的一個人，那麼他的意識形態迫害是可以被理解的。

　　法國入侵的恐懼肇因於大報民謠（broadsheets and ballads）＊的旋風……恰好為渥茲華斯自命不凡而又響亮的愛國情懷十四行詩提供了再合適不過的背景：

> 可不要以為英國自由的
> 洪水，流向寬闊的大海
> 從黑暗遠古的世界讚美
> 已經到來，「伴隨著滂沱大水，銳不可當」……

　　「可不要以為」；然而，也正是在這個時代，媒體自由、公共集會自由、組織工會自由、政治組織與選舉的自由，要不

---

14 Ibid., p. 107.
＊　譯注：16 到 19 世紀盛行於英國、愛爾蘭、北美的印刷媒體，通常為一大張單面印刷的便宜報紙，刊載歌謠、韻文、新聞，有時也有木刻插畫，是人人負擔得起的消費娛樂，大報刊載的歌謠有傳統流行歌謠，常見的主題不脫愛情、宗教與飲酒，有時亦涉及時事政治。

就是受到嚴格限制，要不就是完全停擺。那麼，一個普通的英國人「與生俱來的權利」到底是什麼呢？瑪麗‧沃石東克萊芙特回答：「安全與富足！……看呀！……英國自由的定義。」[15]

別忘了《序曲》一開始，最早形諸於文的興高采烈，其實是混合著遺產所帶來的安定，與一個自己的房間。

這種「革命的」國族主義最早充分發展的聖像之一得以清楚闡釋，為渥茲華斯、他所精選的讀者、浪漫主義的學生，定位出政治和歷史。這個聖像的元素散落在第十部的 254 行到 290 行：一棵樹、一座尖塔、聚會信眾、摘下的花朵。表面上的論點是從建立自然與反自然的二元對立開始的。渥茲華斯利用光榮的、但令人混淆的愛國主義稱謂，當作是「自然的」情感，他的假設是人與土地之間「自然的」連結（彷彿他自己真的是棵樹），而不是「意識形態」的連繫，賴以支持有自身歷史的政治與經濟結合體。[16] 因此，隨著聖像確立，最初反對英國對法國政策的情感，已經被稱之為「不自然的衝突／在我自己的內心裡」。既然所謂概念上對聖像的合理化，是奠基於人好比一棵樹的「隱喻」公理學，或是有機組織「照字面上地」植根於土地上，這個隱喻是最早構成的聖像，依照類比，就不只是認

----

15 Ibid., p. 79.

16 在盧騷作品《愛彌兒》裡能看到對比。「人和植物不一樣，不是種在一個地方，就一輩子留在那裡。」（*Emile*, trans. Barbara Foxley, London: Modern Library, 1911, p. 20）雖然德希達在《書寫學》（*Of Grammatology*, trans. Gayatri Chakravorty Spivak (Baltimore: Johns Hopkins University Press, 1976), pp. 222-223）告訴我們，即使「這種對實證歐洲的批評」也可以用來為族裔中心人類學服務，當然這還是比渥茲華斯絕緣世界觀要好些。正是在這樣的精神下，在《愛彌兒》的結尾，主角得到鼓勵到處旅行，以便選擇一個政府系統讓他能獲致最大的成就。他最後當然還是回到女人和母國身邊。

定地那麼簡單：

> 我，隨著這微風
> 戲耍著，綠葉在受庇佑的樹上
> 我所摯愛的國家；不曾期待
> 有更大的幸福，勝過在此凋零，
> 此刻從我快樂所在被切斷，
> 在旋風中翻來覆去。

　　有限而節制的戲耍被戰爭所改變，帶來的是在被牽引的動作裡，不幸早逝模仿著人生。就好比反越戰運動主觀的元素，並不是支持共產主義的原則，而是更乾淨的美國，所以渥茲華斯的聖像在這裡支持的，並不是革命原則，而是當得起英國美名的英國。

　　樹是自然的形象。接下來的聖像確立的是社會和法律的範疇。雖然情況是發生在教堂，聖像元素是一座尖塔，聚會信眾、天父崇拜。渥茲華斯想召喚超然原則時，他的實踐是不一樣的。此處鋪陳的情況帶領我們看到，渥茲華斯處在一個疏離的情境，因為和「簡單的崇拜者」（「共享山的自由」）不一樣的是，他們讓他體驗到革命，他無法說，「上帝佑我國家，不管對錯」。聖像的權力，配合了概念—字面—隱喻詩行意義不確定的地位，用力奪取我們對渥茲華斯困境的支持，而不去質疑它的策略結構；的確，不確定性是這段詩修辭及主題的負擔，正如一開始的詩行所示：

這是憂傷

但別叫它是憂傷，它什麼都是就偏不是這個，

無以名之的感覺衝突，

對此只有他可能愛上那景致

一個小村子的教堂尖塔，我可以判斷

在信眾之中，彎腰

向他們偉大的父致意，說出了祈禱文，

或是讚美我們國家的勝利，

並且在這單純的信徒之中，或許

我只喜歡一位不請自來的賓客

不是任何人的賓客，只靜靜坐著，我該再補充，

由即將到來的復仇日所滋長？

（X, 264-275，強調為筆者所加）

對於這種不幸的責任被拋向不明確的「他們」，並不是偶然之事：

有這許多他們必須說明，他們可以撕裂

以暴力在一個決定性的裂口

來自於英格蘭最優秀的青年，他們高貴的驕傲，

他們的喜悅，在英格蘭。

（X, 276-279）

我們不再確定究竟是英國的好戰者，或是革命本身應該受到責難。譴責的姿態仍然是切割或分裂的行為。但是聖像最後

以模稜兩可的形象作結。起初據稱是當時法國大革命被視為是比國族主義更為先進——就好像基督比施洗約翰更偉大一樣。接著這個想法馬上受到「評判」：

> 某個時期經驗也許會
> 從任何圍籬摘下花朵，然後做成
> 花冠，無視於他的灰色髮絲。
> （X, 289-290）

　　這確實是輕蔑的革命圖畫，違反了任何既定的體制。年齡假裝成青春自我裝飾的意象，這在語氣上再清楚不過。旋風的力道被削弱成編織花冠，修剪樹葉到摘花。歷史或革命論點的連貫性逐漸成功地被貶抑為不過是一件蠢事。

　　我現在要把解讀轉向文本鏈停止而心靈戰勝法國大革命之處，第十二部的 298 行至 353 行。在撒倫平原的冥想。

　　這些詩行是針對柯立治，這位「老友」所提出的，他是個見證人、對話者、《序曲》的他我。這些詩行同時也是狂妄自大專業自我概念的辯辭：詩人就像先知一樣，可以看到前人所未見之事。這並不是獨特或自我衍生的天賦，因為詩人在「真理的強大計畫」，亦即靠「詩的歷史」連結起來，這是不一樣、甚至是更好的「我們以為的歷史」，後者在此及《序曲》其他章節都暗示著，並未能達成預言及先知的目的。這種天賦是來自於沒有指名的源頭的「嫁妝」，但是這位友人受鼓勵去建立天賦，或「注入」與渥茲華斯作品（未必是《序曲》？）之間的關係，創作的起源如果陷在否定式裡，那麼勢必會挾帶著它

所否定的痕跡。以這個例子來看，被否定的事物（邏輯上是「先前的」）很矛盾地暗示了時間上的之後：「未教過事物的深度」。這種不確定和痕跡的不穩定安排，最終的希望是這個作品會解構自然與藝術間所有的對立──「也許會變成／像是自然一樣的力量」然而，要像自然般的力量，就帶出了整個有關部分─全部／身分認同問題，使得可能的解構也會變得不確定。這樣的不確定的搭配，沒有什麼是可以固定不變的，是表面上簡單統一的單字「心情」的先行詞，渥茲華斯先「提出來」，而這也正是我稱之為聖像式的恢復 1791 年至 1793 年事件的源頭與主題（「真正的」漫步日期是 1793 年 7 月至 8 月）。

當下的冥想場景也充斥了各種痕跡及更迭交錯，現在看來這已不再令人驚訝。四處的漫步有些是沒有步道的，有些是沿著可怕的馬車路徑。痕跡的結構在這裡並不是喧囂異質的材料或政治史的開口；更寬廣的時間規模似乎使這個經驗在詩裡更能安全表達：「穿過那些古代的遺跡我到處漫遊。」不誠實的詩行「我在此冥想，看見過去」帶著這種勢不可擋的調節框架。

在他的撒倫平原靈視裡，詩人看見了群眾及「單獨的英國人」。這個英國人是主體─代表或偉大精妙的他我。他也是渥茲華斯專注冥想的客體。和我先前所討論的，自我情欲段裡述及想像力是注意力的客體，這裡是同樣的自我解構自我分裂。雖然是「單獨的」，但他未必是獨特的，就如以下的文字所示：「看見……這裡和那裡，／單獨的英國人……」。他和先知聲音是一種轉喻的連續關係，而不是代理或生產關係。聲音本身，雖然是「矛的」聲音，因此是劍拔弩張的，就像是先知「烏龜的聲音」被「聽到」，從上帝的憤怒宣布了和平和安全：革命

受到控制安撫,成為詩的適當材料。製造這個聲音的意識本身被削弱分散,成為一個複雜的意象和掌控的普通名詞,其實是渥茲華斯呼喚的領袖姓名——莎士比亞(Shakespeare)被加密:

> 聽到了矛(spears)的聲音,嘎嘎作響的矛
> 受到強健骨頭的手臂所搖晃(Shaken),強而有力
> 漫長腐朽的野蠻王權。
> (XII, 324-326)

我已經說明了渥茲華斯使用轉喻或連續的,而不是隱喻或導致結果的修辭。此處那樣的習慣似乎特別模糊了自我與聲音的關係。想像力,或是詩,以令人敬畏的痕跡呈現出來,而不是或更甚於單一個人所能表達。由於詩人很謹慎地統籌這個呈現,歷史令人無法忍受的痕跡結構被視為是災難,在此得以被馴服了。

黑暗奪取或似乎奪取(再次使用了交替修辭)他眼前所有的客體,製造出一個高度不穩定的「中心」,此時聖像終於可見,因此莎士比亞加密的名字和詩人成功召喚黑暗之間的關係便是可預測地轉喻:「這是神聖的祭壇。」最後在高度解構、自我解構的想像力的時刻,法國大革命的大屠殺重塑為只是1個普遍化「歷史」形象。渥茲華斯現在可以「解讀」9月大屠殺:

> 這是神聖的祭壇,獻上
> 活著的人,呻吟多麼沈重,聲音
> 來自於巨大的柳條震動著

穿透遠遠近近的地區，遍布

如紀念碑般的小山丘。

（XII, 331-335）

「歷史」終於復活，活化了本地的景觀。確實接下來的幾
個形象都是集體閱讀的可能：不再是冥想，而是真實的幾何圖
形，出現在前文化土壤上──一個痕跡的原初的制度，海德格
會稱之為「世界的世界化」。[17] 書寫的前文化空間就像前幾行
所提到的渥茲華斯未明確指出的作品起源一樣被小心地安置在
「敘事內鏡」（mise-en-abyme，或說：「戲中戲」）裡：「直
到地面上」配合「未教過的事物」。這種特別的銘記並不是對
伊底帕斯律法的提醒，而是迷人愉快地接觸科學。譬喻的原則
是多重的：「模仿的形式」、「公開的表達」、星團「形象投
射」。這個原則，再現與被再現者的關係，最後都被呈現出來，
詩人之間（德魯伊人與渥茲華斯）與那項原則的連結，論點依
此展開：

我看見了長滿鬍鬚的老師，拿著白色的魔法棒

舉起，指向星星密布的天空

輪流地，平原在下。

（XII, 349-351）

17　參見 "The Origin of the Work of Art," in *Poetry, Language*, Thought, trans. Albert
　　Hofstadter (New York: Harper & Row, 1971), pp. 44ff.

　　這個聖像在下個段落的一開始就被封存：「這是為了過去。」（XII, 356）

　　細緻的想像力結構與詩人間的兄弟情誼決定了作者的定位，由此在受到控制的情況下，帶出來歷史令人無法忍受的痕跡結構。這個控制在下一段裡通篇一再強調，即第十二部的結尾部分。柯立治被召喚出來以證明此時渥茲華斯開始創作好的詩篇。但即使柯立治被替代，因為「心靈是忠於自己的／見證和判決」。出於這樣至高的自我擁有的自我明證，加上細緻的聖像自我解構，渥茲華斯成功地與革命競爭，並且記錄下新世界的闡釋連結；雙重的特權把即位和雌雄同體相提並論：

> 我在這個階段似乎看見
> 新世界，這個世界，同樣的，
> 適合被傳送，可以讓
> 其他眼睛都看得到，就像是它的基礎
> 是我們的尊嚴的源頭
> （XII, 370-374）

　　閱讀浪漫主義詩歌會引發法國大革命所無法企及的目標。我們所需要學習的是「未完成的詩在醞釀中，個人心靈的革命」，如同柯立治描述《序曲》具備了這樣的精神，「最晚可追溯到 1804 年 2 月」（de Selincourt, xxvi；強調為筆者所加）。

　　但這裡得加上個後記。《序曲》各部都有特殊的時刻，某些被壓抑的部分被投射到情境裡。隨著文本時間推進，沃德拉庫和殺手的名字不斷地運作。有關時間和地點細節的模糊淡化，

以及他妹妹在詩中沒有公允的地位，詩人在他處輕描淡寫地聊表歉意。如果這兩件事被看作是法國事宜和女性事宜幾乎無法被替代的代表例子，那麼此處詩人就替這幾部作品解除了原本結構上的負擔：

> 既然我不情願地從法國退離，
> 故事就不那麼要求交代
> 時間和地點；我在那兒生活過，以及這一切
> 如何不再被仔細描述，
> 三年，直到永久住所
> 接受我，以及我心愛的妹妹
> 她理所當然的是我最親愛的
> 也是這部傳記詩裡最突出的
> 星星，很少能夠全然被遮蔽，
> 我過著一個沒有家庭的流浪者人生
> （XIII, 334-343）

（順便一提，這裡提到的妹妹在 1850 年的版本完全消失了。我在下一節的最後會對可供比較的敘事干擾再加評論。）

詩做為治療壓迫的良藥：命中注定要教授這一課的人生

渥茲華斯把自己的詩當作是治療人類壓迫及苦難的良藥，因為它教導我們如何去找到人類價值。

在第十二部 69 行至 158 行對於這個建議表面上的理由是經過研究，而呈現出來的。敘事才觸及了伊底帕斯的遭遇。現在

渥茲華斯準備好展開自己對政治經濟學的批判。他的結論是國家的真正財富在於：

> 每個個人的尊嚴，
> 人之所以為人，不是思想，
> 抽象概念、形狀、形象的組成，而是人
> 我們解讀的〔奇怪的區隔！〕，我們所見到的人
> 我們親眼所見。
> （XII, 84-87）

　　人做為一個範疇當然是抽象概念，不論我們是否看見他、解讀他，或是使他成為「公共福利」的一部分，根據渥茲華斯在這一段所述，持續的是「沒有思想的計畫，或是以錯誤思想／錯誤哲學為基礎」（XII, 74-76）。不繼續發展這一點，讓我們在此強調，依照他自己的邏輯，雖然他沒有把國家的真正財富和個人男性尊嚴相提並論，但是卻暗示性將兩者連在一起，毫無疑問的是，他在此處記錄的是某個人的歷史，他很認真，而且有經驗、知識和智慧，去面對社會正義與政治經濟學的問題。他提到「現代統計學的／大書」（XII, 77-78），更明確的說，他當然指的是亞當斯密的《國富論》，最早出版於1776年。[18]（在1850年的版本，「國富論」這幾個字被放在括號裡，被當

18　「從上下文來看，渥茲華斯在提到『國治主義者』（statist）時，很顯然不只是個『政治人物、政治家』（OED 1引用了渥茲華斯1799年的用法為例），同時也是政治經濟學家的意思（這包涵了OED 2，「處理統計學的人」，最早引用此用法見於1803年）（Heinzelmans, p. 305, n. 18）。

作書名看待。）

　　還蠻恰當的是，雖然渥茲華斯總是用暗示法，但是他發現國家財富的增加，如同古典經濟學家所了解的一樣，其實是個空洞的目標。亞當斯密倡議價值的勞動需求理論：「因此，對於商品擁有者，以及不打算自己使用或消費，只是想用來交換其他商品的人，任何商品的價值，就等同於勞動的數量，這讓他能夠去購買或要求。所以，勞動是計算所有商品交換真正價值的衡量標準。」[19]因此他增加國家財富的方法是更大的分工、更大的專業化、貿易鬆綁、城鄉經濟互動、殖民地的建立——一切都是奠基於某種對人性的觀點，這在下一段著名篇章裡最為清楚：

　　　　一個人幾乎經常會有需要同胞幫忙的場合，如果只寄望於他們的仁慈，那是沒有用的。如果他能把他們的自利自愛轉為對自己有利的好處，而且告訴他們，他要他們做的事是對他們有利的，那麼他就很有可能達到目的。……我們的晚餐不是寄望於肉商、酒商或麵包師傅的仁慈心，而是他們對自己利益的重視。我們應該把注意力放在他們的自利自愛，而不是他們的人性，而且絕對不要跟他們說我們的需要，而是要說他們的利益。[20]

---

19 Adam Smith, *An Inquiry into the Nature and Causes of the Wealth of Nations*, ed. Edwin Cannan (New York: Modern Library, 1937), p. 30.
20 ibid., p. 14.

可以預測的是，渥茲華斯並不在意自由貿易資本主義實際的可能性。他是從人性的角度暗暗地質疑其假設，他認為這是錯亂失常。不過，他並沒有建議商品的生產需要且製造出人性這種錯亂的版本。他反而提出人類價值的主觀理論，認為救助的工作應該要包括能揭櫫一個人內在的基本財富。

因此他問道：為什麼做為這個價值主觀理論（不過，有趣的是，不是錯亂）衡量標準的基本個人是那麼難找？渥茲華斯提出了反問：「我們的動物性需求和必需品／他們所強加的，這些不都是障礙嗎？」（XII, 94-95）。如果這個問題要得到肯定的答案，那麼，就算是在看起來自我肯定的一個段落裡，整個被排除的不肯承認的父職身分文本鏈都會被攤開來檢視。換言之，渥茲華斯就會處在一個最不具代表性的「以自身為例」，使得他自己的動物性變成是無法達到完美的必然理由。如果答案是否定的，那麼渥茲華斯對抗政治公義、反對高德溫、亞當斯密與法國大革命的例子就獲勝了。正如所有的反問一樣，提問者間接地提出了一個選項：「如果不是的話，那麼其他人就會消失在空氣中」（XII, 96）。反問問題的不對稱構成了《序曲》的政治及其可能性的條件。

這個立場就是生產的社會關係不可能碰觸到人類內在的資源。推論就是：追求改變那些社會關係的革命政治因此是表面的；詩，揭櫫了人的內心資源才是唯一的途徑。雖然渥茲華斯不可能去問如何通過一套社會關係讓每個人都有機會和良好教育去評斷詩的用途，如果一個詩人要揭櫫人的財富，那麼他的確問了適切的基本問題：

> 真正的價值
>
> 與真實的知識值多少，心靈的真正力量
>
> 在今天確實存在於靠著
>
> 身體勞動，勞動超過
>
> 他們恰當比例的人，在所有這些重量底下
>
> 那樣的不公義加諸在我們身上
>
> 透過社會的組成
>
> 我們自己無法擺脫
>
> （XII, 98-105; 強調為筆者所加）

如果嚴格來問這個問題，我們就面臨到符合生產剩餘價值利益時人類異化的問題：

> 維持一個工人 24 小時的生活只需要半個工作日，這種情況並不妨礙工人勞動一整天。因此，勞動力的價值和勞動力在勞動過程中的價值增殖，是兩個全然不同的量值。資本家購買勞動力時，正是看中了這個價值差額。[21]

無論他是否是在無意中遇到社會不公不義的關鍵問題，渥茲華斯的意識形態準備和傾向讓他獲得了一個不是那麼有用的答案。學術的次分工基礎原則會讓我們絕大多數人在這一點上心虔意誠地說，「我們不是這麼來評斷一個詩人的！這只是

---

21 Karl Marx, *Capital*, trans. Ben Fowkes (New York: Vintage Books, 1977), I, p. 300.

渥茲華斯的個人故事，而且既然這是詩，這甚至不是下列的情形——《序曲》的『我』被指派為『說話者』，而不是『渥茲華斯』」。可以有把握的說，我是刻意地提出究竟詩是不是可以全然擺脫之後的政治調查敘事的檢視，這從來不是「刻意不能化約」任何事情，而只是自己的「建構」。雖然：

> 明顯不同考量的交混
> 個別同情的真相……也許經常被發現
> 從偉大的城市。
> （XII, 119-120）

> 渥茲華斯「要擬定這樣的估計〔人類價值〕」，

> ……主要是看（什麼需求看得更遠？）
> 在人類自然的住所
> 有他們農作的田野。
> （XII, 105-108）

「什麼需求」，沒錯！渥茲華斯追溯的是一個可辨識的意識形態迴圈，決定了一個人自身所在場所的特殊性給予普遍的規模。（事實上，即使是鄉村的英格蘭，在康柏蘭和西莫爾蘭的情況就不是最具代表性的。）[22]「費爾巴哈對感知世界的『概

22　「渥茲華斯做為一名社會詩人似乎比較偏好忠於他自己英國北方經驗，而不是英國更廣泛的經驗，當然後者也是他所了解的。」（MacLean, p. 95）

念』〔在《未來哲學原則》〕一方面是限制在單純的思考,另一方面只是限制在情感;他提出『人』而不是『真正的歷史人』。這裡說的『人』其實是『德國人』」。[23]

　　渥茲華斯的衝勁有令人佩服的地方。不只是他問了不合比例的勞動問題,他也強調人類常規被排除的邊緣就是我們正式遇到常規之處;他自己的主題是探討深度和表面:

> 在那兒〔我〕看到了人類靈魂的深度,
> 靈魂看起來似乎毫無深度
> 以俗人之眼。
> (XII, 166-168)

　　更值得敬佩的是因為 1824 年的《流浪法》(Vagrancy Act)造成可悲的後果,這項法令有些源自於都鐸時期,隨著工業資本主義興起而造成更嚴峻的影響。不過,值得注意的是,《序曲》在關鍵決定的時刻,渥茲華斯並沒有提及大湖區被剝奪財產的「小業主」,對於他們的悲慘境遇他知之甚詳,他也沒有深入探究「古代農村社會逐漸凋零」。[24]

　　渥茲華斯對遊民所抱持意識形態上善意的觀點,並沒有讓他在此處主張要對勞動或財富有更公平的分配,只是限制他宣稱美德和智識力量未必是所謂教育階級的財產——他甚至用

....

23　Marx, *German Ideology*, p. 39;強調為我所加。
24　MacLean, p. 89.

「假如」和個人偏好來閃躲這個宣稱：[25]

> 假如人的地位，受到自然命定所擺布
> 只有苦役，因此也就擺脫不了無知，
> 如果美德真是如此難以培養，智識力量如此難得的恩賜
> 我就更加珍惜這些散步的體驗。
>
> （XII, 174-178）

　　當然值得注意的是珍惜散步的情況是有些傾斜了。透過《序曲》這部分明顯的論點，我們不確定渥茲華斯是否認為第一個「假如」是正確的；由於論點明白的指控暗示著，最後兩個「假如」是錯誤的假設，這種不確定使得「因此」在修辭上也變得不確定。但是我傾向於問比較簡單的問題：為什麼自然命定不是對所有人一視同仁地苛求，為什麼不希望把人類化約成同質化抽象概念，又不能接受異質性的問題？

　　假如，我們繼續這樣的類比，那麼情況看起來是這樣的：渥茲華斯仍然是在探討隱士所代表的人類財富，而且生產的詩歌會教導其他人如何像最初一樣富足。要強調的是這樣的類比忽略了以下的問題：「誰在讀詩？」、「誰制訂法律？」「誰

---

25 「情感做為想像力，他為自己和孩童——我們『最好的哲學家』保留；情感做為一種愛慕，帶著些微的屈就和羞恥，他給予農民世界。」（MacLean, p. 96）「他顯然不再相信〔Michel Beaupuy 的哲學〕，或許也說服自己英國和法國的乞討是不一樣的，但是無論口才如何便給，這並沒有讓他合理化乞討行為基本上是好的」。(Edward E. Bostetter, *The Romantic Ventriloquists: Wordsworth, Coleridge, Keats, Shelley, Byron*, Seattle: University of Washington Press, 1963, p. 56).

在賺錢？」以及「對渥茲華斯資本的興趣和生產這種理論的關係是什麼？」馬克思偉大之處就是了解到，在資本主義裡，那樣的興趣是剩餘的部分而剩餘的生產是薪資勞動唯一的特權，而且生產是以剝削為基礎。「生產勞動」與「自由勞動」在這個脈絡下並不是正面的概念；而且人類敗壞與異化的悲苦的名稱：「『生產』工人對他所製造的垃圾關切的程度，和雇用工人的資本家本身並無二致，他們同樣都不在乎究竟製造出什麼鬼東西。」[26] 在 18 世紀晚期的歷史情境，只提供詩做為改變這個「生產的」定義的方法，其實是受到階級限制，而且相當狹隘。既然否定了剝削的現實，就不需要去孕育任何鬥爭。這種態度的一個明證在目前英文系的正式哲學仍清楚可見：「倫理批評的目的是跨越價值的，檢視當代社會價值的能力，配合一個人能夠在某種程度上由文化所提供的無限可能性的視野，才得以無私地去做比較。」[27]

渥茲華斯選擇鄉村隱居做為主題，是意識形態上一種病徵的舉措，為了是回應政治經濟學的關鍵問題。能夠認清這樣的計畫，並不是對渥茲華斯的困境缺乏同情，也不是低估了詩「語言的偉大」。

到目前為止，我們審視了渥茲華斯的建議，他主張詩比起革命來，是治療人類壓迫或苦難更好的良方。他的第二個建議是他自己的生命注定要來教授這一課。我在先前的論點裡已充

....

26 Karl Marx, *Grundrisse: Foundations of the Critique of Political Economy*, trans. Martin Nicolaus (New York: Vintage Books, 1973), p. 273.

27 Northrop Frye, *Anatomy of Criticism: Four Essays* (Princeton: Princeton University Press, 1957), p. 348.

分展現了這個知名主張的元素。所以，我不打算在此重複。應該可以說在《序曲》裡，這個特定的思想鏈最適當地充分發揮，在一段非常優美的詩裡，渥茲華斯對於他生命的終極目標表達了某種不太令人信服的不確定感；即使當他發現，在他「私人」與柯立治交換「公共的」詩的記錄的「私人」記憶裡，為《序曲》提供了充分的對話正當性：

> 對你，回憶那幸福
> 將會為人所知，至少你一定會知道，我的摯友，
> 感覺，詩人心靈的歷史
> 是勞動，並不是不值得尊重的：
> 對你這工作會證明自己。
> （XIII, 406-410）

　　然而，就像是法國和桃樂絲有一刻被拋進文本做為辯辭，而一切似乎都被安撫了（350），同時也有一刻，在最後一部裡，某件被壓抑的事突然浮現。生命被看作是有個終極目標，或至少是一個截然不同於詩人自我的所在。而這樣的生命被看作是能夠提問一個無法回答的問題，或是至少不被回答的譴責。甚至暗示著《序曲》或許只不過是個藉口。如果我引述的段落敘述了詩人的志業，這個段落敘述了《序曲》的志業不只是個文本，而是論述：

> 喔，摯友！我路程的終點
> 現在更近了，愈來愈近；然而即使那時

在那樣的心煩意亂和強烈的欲望

我對生命說我已經活過

你在哪兒？我不曾聽見你隻字片語

哪裡聽得見責難？不久我振作了

彷彿有了翅膀，眼見底下延伸著

廣袤世界我曾翱翔

過去了；因此有了這首歌，像是雲雀

我已伸展……

（XIII, 372-381）

　　渥茲華斯前 6 行的問題沒有解答，連結到接下來的 4 行；只描述了策略。如果我們抽出這樣一個段落，文本可能就自我解構了，《序曲》做為自傳的充分性被有問題了。但是抽出這個段落的人的政治就會在過程中展現。我不會陷入那不可能被欺騙的位置，以為這樣一個人有可能是完全自外於政治的，自由地在疑難的「困難的雙重束縛」裡擺盪，就像是古瑪葉安女先知（Cumaean Sybil）在一個概念運動機器裡一樣。

　　在這些篇章裡，我解讀了詩歌文本，試著討論革命與父職身分。我並沒有要求批評家對詩抱持敵意，也沒有懷疑詩人的立意良善；雖然我要求批評家去檢視不經質疑的崇敬，或是──就詩人自身而言──容易上當的虛榮，後者似乎是我們這個學科的必要條件。身為女性主義者，解讀男性和女性作品，我認為很重要的一點是，在偉大傳統的文本裡，被當成最遙遠封閉、最透明隱形的中介角色就是女性。

第五章
女性主義與批判理論

　　關於女性主義、馬克思主義、精神分析及解構主義彼此間的關係，過去數年來我的思想路徑是什麼？很多人對這些議題感興趣，而這些領域的共同形構（configurations）仍持續在轉變。此處我不會去討論構成這些改變的不同思考路線，而是試著去標記與反思，這些發展如何銘刻在我自己的作品裡。論文的第一部分是我數年前的演講稿，第二部分則是我對較早作品的反思。第三部分是中間過渡階段。第四部分則是目前的情況。

1.

　　我無法談普遍的女性主義。我能說的是我身為女性在文學批評領域所做的事。我自己對女性的定義非常簡單：文學批評是我安身立命所在，因此我根據提供文學批評建制基石的文本所使用的「（男）人」來定義。也許在這一點上，你會說，根據「（男）人」來定義「女人」是反動立場。身為一個女人，不是應該獨立於（男）人之外，自己提出對女人的定義嗎？這裡我必須重複我過去 10 年來所學習到，而且經常反覆陳述的解構主義心得。沒有什麼東西是可以真正嚴格定義的，所以如果我們願意的話，我們就可以持續去解構男女之間的對立，最後

得出這是個替換自我的二元對立。[1]因此，「做為一名解構主義者」，我完全無法推薦那樣的二分法，但是我也覺得定義是必要的，這樣我們才能往前走，讓我們有個立場可堅持。我認為自己能夠提供定義的唯一方式，就是提供一個暫時且有爭議的定義：我建構我身為女人的定義，並不是透過女性被公認的本質，而是透過目前所使用的文字。「（男）人」就是這樣一個一般使用的字眼。不是單純一個用詞，而是最核心的字詞。所以，即使是質疑重新定義任何理論前提這項大業，我都會專注在這個字詞上。

以最廣泛的定義來看，在我的學術領域裡，多數批判理論（拉岡、德希達、傅柯及晚期的巴特）都把文本看作是人類科學——在美國稱作人文學科——論述的領域，在這樣的範疇裡得以提出問題。然而在其他類的論述裡，則是追求一個情況的最終真理，即便是在這樣論點下，文學所呈現的是，人類情況的真理就是無法找到真理的路徑。在人文學科的普遍論述裡，有一種追求解答的趨勢，然而在文學論述裡，則是把問題顯現出來做為一種解決方式。

人文論述的問題通常以三個變動「概念」的作用來闡述，分別是語言、世界、意識。我們知道沒有一個世界不是以語言來組織的，我們賴以運作的意識也只有一種——組織成語言的意識。

---

1 關於解構主義這個面向的解釋，可參見 Gayatri ChakravortySpivak, "Translator's Preface" to Jacques Derrida, *Of Grammatology* (Baltimore: Johns Hopkins University Press, 1976)。

　　人類論述的問題通常被看作是在三個「概念」：語言、世界及意識，這三者之間的互動，或是透過這三者來闡述連結。我們知道，沒有一個世界不是以語言來組織的，我們只能靠以語言為結構的意識來運作——我們不可能擁有語言，因為我們也受到那些語言操作。即使語言是由世界與意識決定，但語言範疇也涵蓋了世界與意識的範疇。嚴格說來，既然當下正質疑人類對於語言生產的控制，那麼書寫這個譬喻形象（figure）可能更適合我們的討論，因為就書寫（writing）而言，生產者與接受者的不在場被視為是理所當然的。文本（text），似乎是在語言—（言語）—書寫對立之外，因此成為一個安全的譬喻形象——知與不知的編織往返就是知的精神所在（這個組織原則——語言、書寫或文本——本身或許就是一種方法，以牽制和意識不一致的隨機散漫）。

　　探討文本性的理論家把馬克思看成是世界（歷史與社會）的理論家，他是勞動與生產—流通—分配之間角力拉扯的文本；佛洛伊德是自我的理論家，他是探討意識與無意識的文本。這個人類文本性可以看做不單是世界與自我，也是自我與其他自我互動的世界再現，而且促成了這個再現，這個人類文本性同時是在世界與自我裡，一切都蘊含在「互文性」的概念之中。從這裡我們可以清楚看到文本性的概念，並不是把世界化約成語言文本、書籍，或是由書籍、狹義的評論及教學所構成的傳統。

　　所以，我並不是把馬克思主義或精神分析批評看作是一種化約的工程，只是透過書本內容是否符合馬克思主義或精神分析的經典，來診斷檢視每本書的劇碼。就我看來，文學文本論

述是文本性普遍共同形構的一部分，針對一個統整或同質的、生成或接受的意識，它提出解決方案，以說明不可能找到一個統整解答。通常我們不會去正面挑戰這樣的不可能，而可能是透過如「（男）人」這樣統整的概念，做為一個超越性別、種族、階級意識的普遍輪廓，當成是這個文學文本正在生成、已生成及接受的意識，因此迴避了解答根本不存在的難題，問題似乎就解決了。

　　我大可以更輕鬆地討論馬克思和佛洛伊德。我之所以要將上述言辭一吐為快，因為，一般說來，在文學批評建制裡，這兩派理論總被視為是化約模型。現在，雖然兩者都隱含了非化約方法論，看起來馬克思和佛洛伊德也確實是從舉證與說明的模式來論證。他們似乎從（男）人的世界或（男）人的自我提出證據，因此證明了世界與自我的某些真理。我不妨大膽說，他們對世界與自我的描述，是根據不充分的證據，基於這樣的信念，我可以聚焦在馬克思的疏離概念，與佛洛伊德的正常與健康概念。

　　進入馬克思的其中一個方式，就是從使用價值、交換價值和剩餘價值談起。馬克思主張，一件事物由能動者直接消耗而決定了其使用價值。其交換價值（在貨幣形式出現之後）與特定需求的直接滿足無關，而是由其可以交換的勞動力或貨幣所決定。在交換的抽象過程中，藉由拉長工人工時，超過原本賺取維生必須薪資的時間，或是使用節省勞動的機械，雇主（在交換中）得到比工人為了維生而生產事物所需的更多價

值。[2] 這個「更多的價值」（在德文裡，照字面的意思就是更多〔*Mehrwert*〕）就是剩餘價值。

在這個特定的價值三元體系裡─使用、交換及剩餘，我們可以將女性的關係無限制地寓言化，比方說女性在傳統社會情境裡，無論是為了維持擁有她的男人的生活，或是被出賣勞力給資本家的男人所有，她所生產的遠比她所得的多，因此是生產剩餘價值的持續來源。嚴格說來，除了家務生產模式並不是資本主義式的事實外，這樣的分析是自相矛盾的。當代女性在尋求家務工作的財務補償時，要求的是把使用價值抽象轉換為交換價值。家務工作場合的情況並不是「單純的交換」。馬克思理論的迫切性讓我們至少得問兩個問題：女性為丈夫或家庭未計酬工作的使用價值是什麼？女性甘願加入薪資結構，這究竟是福是禍？我們應該如何打擊這種男性普遍接受的概念，認為薪資是價值生產工作的唯一標記？（我想，可不是透過「家務是美麗的」來達成）拒絕女性進入資本主義經濟的影響會是什麼？基進的女性主義可以從列寧對資本主義有條件的投降獲得前車之鑑。

這些問題很重要，但是未必能從女性主義觀點去拓展馬克思主義的理論。以我們的目的來說，外化（*EntäuBerung/VeräuBerung*）或疏離（*Entfremdung*）的概念更值得探究。在資本主義體制裡，勞動過程自我外化，工人成為商品。馬克思論點的道德力量，便是奠基在人類與自我的關係斷裂、工作成為

2　在此似乎很適切地指出，藉由使用男性代名詞，馬克思的工人確實是男性。

商品的概念上。[3]

　　我認為，從女性的產品，即孩子的生理、情感、法律、監護及情緒情況來看，這種描繪人類與生產、勞動及財產關係的圖像是不完整的。女人擁有子宮，子宮是有形的生產場域，所以任何一個生產理論，都會把女性視為是能動者。馬克思的「外化—疏離」，接續拜物形成的辯證論點，沒有考慮到人類與產品及勞動這一層基本關係，因此有所不足。[4]

　　這並不是說，如果從女性主義觀點來重寫馬克思的「外化—疏離」學說，就可以把分娩、生育及撫養的特殊旨趣放進來討論。性欲的整個問題意識似乎是可以獲得充分討論，而不是持續陷入顯而易見的社會性欲政治爭論裡。

　　說了這些，我得再次強調，我們必須在一個馬克思學說的問題意識裡去詮釋再生產。[5]

....

3　我並不是藉著 Harry Braverman 描述為「近年來最喜歡反覆提到的話題是出自馬克思，卻一點兒也不了解它的重要性」來暗示這一點 (*Labor and Monopoly Capital: the Degradation of Work in the Twentieth Century*. New York and London; Monthly Review Press, 1974, pp. 27, 28)。簡單地說，黑格爾的疏離是否定的結構浮現，使得事物可以自我消除。在資本主義下，工人與自身勞動產品的疏離是疏離的特定案例。馬克思並沒有質問其特定的哲學正義。這種哲學或形態學正義的革命起義，嚴格說來，也是疏離原則的一種控制、否定的否定。這是自由主義個人主義式意識形態標記，把疏離理解為只是被壓迫工人可悲的困境。

4　在這個連結裡，我們應該注意到《資本論》裡性欲取向的隱喻。

5　我很愉快地記起正是在我最早發表這篇論文的會議上，我遇到了 Mary O'Brien。她說她正在研究這個主題，不久就發表了傑作 *The Politics of Reproduction* (London: Routledge and Kegan Paul, 1981)。我應該要特別提出的是，母女有「相同身體」，因此小女孩的經驗可以說明未疏離的前伊底帕斯性，這個論點是從一種個人主義派—可悲的疏離觀點出發，定位性別化身體認同的本質主義假設是一種發現。

　　無論是所謂的母系或父系社會，「製造」孩子的男人其財產所有權就是在法律上擁有孩子，這是不可否認的事實。[6] 從這種法律擁有的角度來看，就一般的監護定義，女性比較會照顧孩子，或許被會看成是一種掩飾的反動姿態。男人對於女性身體的產品，保有法律財產所有權。在各個場合，判定監護權不過是出於感性來質疑男人的權利。目前有關墮胎權的論戰，恰恰突顯了這個不受認可的議題。

　　如果不是單單針對男人法律權的特例，或只是從女性主義觀點對馬克思文本加個注腳，我們就必須去討論並匡正生產及疏離理論，這是奠定馬克思主義文本的基礎，也是其發揮作用的依據。如前所述，馬克思女性主義的概念發展，主要是與使用價值、交換價值及剩餘價值的關係做類比。馬克思本人有關女性及孩子的書寫，大抵是透過去性化的勞動力，來緩和他們的情況。[7] 如果真的有我所倡議的重寫，那麼就更難概述經濟原則及社會倫理；事實上，就某種程度而言，假使我們可以看出在馬克思主義某個重大踰越的時刻中，人性規則與社會批評都是根據不充分的證據，那麼解構主義就可以用來質疑馬克思主義的本質定義。馬克思的文本，包括《資本論》在內，都先預設了倫理的理論：必須解除勞動的疏離，因為它削弱了主體在

6　參見 Jack Goody, *Production and Reproduction: A Comparative Study of the Domestic Domain* (Cambridge: Cambridge University Press, 1976), and Maurice Godelier, "The Origins of Male Domination," *New Left Review* 127 (May/June 1981): pp. 3-17.

7　收錄於 *Karl Marx on Education, Women, and Children* (New York: Viking Press, 1977)。

自身工作上與財產上的能動性。我想要表達的是，如果從女性
工作與分娩的角度，重新檢視疏離、勞動及財產生產的本質和
歷史，我們就能超越馬克思去閱讀馬克思。

　　進入佛洛伊德的其中一個方式，就是從痛苦的本質就是延
宕快樂這樣的概念談起，尤其是晚期的佛洛伊德，寫下了《超
越快樂原則》（*Beyond the Pleasure Principle*）。[8] 佛洛伊德建構
出一套驚人機制，描述想像的、預期的與欲避免的痛苦，以書
寫主體的歷史及理論，而且持續地討論從未充分定義的正常的
概念：焦慮、抑制、偏執、精神分裂、憂鬱、哀悼。我認為，
在子宮這樣一個具體的生產地點裡，痛苦可能就存在於正常
（normality）及生產力（productivity）的概念之中（此處並不
是要刻意渲染生孩子的痛楚）。我們不應該只是透過壓抑的邏
輯，把快樂與非快樂的現象同一性問題化。在女性生理學上的
「正常」狀態，快樂與痛苦的對立是受到質疑的。

　　如果我們要檢視佛洛伊德文本裡，無論是一再出現或潛藏
的，但都未被清楚定義的正常與健康的概念，我們恐怕得重新
定義痛苦的本質。對男人和女人來說，痛苦的運作方式並不相
同。我再次強調，這項解構主義舉措會使得擬定規則更加困難。

　　佛洛伊德提出著名的「陰莖嫉羨」（penis-envy），他認
為這是陰柔氣質決定要素。這個論點最重要的文本就是在《精
神分析新論》（*New Introductory Lectures*）[9] 裡論陰柔氣質的論

8　任何女性主義對這個文本的解讀如果不列出 Jacques Derrida 的文章 "Spéculer-sur Freud," *La Carte postale: de Socrate a Freud et au-delà* (Paris: Aubier-Flammarion, 1980) 就算不上完整。

9　*The Standard Edition of the Complete Psychological Works of Sigmund Freud,*

文。在文中佛洛伊德主張，小女孩在發現性是什麼之前其實是小男孩。正如露思・伊莉嘉黑（Luce Irigaray）及其他人所述，佛洛伊德並沒有考慮到子宮。[10] 既然我們有子宮，要不就是由子宮所孕育出來，我們的心態應該有所調整。[11] 我們或許可以在生產意識理論裡，勾勒出子宮妒羨的路徑：無論是馬克思或是佛洛伊德，都避開了子宮做為一個生產場域的想法（這樣的普遍說法還是有例外，特別是美國新佛洛伊德學派，如艾瑞克・弗洛姆（Erich Fromm）。我這裡談的主要是不變的前提，即使是那些例外的學者也一樣）。在佛洛伊德理論裡，性器階段很明顯是陽物的，而不是陰蒂的或陰道的。這個特殊缺口在佛洛伊德理論中相當顯著。子宮的地位仍然只是建構歇斯底里症的文本。子宮除了生產陰莖替代物之外，所有地方都接受把子宮當作是工作坊的不衝突想法。我們重寫佛洛伊德文本的目標，並不是宣稱陰莖妒羨的概念是可以被拒斥的，而是使子宮妒羨這樣的概念可以和陰莖妒羨的想法互動，以決定人類性欲及社會生產。[12]

續 ....

trans. James Strachey et al. (London: Hogarth Press, 1964), vol. 22.

10 Luce Irigaray, "La tâcheaveugle d'un vieuxrêve de symmétrie," in *Speculum de l'autre femme* (Paris: Minuit, 1974).

11 我稍後會解釋，我已經從仍然受限於交合的封閉系統的子宮嫉羨，轉移到對陰蒂的壓抑。中介時刻會是陰道的挪用。參見 Gayatri Chakravorty Spivak, "Displacement and the Discourse of Women," in Mark Krupnick, ed., *Displacement: Derrida and After*. Bloomington: Indiana University Press, 1983.

12 發展子宮嫉羨的一種方式是假想女性的戀物，如果從相當明顯的歷史─性決定論來看，典型的男性戀物可以說是陽物，由母親給予及取走（Freud, "Fetishism," *Standard Edition*, trans. James Strachey, et al., vol. 21），那麼女性想像力從陽剛主義文化受尊敬的部分追尋一個名稱，也許可以編造為一個戀物對象，是由父親給予和付出子宮而發展運作。我已經以這種方式來

關於佛洛伊德理論及馬克思主義的「根本」或理論「基礎」，操作了我們對於世界與自我的概念，倒是可以提出這些問題。我們或許想要全然忽視這些問題，然後說文學批評這件事非關你的性別（這樣的建議似乎是無可救藥地過時了），也不是革命或精神分析理論。批評必須維持絕對的中立實際。我們不應該把世界與自我概念生產的基礎，和欣賞文學文本的事業，錯誤地混為一談。如果我們仔細看，就會清楚看到，無論是否確定這些名稱，最「實際的」批評家的世界和意識概念其實預設了某些種類的思想。女性主義事業有部分也許是提供「證據」，所以這些偉大的男性文本不需要變成是重大敵人，或是當作我們汲取想法的模型，然後再予以改善修正。這些文本必須要重寫，這樣才能在意識與社會普遍的生產及決定裡，有新的材料以掌握文學的生產與決定。畢竟，生產文學的人，不分男女，都受到世界與意識普遍概念的影響，對於此他們無以名之。

如果我們以這種方式繼續努力，目前了解社會的共同概念就會改變。我認為這種改變，新貨幣的鑄造，是不可或缺的。我當然相信，研究女性書寫與研究過去女性的狀況，是對這種努力的有力補充。我所勾勒的這種努力成果會滲透男性學院，並且對於文學做為人類創作活動一環的脈絡與本質，重新訂定了解的條件術語。

續 ⋯⋯⋯⋯⋯⋯⋯⋯⋯⋯⋯⋯⋯⋯⋯⋯⋯⋯⋯⋯⋯⋯⋯⋯⋯⋯⋯⋯⋯⋯⋯⋯⋯

解讀瑪麗・雪萊的《科學怪人》，這樣的姿態和小說裡康德式社會倫理架構之間的互動，恰恰充分做為 19 世紀西歐文學道德與實際想像力意識形態典範。參見 Gayatri Chakravorty Spivak, "Three Women's Texts and a Critique of Imperialism," *Critical Inquiry* 12, no. 1 (Autumn 1985).

2.

　　我先前所述似乎遺漏了種族的面向。今天我把自己的作品看做是閱讀方法的發展，對於性別、種族與階級有所關注。稍早的論點可以間接應用在關注階級、直接應用在關注性別的解讀上。

　　就關注種族議題的分析而言，美國女性主義批評的主要問題，在於把種族主義看作是美國種族歧視的構成。所以，今天我認為，調查的對象不只是「第三世界女性」的歷史或是她們的證辭，還包括殖民客體如何透過偉大的歐洲理論而生產，而且往往藉由文學來實現。只要美國的女性主義學者，持續以實證經驗主義的思維來理解「歷史」，藉此藐視「理論」，同時對自己的歷史視而不見，那他們所研究的「第三世界」，就還是由那些宰制的第一世界知識實踐所建構。[13]

　　我現在對於佛洛伊德的態度，是對他整個計畫有更廣泛的批判。批判的不只是佛洛伊德的陽剛論，也包括建構性別主體的核心家庭精神分析理論。透過我的批判，能提供佛洛依德維持核心家庭的親子模式之外的替代情境，也能為伊底帕斯神話做為規範模版鑄型，提供其他的希臘神話選項，讓伊底帕斯不再是戀母情結的代名詞。這樣的批判同時擴及到某個浪漫概念，誤以為一個延伸家庭，特別是女性社群，必然可以治癒核心家庭的所有病症。我對殖民論述生產的關注，因此觸及了我對佛

---

13 我不斷地強調霸權意識形態的局限比所謂的個人意識和個人善意來得大。參見本書的第一章，及廣受討論但尚未出版的一篇文章 "A Response to Annette Kolodny"。

洛伊德的批判，以及多數西方女性主義對佛洛伊德的質疑。延伸家庭或企業家庭是社會經濟（的確，有時也是政治）組織，往往使得性別建構勢必與歷史、政治經濟共謀。[14] 學習如此解讀就是去理解世界的文學，本身只對少數人開放，這並不是與原型網路的具體共相所束縛限制（這種理論往往配合了政治藉口的鞏固加強），而是由物質的—意識形態的—心理的—性生產的文本性所決定的。這樣的連結使得我早期言論的普遍假設變得更加犀利。

基於這種種考量，我近來提議「陰蒂論述」的分析。[15] 在前述背景下，這個提議引起了有趣的反應。某種回應來自於美國女同志女性主義者，我摘列如下：「在這個把陽物／播種視為器官上具有無限權力的開放式定義裡，唯一的辦法就是把陰蒂命名為在性高潮上是陽物的，子宮則是陽物再生產的延伸……你必須停止把自己看成是享有特權的異性戀女性。」[16] 由於側重在生理學方面，前半部分的反對理由是我對陰蒂的命名，不過是重複佛洛伊德的立場，將其稱作「小陰莖」；對於後半部分的反對理由，我通常會如此回應：「沒錯，我們不知道一個人到底能有多大成就，不過，爭取第一世界女同志主義的地位，未必要去貶抑女性異性戀的自尊。」其他回應我的言論，無論

---

14 這個批判應該和德勒茲、瓜達里的看法 (Gilles Deleuze and Félix Guattari, *Anti-Oedipus: Capitalism and Schizophrenia*, trans. Robert Hurley, et al. (New York: Viking Press, 1977) 區隔開來，我大致同意他們的論點。他們主張家庭羅曼史應該被視為是銘刻於政治經濟的主導與剝削之內，我的論點是家庭羅曼史的結果應該被放到更大的家庭形構來看待。

15 "French Feminism in an International Frame," pp. 134-153 above.

16 Pat Rezabek, 未發表之通信。

立場是支持還是反對，都把陰蒂論述化約成生理學的幻想。我的出發點是擴大批判的規模，就算我承認尊重陰蒂不可化約的生理作用，我想要再次強調，在這個解讀裡，陰蒂同時也是所有生產與實踐領域裡女性過度（women's excess）的簡稱，這個過度必須受到控制，以使事情可以如常進行。[17]

　　我現在對於馬克思主義的態度是，承認馬克思主義與女性主義之間存在著歷史的對立，這是雙向的。強硬派馬克思主義至多是全盤拒斥，最差則是對女性鬥爭的重要性虛與委蛇。另一方面，必須納入討論的，不只是歐洲女性主義反對布爾什維克及左派社會民主黨陣營女性的歷史，還有美國的女性參政權運動及工會運動之間的衝突。如果只是說要了解男性統治本質，資本主義分析是不夠的，或是說馬克思文本裡已經闡釋了性別分工是首要決定因素，這些都不足以解決這個歷史問題。我偏好的作法是，要明白馬克思主義或女性主義的「本質真理」不可能與其歷史切割。我目前的研究將這個事實與 18、19、20 世紀想像力理論的意識形態發展做了連結。我感興趣的是家庭階級分析，伊莉莎白・福克斯—珍納維斯（Elizabeth Fox-Genovese）、海蒂・哈特曼（Heidi Hartman）、南茜・哈特沙克（Nancy Hartsock）與安涅特・庫恩（Annette Kuhn）等人也已經在做相關研究了。我自己則傾向解讀國際女性主義文本，將其看作是剩餘價值生產與兌現的運作。我自己稍早對再生產（非）疏離的特定主題的關注，在今天看來似乎深受核心家庭子宮中心論影響，因此可以公開接受上述精神分析女性主義的

---

17 在性繁衍裡男性超越交合封閉系統的是整個「公共領域」。

批判。

　　另一方面，若我們把性的再生產看作是產品生產，經由不可化約的確實手段（射精—排卵的連結），在不可化約的固定情況下（家務經濟或政治—公民經濟的異質結合），延續最少變化的社會關係，那麼，馬克思主義這兩項原始的範疇就會受到質疑：使用價值做為共產主義生產的衡量基準，絕對剩餘價值則是原始（資本主義）積累的原動力。首先：雖然孩子本來就不是商品，但也不是為了立即、適當消費或直接交換而生產的。其次：如果把再生產和與維生看作是一致的，那麼維生工資（subsistence wage）與勞動力的生產潛力之間的差異，就是原初積累的起源，這樣的前提才可能成立。事實上，如果從固定資本到商品[18]的緩慢價值取代來看，孩子的再生產與維護養育會造成異質的原始計算。這些見解把工資—勞動批判帶到意想不到的方向。

　　稍早在觸及工資理論與「女性工作」之間的關係時，我還沒有讀到自主論馬克思主義有關工資與工作的論點，這在安東尼奧・聶格里（Antonio Negri）的作品裡發展得最完善。[19] 鑑於工作的急迫性與研究和經驗的限制，我接下來想探討的是家務經濟及政治經濟的關係，以確立「女性工作」在建構「革命主

18　據我了解 Lisa Vogel 目前正在發展這套分析。比方說，我們可以直接類比馬克思《政治經濟學批判大綱》（Karl Marx, *Grundrisse: Foundations of the Critique of Political Economy*, trans. Martin Nicolaus. New York: Vintage Books, 1973, p. 710. ）的段落。

19　類似意見的不同觀點可參見 Antonio Negri, *Marx Beyond Marx*, trans. Harry Cleaver, et al. (New York: J. F. Bergen, 1984) 針對類似論點的不同觀點，可參見 Jacques Donzelot, "Pleasure in Work," *I & C 9* (Winter 1981-1982)。

體」模型的顛覆力量。聶格里在不可避免的消費主義看見這個可能性，而消費主義是社會化的資本主義必須要滋養孕育的。商品消費儘管兌現了剩餘價值為利潤，但消費本身並未生產價值，因此持續地使危機惡化。[20] 聶格里認為，透過了在消費主義裡逆轉及取代這種趨勢，「革命主體」才能被釋放出來。主流的英國馬克思主義者有時候以為，這樣的動盪可以由政治干預分子教授文學而引發帶動。

　　某些法國知識分子認為，「異教徒傳統」本來就具有這種趨勢，後工業世界的傳統馬克思主義者仍然主張社會正義論述，而這種傳統使得現在不起作用的社會正義論述變得多元化。相較之下，我現在的主張是：

> 女性的工作不僅在資本主義各階段，也在其他歷史與地理的生產模式中一直延續下來。有關生產決定模式，以及不同種族階級之女性與妻子的工作，兩者之間經濟、政治、意識形態以及法律等關係之異質性，向來有大量的記載……馬克思引用 1834 年拒絕雇用被解放的牙買加奴隸，但帝國主義迅速恢復動員一事，做為無償工作的唯一例證，其實女性工作的漫長歷史，才是無償工作長久以來的例證。女性不僅做支薪工作以外的工作，事實上，她們做的是傳統定義生產方式「以外」的工作。這裡所需要的取代是重

---

20 對於這個機制的精彩剖析可參見 James O'Connor, "The Meaning of Crisis," *International Journal of Urban and Regional Research* 5, no. 3 (1981): pp. 317-329。

新評估，透過生產力循環，尋求獲認可的、非災難性的內．
爆。家庭（oikos）的權力、家庭經濟，與其說是公民社會．
與國家縮影的隱喻，因此也是獲得控制的隱喻，倒不如用
來做為外來體的模型，不自覺地受到城邦（polis）的孕育
滋養。[21]

　　藉由精神分析女性主義，對歷史與政治的召喚，把我們帶
回到精神分析在殖民主義的位置。藉由馬克思女性主義，對經
濟文本的召喚，凸顯了新帝國主義的運作。我的著作裡，種族
論述正是以這種方式彰顯其重要性。

　　我仍然受到解構主義逆轉—取代形態學的影響，認為歷史
時刻「旨趣」的不對稱有其重要性。我更感興趣的是，審視建
構知識與判斷的各種隱藏的倫理—政治分化議題。同時，解構
主義觀點也讓我抗拒本質主義僵化的性別、種族、階級概念。
我更重視的是，那些概念生產在不同情境下一再出現的議題，
以及我們在那樣的生產中所扮演的共謀角色。從解構主義這個
面向來說，根本不會允許霸權女性主義「全球理論」建制。

　　過去幾年來，我也開始見到，解構主義不是僅僅為女性主
義開啟了道路，女性的形象及論述也為德希達開啟了道路。他
初期的女性論述是出現在《馬刺》（Spurs，最早出版名稱為《風

----

21 Jean-François Lyotard, *Instructions païens* (Paris: Union généraled'éditions, 1978). Tony Bennett, *Formalism and Marxism* (London: Methuen, 1979), pp. 145 and passim. Marx, *Grundrisse*, p. 326. 這段自我引用的段落出自未發表的授課文章。"Woman in Derrida," School of Criticism and Theory, Northwestern University, July 6, 1982. 22。

格問題》〔*La Question du Style*〕），同時也連結到「旨趣」的主題，這是政治解構主義的核心議題。[22] 這個研究標示了他從批判陽物中心論的解構主義，轉向為「肯定的」（"affirmative"）解構主義（德希達自己的用語）。正是在這一點上德希達作品似乎對馬克思主義而言變得比較不有趣。[23] 早期的德希達當然可以說對女性主義實踐非常有用，但是當他以女性符號書寫時，他的作品是否就變得唯我論且邊緣化？在那個女性符號的歷史裡，究竟是什麼讓這一切發生？我會在文章結尾回答這個問題。

3.

在 1979 年至 1980 年間，對種族與階級的關注開始入侵我的心靈。

以下所寫就某個意義來說是引用了瑪格麗特‧德萊波（Margaret Drabble）《瀑布》（*The Waterfall*）內容的一份清單，顯示了對種族和階級關注不安的出現。[24]「善於」閱讀文學本身是件可疑的善行，而且實際上不時可能在其意識形態框架內製造傷害與「美學的」淡漠。我的建議是，以女性主義者的觀點，把文學當作一種「非解釋說明的」實踐理論。

德萊波受西方世界裡「最好的教育」：從津橋英文系第一

---

22 參見 Gayatri Chakravorty Spivak, "Love Me, Love My Ombre, Elle," *Diacritics* (Winter 1984), pp. 19-36.

23 Michael Ryan, *Marxism and Deconstruction: A Critical Articulation* (Baltimore: Johns Hopkins University Press, 1982), p. xiv. 24.

24 Margaret Drabble, *The Waterfall* (Harmondsworth: Penguin, 1971). 接下來的引文均出自此一出處。這部分的解讀有部分篇章已發表於 *Union Seminary Quarterly Review* 35 (Fall-Winter 1979-80): 15-34. 25。

名畢業。英格蘭有很強的學術基進主義傳統。聲譽卓著的《新左派評論》（*New Left Review*）準備發行時，德萊波在牛津。我不排斥在此補充一點生平細節。我開始重讀《瀑布》時，一直想著這些事情，同時也想到性、種族、階級等令人憂心的問題。

　　就像是許多女性作家一樣，德萊波創造了一個極端的情況，其實是想回答「愛為什麼會發生？」的問題。為了不落入將所愛的人客體化、偶像化的主流作法，她讓主角，珍，置身在一個最不可接近的私密情境——在分娩的時刻，出自選擇刻意孤獨。露西，她的表妹，和露西的丈夫，詹姆斯在一個空房子裡輪流照顧她，直到她慢慢恢復力氣。《瀑布》是珍與詹姆斯的愛情故事。德萊波不讓詹姆斯有機會對自己身體的產品產生合法的或僅僅是占有的熱情，而是給了他一個難題，讓他透過「另一個男人的孩子」出生，與這個分娩的女人發生關係。珍看起來、聞起來都很糟糕。皺巴巴的床單上有血跡汗漬。然而，「愛」發生了。德萊波大大地放慢了語言的速度，讓珍陳述愛如何發生，並且好奇為什麼發生了。很可能德萊波接受了陰柔「被動」的挑戰，並把它當作是分析優勢的工具。許多答案浮現出來。我會舉出其中兩個，顯示珍是如何地不確定又自我壓抑：

　　　我免不了要愛他，有需求才愛他。任何人大概都可預見這一切，誰叫我是這空虛世界上一個寂寞女子呢。當然誰對我好，我說不定就會愛誰……但才不是這樣，不是誰都可以……我知道對他的愛絕非偶然，而是奇蹟……我的選擇注定了我的遭遇：我選了孤獨，或是重複的痛苦。我接

受到的是恩典。恩典與奇蹟。用錯字我不在乎，至少我沒提自由意志那最糟糕的概念。也許我可以創造一個否定自由意志的宗教，那麼上神就會安於祂真正的位置，可以恣意而為，無憂地懷善、無慮地懷惡，時不時獻獻殷勤、順從自己的需求，就像宙斯那樣。需求才是我的神。床笫間，詹姆斯才是我的企求。（49-50）

在另一處，則出現了「完全相反的」答案——隨機的偶然性：

　　我愛詹姆斯，因為他是我從未擁有的一切：因為他屬於我表妹，因為他對自己的孩子很好，因為他一臉刻薄樣，因為我曾見過他裸露的手腕墊在條紋茶巾上，七年前的事了。因為耶誕節在海邊他問了我一個很親暱的問題。因為在我自己不敢接受喝一杯的邀約時，他自在地喝了一杯。因為他不是很嚴肅，因為他父母親住在南肯辛頓，而且莫名的墮落。啊，完美的愛。因為這些理由，就是這樣了。我躺在那兒，溺水了，溺水或陷入困境，等著他，等著死亡，在那裡溺水，在我們漂流的身體的海洋裡，在陌生熟悉的白色床海。（67）

如果說，有關愛情必然性的論點是從思緒跳到思緒，驟然滑動出現，那麼在這一段關於偶然性的隨機清單上，每一條理由都不是隨意的，而是很合理的。

她透過擁有她們的男人的角度，思考了女人敵對的問題，

在外遇發生之前，露西和她之間就有一個不尋常的協定：

> 我好奇人們為什麼結婚？露西繼續說著，她的腔調帶著
> 平板的學究味，使得這議題似乎不帶半點危險性。我不知
> 道，珍說著，腔調同樣的平靜。……一點道理都沒有，哎，
> 不是嗎？露西邊說邊把奶油塗在土司上。珍說，如果有理
> 由就好了。……露西說，妳這麼覺得嗎？有時候我寧可以
> 為我們都是受害者……。她停了一下，想著，咬了一口土
> 司。我受傷了，所以我流血。我是人，所以我受苦。露西說，
> 這不是妳說的理由。……樓上嬰兒的哭聲傳下來 ── 微弱
> 的，哭泣著，不顧一切的。聽到這哭聲，兩個女人對望了
> 一眼，不知什麼原因，兩人都微笑了。（26-27）

這當然不是一個公然的協定，而只是一個暗示，女性結盟
的「原因」也許只是嬰兒的哭聲。比方說，珍記錄自己是這麼
蓄意欺騙露西的：「我忘了露西，我沒有想到她 ── 或者只是
偶爾想起，在夜裡那嬰兒哭著，我躺著醒著，我想到露西，有
一種不相干的探問所帶來的苦悶，我不是在忍受苦悶，而是苦
悶就在我裡面，但是有距離，苦悶就像是另一個人的痛苦一樣
哀傷而不相干。」（48；強調為我所加）：

對親子之間應該有的自然連結，珍沒什麼定論地記下了自
己的本能反應：「血緣就是血緣，若要說孩子是屬於有母性的
人，則此言差矣，正如布萊希特所說，因為有許多方式會使得
女人不像個母親，或男人不像個父親。……然而，看到詹姆斯
把她抱到我面前，我無法否認這帶給我莫大的快樂。我愛的男

人和我生下的孩子。」（48）

　　這本書鬆散的結局也使得珍的故事變成極端的例子。這樣的愛是否會持續，證明這是「真」愛，帶給珍安全感，而且為珍與詹姆斯帶來幸福？或者這是絕對地「解放」，過度凸顯愛的稍縱即逝，因此時過境遷、戀情不再？兩者皆非。通俗劇般令人滿意的結尾，很可能會殺死詹姆斯的意外，並沒有真的帶來死亡。它只是向露西揭露了一切，並沒有完結這本書，而是把一切都化約成一種單調的雙重人生。

　　這些答案都不壞：如果所有原因都不成立，那麼愛情就是出於需求，或者可能是隨意偶然；嘗試不要讓女人敵對；母女之間血緣緊繫；沒有社會保障的愛。對於像我這樣一個讀者而言，問題是這整個質問在我看來充滿了特權意味。當然，我的意思並不是說珍就是德萊波（雖然在某種複雜的意義上，這樣說也沒錯）。我要說的是，在德萊波眼中，唯有這種享有特權的女性，她的故事才值得一說。主角並不是一般通俗小說裡出身高貴的淑女，而是簡直不可能存在的公主，小說一開始她不經意地提到，英國廣播公司（BBC）朗讀了她的詩。

　　如果撇開種族問題先不談，並不是說德萊波不想把她深入敏銳的觸角指向階級問題。有關珍的家庭階級偏見，小說裡倒是寫得鉅細靡遺。她的父親是貴族學校的校長。

　　　　有一個孩子我永遠都記得，一個瘦小的孩子……他很驕傲地告訴我們，他父親在即將來臨的大選中，以工黨候選人參選，想要爭取一個機會渺茫的席次。我父親毫不留情地嘲諷他，問他一些他根本無法回答的問題，故意在

語意上針對勞動的成果，開惡意而滿腹心機的玩笑，不時
隨意提到幾個位高權重的保守黨人，……這對於稚嫩的聽
眾……根本是不必要的。可憐的孩子坐在那兒，看著他的
烤牛肉……臉愈來愈紅，愈來愈紅，可悲地、討好地試著
擠出一絲笑容。在那一刻我真恨我父親。（56-57）

不過德萊波的珍主要並不是要去處理她父母親的偏見。上
文我省略的部分是對這個孩子又大又紅的耳朵嘲諷。對她而言，
最重要的議題是性剝奪、性選擇。《瀑布》，一種撲克牌魔術
的名稱，同時也是珍的性高潮，是詹姆斯給她的禮物。

德萊波創造這樣一個階級如此鮮明，而又善於分析的珍，
也許是有反諷意味的？當然，這是有可能的。不過珍和敘事作
者認同一致，使得這樣的假設站不住腳。如果這裡有任何諷刺
意味，那麼像他們說的，一定是從「書以外」產生的。

我不打算提出我的反諷，而是試著找出珍做為敘事者的形
象帶來的啟發。德萊波操控她，在她選定的封閉世界裡檢視微
結構異性戀態度的生產及決定條件。這樣的封閉世界很重要，
因為各種規則由此而生。在書中，作者讓珍理解到，沒有一成
不變的新原則，至少是還未出現。這也是第一世界女性主義者
正面臨的事實，每天都如此。這不應該成為藉口，而是應該成
為一個微妙的責任感：「如果我需要道德，我可以創造一個：
新的階梯，新的美德。如果我需要了解我在做什麼，如果我的
行動沒有我自己的認可——而我又必須行動，我已經改變了，
我不能不行動——那麼我將發明可以寬恕包容我的道德觀。哪
怕這麼做冒著全盤否定過去種種一切的風險。」（52-53）

如果我們留心解構主義的審慎——欲望去「了解」和「改變」的隨機性，既是革命性的，也是徵候的——只是用規則填補了空缺，這樣就會再次把事情搞砸，不論是對女性或是對人類而言皆然。我們必須一步一步地努力實踐一種包涵不同理解形式、不同改變形式的分類學，這種分類形式也許要依賴相似性及表面上的可替代性——形構——而不是依賴自我認同的真理範疇：

　　因為很明顯的是，我還沒有說出真相，關於我自己和詹姆斯的真相。我怎麼能夠？更重要的是，為什麼我應該要？……關於真相，我說得還不夠。我對結論感到畏怯，甚至覺得自己的遲疑是個美德：這不誠實，這不藝術。但這是美德，這樣的謹小慎微，在愛的道德世界裡……不同品性的名稱是可以置換的：惡行、美德；救贖、腐化；勇氣、虛弱；因此才有抽象觀念的混淆，格言與悖論擴散。在人類世界裡，或許有的只是相似性。……人類品性，是假定生命真正終結而定的……拯救、詛咒……我不知道詹姆斯代表的究竟是兩者中的哪一個。歇斯底里的語彙，或許吧：宗教的語彙，也有可能。不過生命是件嚴肅的事，可不只是歇斯底里就能認識這件事實：因為我們一直明白，不管男人女人都承認這一點。我一定要努力理解這事。我一定要把它拆解開來，把它分解成零件，然後再重新拼起來。我會把它重組成我可以接受的形式，一個虛構的形式。（46, 51, 52）

　　人們藉以理解的那些分類，加加減減的品性，在在彰顯了這些分類是武斷的、依情境而決定的。德萊波作品中珍的出路──拆解重組人生，變成是可以接受的虛構形式，或許不太需要擔心分類的問題──似乎是美學上的傳統特權。德萊波透過人文學者可以理解的姿態，暗示了自我詮釋的限制。在虛構形式裡，她承認迫於敘事完整性，所以她無法充分報導真相。接下來她就從第三人稱口吻換到第一人稱。

　　文學批評家要怎麼看待這件事呢？別忘了這樣的舉措是雙重地荒謬，因為反映小說創作限制的論述，仍持續地編造另一個虛構文本。更別忘了這個告訴我們小說中真理（truth-in-fiction）之不可能的敘事者──隱喻的傳統特權──本身就是一個隱喻。[25]

　　我應該選擇更簡單的一條路。我應該認可這種全面忽視小說敘事對於真理本質的臆想，然後再拒斥這個忽視，因為這也許會不經意地暗示著，可能有辦法以「真實的」語言去討論真理，說話者可以在某處擺脫結構的無意識，不扮演任何角色的說話。我已經分析了敘事框架，接下來我要說明珍在此處所提出的重點，然後再連結到上述批判觀點稱之為的「擬人化世界」：「當某個人與自身採取了理性的或是美學的距離，那麼他／她就把自己交給了可以輕而易舉發揮分類功能的宏觀結構，德萊波第三人稱敘事者誇大了這樣的舉措。相較之下，當

25　如同保羅德曼對普魯斯特的分析，參見 *Allegories of Reading: Figural Language in Rousseau, Nietzsche, Rilke, and Proust* (New Haven: Yale University Press, 1979), p. 18.

一個人讓自己投入微結構的實踐片刻，這就使得每個宏觀結構理論成為可能，但同時也被削弱。可以說，他／她掉進了一個深知理解與改變之局限的第一人稱敘事深淵裡，實際上也是微觀與宏觀對立不穩定的必然性，然而他／她注定無法放棄。

　　第一人稱敘事的風險對於德萊波的珍而言實在是太大了。她希望可以透過悖論範疇——「純粹墮落的愛」——安排敘事情節，使她得以製造「虛構」，而不是試著在虛構裡報導範疇的不可靠性：「我想回到精神分裂的第三人稱對白。我還有一、兩個更不誠實的情況要描述，然後我才能回到那個純粹墮落的愛的孤立世界裡。」（130）在揭露了其限制之後，把我們帶回抽離的、宏觀結構的第三人稱敘事，可以說是解構主義實踐的美學寓言。

　　儘管德萊波似乎避免對種族、階級及性邊緣性等問題提出嚴肅的討論，但是她卻以縝密而有用的連結說明，填補了女性意識的空洞。她探討了微觀結構的反烏托邦，在絕境中的性處境，這似乎日益成為女性小說的一部分了。即使受到那些限制，我們的座右銘也不可能是珍的「我寧可受苦，我認為」——那種英雄般自由女性只顧自己的口號；反倒是《瀑布》書寫場景給我們上了一課：回到基礎地底布滿地雷的第三人稱。

4.

　　在美國的學術圈裡，以這種方式來解析女性小說，對女性主義學生及同儕無疑是有幫助的。我現在比較沒耐心解讀文學作品，即使是女性作品也一樣。我們當然得提醒自己，提醒負責創立女性研究學科的實證派女性主義同儕，以及我們焦慮的

學生，本質論是個陷阱。更重要的我們應該學習理解到，世界
上的女性並不是全部都能以同樣的方式對本質的特權化產生共
鳴，尤其是透過「虛構」，或是「文學」。

　　1987 年 3 月在南韓首爾，237 名女性工人在控制資料公司
（Control Data）的工廠為要求加薪而罷工，這家公司是在美國
明尼蘇達州創立的跨國企業。六名工會領袖被開除，並遭到逮
捕。同年 7 月，兩名女性挾持了兩名來訪的美國副總經理，要
求公司恢復工會領袖的職位。美國總公司願意釋放那些女性，
但是南韓政府不太願意。7 月 16 日工廠裡的韓國男性工人毆打
女性工人，使這次抵抗運動宣告終止。有許多女性受傷，還有
兩名女性因而流產。

　　要理解這個敘事的多重決定因素（這許多壓縮的語句——
有時候語無倫次，常常是自相矛盾的，也許是斷斷續續的——
讓我們可以去確定「單一事件」或「連串事件」的參考點）需
要更複雜的分析。[26] 這裡我只會提出一份多重決定因素的清單。
在工業資本主義較早期的階段，殖民地提供原料，所以殖民國
家可以發展製造工業的基礎。本土原有的生產因此遭到破壞或
萎縮。為了把流通時間縮減到最短，工業資本主義必須建立適
當的流程，配合文明化設施，如鐵路、郵政系統、統一的教育
分級體系，再加上第一世界的勞工運動及福利國家的機制，以
上種種緩慢地促成了製造業勢必要在第三世界的土壤進行。畢

---

26 有關「多元決定」（overdetermination）的定義，可參見 Freud, *Standard Edition*,
　　trans. James Strachey, et al., vol. 4, pp. 279-304; Louis Althusser, *For Marx*,
　　trans. Ben Brewster (New York: Vintage Books, 1970). pp. 89-128.

竟在第三世界國家勞工能提出的要求要少得許多，而政府也都
賣身抵押了。電子通訊業即是成效最著的例子，這項產業靠著
使舊機器遠在消耗其商品價值之前就迅速過時而興旺發展。

　　上面所引述的例子，在多國企業競爭場域裡一點也不特別，
尤其是我們根據日常的理論化及實踐，對女性進入電腦時代，
以及「發展中女性」現代化等情況所作的種種設想，都會變得
更加複雜。我們設想女性在家庭以外工作的自由，以及勞工階
級持續的美德，這些想法勢必直接面臨種種斷裂與衝突。這些
罷工工人之所以都是女性，並不只是因為東方女性像那些比利
時編織蕾絲的織工一樣，有著小巧靈活的手指，也因為她們是
真正的剩餘勞動力大軍。包括她們的男人在內，沒有人會為了
爭取適當的工資而鼓動。在雙薪家庭裡，即使工作差不多，如
果女人賺得比較少，男人就不會覺得沒面子。

　　這是否會讓第三世界男性比大衛‧洛克菲勒（David Rocke-
feller）更加性別歧視？本土派論點主張「不要質疑第三世界的
風俗習慣」，這當然是未經檢視的帝國主義。這個問題是有答
案的，但這答案會使得我們自身的知識與政治活動賴以為基礎
的想法變得有問題。沒有人能否認社會化資本的活力及文明化
的力量。透過科技進步努力不懈地追求生產更大的剩餘價值（這
一點輕易地以「生產力」掩飾帶過）；相對而來的必要性就是
訓練消費者需要那些被生產出來的產品，然後協助把剩餘價值
變成利潤；透過「企業慈善事業」，減稅則得以連結人道主義
意識形態的包裝；一切都是為了「文明教化」。像南韓這類的
買辦經濟，這些動機並沒有大規模地出現，畢竟南韓既不是社
會化資本的必要接收者，也不是能動者。剩餘價值是在其他地

方兌現的。核心家庭並不具備超然的、崇高的力量。自從 17 世紀英國革命之後，意識形態及婚姻意識形態才在西方長足發展，這件事實與精英領導體制個人主義的興起不無關係。[27]

凡是根據美國、西歐或是被漂白過的人類學推論，對普遍的親職提出任何的泛論，都會受到這些可能性的多重決定。

社會化資本透過遙控來殺戮。就這個例子而言，美國的經理人眼睜睜坐視南韓的男性迫害女性。經理人否認任何指控。據《多國企業監督》（*Multinational Monitor*）報導，控制資料公司一名管理階層人員為了自我保護而做出的殘酷描述，似乎就是一種徵候：「雖然蔡失去她的孩子『是真的』，『這也不是她第一次流產。她以前就流產過兩次了。』」[28] 無論文明生產做為一項副產品是多麼積極，社會化資本和奴隸生產模式的假設並沒有太大的差距。「按照羅馬人的理論，農業奴隸被標示為有聲工具（*instrumentumvocale*），即說話工具，這和構成半有聲工具（*instrumentumsemi-vocale*）的牲畜只有一個等級的差別，和人為工具器械（*instrumentummutum*）則差了兩級。」[29]

資料控制公司有一則電臺廣告提到它們的電腦如何開啟了知識的大門，不論是在家或是工作場所，也不論你是男人或女人。這個電腦系統的縮寫是 PLATO（柏拉圖）。也許有人會猜

---

27 參見 Gayatri Chakravorty Spivak，回應，"Independent India: Women's India," 將會收錄在 DilipBasu 所編的選輯中。譯按：根據現有資料查不到有任何作品收錄本文，推論最後可能並未出版。

28 "Was Headquarters Responsible? Women Beat Up at Control Data, Korea," *Multinational Monitor* 3, no. 10 (September 1982): 16.

29 Perry Anderson, *Passages from Antiquity to Feudalism* (London: Verso Editions, 1978), pp. 24-25.

想，這個高貴的名稱有助於在「民主」的最根源處，以獨到且主體鮮明的智慧氛圍，來掩飾它們如何將知識量化及公式化排列的視野，變成是效率及剝削的工具。PLATO（柏拉圖）的縮寫無疑具有一種歷史象徵價值，它抹煞了做為這樣一種「文明教化」事業裡的階級歷史：「對雅典文明有重大影響的奴隸生產模式，一定是在城邦特權社會階層找到最原始的意識形態表現，其知識高度是因為在城邦底下靜默深處的剩餘勞動力才成為可能。」[30]

　　我先前問道：「為什麼德希達一旦用女性的符號書寫，他的作品就變得唯我論且邊緣化？」

　　他是透過批判所謂的財產／所有權（propriation）——適當化的進程（proper-ing），而發現了女性形象，如專有名詞（proper name，源於父姓的）或是財產（property）牽涉了同樣的問題。[31] 我們可以說，（理想化）女性是標記不確定性的「符號」，其財產權就是它的不—適當性（im-propriety），因此德希達在（理想化）女性的庇護下得以把自己和陽物中心傳統區隔開來，所以德希達不可能想像「女性」這個符號之所以不確定，正是因為它觸及到有關適當性的文本暴政。也正是這個「適當性」的暴政——其意義在於生產了父姓的財產權及專有名詞——我稱之為壓抑陰蒂，以及資料控制公司的新聞所闡明的。[32]

....

30　Ibid., pp. 39-40.
31　Spivak, "Love Me, Love My Ombre, Elle."
32　我已經說明了「陰蒂」在這裡並不單是生理學上的意義。我最初提出這個論點是做為某種生理學上的重新銘刻，強調陰蒂在某些法國女性主義派別中的意義，我把它當作是女性的名稱（接近換喻），超越了交合—母職。

　　德希達寫下了神奇的和諧作品:《明信片》(*La carte postale*),他採用佛洛伊德理論及超越其理論的觀點,探討了哲學做為遠程通信(控制資料公司的事業),利用缺席的、未命名的、性欲上無法決定的女性(控制資料公司的受害者)做為媒介,以重新詮釋蘇格拉底和柏拉圖(控制資料公司的縮寫)的關係。那本書的決定因素是我論點的寓言故事。解構主義變成了本質論中產階級女性主義的共謀。接下來的一段話是最近出現在《女士雜誌》(*Ms.*)的文章:「控制資料公司是那些開化的企業一員,提供了社會服務假……姬特‧凱全(Kit Ketchum)曾任全美婦女組織(NOW)明尼蘇達分部的財務主任,她申請公司這項福利,並且獲得全年支薪在全美婦女組織位於華盛頓特區的總辦公處工作。她寫道:『我要求控制資料公司承諾雇用並晉升女性……』何不向你的雇主建議呢?」[33]中產階級女性主義因為對跨國企業戲劇視而不見,受到「乾淨的」國家實踐蒙蔽,又受到主流意識形態的滋養,因此參與了適當性(the proper)的暴政,而且把控制資料公司看做是柏拉圖式

續 ⋯⋯⋯⋯⋯⋯⋯⋯⋯⋯⋯⋯⋯⋯⋯⋯⋯⋯⋯⋯⋯⋯⋯⋯⋯⋯⋯⋯⋯⋯⋯⋯

　　這種過度在公共領域完成時,就會受到壓抑。我只能引述我先前一篇論文的結尾來解釋,我列出了清單使換喻的範圍更清楚,"French Feminism," p. 184。

33　*Ms.* 10, no. Il (May 1982):30。在這個連結裡,Jane Addams 這麼有才華的教育者竟然會誤解剛出現的社會化資本,這是件有趣的事。當然,關於商業的公平性,她是錯的:「以某種意義來說,商業主義本身至少在更大的層面上,要教育工人顯然會比組織化的教育要來得更成功。它的旨趣當然是全球的、民主的,對於國家和信念也絕無分別,與所有的氣候和種族都有所接觸。如果採用了這個面向的商業主義,就會和勞動再分工傾向達成一種平衡。」(*Democracy and Social Ethics*, Cambridge, Mass.: Harvard University Press, 1964, p. 216.)

管理女性的發揚光大。

　　政治經濟學的掩飾既是在意識形態之中，並且也是透過意識形態進行的。在那樣的運作中起作用，並且可以被利用的意識形態，至少包括了國族國家、國族主義、民族解放、族裔及宗教。女性主義生活在主宰文本，也生活在孔隙裡。它不是最後事例（the last instance）的決定因素。我不像從前那樣動輒想「改變世界」了。我教導少數掌握經典／大炮（can〔n〕on）的人，不分男女，不分女性主義者和男性主義者，如何閱讀他們自己的文本，盡我所能。

第二部

走入世界

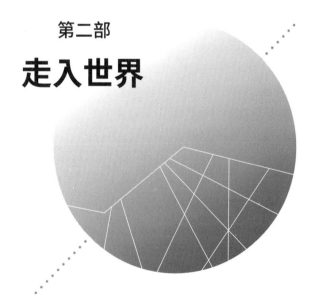

第六章
閱讀世界：八〇年代的文學研究

　　1980 年 3 月我在利雅德大學女子部（Riyadh University Center for Girls, (sic.)〔原文如此〕）的公開演講：「文學與生活」結束後，有個學生悻悻然地問我：「像書本一樣地生活當然很好，但是如果根本沒有人打算讀我們呢？如果你只是被看作是個不負責任的愛作夢的人呢？」我用了一個隱喻結尾的部分來回答她的問題：「每個人都把人生和世界當作書來讀，即使是所謂的『文盲』，更不用說我們社會中的『領袖』、『最負責任』而且不作夢的人：政治人物、生意人、擬訂計畫的人。如果不把世界當作是書來閱讀，就不會有預測、沒有計畫、沒有稅收或法律，不會有福利，也不會有戰爭。但是這些領袖是從理性和平均值來閱讀世界，就好像世界是一本教科書。實際上世界是有很多層次的，它比較像是充滿不確定與微妙意涵的文學作品。如果經由研讀文學，我們可以學習並教育其他人以『適當』冒險方式去閱讀世界，並且從中獲得教訓，或許我們這些學文學的人就不會永遠是那麼無助的受害者了。」對一名沙烏地阿拉伯的女性而言，說出最後一句話並不是那麼容易，所以我像是說給自己聽似的，帶著某種挫敗感，又再補充了一句：「單靠文學研究當然無法達成目標，我們必須以文學形式的視野和其他作品連結，例如歷史、政治經濟學，也就是世界本身。這不只是學科建制的問題，也是質問將行動世界和學科世界隔離

的問題。還有很多地方需要努力。」

在這短短的對談中，我不得不強調，我的立場和在一個暴烈慘酷、充滿剝削和性壓迫的世界裡主張人生美學化的立場有所不同。在此我得強調，我無意去回答「美學的本質是什麼？」或是「我們如何理解『人生』？」這類問題。我主要的關切是：（1）這類問題的形成本身就是一種限定或決定。（2）一般說來，學文學的人仍然陷入某種立場，而不得不說：人生是殘忍的事實，和藝術無涉；美學是自由的，而且超越人生。（3）這種宣稱是「意識形態」的條件和結果。（4）如果「文學研究」在未來 10 年要有任何意義，它的意識形態或許就必須受到質疑。

如果研究文學的學生和評論家得相信而且維繫上述第二點的既定信條，那麼就不會有上述第四點的干預，「世界」的作品就會照舊而沒有改變。但是文學教師的學科現況，正是銘刻在現有既定的信條，拒絕讓我們去閱讀的「世界」文本上。所以，就算在教室裡或文章中，我們表達了美學自由，在公報、黨團集會、報紙與會議裡，我們痛陳社會忽視背叛我們。我們持續努力地想要取代人生和藝術之間這種令人困惑的矛盾，其實和我們要取代生活條件和我們這一行的專業之間令人困惑的矛盾息息相關。

我最近才討論到，我們不自覺地與有效排擠文學專業的世界犯了共謀：

　　我們成了先進技術官僚體制的唱片播放員（DJ）。此處播放的並不是舊式的「唱片記錄」，而是最新科技的生產。支配科技生產的品味趨勢和經濟因素，同時也是外交關係、

世界市場、以及支持前兩項的廣告行為等諸多因素最錯綜複雜關係的產物。談到生產模式和廣播電臺的成立，就讓事情變得更加複雜。現在，在這個受到錯綜複雜因素決定及多樣形式的情況下，播放操作員和他的觀眾認為，他們可以自由參與，但實際上他們的想法是受操弄的。這種自由的幻象讓我們可以去保護科技官僚制度殘酷的反諷，以為系統滋養了人文學者的精神自由；或是「科技」，這面目模糊的惡魔，才是人文學者必須去面對的，要不是靠著諄諄教誨人文學科「價值」，就是從「純科學」神奇領域最新時空發現找到普遍化的哲學類比，以便加以改造。（出自〈解釋與文化：札記〉，收錄於本書第七章）。

在這種邊緣化的脈絡下，我們內部的爭議看起來不僅微不足道，甚且是有害無益的。我指的當然是寫作與文學、實際批評／文學史和「理論」之間的爭議。

以寫作和文學之間的衝突為例，前述令人困惑的矛盾便清楚可見。無論是在學院內外，大家都認為教寫作對社會有用。如果《全美英語系所協會通訊》（*ADE Bulletin*）所載為真，那麼自從 1976 年起教英文寫作的工作就增加了一倍，這個領域也提供這個專業最大宗的工作機會。然而就大學的政治和經濟學、學院、系所和專業來看，除了極少數例外，教寫作的老師通常比較沒有地位，也比較沒有保障。要找出罪魁禍首並不難，正是美學自由、文學拒絕為國家提供服務以免玷污自己，這兩種信念作祟。事實上正是拒絕本身就已經是文學為國家所提供的最大服務，國家做為一個政體必須把榨取剩餘價值掩飾成文化

活力。

　　雖然我主要論點和人文學者是 DJ 的隱喻，要直接挑戰的是文學不受「世界」、國家影響的這種假象，正是在理論與實際評論／文學史的爭端上，我發現自己最直接觸及到這個議題。我當然應該要承認，我的關切反映了我自己對「理論」的思考日益加深（這裡所說的「理論」是非美國式的行為，主要是應用屬於思想史，而不是嚴格定義的文學批評的語彙及研究方法，例如現象學、結構主義、解構主義、符號學、「心理學」及「馬克思主義」批評，這些長期以來被指控為化約論和決定論的論述，透過拉岡、阿圖塞與法蘭克福學派，都進入了「理論」範疇。稍占上風的「美式」一派主張「多元化」，他們認為某些觀點顯然要比其他看法來得更加平等、更加重要。相關的討論文章可參見以下附注說明，另外也見諸全國或區域文學組織年度會議多數的「理論」論壇上）。

　　不幸的是，我稱之為文學研究的學科既定信條，同時影響了所謂的理論領域和所謂的實踐─歷史領域。這個爭端的兩方事實上並未去改變我們的邊緣化現況。當「理論」提出了意識形態「利益」的問題，或者只是美學規範的限制，所用的術語就變得可怕地抽象難懂。另一方面，當「理論」試著要解讀文學作品裡隱藏的倫理或意識形態議題，以突破現況時，一個很奇怪的主題譬喻就會起而抗之：批評家往往被影射指控為是個不自量力的傢伙，扮演了迷惑年輕人的吹笛手，真正成熟智慧應對之道就是要保持現狀。

　　我在我們自己的會議上就遇到麻煩了，在一場有關文學領域如何申請經費的資源與技巧精彩演講之後，史提芬・魏廉

教授（Steven Weiland）提到前一晚羅伯特‧史考斯（Robert Scholes）的表現，他說：「我承認我接下來要引用的段落在符號學家的解讀下可能有另一種意思，我想我大概不夠年輕去學另一種解讀方式。」（我無法一字不漏地原文照錄。這是未經排練的突來之語。史考斯試著闡釋海明威的〈一則非常短的故事〉〔A Very Short Story〕的論述，非常細緻地解讀了故事中藉由非知識分子女性迭迭不休說話的主題，以作為一種陽剛主義意識形態的傳統主題類型。）

丹尼斯‧唐納修（Denise Donaghue）在一篇書評的最後一番話，考慮欠周地指稱最聲名狼藉的「理論」正悄悄逼近美國文學批評殿堂，這也同樣帶有指控的意味。「我認為解構主義訴求的對象是研究生，他們喜歡感覺自己比一般讀者來得優越」（〈解構解構主義〉《紐約書評》, 27, No. 10, (1980): 41）。

擔心批判解讀會去挑戰作家對其作品意義的直接控制，其實和自由假象的既定信條脫不了關係。嚴格說來，既定信條也就是意識形態。就批判的角度來看，意識形態並不代表一個不言自明的信念學說，而是受歷史影響或決定歷史的各種鬆散概念、假設和實踐，以真實的（但我們在哪裡停下來掌握真實？）或強制的邏輯互相涵括指涉，要不說這是常識，要不就是不言自明的真理，或是在某種情況的自然行為，而得以成為既定信條。我到目前一再強調的是，意識形態取代了我們的文學專業規範。

我們做這種努力時，沒有必要去懷疑作者或評論家個人的善意。下列言辭對批判解讀的恐懼昭然若揭，這也正是批判意識形態的教育學所不斷質疑的：「可悲的一面在於，解構主義

鼓勵人（研究生）感覺自己比大學部學生來得優越，甚至也比作者高人一等」（唐納修，頁41）。這難道不是「意圖謬誤」造成的嗎？「渥茲華斯的《抒情歌謠集》前言是篇重要文獻，但是做為一篇渥茲華斯式評論，最高只能得到B＋的成績。」（傅萊，《批評解析四論》，頁5）

　　不斷尋求拆解文字文本與社會文本之間的對立，同時清楚自身不可能充分明白自己意識形態的源頭，這樣的教育學在美國的脈絡下，大概可以理解為是一種去考古學化、去目的論化的培根式（Baconian）經驗論版本，重點在於發現心智的偶像，藉由零碎的而不是連續的方式，去建構而不是導向一種新哲學或積極科學（Active Science）[1]。這是利用閱讀文學的專長來解讀世界文本的實驗，前提是維護這樣的專長，用培根的話說，只是為了宣傳對文學的偶像崇拜，甚至是把自己當作特權讀者的某種自我崇拜。

　　與其沿用這抽象思維，不如用一些例子更能引人入勝。

....

1　我為這拙劣的句子道歉。語言生產是我們的實踐。既定教條要求我們的語言要令人愉快易讀，流暢自然。我們的觀點是這種作法要很謹慎，而且不應該把目前教條式的愉悅易讀標準當作是自然的規範。關於法蘭西斯‧培根，我很懊惱的是他的文字雖然時好時壞，這可能是美國文學批評感知所能找到最合適的。正如 Stuart Hall 曾說：「『意識形態』的概念從未充分融入盎格魯—撒克遜社會理論之中……一篇有趣的論文可以探討在美國社會理論裡，在欠缺『意識形態』概念的情況下，有那些概念發揮作用：比方說，在結構功能主義裡規範的概念，在 Parsons 理論的『價值』和『中心價值體系』("The Hinterland of Science: Ideology and the 'Sociology of Knowledge,'" *Working Papers in Cultural Studies*, 10 (1977), p. 9）。至於「新哲學」，我要立刻否認和巴黎年輕的哲學美學家有任何關連，他們熱情的宣洩有時令他們得到了這樣的封號。我要強調的是「積極」，「科學」的意思則是「知的狀態或事實」（OED）。

　　去年秋天我在德州大學教了一門給「計畫二」一年級學生上的課。「計畫二」是提供給特別有才華的文學院大學部學生所上的跨學科 4 年榮譽學程，文學院其他的課就稱作「計畫一」。

　　在第一堂課上，年輕的男生女生和我一樣，坐著有滾輪的椅子，環繞著用四張長方形桌子併在一起、中間鏤空的教室裡。第二次上課時我遲了一點，我上次坐過的位子沒人坐，這讓我剛好有機會介紹我當晚的上課主題。我的說教大意如下：「你們都是非常優秀的年輕人，毫無疑問也十分善良。因此學校為了嘉許你們的傑出表現，特別賦予你們額外的自由。比方說，你們有很大的自由可以安排桌椅位置，你們和老師一起環繞著教室中心，坐在旋轉椅上，其他沒有那麼有才華的同學則是大班上課，坐在一個大講堂裡固定的椅子上，注視著講臺上的權威。但是權力及權威的歷史與體制往往比個人善意的限制來得強大，如果你拒絕它們，它們就會從後門溜進來。因為上次我用我的屁股溫熱了某張椅子，我似乎施與那張椅子某種權威，你們就刻意把這張椅子留給我。這證明了你們的歷史─體制動力比個人善意更強大。既然這門課的主題是『在男性與女性文本中的女性與男性形象』，我現在說的可能對大家有些幫助。我們會閱讀一些過去的偉大文本──例如《佑護神》（*The Eumenides*）、《新生》（*Vita nuova*）、《愛彌兒》（*Émile*），從中看出早期設計相當值得懷疑的性態度。現在你們要記得，在課堂上的每一天，還有你寫報告的時候，我並不是要貶抑艾斯奇里斯、但丁或盧騷（Jean-Jacques Rousseau）的個人價值，而是要從中理解並透視他們的『時代』，思考我們自身如何受

到時代與地方的影響，然後試著想像如何具備這樣的覺知去行動。」

我在那堂課上交了些好朋友（不過我如果遲到了，並不能確保自己一定有位子坐），部分原因是他們一再看到他們的老師──一個權威人物，她所帶領的閱讀並非受到艾斯奇里斯、但丁或盧騷傳統解讀方式的權威所支持。然而還是有些問題是這門課的學生無法釋懷的。

由於我們的主題有很明確的社會─歷史關懷，我經常要求他們從私人及公共個體的角度來撰寫報告。經過各種勇敢的嘗試，面臨這種特定張力，幾乎每篇報告最後的結論都大同小異，不外乎是：從最後的分析我們了解到，我們不可能、也不想把這個問題變得公共普遍化，因為我們都是獨一無二的個體。

我想我很清楚的向學生指出，雖然我經常批評歐美意識形態，身為一名印度人，我不可能提供大家所謂的「印度精神」的解答。我可以跟他們討論報告裡的問題，對話內容大致如下：

「你知道教化的意思是什麼？」
「知道。」
「那這是從哪裡來的？」
「蘇聯和伊斯蘭世界。」
「如果有一個外人觀察到你報告裡所描述的提議千篇一律，他是不是會說你被教化了？在經濟學和商業課程裡，你學習所有關於理性預測理論，除課堂上所傳授的、所討論的量化方法外，你就再也想不出任何公共決策了？你知道在公領域的諸多決策，如稅收、法律、外交政策、國庫財政等，都會深深

地影響你的私人生活。而在一個玄想抽象的領域，如解讀文本，你卻覺得提出公共聲音是愚蠢、錯誤、狹隘的。如果有個人說這是你所接受的教化，要你把道德思考和決策擬訂分開，讓你只能用一種最不人性的方法，從集體的角度去思考問題呢？」

我的第二個例子則來到沙烏地阿拉伯，這回主角是利雅德大學文學院的男同事。我兩度遇到一群文學院老師，我想這是那裡首度有女性主持這個教師發展研討會。我後來得到的印象也強化了我的信念，不只是文學，整個文學院都是為了國家而服務。

自1973年起，沙烏地阿拉伯向來是美國在「石油輸出國家組織」（OPEC）中最堅強的盟國，當年以色列在第四次中東戰爭意外挫敗，結果促成沙國驚人成長，以極度迅速的步調展開「現代化」。這個「現代化」計畫的部分項目就是教育，這再恰當不過。其中的理由絕對不止於個人對美國教育的熱情期待，而是對美國的期待。就我所知，到美國訪問或受訓練的學者引入了人文學科的方法論，這套方法論維繫的或所賴以維繫的，正是我以文學為例所描述的某種意識形態或既定學說所主張的無私與自由。我在當地整理了一份清單：哲學中的分析理論及語言行動理論；量化分析、結構功能主義、歷史學與人類學的客觀結構主義；語言學的前批判心理學模式的數學化；描述性與生物臨床研究、行為主義、心理學的去原慾化自我心理學；客觀結構主義、新批評、文學裡的歷史與意識形態先驗的唯美主義等（由於我的東道主非常慷慨熱情的接待我，如果再補充說，他們可能是因為解構主義美國風格邀請我為這個計畫增色，這樣似乎有點失禮）。

延續我的普遍主張，我並沒有說在這裡或是沙烏地阿拉伯，有一個或數個邪惡天才，勢必在謀畫這類方法論的進出口事業。那樣我整個的教學取徑就完全失敗了。重點是，首先，製造這種理念的意識形態／物質系列想法，可以被解讀和執行，但這並非一勞永逸，而是持續貫徹像維生系統一樣的周而復始。沙烏地阿拉伯得到美國協助，事實上逐漸地創造了「人文主義的」知識精英，他們無法解讀自己的生產和石油、金錢及武器的流動兩者之間的關係。如果真有這樣的多元化技術官僚精英，支持人文主義，他們會是敏感多情的，他們會去關注那些更骯髒的流動。商業界理性預期及人文學科的自由無私之間明顯缺乏接觸，這反而支持彼此存在，而且對美國是有利的。稱此為「文化帝國主義」其實是推卸責任，或是盜用不義之財＊。我想指出在這種情況下，我們的教學責任是：不只是要追問文學研究，更正確的說，是英文研究做為一門大學的學科，如何適應變遷中的社會需求，同時還要追問，如何透過改變某些假設，我們最終能夠改變這些需求。

一位在美國西岸大學接受訓練的阿拉伯裔美國學者，在利雅德的某個會議中問我：「你如何把像莎士比亞這樣的文本排進這個教學計畫？」我當時確實仔細地回答了他的問題，提及我自己在印度就學的經驗，以及在美國中西部與德州的教學經驗。不過，讓我說明，我的見解已經發表在《德州語言與文學研究》，文章題目是〈渥茲華斯《序曲》第九部到第十三部的

＊ 譯注：史碧瓦克在此用了「pass the buck」一詞，強調其雙關語，一方面是原意的「卸責」，另一方面則是使用假鈔或偷來的錢。

性與歷史〉。[2]

其實，這些彼此不相干的岔題所要表達的重點是，文學研究進入 1980 年代，應該要學習著關注意識形態與文學語言間的辯證及持續交互影響。此外，在教室裡學習到這樣的關注，應該能夠無縫接軌地用來積極介入社會文本的解讀，不論文學老師或學生原本就置身在這社會文本之中。

餐後演講做為一種類型，讓我又有故事可說。今年（1980 年）5 月初，英國金融資本詹姆斯・高史密斯爵士（Sir James Goldsmith）計畫買進「35% 的『鑽石國際』（Diamond International）股票」。他已經擁有「大約 6% 的股權了」。當時以造紙為主的「鑽石國際」林業產品公司正「計畫併購另一家林業產品公司，布魯克斯─史侃隆（Brooks-Scanlon）」，如果併購成功就會大大削弱高史密斯爵士的股權，而高史密斯爵士這樣的舉措勢必會破壞鑽石國際的如意算盤。

《泰晤士報》在接下來的一週報導說，「隨著衝突加劇，華爾街的專業人士渴望見到雙方開戰。受敬重的美林懷偉資本市場集團（Merrill Lynch White Weld Capital Market Group）一個月前還向鑽石國際公司保證，併購條件對鑽石國際公司的股東是公平的，同樣具有威望的華伯柏・帕利巴・貝克投資公司（Warburg Paribas Becker）也向布魯克斯─史侃隆的投資人提出相同的保證。」在同期報導中，《泰晤士報》亦刊登了整版

2　因為這篇文章太長，提綱挈領說明論點的段落就被刪除了。這樣的決定本身就值得我們對學術期刊的規範做一番討論。我希望在即將出版的有關人文學科理論與實踐的新書把論點收錄進來。〔譯者說明：本文收錄於本書第四章〕。

廣告鼓動鑽石國際公司的股東出面投票，否決這項併購，並且說明這對他們是最有利的。

　　從最新的文學理論辭彙裡，我們可以用「置疑」（aporia）來解釋，這個字眼是從希臘文借來的，指的是無法解決的疑慮。如果我們說，不，一個是付了錢的廣告，另一個是新聞，所以前者比較可能是錯誤的，這就展現出我們把謬誤當真理的意識形態。不是嗎？如果金錢交換允許把謊言當真相，那麼上述四家公司為的是誰的利益？是否有免於交換的可決定真理？絕大多數人也許寧可讀整頁廣告而且相信其中內容，也不想深入了解新聞的真相細節？這項事實和文學教學自我邊緣化的教條有什麼關係？對此是否有主動哲學分析（讓你連想到法蘭西斯‧培根的用語）？5月14日鑽石國際公司在美國緬因州班戈爾（Bangor, Maine）舉行年度大會，高史密斯爵士的凱文翰食品公司（Cavenham Foods）轄下的法國公司「西方公司」（Générale Occidentale）計畫反對布魯克斯—史侃隆—鑽石公司的併購案。在附近的奧朗諾（Orono），哲學與文學國際學會也於5月8日至11日舉行會議。會議中消耗了大量的紙張——鑽石國際公司的直接產品、布魯克斯—史侃隆的間接產品。大量的知識能量與針鋒相對都集中在一名法國哲學家的作品上，他認為「真理」是無法確定的，而且總是「利益相關的」；因此有人認為，他和支持者是在破壞美國學院的嚴肅地位。聚集在此的哲學家與文學批評家是否有可能從這種既定的不確定性得到啟發，這樣的不確定性根據傳統及默契被認為是有憑有據的真理，能夠運作及知會這種「嚴肅」事業，而這樣的事業決定了他們存在的「物質性」？

餐後演講在定義上似乎要提供某種模糊的快樂滿足感。如果你認為我充分達成任務，那麼容我先向你保證，我十分清楚我的建議底下有非常複雜的組織預設想法。只有稍微提一下重量級的主題：學院人事發展、基礎課程重新修訂、學科界限重整，直到「英語文學研究」的意義整個大改造。我確實是傻膽地期望他們會展開一場既辛苦又痛苦的改變。但是我並沒有建議他們要以學生當下的生涯規畫為代價來改變。我認為我們至少可以從兩方面開始做起。我們應該努力推動改變，但同時也讓學生能適應當前的工作市場。只不過我們不應該錯把工作市場的需求當作是文學研究本質不可言喻的決定因素。

要解釋我的意思，容我再舉最後一個例子來說明，說來還有點兒令人不好意思，主要是因為前面我已經花了很長的篇幅描述我的偏好與想法，我要說的是我最近重新開始設計的一門課。這門課是為研究所新生所上的必修課：實際評論。

你已經了解我十分不信任實際評論的孤立主義意識形態：就文本本身去解釋，將所有「外在知識」排除在外，[3] 即使我認為這樣的解讀策略在解釋及改變社會文本時非常有用。一個人怎麼可能不放棄策略，而能堅持對意識形態的批判。我在第一次教授這門課時，試著提出解答。

我們先從情境定義「實際評論」開始：這樣的評論會為博士的專業資格條件設想（我們系裡已經廢除資格考試，但是審

---

3 我了解也支持新批評在文本的脈絡裡來解讀文本背後的動力，我的論點是，和我計畫二的學生一樣，主導的意識形態悄悄地從後門溜進來，從而決定了看似「自由的選擇」，某種程度的自由只有在決心獲得認可才能達到。

查標準其實是一樣的）。課程安排大約前半階段是評論工作坊，我們閱讀彼此的作品，然後學習以學院體制方向撰寫報告，試著面對困難挑戰及揭露細微之處。課程第二階段則是閱讀和討論可以做為意識形態基本批判的文本，這種意識形態推崇的是，把解讀技巧當作是批評家所偏好的實踐的描述。這樣的閱讀清單可以涵括像雪萊、班雅明、傅柯等人的作品。透過這種雙管齊下的方式，我希望達到的目標是，學生能夠了解現況，但她有心去改變它。這是一個非常微小的個人嘗試，但我期許能促成巨大的集體努力。[4]

到目前為止我都是照著我在愛荷華市的英語系學會（ADE, Association of Departments of English）研討會所給的演講筆記發揮，我想以那場演講之後的一件事來結束我今天的演講。明尼蘇達大學英文系系主任勞倫斯·米契爾（Lawrence Mitchell），早在他還是愛荷華大學研究生時，我們就是很要好的朋友。他

4　這樣的努力是次要的，因為既然我們聚集在此討論我們專業的問題，種族、性別、階級這些普遍的社會分類的問題就不得不把擱置一旁。這讓我連想到今年稍早在西岸，我在兩個半小時與一群女性主義女性及若干男性的談話。他們之中有不少是英文系或法文系的學生，特別向我提到教師發展的議題。他們說，我們最有名的教授，不會去討論這麼「局部」的議題如「女性主義」之類的，至少不是從閱讀經典這方面來談。既然我們要通過考試、請教授寫推薦信、在這個根本不可能的市場裡找到工作，我們寫論文時，只能把自己的女性主義意識和良知暫時擱置，刻意地自我嘲諷並語帶偏激。如果文學研究的高深學位必須是以這樣分裂的妥協方式來訓練學生，它的「人文」價值恐怕所剩無幾。即使這是限制在內部小圈圈的一個例子，更大的問題在於，誰能夠利用我所羅列的方法？在什麼地方使用？「捍衛文化自主〔在社會及其傳統裡，暫時被定義為想像假設的整體〕對我而言似乎是現代世界『知識分子』的社會職責」，要立即匡正這樣的幻覺時，上述問題勢必如影隨形。(Northrop Frye, *Anatomy of Criticism,* Princeton: Princeton University Press, 1957, p. 127)

問道，或許我的批判態度並沒有反映出我是一個外人的事實？他生於英格蘭，和我一樣都不是美國人。我仔細想過這個問題。即使在這個國家待了超過 19 年，其中 15 年是全職教師，我相信我的答案是 ── 沒錯。不過，什麼是內部呢？要定義內部是一個決定。我相信我那一晚所說的，以及我現在所描述的批判方法，是去質疑種種倫理─政治的策略排除，這樣的排除定義了在某個階段某一套特徵就是「內部」。「文本本身」、「就詩本身而言」、「內在批評」都是這類策略性的定義。我主張的是，有一種閱讀方式持續打破這些區隔，永遠不可能一勞永逸，這樣的閱讀方式積極主動地詮釋「內」與「外」，文本就不僅是參與也促成了改變。[5]

────────────────

5　如果我承認簡單的表達「瓦解」是對經常被瑣碎化的用字「解構」的合適解釋，解讀我的演說為關於學院裡的解構主義實踐，這樣的可能性倒也不錯。

第七章
解釋與文化：旁注

　　一開始我嘗試用一般客觀的學術風格來寫這篇論文，但寫了幾頁後就放棄了。稍做思考後，我決定透露第一個版本一些原本不打算揭露的扉頁邊緣。這個決定是基於所有女性主義活動至少暗示的某種計畫：解構私人的與公共的對立。

　　根據建構我們文化的解釋（任何解釋都是文化的結果），政治的、社會的、專業的、經濟的、知識的競技場屬於公共領域。情感的、性欲的、家務的則屬於私人領域。某些宗教、心理治療及藝術的實踐就廣義來說，也屬於私人範疇。但是宗教、心理治療及藝術的機構，以及藝術評論又屬於公共領域了。女性主義實踐，至少是歐洲 18 世紀以降，顯示公共領域的每個組成也都與情感、性欲有關，家務領域並不是情感唯一合法的工作場域。[1]

　　從女性運動有效與否來考量，通常重點會放在推翻公私的階層上。這是因為一般有性別歧視的家庭、教育機構或工作場所，有一套維持不變的解釋就是，公領域比起私領域來說更為重要，同時也更為理性和神祕。而且，一般而言，也更加陽剛。

1　Mary Wollstonecraft 的作品 *Vindication of the Rights of Woman* (1972) 便激起了類似的觀點。藉由表面上相反的論點，理性，這個公民社會的主導原則必須成為家務社會的主導原則。

女性主義者為了推翻這樣的階層制度，勢必得強調性欲及情感其實更加重要，也更有威脅性，所以男性主義性政治就不得不壓抑地去維持所有公共的活動。這種壓抑政治最「物質的」沈澱就是體制化的性別歧視，而這是最難以推翻的。

為了避免讓女性主義推翻公私階層制度，變成是固定的信條或是得以全面實現，取代對立本身就成了一種不斷變化的限制。因為假使所謂公領域的組織是由私領域編織而成的，既然這是公共活動的編織或紋理，私人的定義是由公共潛力來決定的。那麼公私對立就不只是推翻，而是被取代。正是根據解構做為推翻─取代的這種實際結構，所以我寫下：私領域與公領域二元對立的解構隱含在所有的女性主義活動裡，但在某些情況則是顯著的。我必須在此重申，解構實踐的特別之處，在取代最初質疑的二元對立之後，它也和原來不一樣了，一定和自身有所不同。它既不是建構的常規，當然更不會是規範的常規。如果兩者皆非，女性主義活動就會勾連或者朝向公（男性的）與私（女性的）的充分取代而努力：一個理想的社會及性別超越（sex-transcendent）的人性。但是解構主義教導我們要去質疑一切超越的唯心理想主義。正是基於解構主義這種特殊性，男女、公私的取代，置換標示了一個變動不居的限制，而不是欲望一個完全的推翻。

無論如何，這是我對自己在「解釋與文化研討會」角色的解釋，也藉此說明這篇擴充論文的生產。解釋的標籤是「女性主義的」、「解構主義的」。

我們把自己所生產的解釋當成是行動的基礎；透過自我的解釋，這些行動就有了連貫性。因此隨意地選擇這兩個標籤，

讓我有個形狀，可以在兩者之間生產共同理由（或者也可以說，女性主義與解構主義的共同理由，可能使我選擇它們來代表我。）這個共同理由是對邊緣性的支持及關注——對於中心是什麼產生懷疑，這一點往往隱藏了壓抑。

這一切不過是個開場白，為的是承認在實際的研討會上，我意識到，並且持續感受到，某種邊緣性。我們聰明負責的會議主持人似乎不斷地把我所說的話為大家摘要總結。在聽完我們初步的報告後，他說我們都對文化做為過程，而不是研究對象感興趣。不，我不是獨尊過程。在下個段落的報告之後，他說很顯然我們希望對解釋與文化形塑一個一致的概念，可以涵納我們所有人的看法。不，我不想在多元並陳裡找到統合；有時候我們偏好的是對抗而不是整合。我的老朋友，勒洛伊・瑟爾（Leroy Searle）說到解釋模式已經屈服於詮釋，然後意味深長地看了我一眼。喬治・盧梭（George Rousseau）說到不信任文本，我猜想他可能想藉著公開與保羅・里科（Paul Ricoeur）所說的「懷疑的詮釋學」（"the hermeneutics of suspicion"）[2] 站在同一陣線，表示與解構主義者團結一致。但是我對詮釋學——「詮釋而不是解釋」的理論——並不滿意，不論「懷疑」與否，只要它不以任何基進的方法直接對抗批評家實踐的問題，我就不買單。我認為想要解釋的欲望，或許是欲望有一個自我能夠控制知識、而且有一個世界是可以被知道的徵候。我認為人們有權利去矯正自我分析，因此可以避免以為只要想到徵候性就

2　Paul Ricoeur, *Freud and Philosophy: An Essay on Interpretation*, trans. Denis Savage (New Haven: Yale University Press, 1970), pp. 32-36.

是愚蠢的。所以，我認為，不管願不願意，除了發展出一套文化解釋實際政治的暫時理論之外，別無他法。

與會者不斷地重複對我的觀點表示感興趣，因為它顯然很獨特。但是卻從來沒有人直接提問這個觀點究竟是什麼，在3小時的議程結束之際，也沒人提問究竟美學裡的認知角色正確定義為何。詩是認知的嗎？還是圖畫？等等相關問題。但是這些空想的意識勞動細目根本派不上用場（認知、意志、知覺等），我只不過是詮釋對象的一部分。解構主義觀點會推翻取代像認知—美學這類等級制度，我會在討論的間隙低低地說出這類句子。最好的情況是，仁慈的與會者轉向我，解釋我是什麼意思或不是什麼意思。最糟的情況是，有關認知和美學的討論會重啟戰火。有一回我相當奸詐地或說是誤導地引用了尼采的說明，引發了一些討論。結果有人回應說，尼采雖然很有趣，但他是個沒有價值的哲學家。我很激烈地反擊，說這樣廉價的指責在學術討論裡是不恰當的。結果發言人強調，有趣是所有的哲學家必備的元素，他無意冒犯。

這樣的討論在另一方面也說明了我牢牢地將自己放在邊緣的位置。只要有需要，我就會質疑會議論文集的結構，因為結構或解釋的生產方式，當然是文化解釋意識形態重要的一環，不可能和解釋本身清楚畫分開來。對於這群和善有才華的學者而言，這似乎是令人無法了解的原則。在這樣的情況下，我的態度看起來很蠻橫，我的句子聽起來老派、又帶有英式印度腔。每次的介入都被解讀成個人賭氣或恐懼的表現。「別擔心，沒有人會在這個大型公開日來煩妳。」我要避免讓自己咬牙切齒，因為這樣一來就顯得我仍然讓男性攻擊的權利合法化？事實

上，我在公眾面前顯得很強悍，這是最新一波女性運動得來不易的勝利訓練而來的，而且是在一個相較之下比美國學術圈更性別歧視的地方養成的。我的論點並不是為了個人安全考量，而是反對他們的男性主義實踐，他們這一套被誤認為中立普世的知識分子實踐。事實上，當時還有人向我保證，雄性動物即使是在玩耍，也在打架。我相信我當時回答，我太清楚這一點了，只是我以為有些人是可以被治療的。

依循不穩定又不嚴謹的解構公領域私領域原則，我在公共議程中討論我的邊緣性。我並未保留我對臥室或餐桌（就這個例子來說，指的是大學晚餐、中餐或是走廊上的閒聊）私領域的攻擊，這裡也是有分寸的男人斥責老婆的地方。（我如果要好好討論這個議題就會離題太遠了，根據我大量的觀察，學術圈男性對待所謂女性同儕的行為模式，往往是中產階級丈夫的模式。）當然，我在「公共」領域裡不會遭受個人批評。但是他們會把我拉到旁邊，說我不應該自以為是邊緣，不公平地使用我的權力；說我之所以能夠批評體制，只是因為我善於使用體制的語言（英文、男性陽剛的、權力遊戲？）。如果這些是在公開場合說的話，那麼這兩種說法都可以對有關解釋與文化說服，帶來活潑而有建設性的討論。但是在這個例子裡，某種情境的解釋是文化上所禁止的，除非是超乎尋常的、卻更「真實」的邊緣溝通事件。

關於這些旁白最糟的是，就連我都覺得必須保持沈默。

現在當一個賈克‧德希達解構公與私、邊緣與中心的對立，他觸碰了語言的紋理，而且訴說如果學習一個重新解讀的戲法，那麼古老文字絕對不會再跟以前一模一樣。這樣的戲法是去了

解到，在每個文本的生產，在每個解釋的生產，總是有持續萎
縮的欲望讓文本去解釋的預定行程。那麼問題就變成了：這個
解釋是被建構的，而且它會製造欲望去維護這個解釋自身，那
麼這個解釋究竟是什麼？什麼是「為了可能客觀的知識問題所
設計出來的方法」？[3]

我在前面提到，解釋的意志是欲望有一個自我與世界的病
徵。換言之，就一般層次來說，解釋的可能性即在於假設有一
個可解釋（即使不充分）的宇宙，以及一個解釋（即使不完美）
的主題。這些假設確保我們的存在。做解釋，我們就排除了基
進異質的可能。

就特定的層次來說，每個解釋都必須確認、確保某種在世
界的存在，或許可以稱之為我們的政治。一般及特定的層次沒
有清楚的畫分，因為主體對客體的主權保證是政治可能的條件。
說到性欲的特定政治，我希望能把注意力轉向一般我們論述的
生產及政治邊緣。我希望能重申，雖然在生產任何解釋時，禁
止邊緣性相當重要，但禁止邊緣性本身就是政治，居於特定解
釋遭禁邊緣之物，即具體說明了它特定的政治。要了解到這一
點，既不做自我辯解、也不替另一方找理由，在我看來，才是
最重要的，因此我要引述德希達很和善的例子，這是在他變得
愛打趣使學科坐立難安之前的事。[4]

──────────────────────────────────────

3 Edmund Husserl, *Ideas: General introduction to Pure Phenomenology*, trans. W.
   R. Boyce Gibson (New York: Collier Books, 1962), p. 12.
4 我在別處曾討論過德希達的「好玩」其實是「嚴肅的」，同時是對純粹嚴
   肅的實際批判。此處我們不妨指出學科的不安是對近來德希達理論的直接
   反應，可以用以下的方式來描述：「這是一個新的客體，要求新的概念工

在《言談與現象》（*Speech and Phenomena*）（1967）裡，
德希達分析胡塞爾的《邏輯調查》（*Logical Investigations*）。
在書裡的最後一章，他提出了這個解釋：「因此形上學的歷史
可以表達為，聆聽自身說話的絕對意志結構或基模的詳細開
展。」[5]

這確實是透過整本書仔細解析胡塞爾的產物，如我們所知，
這也是德希達思想的其中一個框緣。然而，如果我們仔細閱讀
《言談與現象》，在我們讀到這個句子之際，我們就明白，「表
達」的角色做為適當的概念或理論語言，正是書中所要解構的。
所以，當德希達說，「可以表達為」，他的意思並不是「是」。
他提供我們他的分析解釋，所使用的語言正是他已經解構的。
然而，他並沒有暗示這樣的解釋就是沒有價值的，或是有個「真
正的」解釋，在此可以找到真正的繫詞（「是」）。他提醒我
們所有的解釋，包括他自己的在內，都是透過一個被排除的邊
緣來肯定自己的重要性，那樣的邊緣使得「可以表達為」的「可
以」成為可能，而且讓「是」安安靜靜地被取代。

這種哲學立場的暗示不可能局限在學術論述裡。我所有
的同事都對我召喚邊緣不以為然，他們其實是在中心（公共真
理）─邊緣（私人情感）模式內踐履了另一種行動。他們邀請

────────────

具，以及新的理論基礎……這是一個真正的怪物……〔並不是某個人〕
只不過犯了一個受制約的錯誤。」（強調為我所加）Michel Foucault, *The
Archaeology of Knowledge*, trans. A. M. Sheridan Smith (London: Tavistock,
1972), p. 224.

5　*Speech and Phenomena: And Other Essays on Husserl's Theory of Signs*, trans.
David B. Allison (Evanston: Northwestern University Press, 1973), p. 102.

我加入中心，代價是強使我使用中心的語言。

　　佛洛伊德在解釋陰柔氣質時寫道：「我有幾個做分析的優秀女性同事已經開始在研究這個〔陰柔氣質的〕問題……對女士來說，只要一有比較，通常都對她們不利。她們可以懷疑，我們這些男性分析師對於什麼是陰柔，就是無法克服某些根深柢固的偏見，對於我們研究公正與否就得付出代價。另一方面，我們站在雙性戀的立場上，就毫無困難去避免不禮貌的問題。我們只要說：「這對你不適用，你是例外。在這一點上你是更陽剛的，而較不陰柔的。」[6]

　　那個段落是寫於 1932 年。艾卓恩・莉曲提到 1979 年史密斯學院的學生時說：

> 　　陽剛社會提供少數女性一種錯誤的權力，這些女性「像男人一樣思考」，條件是她們會保持現況。這就是把女性當作門面的意義：把權力從廣大女性手中奪走，只分配給少數人，看起來是真正夠資格的女性就能獲得領導地位、認可及獎賞；因此根據長處的正義就普遍擴展了。當門面的女性被鼓勵把自己看作與絕大多數女性不同，以為自己特別有才華或有資格，把自己和其他普遍的女性情況抽離開來。她被「普通」女性看作是不一樣的，甚至會被當成是更強大的。[7]

6　Sigmund Freud, *The Standard Edition of the Complete Psychological Works of Sigmund Freud*, trans. James Strachey (London: Hogarth Press, 1964), XXII; pp. 116-17.

7　*Ms*. 8 (September 1979): p. 43.

在會議中我的同事對我表達困惑和指責，他們其實是上演了裝門面的場景：妳和我們一樣好（比起他們絕大部分人，我的學問沒那麼好，不過這不是重點），為什麼妳堅持要強調自己不一樣？假定的中心歡迎邊緣精挑細選的住戶，以便更有效地排除邊緣。正是中心提供了官方解釋；或者，中心由它可以表達的解釋來定義和再生產。

迄今我已經試著以男性主義中心論的角度，解釋了我們的研討會。把注意力轉向女性主義的邊緣性，我嘗試的不是為自己贏回中心，而是去指出所有解釋不可化約的邊緣。這不只是推翻，而是取代邊緣與中心的區分。但是這樣單純的無知（把所有罪惡推到邊緣）是不可能的，而且矛盾的是，也會使取代的法則和邊緣的不可化約變得有問題。我唯一可以希望的是，主張中心本身也是邊緣的，我們不是要留在邊緣的外面，並且把矛頭指向中心。我也許藉著暗示自己在那個中心，然後感知什麼政治使它邊緣化，以完成目標。既然自己的一票充其量就是代表自己，身為解構主義者，我可以利用自己（假設自己可以聽自己差遣）做為中心（內）與邊緣（外）的穿梭者，然後敘述這樣的取代置換。

在研討會上我們所有人都是邊緣化的人文學科學者，這樣的政治是進步資本主義技術官僚政治的政治。[8] 在此我要強調資

8　我說的「技術官僚體系」並不是指「三〇年代無疾而終的技術官僚體系運動」，「植基於 19 世紀思想潮流，認為科技是達成美國夢的主導勢力」。我說的是這個夢想的實際背叛，這是技術官僚體系理論可能的條件：「現代後工業社會國家，配合著中央化、強調以行政決定取代政治、特別訓練專家的知識精英等，與進步公式十分相像，這正是技術官僚的起點。20 世

本主義實踐緊密地與男性主義連結。[9]我提到人文學科學者在那樣一個社會的邊緣是被拿來裝門面的，我希望前面這些話會不斷地提醒讀者，女性主義，並不是一種特別旨趣，也許可以為人文學科有所警惕的整合作為一個模範。此處。從研討會內部的角度出發，我會把這個邊緣化當作是另外的論點。

　　雖然在我們之間也有一位數學家和一位物理學家，我們代表了學術圈裡的人文學科。這位數學家是哲學家，而物理學家也是科學哲學家。所以他們代表的是私人善意與智識前瞻的行為，這不能複製為集體意識形態的改變。這些同事為我們的老派密室帶來一絲純科學的風味，他們要變成實踐的人文學家，要比我們變成實踐的科學理論家要來得容易許多。我們一起代表了學術圈內的人文主義領域。

　　表面上看來，我們被分派的角色是文化捍衛者。如果正如

續 ....

紀早期的進步知識分子、進步工程師、科學管理人以驚人的洞見看到未來政治經濟的輪廓。但是「龐大豐富擴充的生活讓所有人觸手可及」，如同 Harlow Person 所預測的，最終只是一個夢想，科技和工程理性似乎無法予以實踐」(William F. Akin, *Technocracy and the American Dream: The Technocrat Movement, 1900-1941* (Berkeley and Los Angeles: University of California Press, 1977. pp. xi, xiii, 170）)。我的論文以一種非常不重要的方式猜想，理論人文學者在維繫這個不可避免的背叛中扮演了無私的角色。關於這個劇碼若干主要角色的初步資訊，可以參見 Ronald Radosh and Murray N. Rothbard, eds., *A New History of Leviathan; Essays on the Rise of the American Corporate State* (New York, 1972)。

9　我直接指涉老派的人文主義為「男性主義」，它們把研究女性看作是特殊興趣，並且只以男性角度來定義女性。在資本主義與男性主義關係的諸多研究裡，我引用下列兩者以茲參考 *Feminism Materialism: Women and Modes of Production*, ed. Annette Kuhn and Ann Marie Wolpe (London: Routledge & Kegan Paul, 1978); 以及 *Capitalist Patriarchy and the Case for Socialist Feminism*, ed. Zillah R. Eisenstein (New York: MonthlyReview Press, 1979)。

我所說的，文化的概念和自我概念做為習慣系統，是由解釋的生產所構成，即使習慣系統使這些解釋成為可能，我們的角色就是透過監控整個社會的權勢，去生產官方解釋以及被其生產，用過去的解釋來強調連續或斷裂，依賴似乎是合法的選擇，實則是受到這個權力的操弄允許。我們生產官方解釋，也複製官方意識形態。知識可能性的結構其後果就是這個結構本身。我們受限制的生產力不能被視為只是留下記錄。我們也是所記錄的一部分。

陳述我們都被寫進科技文本裡，不過是痛責最明顯的部分。比較不明顯的是，雖然有時候是刻意不被認出來（可能在我們的研討會上也是如此），我們是那個文本的合作者，同時也是書寫者，就算不是規範、至少也是構成的。至於每個現存的文本，沒有一個獨立自主個人能在充分控制的情況下來書寫。以這個意義而言，最有權力的技術官僚也是個受害者。雖然在殘酷的苦難裡他的犧牲是遠遠不及世界上貧困及受壓迫的階級。我們自己的犧牲也跟後者無法比較。然而，以人文學科無私追求及作惡為名，這是我唯一能夠和其他參與者分享的邊緣基礎，因此我會簡明扼要地描述這一點。

簡明扼要地說，科技就是將科學發現運用到生活日常之中。我們無法用「事件」來說明科技在社會裡的應用。不過，一旦這些科技應用開始成為競爭者和取代者，而不是人類勞動的補充，我們完全可以「合理地」在所謂的工業革命裡，看見社會學的斷裂時刻，雖說究竟工業革命的定義為何其實仍無定論。這種區隔斷裂會說新模式只是不受歡迎，或是不自然的依付先前一切的寄生者，但是這種寄生（parasitism）邏輯並無法全面

說明或是去主宰這個區隔。但是為了便於以實證主義計算我們
的邊緣化，我們可以在工業革命的地圖上，定位出這些時刻不
平均地分布，原本看起來似乎是在流通過程裡插入善意的交換
價值增值，以實際化資本向來固有的可能條件。從這些粗略定
位的時刻的任何一點來看，我們可以說，科技系統的優先考量，
根本就是把利益極大化偽裝成成本經濟效益。我們也幾乎不可
能看不到，在所有地方的科技系統，只要考量到加強資本的流
動和累積，就否定了「純粹的科技效率」──且不論這究竟是
什麼意思，因為勞動密集化問題帶進了特有的規範因素。如果
要和任何社會決定因素的批判有所連結，那麼我們就必須掌握
政治、經濟等「決定因素」，科技憑藉著與政治和經濟的緊密
關係，確立了其絕對的優先地位，然而原本並沒有任何因素可
以聲稱有絕對優先權。[10] 大學的生產，課程的分化，加上具有獨

....

10 要檢驗政治─經濟科技（亦即科技技術官僚體系）如何成為集體決定因
   素，「最後關卡」（the last instance）只能權宜地、暫時地、滑動地定位，
   這樣一個簡單案例修正了愛迪生科體體系記錄在愛迪生電子研究所的出版
   品裡。人文主義者分析科技時，根據科技定義選擇忽略這種轉變，把「技
   藝」（*technè*）做為三連組理論─技藝─實踐（*theoria-technè-praxis*）之間
   活躍而無法決定的中間詞。最常被引證的章句，大概是亞里斯多德的《形
   上學》（1.1 & 2）（*Metaphysics* 1.1 and 2）及《尼各馬科倫理學》（6）
   （*Nicomachean Ethics* 6）。詳盡的文獻記錄可參考 Nikolaus Lobkowicz,
   Theory and Practice: History of a Concept from Aristotle to Marx (Notre Dame:
   University Press of America, 1967)。Heidegger's "The Question Concerning
   Technology," in *The Question Concerning Technology and Other Essays*, trans.
   William Lovitt (New York, 1977) 可以被引述為現代人文學者研究這個問題的
   一個範例。當然，我的意思是，如果科技被理解為政治學和經濟學之間，
   或是科學與社會之間破壞性的中間詞，這樣的文本做為最後的文本，就可
   以成為「反對自己」的一種解讀，這樣一來，就使得二元對立的論點或是「最
   後關卡」的無法決定、懸而未決變得很有意義。

特風味的教員做為中間夾層的管理─勞動三明治階層，專業的
強調，影響研究和學術專長選擇的獎學金和體制內財務分配，
教員生活與階級的風格：從看似孤立的學術研究，通往圖書館
藏書的陳舊路徑，我們執行著生產解釋的指派任務，而這些「證
據項目」往往被置之一旁。[11]

　　科技資本主義必須有動能才能存活，而且必須要找到更新
的方法從勞動中擷取剩餘價值，這已經是眾所皆知的事實。到
處都感受得到它的「教化」努力，不容輕蔑忽視。在每個人文
學科及各種精緻藝術裡，資本生產與再生產的急迫性製造出驚
人而細緻的副產品。在我們自己的本行裡，其中就包括像我們
這樣的團體，在體制裡人文學科預算協助控管金錢，從單純的
項目如認知、認識論、美學、詮釋等去生產解釋。另外一端則
是大一英文機器龐大的剝削能源，被當作是社會正義的萬靈丹。
在這兩端間（也許可以找到其他的成對組合）的整個人文學科
則被毀掉了。[12]

　　（我沒有專業去討論自然科學，但是看起來的情況是，技
術令人歎為觀止的精密複雜，和科技實踐的原則及其應用的前
批判實證主義的殘酷，這兩者之間的鴻溝指出了相反的困境。
正如我們聽到在所謂「純科學」的友人和同事，以及會議上的

11　我沒有提的是這個論點的事實，這種「學術生活」的本質是靠著一群工
　　人──做文書與清潔衛生工作──他們生活在另一個薪資與福利階層，他
　　們身為勞動者的存在往往是不受法規保護的，我所任教的大學即為一例。

12　我內化了這個辭彙的力量，以致於忘記了 Norman Rudich 教授在我第一次
　　發表這篇初稿時曾在馬克思文學小組暑期研究（1979）激動地說：「他們
　　把人文學科當垃圾……」

「純科學家」所說，精密複雜延伸到本體論、認識論及空間、時間理論。因此邊緣性是由過度所生產，而不是缺乏〔在邊緣上這種區分是站不住腳的〕。技術官僚的主要文本大量使用某種「科學」的具體發現、被排除和被邊緣化的某個領域的成果，而這正是「科學」和「人文學科」分工——正是因為控制和利用學術圈為意識形態再生產的目的而表現卓越——開始消解之處。

以一般人文學科為例，就像是女性主義的例子一樣，邊緣和中心的關係是很細微而且相互影響的。就像是被男性挑選出來得到特別待遇的女性（為什麼她特別被選出來，這只能從無盡延伸的系譜學來決定和表現），如果她表現得「像個男人」，可能就可以被忍受。所以在人文學科被挑選中的專業裡的個人，如果表現出某種特定方式就可能被忍受。三個特定的行為模式與我的討論相關：（1）再生產各種解釋與解釋的模式，幾乎完全不考慮政治—經濟—科技決定因素，所以後者可以繼續呈現出只不過是文明宣傳（這本身就是一種文化解釋）的支持系統而已，只是工具而非組成；（2）在所謂的人文學科解釋裡大量擴散科學類比：透過相對論或災難理論對精緻藝術提出高深解釋，大眾通俗誘惑的展現以做為人民有機藝術存在；（3）在厭斥（abject）的極端，人文學科做為自身生產成本降到最低的代理人，向大學公開投降屈服。

從邊緣與中心這種細緻而相互影響的關係來看，我們不能被當成只是記錄的保管者，倒是研討會上一名與會者所提出的隱喻令人欣賞。

我們成了先進技術官僚體制的唱片播放員（DJ）。此處播

放的並不是舊式的「唱片記錄」，而是最新科技的生產。支配
科技生產的品味趨勢和經濟因素，同時也是外交關係、世界市
場、以及支持前兩項的廣告行為等諸多因素最錯綜複雜關係的
產物。談到生產模式和廣播電臺的成立，就讓事情變得更加複
雜。現在，在這個受到錯綜複雜因素決定及多樣形式的情況下，
播放操作員和他的觀眾認為，他們可以自由參與，但實際上他
們的想法是受操弄的。這種自由的幻象讓我們可以去保護科技
官僚制度殘酷的反諷，以為系統滋養了人文學者的精神自由；
或是「科技」，這面目模糊的惡魔，才是人文學者必須去面對
的，要不是靠著諄諄教誨人文學科「價值」，就是從「純科學」
神奇領域最新時空發現找到普遍化的哲學類比，以便加以改
造。[13]

　　這是對我們這個研討會一個大概的脈絡解釋。不過，要注
意的是，解釋或許也是透過邊緣化中央化對脈絡生產及脈絡解
釋所做的分析。我的解釋無法停留在我所批評的生產結構之外。
然而，只是基於這個理論上的不充分就否決我的解釋，而這個
不充分其實是主題本身，這樣反倒是對我批評的兩個特定政治
立場（男性主義者與技術官僚者）讓步。此外，解釋政治和我
文本解釋的特定政治間的界限是不斷擺盪的。如果我現在說這
是由不連貫所建構的異質困境，我希望我可以被理解成是使用
辭彙，而不是賣弄術語。[14] 這是所有實踐可能性的困境與條件。

---

13 最後的建議是現代語言協會的副執行祕書在 1979 年 10 月德州大學奧斯汀
　　校區未發表的授課上提出的。
14 後結構主義發展出一套語彙，原則上是比較流動的，這樣的作法令無心仔
　　細去了解的三種人很不滿意。有一群人（E. P. Thompson, E. J. Hobsbawm,

　　研討會之前我們已經閱讀彼此的作品，透過邊緣化─中央
化的主題，也可以來檢視這些記錄。今天在德州奧斯汀把這些
寫下來（其實是在我往安那柏的路上打下初稿），我不可能知
道那些匆促寫就的研討會前的摘要和我們為《社會的人文學科》
所寫的定稿會有什麼關係，我也不會知道與會者是否會考慮我
上文費了筆墨去描述的這些公共議程裡無法描述的脈絡。所以，

續 ⋯⋯⋯⋯⋯⋯⋯⋯⋯⋯⋯⋯⋯⋯⋯⋯⋯⋯⋯⋯⋯⋯⋯⋯⋯⋯⋯⋯⋯⋯⋯⋯⋯⋯

　　奇怪的是，還有泰瑞・伊格頓）主張歷史學科地位優於哲學，或是終極的
物質與文學形式同構理論優於一種質疑同構論方便性的理論。「如果我們
否定了客體的決定屬性，那麼就沒有任何學科會留存了。」E. P. Thompson,
The Poverty of Theory and Other Essays (New York: Monthly Review Press,
1978), p. 41. 這本書對阿圖塞有相當嚴苛的批評，最後聲稱──如同阿圖塞
所稱，馬克思並未發展出適當的（哲學）理論──馬克思並未發展出適當
的（歷史）理論。真正的問題似乎是如何使學科維繫下去，所以理論才能
支持「啟蒙實踐」。有關 Thompson 作品的文本分析，可參見。至於從不同
的論點來討論這個思想家，則可見 Sande Cohen, Historical Culture (Berkeley:
University of California Press, 1986), pp. 185-229。Barrington Moore, Jr.
在 1965 年寫道：「此處客觀化只是意味著正確而沒有矛盾的答案，不受
個人偏好或一時興起所左右，在原則上是可行的。」Barrington Moore, *A
Critique of Pure Tolerance*, ed. Robert Paul Wolff, et al. (Boston: Beacon Press,
1965), p. 70。第二群人則是保守的學院人文學者，如 Gerald Graff（*Literature
Against Itself. Literary Ideas in Modern Society*, Chicago: University of Chicago
Press, 1979），或者是 Peter Shaw ("Degenerate Criticism," *Harper's*, October
1979）。這些文學嚴守紀律者拒絕承認後結構主義語彙的出現，是為了回
應人文科學論述的實踐問題。這也不能完全歸咎他們，在美國文學批評意
識形態下（在我論文最後部分很模糊地提及 Wallace Stevens 做為暗示），
美國解構主義似乎不斷地重複，理論這麼一來就是無效的，因此面臨終結。
如果理論就是這樣，那麼德希達或傅柯會問的，而且也確實問的，就是實
踐如果不只是那樣的實踐，那麼實踐可能的條件是什麼？學院保守分子或
許會說，如果解構主義看待事物的觀點威脅了日常作業，就不准有任何人
去考慮解構主義思想。用 Thompson 的話說，這樣的情況可以看做是拒絕「與
不方便的證據爭論」（*Poverty*, p. 43）。第三群人則是堅決反智的地方自治
主義政治行動人士，他們的口號似乎是「如果你對文字想得太多，你就會
什麼也不做」。

我在這個章節所包含的無法決定的分析藍圖，或許對我的讀者而言會有特別的意義。這或許能讓他們瞥見手中所握的文本所經過的複雜路徑。

在這些初步的記錄裡，並不是完全沒有政治重要性的特定意義。諾頓・懷斯（Norton Wise）的計畫描述，探討了現代政治與思想史裡一個特別有趣的階段。「在我目前的研究裡，我試著從一個特別明顯的歷史案例中，連結科學與社會的考量：1850 年至 1910 年間德國熱力學的接受，包括在俾斯麥統治時政治統一穩固時期與情勢愈益緊張的威廉二世時期到第一次世界大戰之前。」[15] 在研討會裡，重點並不是讓他鉅細靡遺地發展觀點，我期待的是完成的計畫，能夠透過「內部發表的資料」、「公共討論」與「關於大約 50 人的一般生平資訊」的研究而完成論文。雖然對於猜想懷斯能夠想像的是「經驗的」，而不是不可化約的「結構的」限制，科學「真理」的接受可能在歷史上是脆弱的，這個想法很有吸引力。

不過，更有趣的是，懷斯沒有注意到這不只是「昂尼斯特・海克爾（Ernest Haeckel）運用他的『機械細胞靈魂』去溝通生物學的機械化約與個人和國家的有機目的行為之間的鴻溝。」以下這段由自《資本論》第一版的第一卷前言：

> 價值形式完全發展的形態就是貨幣形式，它在內容上是非常簡單而無足輕重的。不過，人類心靈兩千多年為一探

---

15 這節所有引言除非另有標明，否則都是出自研討會前所有出席者之間流通的打字稿。

究竟，結果還是徒勞無功，另一方面，對於內容更豐富、也更複雜的形式分析，卻至少已接近成功。為什麼會這樣呢？因為已經發育的身體比細胞更容易研究。此外，分析經濟形式，既不能用顯微鏡，也不能用化學試劑。惟有抽象的力量才能取代這兩者而成功。但是對於資產階級社會來說，勞動產品的商品形式，或是商品的價值形式，就是經濟的細胞形式。在淺薄的觀察者看來，分析這些形式好像是計較瑣事。這的確是在處理瑣事，但這其實非常接近顯微鏡下的解剖。[16]

這樣的隱喻確實「揭露」了，因為這個隱喻是由「社會、科學價值與信仰之間的連結」所製造，或是去制約這種連結。懷斯指向了 19 世紀偉大的意識形態主題（毫無疑問被接受的思想系統，在社會行動中採取了物質形態），並且延伸到科學價值的生產問題。這之所以有趣是因為，許多當代意識形態的評論家主張，透過嚴謹的意識形態批判，可以得到科學的政治經濟與社會文化解釋，他們也主張一系列結構解釋是意識形態中立的。另外一派思想家，通常是從不同的政治立場出發，建議論述的生產和甚至是科學方法，勢必是意識形態的、可詮釋的，而且不需要理性也可以成功。[17] 懷斯的研究如果放在這個有關文

---

16 Karl Marx, *Capital: A Critique of Political Economy*, trans. Ben Fowkes (New York: Vintage Books, 1977), 1: pp. 89-90.

17 這個論爭非常地複雜，讓我們選擇阿圖塞及 Paul K. Feyerabend 分別做為兩方的代表人物。Althusser, *For Marx*, trans. Ben Brewster (London: Monthly Review Press, 1969)，Paul K. Feyerabend, *Against Method: Outline of An*

化（最廣義的定義）解釋的論爭裡，將會格外引人深思。

　　此處的爭議點在於，以科學化約的有效方法，去研究「個人和國家有機的有目標行動」。即使是價值中立科學論述與方法的批評家，都不會質疑這樣一個研究計畫的可能性，如果研究對象是人類現實，我們會允許有某種補償系統。[18] 我論文一開始的章節已經清楚說明，我最高興的是，如果有一個像懷斯這樣很有說服力的計畫，質疑最後一個假設：「符號」（在這個例子裡指的是德國某個時期各種記錄及其他接受熱力學的證據）是「思想的再現」（社會政治現實的基本假設），「本身就代表了認知的對象」（社會政治現實和熱力學的真實真相）[19]，那就真的再好不過。長期來看，我們不去質問這樣的問題，不只是賦與文字背後先驗真理一種特權，而且也賦與了可以捕捉這樣一個真理的語言某種特權，並嘉惠某個人的行業，因為只有進入這個專業才能學習到這種語言。[20] 我稍後會對此再

續 ....

　　Anarchistic Theory of Knowledge (London: New Left Books, 1975)。

18 這樣的普遍化說法包括了 Pierre Bourdieu 在 *Outline of A Theory of Practice*, trans. Richard Nice (Cambridge: Cambridge University Press, 1977)，Jürgen Habermas, *Theory and Practice*, trans. John Viertel (Boston, 1973) 及 *Knowledge and Human Interests*, trans. Jeremy J. Shapiro (Boston: Beacon Press, 1971) 所述。

19 Jacques Derrida, "Signature Event Context," *Glyph* 1 (1977): p. 179 在這個段落裡，德希達質疑天真的批判意識形態，假設了心靈事物和世界事物之間同構連續的關係，我應該再補充一篇文章和另一篇重要論文 "Limited Inc.," *Glyph* 2 (1977) 大大幫助我了解解構主義實踐。

20 請讀者參考注解 14 以大致了解學科忠誠的遊戲。傅柯討論學科系譜學的作品值得參考。相關著作包括 *The Birth of the Clinic: An Archaeology of Medical Perception*, trans. A. M. Sheridan Smith (New York: Pantheon Books, 1973)；*Discipline and Punish: the Birth of the Prison*, trans. Alan Sheridan (New York: Random House, 1977)。再不然也可以引述年輕馬克思和恩格

加著墨。

我懷疑同樣的學科觀念使得懷斯忽略了馬克思的說法，使得胡克和喬治·盧梭在特定的方式限制了他們的政治關懷。

盧梭提到了「學術政治」：「然而諷刺的是，在六○年代晚期只有很短暫的時期，對美國學術圈顯然只有『學術政治』才算數」。先不談所有結構分析，我覺得我們可以很輕易主張，正是因為學院開始視自己為殘酷政治中心主義的積極邊緣，經常以學術圈為基礎的政治活動，顯然在六○年代對美國外交發揮了影響力。學術政治不再只是學術的。當然，即使是這個取巧的文化解釋，也存在許多問題。六○年代許多政治場域的工作者選擇從學術圈出走。容忍我冒著以偏概全的風險，甚至連這些工作者也逐漸表達了他們所在的技術官僚的結構與主題。[21]

這些篇幅顯然不適合去討論這類特定的議題。不過，即使我讚賞盧梭把政治帶進我們的議程裡。我覺得這種特定的短視也出現在他對多元主義的定義裡：「多元主義，原本是經濟和農業的概念，主要是一勝過多的概念，就像是在多元化的社會裡。」幾乎每個經歷過六○年代的人都會說多元主義是「壓迫的包容」。「包容是從積極轉變成消極的狀態，從實踐到不實踐：

續 ....

斯所述，「由於分工的緣故，職業便有了獨立的存在。所有人都相信他的技藝是真材實料。正因為技藝的本質，所以技藝和現實關連的幻想更有可能受到珍視。」Karl Marx and Friedrich Engels, *Collected Works* (New York: International Publishers, 1976)。

21 舉例來說，我們可以想想學生民主社團（Students for A Democratic Society）的分裂：進步勞動社、新美國運動社、民主社會主義組織委員會。每個分裂組織都從美國社會政治論述取用若干術語，從個人自由政治（甚至是以集體偽裝）轉向為社會正義的政治。

放任既定的權威當局。」[22]

　　克利福‧胡克（Clifford Hooker）也關心社會現實對知識生產的影響。他的計畫令我特別印象深刻，因為他是「硬科學家」，一位理論物理學家。他把科學「當作是集體（物種）制度化的活動」，這令我深有所感。我失望的是偏偏在下一個句子裡，他又強調科學是「認識論的制度」。接著，他透過抽象定義人類如何知的抽象理論，提出了解釋科學知識生產的解釋。所以我們要關切的，並不是文化的，而是現象學的解釋。關於科學與科技之間的共謀完全被略過不提，只以我稍早指出的評論輕輕帶過：關於時間與空間的概念與「純」科學裡的知識已有重大改變，技術官僚對這樣的事實一無所知。充滿信心的科學「純粹性」中心，配合在邊緣運氣不佳的科技，結果有某種舊世界的鬱悶。這種對歷史的否定，忽略世界市場巨大整合效果，只能期望透過一個有認知力、超越歷史的自我，以其優越與自我呈現，去建立一個所有人類活動整合的觀點。藝術會被合法化為可能的特殊認知形式。我在本文最後會再提及全知心靈更進一步的中心論，亦即可以知道自我及整個宇宙。

　　我在一開始稱禁止邊緣性就是「政治本身」，在任何解釋的生產裡都隱含著這一點。從那樣的觀點出發，我們的與會者選擇特定的二元對立，就不只是單純的知識策略。在每個例子中，這其實是中央化（加上適當的辯辭或歉意）以及相應的邊緣化之所以成為可能的條件：

22　Herbert Marcuse, "Repressive Tolerance," in *Critique of Pure Tolerance*, p. 82.

人文學科／文化──人文學科是受到文化限制的嗎？

哲學／科學──在 18 世紀社會哲學轉變為社會科學

科學的／社會的──這兩者之間的關連為何？

內部／外部──內部批評是根據系統自身的前提去檢視其連貫性；外部批評是去檢視那些前提和連貫原則是如何生產，又會導向什麼結果。

猜測／實證──猜測的可能性只受到實證觀察的限制。

理論／文化意識形態──許多被當成「理論的」駁斥其實是對文化意識形態的駁斥

生物活動／抽象結構──科學一定要在二選一裡做決定才是最有幫助的嗎（我很好奇第一個可能性：「科學做為生物活動」）？

描述─預測／規定─控制──科學一定要是其中之一？

人造／自然──研究其中之一是否在科學裡就會構成重大差異？

（事實上，胡克陳述所附的簡明圖表，就像是絕大多數的圖一樣，是絕佳的二元對立的集合，而且再次告訴我們，我們如何思考不斷地以一分為二來征服一個未知領域，其實我們只是演出了階級〔邊緣化─中心化〕與貿易〔知識是權力〕的劇碼。）

這些獲得支持的二元對立，或許可以充分描述這整個研討會所討論的領域清單，我認為，這些二元概念組合不可能同意「理論」本身就是特定階級與貿易的「文化意識形態」，而這個階級與貿易必須追求自我再生產，而且根據這樣的再生產，

科技官僚體系的部分穩定才得以維繫。這些二元概念也不會同意，理論排他派的圖謀反應出任何徵候，或是有歷史可言。以這個觀點來看，生產理論性解釋和描述，必然被當成是針對任何「現象」最有價值的目標；它必然被視為是啟蒙實踐的最佳助手，也是普世的、毫無疑義的善行。這樣一來，二元對立的運作就可以開始了。這種未說出的前提，帶領我們到另一個「知識策略」，未必與二元對立連結：宣布一個計畫是把事物整合成充分完整的解釋。這種整合有時很明顯、但總是隱晦的，以主權心靈為名來行使。因此一個計畫會透過「社會的、哲學的與科學的理念整合」來運作，拒絕承認非社會的、非哲學的與非科學的異質性，這些不只是社會、哲學與科學的他者而已。另外一個計畫是嘗試提出「人類活動的整合觀點」，把這個活動的圖表放在一個清楚界定的綱要裡，稱之為「一致性迴圈」，避免有任何步驟會掉進外在黑暗的不一致危險。

　　因此，這不只是邊緣化中心化的結構確保了文化解釋穩定性。一致性迴圈的圍籬也發揮助力。回到我最初的例子，為了要使我身為女性的行為與研討會其餘一切都一致，我必須以無性（其實是男性）的人文學者身分來辯護，我其餘的部分就會排除在一致性迴圈之外。中心化最強的標籤就是只讓一致的事物進來，或是基於一致性能被納入的論點。一致性迴圈也排除了所有各類的不一致，語言裡的任何圖表存在都是因為有不一致性。每一個字，更別提字的各種排列組合，在語言裡都能夠因著可能的上下文而生產出無窮盡的意思，這些可能性包括引述或「與上下文無關的」虛構。圖表中字詞嚴格單一或有限制的多義地位，是透過它們與這個無法窮盡的領域其餘一切都不

同而運作的。藉著重新詮釋這個差異是與眾不同的,而且是這個字最可行的定義,因此可以捍衛這個領域。

更明確的說,全面的整合計畫也確保了特定解釋的穩定,解釋的理想論就是可以排除所有的不一致,包括階級、種族、性別;假使這些分析應用得更廣的話,即使是名稱也開始顯現其做為單一決定的自身限制參差不齊的邊緣。所以,在建立理論的理論建制裡,心靈能夠去統治物質,解釋在某個意義上可以統治做為歷史可能性的文化,或是做為階級、種族、性別政治的擴散的空間。所有人類活動被視為是特定的整合認知活動,目的變成是「所有理論的理論」。「〔文學〕批評理論化在某個例子被視為是我們一般鬆散稱之為『人文學科』或是『人文科學』裡的『中心學科』〔此處粗體字為的是強調法律與秩序的意義,而不是學術分工的意思〕……自我意識反思思想的中心形式。」這樣的心靈結構必須取消以下的可能性,無論是一個人的貿易與一個人的階級中心化的夢想,或是自我呈現的自我意識的夢想,兩者親密地連結在一起,或許就是一種徵候、是保護階級的。此處透過知識的意志權力是如此盲目,甚至於主張在理論之前必然可以回答本體論的問題:「不言自明的事實,除非有可能說理論必須去解釋什麼,否則沒有任何學科有可能假裝有適當充分的理論。」

> 喔!受庇佑的憤怒祈求秩序,蒼白的拉蒙
> 造物者的憤怒下令整個海洋的文字
> 芳香大門的文字,星星微亮
> 我們自己與我們的起源

在鬼魅般的展現，更敏銳的聲音。[23]

　　在人文學科裡的學科繪圖裡，允許這些學科全神貫注於自負、詩歌，特別是現代詩，存在的正是讓我可以提出上述建議、獲得同意的一種放行。而這種中立化的許可，就像是人文學科一般所擁有的許可，使即便是最「理論的」或是最「馬克思主義的」文學批評家也會讓詩的語言（以及「前衛文本和無意識的論述」）被判出局，聲稱它們具有特別的「語言使用，超出溝通意義」的地位。[24] 這和「強大情感不由自主地滿溢」、「自願地暫時懸置某種不可置信」控制的抽離、或是「遠離人格」、奧林匹亞式（而且為人所遺忘的）「人生評論」的跨歷史性等[25]根深柢固的利己主義，其實沒什麼兩樣。這樣激烈的隔離政策，純粹理論概念化的文學批評語言與藝術的譬喻「認知」的隱喻語言之間的二元對立，也就變得全然可能了。透過你想中心化什麼，在概念或隱喻中二選一，你的政治結盟也就差不多得以密謀安排。

　　如果我們可以解構（儘最大可能）這個隱喻和概念的邊緣化，我們會了解到並不只是隱喻的純理論不可能，因為任何前隱喻的論述基礎都必須已經假設了理論和隱喻的區隔，而且

---

23 Wallace Stevens, "The Idea of Order at Key West," in *The Collected Poems of Wallace Stevens* (New York: Knopf, 1954), p. 130.

24 Rosalind Coward and John Ellis, *Language and Materialism: Developments in Semiology and the Theory of the Subject* (London: Routledge & Kegan Paul, 1977), p. 25. 渥茲華斯、柯立治、T・S・艾略特，還有馬修・阿諾德（Matthew Arnold）。

25 渥茲華斯、柯立治、T・S・艾略特，還有馬修・阿諾德。

同樣的，隱喻也沒有任何優先權，因為每一個隱喻都是由其概念合法化所污染和建構的。如果隱喻和概念都沒有優先權（或者兩者皆有），在人文學者聚集討論「文化解釋」，對理論的地位情有獨鍾時，就可以用上述的詩篇提出嚴正駁斥。沒錯，我知道「受庇佑的」是個矛盾而有多重意義的表達，「蒼白的拉蒙」在美學上中立化「真正的」拉蒙·費南德茲（Ramón Fernáhdez），「下令」和「祈求秩序」並不是同義的，「的」（意思也許是「出於」或是「屬於」，或者兩者皆是）的意義並不確定，缺乏述詞，詩行沒有明顯的判斷。但是，質疑偏見「嚴正駁斥」勢必看起來像是文學論者的提議，這些非常詩意的、譬喻的姿態，可以被解讀成反對「對秩序的憤怒」立場可能性的條件。確實，「下令」和「祈求秩序」可以看作至少是測量與連貫的範疇，以及毫不質疑的命令與服從，即使大量生產的消費商品並不是特別為某個人所用，也不只是為了在多義詮釋裡做為練習。

　　對秩序的憤怒使人文學科從所有方面都變得陽剛化（defeminate）的時候，我就可以「利用」這樣的詩行。[26] 我對於指責瓦利斯·史蒂文斯，或是揭露眾多「有效的」解讀沒有興趣，有效只是去追逐更嚴苛、更有合法正確性的字眼而已。我所討論的詩行，在女性主義者的脈絡裡，我稱之為「一絲不苟而可能的誤讀」。既然所有的解讀，包括原作在內，都是由誤讀必要

----

26 這樣的「利用」，傅柯會說是奠基於「歷史意義」的「成為有療效的科學的目標」，連結到尼采的「積極遺忘」，即必須要在知識裡「切割」才能夠行動。Foucault, *Language, Counter-Memory, Practice*, trans. Donald F. Bouchard and Sherry Simon (Ithaca: Cornell University Press, 1977). pp. 156, 154.

的可能性所構成，或是其結果，在我的論點裡，問題就變得只是眾多可用的詮釋之一，建築在連貫性的舊基石上，沒有理論適用性的行話。重點放在警醒的教學法上。

　　當然，不只是詩可以用這種方法教。18世紀歷史學家賈巴提斯塔・維柯（GiambattistaVico）提出一套語言理論，把隱喻做為起源，認為第一個是最好的。維柯很認真地看待這套理論，在他論點的關鍵時刻把證據的負擔放在隱喻生產上。維柯在猜想人類天性的歷史原則時，認為諾亞之子被第一次的雷聲嚇到，心懷罪惡感與羞恥心，把他們一直在追求而難以馴服的女人拖進洞穴裡躲起來。在那些洞穴裡，「溫和的人性」就此建立。雖然罪惡感和羞恥心在這個故事的地位非常重要，但是和亞當夏娃故事不同的是，這兩種情緒的理由在此並不清楚。（追求難馴服的女性顯然與這兩種情緒無關）。「所以，在世界上是恐懼創造了神……並不是因為對其他人的恐懼喚醒了人，而是恐懼自己才喚醒了人。」這是因為維柯是透過隱喻實踐去探討起源，才會有奇怪而不清楚的論點。這無法用文學派解釋的論述去理解，對於這派人而言，因果關係的一致是成功的評量標準。根據這派人士的看法，害怕打雷本身就是透過隱喻的「錯誤」而造成的。把自然看作是「偉大的有活力的身體」，我們的祖先們「諾亞的兒子」把雷聲解釋為有威脅性的吼叫，對一個行為的反應就會帶來罪惡感與羞恥心。這個譬喻是敘事轉喻（metalepsis）或預辯法（prolepsis）。雷聲的威脅，蹦越的結果，被看作是逃向洞穴的原因；或者，也可以說，威脅的雷聲預期了罪惡感與羞恥心自然會帶來這樣的後果。不論是哪一種情形，解釋都是靠隱喻來維繫。

維柯再次地利用光的隱喻來討論合法婚姻，或「神聖的婚姻」，透過這樣的婚姻使貴族得到平民地位。「朱諾別名露青娜，她把子嗣帶進光裡；不是自然光，因為這是和奴隸子嗣共享的，而是文明的光，因為這光而使得貴族輝煌燦爛。」在第一卷第三節（「原則」）一開始就已經召喚了光，似乎是期待這光只能伴隨著婚姻而來，而且讓我最先所引述（但是在書裡出現在較後面的篇幅）的話在邏輯上很可疑。「但是在厚重的黑夜裡包圍著最早的亙古，距離我們如此遙遠，那裡閃爍著永恆不滅的真理之光，超越一切問題：公民社會的世界當然是由人所造，因此其原則可以在我們人類心靈的改正裡找到。」由於光的第一個譬喻似乎期待著文明的光的影響和起源，這樣的光在遙遠未來只能在家庭社會的建制裡閃耀。換言之，預辯法再次發揮作用。維柯利用同樣的機制，譬喻化的結構，去生產他的理論論述，他認為這樣的論述生產出最早也最好的語言。[27]

如果文學批評的學科只被允許沈浸在對隱喻的讚美裡，歷史學科則被期待避開隱喻，把隱喻看作是事實報告記錄意外的錦上添花，我所描述的閱讀就只會被絕大多數自我尊重的學術歷史學家斥之為「把維柯當作文學」來讀。在這個例子裡，批判人文學科教學法的貢獻，應該是把維柯的隱喻，看作是另一個質疑適當理論優越性的例子，而不是把它當作是（或是抬舉它為）半詩意的自由風格社會哲學，先於社會科學而存在。我

27　*The New Science of GiambattistaVico*, trans. Thomas Goddard Bergin and Max Harold Fisch (Ithaca: Cornell University Press, 1948), pp. 100, 109-110, 107, 106, 105, 155, 85 感謝 Sidney Monas 和 James Schmidt 兩位教授提出這些很有爭議的段落。

這兩個例子要強調的是，詩語言的概念性與歷史語言的隱喻性，其實都有類似的教學目的。

這些例子並不是大膽而革命性的。如果沒有集體的努力，單憑著一己之力去質疑她的學術界限，根本就不可能成功。這就是為什麼我希望在我們的研討會上聽到一些教學法的消息，而不只是理論的交換。在人文學科教室裡，固定並構成「文化」的（官方）文化解釋方法的成份被拼湊起來。做為一名女性主義、馬克思主義、解構主義者，我對教學實踐—理論的理論—實踐感興趣，這讓我們可以建設性地去質疑獲得特權的解釋，即使在這過程中衍生了種種解釋。

到目前為止應該可以清楚地看到，我不可能從事單純的推翻——只是把教學做為實踐的中心化，而同時研究做為理論就被邊緣化了。那樣的口號使得教學理念被當成是創造人類美好連繫，或是抒解教室裡的焦慮和緊張，也就是我曾聽過被描述為「大眾心理學」教學，我自己則將其稱之為「保姆服務」。[28] 我追求的是人文學科直面的教學挑戰，這會質疑學生既定的學科意識形態（合法性的文人解釋模型），即使是逼進不確定性，人文學科教學最強大的意識形態：理論化心靈和階級不受質疑的解析權力，可理解性與法律規則的需要。如果我們再次相遇，這是我希望的，這是我會在議程上提出來的問題：人文學科做為文化解釋競技場的教學法，能夠質疑文化的解釋。

....

28 Jean BethkeElshtain, "The Social Relation of the Classroom: A Moral and Political Perspective," in *Studies in Socialist Pedagogy*, ed. T. M, Norton and BertellOllman (New York: Monthly Review Press, 1978) 感謝 Michael Ryan 教授讓我注意到這篇論文。

第八章
詮釋的政治

　　要談詮釋的政治，首先要接受的想法是：意識形態遠超出個人意識與意志。以這種概念來理解意識形態，將其發揮到極致，就能讓決定論與自由意志、有意識的選擇與無意識的反射，這兩者之間的對立消解。群體視之為理所當然、不證自明的，就是意識形態起了作用，而且群體之所以為群體，勢必會否定其中有任何的歷史積累沈澱。建構（意識形態的）主體有自由意志、有意識選擇的條件與結果，就是把意識形態作用當作是毋須說明的背景。反過來說，一個群體之所以為群體，又正是意識形態主體把群體當成是自我認同的條件與結果。當然，如果沒有和這種意識形態的定義形成某種共謀，那麼也就不可能把群體當作是一個整體來看待。所以，永遠不可能充分完整地對意識形態持續提出批判。在主體建構與群體建構的變動光譜之間，正是意識形態機制在條件與結果之間來回擺盪。

　　只要提到意識形態在美國的脈絡，我就不得不提史都華・霍爾（Stuart Hall）對意識形態精湛的歷史研究：「這是兩種截然不同的思想風格——歐洲的（意識形態概念影響甚深）以及美國的（在 1949 年之前意識形態概念幾乎不存在）……探討美國社會理論在欠缺「意識形態」這個概念的情況下，究竟用了其他那些概念來解釋其作用，這想必會是一篇很有趣的文章。比方說，結構功能主義中「規範」（norms）的概念、塔爾柯特・

帕森斯（Talcott Parsons）的『價值』（values）以及『中心價值體系』（central value system）」[1]。在這份清單上我還可以再加上「無意識」的概念，把它看作是心智單純地「沒有意識」、持續且同質的部分。

在此我建議用更廣義的定義來理解意識形態，這樣會更有幫助，也藉此點出意識形態起作用的蛛絲馬跡：保護維繫主權主體、排除龐大單一的馬克思（主義）、排除或挪用同質單一的女性。整本論文集的內容並未包涵隱藏的意識形態真理，而是藉由操作不完美地隱藏意識形態議程來運作。這正是意識形態的某種結構異質性。

在史蒂芬・圖爾敏（Stephen Toulmin）的〈理解現實〉（"The Construal of Reality"）一文中，意識形態理論的匱乏最為明顯；圖爾敏想消弭人文科學與自然科學、邏輯與修辭學兩者之間的學科—意識形態對立。[2]圖爾敏寫道：「斯特勞森（P. F.

1 Stuart Hall, "The Hinterland of Science: Ideology and the 'Sociology of Knowledge' ", *On Ideology. Working Papers in Cultural Studies*, no. 10 (Birmingham, 1977), p. 9. 亦可參見 Douglas Kellner, "A Bibliographical Note on ideology and Cultural Studies," *Proxis* 5 (1981): 84-88, 及 John B. Thompson, ed. *Studies in Theory of Ideology* (Berkeley and Los Angeles: University of California Press, 1985)

2 參見 Newton Garver, introduction to Jacques Derrida, *"Speech and Phenomena" and Other Essays on Husserl's Theory of Signs*, trans. David B. Allison (Evanston: Northwestern University Press, 1973)， 對於哲學的學科意識形態在邏輯與修辭之間的對立可有大致的了解。Graver 不僅和 Toulmin 一致，也描述德希達的作品是試圖消解二元對立。不論 Graver 比較廣泛的分析效力為何，有趣的是不知道 Toulmin 對於如此接近的建議會有何看法。我或許應該在此補充，德希達對意識形態概念有所保留，因為以他的觀點來看，這頑固地強化了心靈與物質之間的二元對立。

Strawson）稱之為『概念框架』（conceptual framework）或是巴赫汀的『意識形態』（此處有誤導之嫌），在理論物理學家看來則變成了『處理』（treatment）」（107，強調為筆者所加）。廣義的意識形態自然會把單純的概念框架放在更擴大、更異質的領域來討論。在一個擴大、異質的類似領域裡，物理學家的處理，亦即「詮釋元素相當明顯」的決定，就會占據不同的位置。

　　在欠缺異質性意識形態概念的情況下，圖爾敏的文本提出若干定義，使得意識形態所建構的中心與邊緣、解釋與詮釋、因果關係等種種區隔得以保持完整不變：

　　　　在處理影響專業人員工作的諸多外圍因素時，我們主要關注的是較大而且更混亂的肇因，例如專業人員與其人為環境的互動，以及背景因素對專業論點的重要影響。（104-105）
　　　　因此，不論是當今後現代的自然科學與人文科學，或是人文學科的批判思維，我們關切的是解釋與詮釋的混融或結合。（109）

　　若仔細檢視意識形態主體，就會對這些區隔是否清楚提出質疑，同時也會要求批評家以較為複雜的角度來看待世界。此外，意識形態的批評也會解構以及定位（而非拒斥）下列兩者：經歷其他研究觀點生產力的「我們」，以及「可接受的立場」的「正當性」與「權力」。這樣的看法也不允許個人主觀範疇和智性詮釋範疇形成對立，因為這樣一來就表示主體建構與追

求客體認同的欲望間有某種共謀關係。

由於圖爾敏的論點不談意識形態，因此不得不仰賴這些大有問題的區辨。這種絕非隨意選用的規範譬喻，有時似乎也暗示了這樣的必要性：「由於人文學科本質就具有政治色彩，因此比起自然科學來，人文科學總讓人更想呈現出所有的〔102，強調為筆者所加〕詮釋。不過，我們應該抗拒這種誘惑。」這種抗拒給我們留了點空間，能夠忽視「純科學」與「應用科學」間受到巨大的意識形態過度決定的關係，以及兩者與公、私領域科技的關係，還有科學做為整體在生產的社會與物質關係上的銘刻。這些全部被化約為典型的主體與客體二分—「觀察者與受觀察系統的雙向互動」（106）。如果這個理論必須如此化約，才能清晰楚表達其概念，那麼一旦應用在社會政治問題時就失去了說服性。以下的陳述是我從上述的主體—客體前提所歸結的結論，這僅僅停留在理論層次，被規範成為道德的錦上添花：「既然如此那就更不用說了，我們更沒有理由假設從科學觀點來研究人類就會物化（dehumanizing）人類」（106）。

朗諾德・朵金（Ronald Dworkin）在詮釋法律時，盡量避免揣測議員立法的動機，而是以本身就有歧見的文學詮釋做為模型，提供了兩種有趣又互相關聯的立法主體意識：第一種是複數主體意識，這是連串補充的一個環節；另一種是雙重主體意識，亦即同時兼具作者和讀者的意識。以下我用一個簡短的例子來說明，籠統的意識形態理論如何能鞏固他的論點。

朵金提出法律詮釋的複數主體意識想法後，不得不在值得討論之處停頓下來：

　　或許〔把多人集體完成的小說依序整合起來〕是一件不可能的任務……因為最完善的藝術理論要的是一個單一創作者，或者，如果創作者不只一位，那每個人也要在某種程度上能掌控全局。至於傳說和笑話呢？我們沒必要深究這個問題，因為我只對這項任務有意義的事實感興趣。就算團隊裡所有小說作者，各自對於書中所製造的價值和角色可能有疑惑，但每個人對於受託付的工作都有某種概念。（193）

　　朵金把小說和法律做為彼此的喻依（vehicle）和喻旨（tenor），這點相當重要。但是這段文字裡也隱藏了另一種可能性。條件—結果與意識形態（在美國偏好的用詞是「文化」）有關最顯而易見的現象就是傳說或笑話。此處的重點或許在於，用意識形態的角度來看，這些現象和小說其實只是程度的不同，而不是種類的差別。單一作者對於自己被託付的工作也只有「某種概念」，而完整概念就像是地圖一樣攤開在意識形態的文本上。以朵金論點這個修改版來說，未窮盡的意識形態主體建構（反過來也因此構成了意識形態）也包括了西歐和美國所謂不受意識形態影響的法律語言。唯有對社會生產有一種同質、同形、中規中矩的看法，才會去強化這種可疑的主張：「自由主義可以……回溯〔到〕……獨立的認識論基礎，〔它〕可被帶進美學理論，進而產生獨特的詮釋風格。」（200）我所敘述的觀點其實暗示了這些項目彼此息息相關，有如意識形態系統中不斷變動的元素相輔相成一樣。政治、藝術、法律和哲學間的界線具有創造力的不確定性，它們一方面

維繫了像國家這樣的組合整體，同時也由這樣的整體所維繫，一致受到異質不連續的意識形態概念所操作。朵金沒有這樣的概念，因此不得不以統一哲學之名來指稱。他論文的長處在於，這種整合不至於被看作是互相抵銷的綜合體：「簡單地總結就是，我認為政治、藝術和法律在某種程度上，都是由哲學來統整。」（200）

如果朵金沒有明言意識形態，他似乎給這個概念提供了更大的空間，唐諾・戴維（Donald Davie）則會選擇「繞過」意識形態的討論：「這種相互關係當然存在，當然可能遭人濫用惡作。與其強烈抨擊這種概念，或者（如〔史丹利〕費許，Stanley Fish）或多或少地欣喜默許，我們最好直接繞過這整個網絡，做一個真正獨立思考、頭腦清明的詮釋者。」（43）

當然，我們無法「選擇」走出意識形態。最負責任的「選擇」似乎是盡量去了解接受，透過必然不充分的詮釋，努力去改變它，去正視這個挑戰：「男人創造自己的歷史，但可沒有選擇腳本」（強調為我所加）。[3] 事實上，我同意愛德華・薩依德（Edward Said）的看法，我們姑且稱之為「現代美國」的意識形態系統，會期待詩人看似選擇忽略意識形態，然後讓商人宣稱：「只要你願意努力追求，具體的商業行為就可以超越意

3　Karl Marx, "The Eighteenth Brumaire of Louis Bonaparte," *Karl Marx, Frederick Engels: Collected Works*, trans. Richard Dixon et al., fifteen vols. (New York: International Publishers, 1975-). 2:103。所有翻譯引文如有必要均已經過修飾。

識形態。」[4]

　　赫登・懷特（Hayden White）及薩依德都很強調意識形態的形塑，懷特關注的是「學科」的群體認同；而薩依德重視的則是學科為「國家」這個群體認同所提供的服務。有關他們的論點在此不加著墨，不過我覺得，由於沒有把意識形態看成是比主體更大、但又依附主體的概念，再加以闡明詮釋，他們的論文有時似乎只是在大肆撻伐學科執事者的荒唐或狡詐。克拉克（T. J. Clark）最明顯的主題正是藝術與意識形態（這裡是指廣義的資產階級意識形態）之間的關係。在對泰瑞・伊格頓的評論中，克拉克認為「在 1910 年左右……馬克思主義知識分子有可能……認為自己是資產階級……〔並反對〕資產階級精英的意識形態」（148-149，注 6）。克拉克所描述的批判實踐和我的主張相近，可以取代戴維「繞過」意識形態網絡的信念，或是薩依德及懷特不涉及意識形態的指控。

　　在這本論文集裡，韋恩・布思（Wayne Booth）最常討論「意識形態」，他的論文裡「語言」一詞發揮了有趣的功用，以替代較廣義的意識形態。在米開・巴赫汀（Mikhail Bakhtin）的文本裡，語言並不直接被解讀為口語論述。意識形態做為語言，是一種結果，為其原因預設了主體，在特定的表意傳統裡定義了主體。對布思而言，語言作為意識形態則是（群體）主體的表達，主體必須不斷的向我們及自己保證，自己不僅僅是群體的一部分，並且有其獨特性。在文章中，布思一度幾乎觸

4　Armand Hammer, "A Primer for Doing Business in China," *New York Times*, 11 April, 1982.

及了巴赫汀的立場，即在今日會自稱是文本政治（politics of textuality）的立場，以文本來理解政治—歷史—社會—性欲取向等類似概念的網絡，在意識形態中，透過承認文本或網絡般結構來定義自我。但布思的語言就像圖爾敏的語言一樣，以自由選擇的語彙來闡述巴赫汀的立場：「我們所接收的每種語言，都是受到祝福或詛咒、富含象徵意涵的語言，充斥著過去選擇的內在影響，迎接新的選擇，同時也知道有些選擇事實上優於其他的選擇。」（摘錄自該論文較早的版本）。巴赫汀隱含的意識形態主體及語言的辯證連結，卻是布思未能發揮的。

布思認為意識形態是信仰及慣例，嚴格地說並非語言或聲音時，這麼一來他就會在這個辯證結構中暗示：「意識形態源自並進而影響信仰體制及人類實踐」（50）。但他不斷的將藝術及意識形態的情況化約為意識—無意識的對立，這是我在一開始提出，做為英美場景常用以替代意識形態的概念。巴赫汀值得讚賞的是，他「對刻意引進反意識形態給予最高的評價」，然而「傳統的馬克思主義者〔認為〕……自我及社會基本上完全依賴藝術的意識形態」（較早的版本）。此處對於意識及無意識的了解，指涉的是前心理分析模型（prepsychoanalytic model），好像它們屬於一個持續的系統，在這個系統中，良好實踐的標誌就是將無意識提升到意識。在這個觀點中，對意識形態犧牲最強烈的診斷就是：「我在極度缺乏自信的狀況下承認，我認為揭露〔拉伯雷的雙重標準〕其實是相當無意識的」（65）。目標就是把意識形態當成是自由選擇：「那麼，身為女性主義（或任何其他）意識形態的擁護者，我們現在面臨的問題是：在詮釋或批評藝術作品時，我是否能自由的利用那個

意識形態,當作我評估該作品藝術價值的一項元素?」(56)

我們可以這麼說,一個有能力自由選擇的主體能夠運用這種選擇的自由,正是自由主義意識形態的展現,圖爾敏、戴維、朵金、布思等人的論文,均可見這樣的主體,這顯然就是一種「詮釋的政治」。這是為什麼我們會認為,最好的藝術理論一定要有一個單一作者,並視之為常識。在廣義的意識形態中,主體並不會失去行動或抵抗的權力,不會被視為單一個體,而是「無法恢復的複數型態」。由此觀點看來,所有的小說都是經由多人之手的連續創作。因此,朵金提出的文學與法律的類比,作為這種詮釋政治的一個例子,可以有不同解讀。又好比小說家和他的讀者,因為小說創作需要單一創造者,所以小說其實是受到更大文本影響的產物這回事就被忽視,這是詮釋政治的另一個例子。而且朵金所假設的多人創作連續小說,在展開其敘事的同時,應會保有某種預設的整體性。然而在一連串詮釋相同法律的過程中,並無「進展」,只有不斷的重複,每一次的詮釋都好像接近了該法律的本質。就算律師和朵金一樣同意法律詮釋不會只有單一答案,他們還是努力追求「真正的」和「正確的」法律、「最好的」詮釋,以及法律的單一真實意圖。我們把朵金的類比與其附帶的作者身分之定義,當作是意識形態形成的範例,似乎是違反/彰顯了自身的詮釋「政治」──亦即自由競爭與法律規章。

要談「違反/彰顯自身的詮釋政治」形成過程,皮耶・馬歇瑞(Pierre Macherey)的文章講得更清楚:「最後我們總是在文本的邊緣發現了意識形態的語言,雖然可以暫時隱藏,但卻

是欲蓋彌彰。」[5] 讓我們仔細想想這些論文的邊緣，或是邊界，意識形態軌跡讓這些文章得以確認其內在。這樣的畫定也暗示出背後的政治，也就是可以一個自由選擇的主體，忖度自身的多元性，在採取某個立場的同時也違背了自己的理論。

從卡維爾（Stanley Cavell）的文章結尾處，可以看到這種決定性的時刻，他寫道「如果解構主義真如同德曼（Paul de Man）大力揄揚的，會讓我們打破幻想，那也未嘗不是個高貴的應許，我十分期待。不管是用柏拉圖那套，或是溫尼考特的說法，唯有打破幻想，才能面對現實。但是我們要確定，這樣的應許是根植於我們真實明白自己的幻想是什麼。」（178）卡維爾文章中對於解構主義的解讀，我不是十分信服，尤其他又覺得德曼和德希達沒什麼分別。[6] 我只想說，一個真實明白的主體，這個不證自明的意識形態所必要的不證自明，恰恰是解構主義無法應許承諾的。從此可推出幾個卡維爾早料想得到的論點：沒有幻想，也就沒有幻滅；唯有真正了解現實不是幻想，才能從幻想真正了解現實；把現實說是幻想的死亡，就是忽略了從幻想過渡到現實必須通過幻滅的語法或實踐；如果著眼於現實的語意，因而忽略了這樣的語法，沒有意識到解構主義和辯證法最大的不同正是在於對這種語法的關注，那就根本不是

....

5 Pierre Macherey, *A Theory of Literary Production*, trans. Geoffrey Wall (London: Routledge & Kegan Paul, 1978), p. 60 強調為我所加。

6 參見 Cavell, "Politics as opposed to What?" (p. 173) 關於這項差異的討論，可以參見我對德希達 *Memoires: For Paul de Man,* 一書的評論 "Learning from de Man: LookingBack" *boundary 2* (Fall, 2005) 另可參見 "Revolutions That as Yet Have no Model; Derrida's Limited Inc.," *Diacritics* 10 (Winter 1980): 47-48.

在討論解構主義了。[7] 此處我不想再贅述這些論點,但我要說卡維爾對於聲音和書寫的詮釋,仍然是在這種意識形態必要條件(亦即真實明白的主體)的考量下而提出的。

　　卡維爾寫道「在我看來,壓抑哲學系統化(有時又稱為形而上學、或是邏輯分析)的宰制很明顯是來自對人類聲音的壓抑。恢復了這個聲音(如同從疾病中恢復),那麼一般語言哲學……才能使人理解。」(173)德希達非常讚賞這個重建計畫,拿來和尼采相比,認為尼采重視語言本身的力量,而不單只是語言的表意。德希達所批判的是,卡維爾似乎主張:絕大多數的基進哲學,包括言語行為理論在內,其目的是要恢復聲音。另一方面,雖然系統化哲學的氛圍似乎是全然透過中介,因此比較接近一般(也就是卡維爾)對於書寫的解釋,但是它又是以聲音中心論(*phono*centrism)做為最終參考標準,來發展其系統。因此系統化哲學打壓聲音、激進哲學復原聲音,這種常識性的認知,依據的是各式各樣的聲音中心論假設。由此說來,「書寫」之名就必須排除,這樣才能定義並保障系統的內部性。在這樣的解讀下,書寫和聲音場域之間「明確差異的基本述詞」,被看作是「接受者〔和〕的傳送者的缺席,與他所放棄的記號區隔出來」。[8] 這種對書寫的了解在自稱的言語恢復計畫

7　要清楚了解解構主義做為句法的或微觀的抗拒語意學或宏觀學的霸權,可以參考 Derrida, "White Mythology: Metaphor in the Text of Philosophy," in Alan Bass, trans. *Margins of Philosophy* (Chicago: University of Chicago Press, 1983). pp. 270-271.

8　Derrida, "Signature Event Context," trans. Jeffrey Mehlman and Samuel Weber, *Glyph* 1 (1977): 179, 177.

中，其地位再清楚不過了。

　　「書寫」做為排除之名，必須被視為「他者」，以便保存身分認同的相同一致，這樣的觀點可以連結到馬歇瑞的另一個觀點，他認為：「一篇作品重要的是在於它沒有說的，這和任意評論這是『文中拒絕透露的』可不一樣，儘管這可能也很有趣，……除此之外，作品沒法說的之所以重要，是因為在思索說明的過程被鋪陳出來，彷彿是一種通往靜默的過程。」[9]如果將書寫定義為刻意的抑制聲音，那麼不難想像，卡維爾（Cavell）在討論「轉折」（turn）時，沒有（還是不能？）提到的某一個意思就是「譬喻」，譬喻法不可化約的轉折（依照梭羅〔Thoreau〕的定義，轉折是「你在森林中某個迷人的地方靜靜坐著，只要坐得夠久，所有林中的住民就會輪番地向你展現」），就是任何聲音救贖（不）可能的條件。

　　主體有自由選擇，這樣的概念亦潛入了最基進的公社自治主義者與共產主義者集體政治，為了拯救這個主體，薩依德使用了 écriture（書寫）一詞做為暗語，暗示（我不大能確定，因為這個字出現在文中的邊界，他並未加以解釋）了第二階段的語言化約論。在前文裡關於把書寫當作是被排除的他者，我提出一個非常簡短的解釋，或許有助於在此說明他的普遍論點，他認為：「無論是在論述的內部或邊界，均可見排除原則默默地運作著，而這種情況已內化深入到所有領域、學科及其論述，展現出其屹立不搖、不可撼動的地位。」（16）

　　既然我對薩依德的立場深表同意，就必須指出他的文章裡

9　Macherey, *Theory of Literary Production*, p. 86.

另一種意識形態的標記。撰寫該論文的主體不但具有自由選擇的意志，而且還是明星制度裡的明星。在美國境內成千上萬名老師及學生，努力讓批判文化實踐得以維繫，但在文中他們並未受到認可也沒有得到支援。他們的學術作為可以在期刊裡看得見，如《基進教師》（*Radical Teacher*）或《激進美國》（*Radical America*），也可以在課程大綱、通訊報導中看得到，甚至也出現在近來愈來愈多的年輕教師無法取得終身職的名單裡。為了肯定這些工作者，我們必須嚴肅地把教育學看作是政治解讀。當政治光譜從麥可‧哈靈頓（Michael Harrington）*到《美國新聞與世界報導》（*U.S. News and World Report*），都在討論這個議題時，我們很清楚看到這個現象的存在。[10] 薩依德認為「左派處在知識脫序的狀態」，若是以政治上的派系鬥爭來看（3），情況確實如此。不過，我們先來檢視兩種情況：一個是以偏概全的泛論，例如，「此處假定精緻文化凌駕於政治之上，而且是大家一致同意的慣例」；另一個是自詡為馬克思主義「名流」（這個說法出自雷吉斯‧德布雷（Regis Debray）所著之《老師、作家、名流》（*Teachers, Writers, Celebrities*）一書，薩依德引用了該作品）的觀點，這群名流似乎不得不在一片荒蕪中形單影隻地聽著自己宣揚一切努力都偏離正軌。假設我們把自身的

──────────

* 譯注：麥可‧哈靈頓是（1928-1989）是美國民主派社會主義者、作家、政治活動分子、政治理論家及政治學教授，創立了美國民主社會主義黨。在1970年代曾提出新保守主義的概念。

10 參見 Michael Harrington, "Getting Restless Again," *New Republic*, 1 and 8 Sept. 1979, and David B. Richardson, "Marxism in U.S. Classrooms," *U.S. News and World Report*, 25 January 1982.

工作領域看成是上述兩種情況之外，那麼我們遭逢的困境就會
是更加險惡的問題。

當初薩依德覺知到要與這些教育學上持續的努力結成同
盟，那麼他就可以走出 3,000 名批評家所畫下的限制，並認可教
導通俗文化的左派教師每天都努力地達成以下的目標——「利
用視覺能力（這些能力恰恰由電視、新聞攝影、商業影片等視
覺媒體所主宰，而且這些媒體基本上具備即時性、『客觀』性，
且與歷史無關）恢復過去歷史記憶和主體性的非連續的能量，
以做為再現中意義的基本元素。」（25）在此我引用《小報》
（Tabloid）做為換喻：「過去數個月來，我們有許多文章對這
個日常的顛覆舉了不少例子，諸如女人在家搬演電視八點檔『刻
意安排』的橋段；政治活躍分子設立地下廣播電臺；汽車與衣
服的客製化等。」[11]

在「詮釋政治」研討會中，戴維和薩依德之間的討論讓我
受益最多。戴維指出，薩依德為巴勒斯坦（戴維手稿寫的是黎
巴嫩）所做的努力是一種愛國主義的表現，而薩依德適宜地更
正了戴維的稱讚，他說當時正為「巴勒斯坦」政府工作，協助
建國事宜，因為唯有如此他才有立場批判巴勒斯坦。國族認同
在字裡行間展露無遺。國族解放與維護國家意識形態之間僅一
線之隔，批判者必須謹守分寸，否則戴維這番支持愛國主義的
言論將變成否定經濟多國族主義運作的政治意識形態之條件和
結果。古老的政治國族主義（與經濟多國族主義網絡存在著不

---

11 "On/Against Mass Culture III: Opening up the Debate," *Tabloid* 5 (Winter1982): 1.

可化約的不對稱性）解釋的生產，最殘酷的展現就是在戰爭之中，而最分裂的展顯就是在勞動力的灌輸。那種否定的運作方式在戴維的哀歎裡隱約可見：

> 在高傲自稱是「世界公民」（這當然不是我上述所示）的同時，我們不僅切斷了自己和現今大部分同胞的連結，也切斷了和無數眾多已逝群體的連結。從維吉爾、但丁、馬基維利；到米爾頓、沃滋華斯；或華盛頓、傑佛遜和惠特曼身上，我們看到父親的土地／祖國（the patria）是有意義的，祖國對我們的種種要求在過去的確是真實的，必須受到尊重，只是那些方式是這種現代啟蒙所拒絕接受的。（29）

資本的持續推進，切斷了戴維與發展成熟的愛國意識形態所維繫的網絡，這套網絡同時也維繫了愛國意識形態。戴維的確並沒有反對社會物質生產的模式（因為他小心翼翼的立場就是為了要避開這個話題），這使得他在田納西或是芝加哥自負的觀眾面前得到了支持。幾乎所有在他名單上的人，在他們的時代，都各自介入了生產的社會關係，而不是迴避。無論如何，正是在那整個網絡裡，先前幾個世代的「愛國主義」得以發揮效用，找到自己的定位。戴維身為海外僑民、消費者、納稅人、選民及投資者，已經（被）置身於截然不同的網絡，這個網絡只能靠著情感上令人滿意的名單的某個項目來維繫，而這樣的堅持充其量只能生產一個沾沾自喜、頂著先人光環的社群擬像。

透過符合他在世界上地位的意識形態，戴維不經意地住在

英格蘭以外的地方。讓我們花一點時間來看看他如何形容那個國家，提醒我們就是在論述的邊界上，隱喻和例子看起來是任意的選擇，卻強烈透露出意識形態。

> 詩人或文學學者，不管是英國人、美國人或澳洲人，他們發表論述的對象，不是他的英國同胞、美國同胞、澳洲同胞，而是全球的文學學者。這樣的意圖，在他們使用的英語中，馬上顯露無遺。（29，強調為我所加）
>
> 我們是否應該假設英式英文、美式英文、紐西蘭英文，正逐漸變成不同的語言，就像羅馬尼亞文和葡萄牙文，從羅馬拉丁文的母體分支出來後，就變成兩個不同的語言？（35）

重點不是說，如果我們把其他英語世界，像是加勒比海地區、印度次大陸、肯亞、烏干達、坦噶尼喀（坦桑尼亞在殖民時期的名稱）也一併納入討論，情況就會改變（其實的確會以有趣的方式改變）。真正的重點在於，像戴維這樣的論述，忽略了國族解放與愛國主義的語言學自我概念是不一樣的，「自然地」或「只是碰巧」將這兩者自英語系聯盟中排除。的確，把戴維的句子稍作修改如下：「如果針對……那些人（負責處理美國大學英語系入學許可和授予學位的人），（我的）建議會顯得很奇怪。」（35）如果申請者不是「（來自）布加勒斯特的喬治」或「在文森斯省的露西爾」，而是來自奈及利亞的爾徹如歐、在巴基斯坦的陶席德，那麼戴維就得重寫整個論點了。當然，「所有語言都很寶貴，每種語言都是獨一無

二的，所以沒有任何語言可以取代另一個語言。」（29）但是，如果檢視在《美國高等教育紀事報》（*Chronicle of Higher Education*）或類似的期刊中，報名學習外國語言的學生人數，你馬上就會知道不是每個語言都是同等寶貴，學習語言的需求，取決於政治經濟環境。只需想想近年來日語、阿拉伯語、波斯語的例子，就能明白了。從稍微不同的觀點來看，你或許可以試想這樣的狀況，一位專研莎士比亞的學者，用孟加拉語閱讀所有莎士比亞的作品，和一位研究孟加拉文化的學者，在美國研究所念過一個學期的孟加拉語。（這不是幻想出來的例子，「除非你是〔參與審核全國獎助學金申請的人〕其中一員，否則似乎太奇怪了。」）

戴維堅信詩人在當代社會中的角色確立不移，這是學科的意識形態；薩依德相信文學批評家、而不是其他人文學科家，扮演了詮釋社會政治的守護者，這也是意識形態；還有，就算是懷特的警告，「訴諸於社會學、人類學、心理學，以尋求適當的觀點為基礎來理解歷史，就好比要看建築物地基是否穩固，卻由第二或第三層樓的結構來決定一樣。」（130）

但卻是在茱莉亞・克莉斯蒂娃（Julia Kristeva）的〈精神分析與城邦〉（"Psychoanalysis and the Polis"）一文中，我們得以見到學科特權最有趣的徵象。據克莉斯蒂娃的說法，在譫妄的尾聲或中心，被欲求的是一種空洞，在這空洞之中意義不僅在前象徵期、同時也在前客體期淨空，一種「厭一斥」（the abject）（解構主義大可對這種在差異開始之前，「命名」一個未分化的欲望目標加以批判，但這並非我在此處論證的目的）。主流詮釋裡對於知識的欲望（克莉斯蒂娃稱之為斯多葛學派

（Stoic），以沒有記錄、以偏概全的總論來討論，這正是某種「法國」批評的慣用手法），同樣具備了一個空洞的中心，因此和譫妄有所連結。某些類型的小說家，或許接受精神分析治療者及社會工程師也是如此，他們試著支配、改變、消弭在厭斥位置所喚醒的不恰當的「客體」。而精神分析師勝過了瘋狂作家及政治人物。「*知道他持續處在厭斥狀態〔克莉斯蒂娃的文本當中並未探討到這個情況的問題〕*[12] *分析師在中立狀態、在欲望、在冷漠的狀態裡建立了強大的倫理，不是規範性的，而是針對性的，並且完全不保證超然（transcendence）的存在。*」（92，強調為我所加）在受約束的辯證裡，綜合性具有一種特權地位：精神分析師持續對稱地揚棄了詮釋與譫妄之間的矛盾。在這個對稱綜合性的描述之中，給予譫妄特權（詮釋被看作是譫妄），就扭曲了文中所呈現的辯證，而正恰恰符合了某種政治的利益，這樣的政治能夠把被排除的他者再現為一種獨尊詮釋的分析。當然，我們應該還要提到遠古（基督教）聖母的不可分割及必然性，相當接近超然的保證。要真正了解何為聖母，而不是試圖改變她的形象，正是精神分析師的專職大業。

　　對於最近一期《如是》（*Tel Quel*）中關於基督教的重生復甦、尤其是聖母崇拜的內容，我不可能假裝不受干擾。克莉斯蒂娃不但沒有質問精神分析做為規訓實踐的社會歷史徵候性，還把精神分析的厭斥母親與精神分析的救世主角色拿來大做文章，說是對於基督教的揚棄：

....

12　類似的問題也發生在懷特身上，他提供流暢敘事，以做為歷史學科敘事化的批判。

我們的文化軌道所圍繞的中心是「道成了肉身」*的公
理。在孜孜不倦的探索論述與被命名或詮釋的客體〔傳統
詮釋〕之間往返來去，這樣一個客體是詢問的律師，兩千
年後，我們終於能夠以論述來論述、出現詮釋的詮釋。然
而，對精神分析師來說，這種在抽象概念的暈眩是一種方
法，可以保護我們避免自虐和狂喜的墮落，墜入到自然、
到完全的異教母親。（87，強調為筆者所加）

　　獨尊詮釋的被排除他者是誰呢？可不是作者，此處的作
者可以路易─費迪南‧塞林（Louis-Ferdinand Céline）為例，
分析師─評論家透過某種實證論句子結構分析，他的超驗厭斥
（abject-transcending）的偏執，或者也可說是反猶太主義，為
我們做了詮釋。懸在邊界上的意識形態代罪羔羊，卡爾‧馬克
思（Karl Marx），就是一直以來的最佳人選。在單一個人分
析情境，與廣大諸眾、多種族、以及多民族（包括「異教」文
化）政治領域兩者之間，克莉斯蒂娃做了一個沒有什麼問題的
類比，針對革命領袖承諾了一個烏托邦以取代厭斥，她提供了
我們一種納粹德國式診斷。相較之下，精神分析師是聚托邦的
（polytopian）（不單是希伯來基督的第二次降臨，或許也是
希臘式荷馬的實現完成，在史詩一開始，他要求完全的異教母

---

* 譯注：《聖經‧約翰福音》，1:14 原文為：「And the Word was made flesh,
and dwelt among us, (and we beheld his glory, the glory as of the only begotten
of the Father,) full of grace and truth.」(John 1:14)《聖經》和《合本》譯文：
「道成了肉身，住在我們中間，充充滿滿地有恩典有真理。我們也見過祂
的榮光，正是父獨生子的榮光。」

親—謬思透過他，唱出多譬喻的奧德修斯，此處多譬喻的——poly-tropic——指的是詭計多端的、有許多譬喻的）。依循這個同質化的類比去問以下的問題，應該會很有趣：在政治上究竟是誰扮演了分析師的角色，而且明白清楚地，有時參與了病患的譫妄，然後再適度地抽離，以提供治療的詮釋，這樣的詮釋「從論述中去除明顯的、即時的、寫實主義式的意義……〔揭示〕……每個幻象……以試圖回到無法命名的」（85-86）？懷特認為把詮釋歷史看作是極端無意義，這「通常與法西斯政權意識形態有關。」（130）克莉斯蒂娃寫道：「這樣一種動員備戰的詮釋可稱作革命或譁眾取寵」（86）。怎麼可能會有人把這種選擇當真？

　　無論如何，要證明政治詮釋不可能為真，克莉斯蒂娃的主張是：「和分析動力不同的是，政治詮釋的動力不會將主體導向其自身真相的闡明……當然，沒有任何政治論述會是無意義的。馬克思明確地說明，政治論述的目標，就是要達到詮釋的目的：詮釋世界，使它變成我們所需要、所渴望的樣子。」（86-87）。當然，有人也許會好奇，把主體引導到真相，就不算是改變主體的物種，也或者，馬克思關於政治的看法，是否必然是所有政治論述的真相。

　　我們不妨來檢視馬克思的「明確聲明」。克莉斯蒂娃在卷首語中所引用的話，不就是出自馬克思《關於費爾巴哈提綱》（*Theses on Feuerbach*）的第十一則嗎？「到目前為止，哲學家僅僅詮釋了這世界，現在的要務是要改變世界〔Die Philosophenhaben die Welt nurverschieden*interpretiert*, es kommtdrauf an, sie*zuverändern*〕」（強調為我所加）。既然克

莉斯蒂娃詳細讀過了這篇文章，那她應該注意到在聲明中詮釋與改變兩者的關係有極大的漏洞。「*Ankommen auf*」的意思從上下文來看可能是「重要的是（what matters）」（以哲學脈絡來理解）。即使是最離譜的解讀，比方說誤以為是「出現」（*ankommen*，「到來」的意思），對比的並置還是難以避免。「詮釋……是要改變」（強調為我所加）看起來似乎是一廂情願的說法。從這當中我們也可推斷出，這些提綱、這些戲謔模仿路德的格言聲明，是在1845年寫下的。馬克思當時尚未看到「革命」，甚至到了1848年也沒有*。這就好像從《歇斯底里研究》（*Studies in Hysteria*）書中抽取一段話當卷首語，卻以引用的話為基礎，建構出一套詆毀的說辭，還硬要套上「佛洛伊德曾明白表示……」。

我要說的是，克莉斯蒂娃在論文中利用精神分析來抵銷詮釋和譫妄之間的矛盾。克莉斯蒂娃宣稱，政治論述不可能是無意義的，我們要問的另一個問題是：為何可以斷定黑格爾辯證法（這是馬克思的詞法學）不包括反面時刻、進入到無意義，以便得到真相？我也曾在別處提出，馬克思的實踐理論超越了這個局限的辯證法。[13] 但是，我嘗試在此證明，就算不願意放過馬克思、就算以克莉斯蒂娃自己的說辭來看，用這麼微不足道

---

* 譯注：馬克思與恩格斯於1848年出版了《共產黨宣言》，他們在這部作品裡分析資本主義的種種謬誤，鼓吹全世界發起共產主義革命。這一年歐洲各國陸續爆發了一系列的武裝革命，但在該宣言發表前，馬克思確實尚未見到「革命」。

13 參見我所寫的 "Il faut s'y prendre en se prenant à elle," in *Les Fins de l'homme*, ed. Philippe Lacoue-Labarthe and lean-Luc Nancy (Paris, 1981).

的文本證據來批評馬克思，實在是相當不智。如果一個人的論點主要是針對馬克思，最起碼他應該得到像塞林一樣多的關注。

　　雖然路易‧阿圖塞在《自我批評論文集》（*Essays in Self-Criticisms*）中的解釋打動了我，我還是不能全然接受他所提出的馬克思作品中認識論斷裂的理論。可是，眾所皆知，受到阿圖塞學說影響的整個世代，不滿 1968 年的革命失敗，以及法國左派接著轉向非革命性的歐洲共產主義的行動，漸漸偏離《資本論》和阿圖塞所推崇的馬克思晚期作品，尤其是轉向了馬克思的《1844 年經濟學哲學手稿》，就像阿圖塞半世代以前的學者，尚一保羅‧沙特一樣。但是這個年輕世代與沙特不一樣的是，他們試圖在這些手稿中找出不可化約的權力意志的反面證據。克莉斯蒂娃寫下：「這種厭斥喚醒了一個人，在意義的邊緣、在可詮釋的界線，他以自身不恰當的客體討論古老的衝突、他的厭斥，這種厭斥也激起了偏執的憤怒，想去支配那些客體，並加以改變。」她討論的不只是塞林的反猶太主義，還包括革命衝動（91）。詮釋的政治在此岌岌可危。

　　懷特在論文中，同樣也在意識形態上排除「馬克思」，將其視為他者。雖然文中並沒有進一步的文本分析，但斷言馬克思有志於釐清歷史，這樣的論點倒也無可厚非。不過，當懷特主張，想要解釋歷史的渴望是在 19 世紀崛起，馬克思也受到歷史學實踐這個特定時刻所影響，而且猶太人認為在以色列成立之前，歷史只不過是個無意義的崇高景觀，這點令我很困擾。猶太一基督教式的心理傳記學以及歷史學所訂定的宏偉計畫，怎麼能就這樣拋棄呢！克莉斯蒂娃認為，以精神分析來看，歐洲的歷史學科完成了早先的計畫，但我並不認同。我只想說，

歷史學科並非前所未見地突然在歐洲出現。

對意義的追求，把馬克思與中產階級歷史學家（也連結了他與〈精神分析與城邦〉裡的反猶太主義作家）連結在一起，先不論這個主張的真實性為何，沒有某種文本考量，就直接把他放在由崇高到美麗（from the sublime to the beautiful）的改變裡，這一點顯得很奇怪。另一方面，如果把懷特與克莉斯蒂娃的行為當成是現代學術意識形態網絡的一部分，以最籠統的可能方式預先取消了排除，用來解釋馬克思，那麼一切就不那麼奇怪了。只是這還是有些問題。崇高歷史學家允諾要對無意義提出看法，難道不就假設了對歷史（裡）的意義有初步了解嗎？根據懷特的看法，「崇高的理論家曾正確預言，不論人類所能聲稱的尊嚴與自由為何，都只能透過佛洛伊德所說的「反向作用」（reaction formation）以領悟歷史的無意義。」（128）。關於由個人到群組心理學那段文字的棘手問題，此處我就不再著墨。我以下列的討論做為這個部分解讀的總結：基於克拉克與薩依德以不同方式所觸及的政治理由，如果對領悟無意義的專家賦予價值是一種權宜之計，那麼懷特與克莉斯蒂娃以他們個別的方式，未免太輕易地就聲明認領「無意義」。我已試著說明，這是我對克莉斯蒂娃的討論。而對懷特來說，「困惑」、「不確定」以及「道德混亂」就等同於無意義。這樣不精確又口語的用法，讓無意義一詞失去了理論上的價值。

在結論的部分，我將討論女性被當作是意識形態上被排除的他者。雖說我對於布斯的文章尚有疑慮，不過總體而論，他努力導正這種（排除女性的）風氣，我頗為認同。

幾乎所有論文中出現的人稱代名詞，都是「他」。我這樣

說，並不是要求大家一定要馬上改成「他／她」。這樣一來，
這個論點將會遷就原本就隱含著的種族優越感。就好像戴維的
文章裡提到西印度群島，或是阿拉伯學術風格被納入卡維爾那
張可笑的（英、法、美）學術風格清單裡那樣。我想 20 年後，
日文也會「自然地」進入這些清單之中。因此，如果認真考慮
將「她」這個代名詞納入這些論文裡，綜合的論點可能需要調
整。我認為，就是因為這種想法，才會使得懷特下列的陳述，
雖然看似毫無惡意，但是文中那些不可動搖的代名詞讓我覺得
被冒犯。懷特說：「然而對歷史學家而言，想像是很危險的。
因為他無法確認他自己想像出來的事物，其實是真實的歷史事
件，而不是他『想像』的產物。所謂的想像通常是用來指詩人
或小說家的活動。（123，強調為筆者所加）」男性主義批評家
可能會問：如果反對意見完全悖反我的論文主旨，那該怎麼辦？
問得好，女性主義批評家可能會說：如果行文者可以多花點心
思，發現文中指涉未定的人稱代名詞並不「自然」，而是「被
生產的—正在生產的」*，那麼他就會明白（以上述懷特引文為
例）：一直以來，不管是什麼種族、什麼階級，無論是在學科
裡或是在這個特定例子裡做為歷史的主體，女性的地位都和男
性的不同。既然女性能夠「想像」的權利充滿了另一種障礙，
所以提出這樣的抗議，就是質疑批評家整個論點的有效性。但
我認為，如果持續把女性主義看成是對主流論述特殊利益的美
化潤飾（我要再次感謝布思揭露了在「學術置物間」女性主義

---

* 譯注：意思是說文章中若出現「他」來指稱未定對象，其實是行文者刻意
　　選用，而且會被讀者學習，繼續沿用下去。

研究是怎麼被討論的），就不會有人重視上述的問題。男性主
義者知識生產的圈子封閉，彼此心照不宣、關係緊密，在這種
環境裡，片面的（男性主義）思想史敘述，即使在批判「做歷
史研究」的敘事模式，也會持續地暗示，這個片面敘述比「整
體」更巨大。整體性的歷史描述會在物質的以及意識形態的生
產中，遭遇到基本的性別差異問題。如果沒有這樣的對決，就
再也無法去討論歷史意識。

　　禮遇學科知名女性從業人員（例如漢娜‧鄂蘭*）並不能解
決這個問題。不論是在生產歷史論述時，或是作為歷史論述的
條件客體（situational object），意識形態已構成一正在構成的
性別主體，其集體條件是結構問題，這顯然不是認可值得尊敬
的特例就可以打發的。這個批判不應該解釋為單純的指控個人
的罪過；因為，就如我稍早說的，變動的意識形態限制大於「個
人意識」。做這樣的解釋，在分析朵金四平八穩地討論法律作
為詮釋的普遍性時，我的奮力質疑才不會看起來只是偏見的言
論。因為，這並不是質疑朵金理論的力量；而是承認：如果允
許女性做為法律的主體或法律詮釋的主體，以這類關係的差異
倫理政治層面進入這個論點，那麼，清晰易懂也許就必須看成
是狹隘且針對性別的，而非普世的。（當然，我並沒有提到，
猶太教和基督教最近就墮胎的辯論提出制裁，顯示性別差異的
問題挑戰西方法律世俗基礎的可能性。）[14]

----

* 譯注：Hannah Arendt (1906-1975)，美籍猶太裔政治理論家，原籍德國，以
　其關於極權主義的研究著稱西方思想界。

14 例如可參考 Joel Feinberg, ed., *The Problem of Abortion* (Belmont, Calif., 1973),
　and Marshall Cohen et al., eds., *Rights and Wrongs of Abortion* (Princeton:

　　在轉到克莉斯蒂娃、薩依德及布思所討論的女性（woman）
之前，讓我們考慮戴維對女性主義者的兩點直接攻擊。作為引
言，讓我們強調「父親的土地」（patria）一詞並不只是性別上
的男性，而是列出父親做為合法身分的來源。（母親的角色挪
用到這個命名也同樣的關係到鄂蘭在懷特論文中的地位。）要
解釋這一點的方法之一就是再看一次維柯在《新科學》（*The
New Science*）[15] 中對於文明社會源起—貴族—的寓言。在這
裡，我將指向隨附的「朱諾*吊在半空中的圖像或寓言，她脖
子上纏著一條繩子，雙手被另一條繩子綁著，雙腳綁著兩塊沉
重的石頭……（吊在半空中的朱諾象徵的是莊嚴的婚禮……脖
子上的繩子令人回憶起巨人對第一任妻子的暴力，雙手的束縛
象徵妻子對丈夫的順從……而腳上沉重的石頭則像徵婚姻的穩
定。）」[16]

　　戴維的第一個攻擊是指責女性主義者沒有區分不同國家的
女性：

　　　例如，在女性主義者的字彙中，在哪裡承認過：美國人

續

Princeton University Press, 1974)。

15　我在本書第七章已分析了這一點。

*　譯注：她是羅馬神話裡的一位天后。是羅馬天神朱庇特之妻，也是薩圖爾
　　努斯的女兒。是女性、婚姻、生育和母性之神，集美貌、溫柔、慈愛於一身，
　　被羅馬人稱為「帶領孩子看到光明的神祇」。她的地位相當於希臘神話中
　　的主神宙斯的妻子——赫拉（Hera）。

16　Giovanni Battista Vico, *The New Science*, trans. Thomas Goddard Bergin and
　　Max Harold Fisch (Ithaca: Cornell University Press, 1968), p. 175 薩依德提及
　　維柯的段落，以討論貴族的起源，但沒有說明性一定見的看法（"Opponents,
　　Audiences, Constituencies, and Community," pp. 10-11）。

對義大利「女性」的感受顯然不同於義大利人對美國「女性」的感受？或者，我們必須假設，義大利女性很可能是義大利愛國者；但在女性主義者目前的字彙中，她的「女性特質」又有什麼地位？先承認它，這樣一來才能去譴責；但無論如何必須先予以承認。但此刻連承認也沒有。（34）

這當然是荒謬的錯誤。國際女性主義和跨越種族與階級界限的婦女狀況的異質性，是今天女性主義理論與實踐的主要問題之一。要證明這種說法必須要整理出龐大的書目資料。[17]女性主義者並沒有否認，參照愛國主義或整體女性特質等這類的概念，女性和男性的意識都可以得到提升。

第二個反駁是關於薩伊德的母親：

....

17 我建議 Davie 可以從下列書單開始。Elaine Marks and Isabelle de Courtivron, eds., *New French Feminisms: An Anthology* (Amherst: University of Massachusetts Press, 1980); *Signs* 3 (Autumn 1977), special issue on Women and National Development; Julia Kristeva, *About Chinese Women*, trans. Anita Barrows (New York, 1977); Nawal El Saadawi, *The Hidden Face of Eve: Women in the Arab World*, trans. and ed. SherifHetata (London: Zed Press, 1980); Lesley Caldwell, "Church, State, and Family: The Women's Movement in Italy," in *Feminism and Materialism: Women and Modes of Production*, ed. Annette Kuhn and Ann Marie Wolpe (London: Routledge & Kegan Paul, 1978); Gail Omvedt, *We Will Smash This Prison! Indian Women in Struggle* (London: Zed Press, 1980); Cherrie Moraga and Gloria Anzaldúa, eds., *This Bridge Called My Back: Writings by Radical Women of Color* (Watertown, Mass., 1981); and Spivak, "Three Feminist Readings: McCullers, Drabble, Habermas," *Union Seminary Quarterly Review* 35 (Fall-Winter 1979-1980): 15-34, "French Feminism in an International Frame," *Yale French Studies* 62 (1981): 154-184, and " 'Draupadi' by Mahasweta Devi," *Critical Inquiry* 8 (Winter 1981): 381-402。自從這篇論文第一次發表之後，這個領域有更多材料出現。

他的巴勒斯坦籍父母結婚時，必須向當時託管巴勒斯坦的英國政府登記。英國的官員幫他們註冊，然後將薩伊德太太的巴勒斯坦籍護照撕了，解釋說這樣他就為受到戰爭破壞、無依無靠的歐洲人多製造了一個移民到巴勒斯坦的名額。女性主義者對此的回應是：「哈，是太太的護照被銷毀了，而不是先生的。」完全沒察覺到薩伊德太太有多憤怒。現在她兒子為她感到憤怒。假如法律是要丈夫冠上太太的姓氏，那麼被銷毀的就會是丈夫的護照，而那種憤怒是一樣的。

如果我可以在此輕鬆一下，容我引用早已不在人世的父親所說的話：「如果奶奶有鬍子，那她就是爺爺了。」重點就是在父權社會裡，根本沒有那樣的法律。[18]

薩伊德呼籲一種評論可以用來說明「日常政治及爭取權力」（14）。最好的情況是，女性主義詮釋學就是在做這方面的努力。其中之一就是試圖連結父權制度和資本的關係，以及父權社會和左派組織的關係。我建議薩伊德參考兩部代表著作：濟拉・愛森斯坦（Zillah. R. Eisenstein）的《資本主義父權

---

18 要確認戰場不止於此，Davie 也許可以再參考一名備受敬重的男性人類學家、但未必是女性主義者的一篇論文 Maurice Godelier, "The Origins of Male Domination," *New Left Review* 127 (May-June 1981): 3-17。類似的抗議也可以讓 Davie 看看，英國官員的行為完全不是殖民者作為。無論是就情境或個人層面來看，或許不是。但或許英國人才有權力來決定，而不是巴勒斯坦人，這件事本身就值得注意。

體制與社會主義女性主義為例》（*Capitalist Patriarchy and the Case for Socialist Feminist*）以及《片段之外：女性主義和建構社會主義》（*Beyond the Fragments: Feminism and the Making of Socialism*）。

　　我一直談的都是排除政治。刻意的包容政治也可以變成是適當合宜的（appropriate）姿態。在泰瑞·伊格頓所寫的《瓦爾特·班雅明》（*Walter Benjamin*）、或是《朝向革命評論》（*Toward A Revolutionary Criticism*）都可以看到這一點。伊格頓寫道，「讓我們很快地想像一下」：

> 「革命文學批評」會是什麼形狀。它會拆除「文學」的主導理念，重新將「文學」文本注入到完整的文化實踐領域裡。它會努力把這樣的「文化的」實踐跟其他形式的社會活動聯結，然後改變文化體制本身。它會以一貫的政治介入來闡明連結「文化」分析。這會解構既定的「文學」階級制度，以及重新評估既定的判斷和假設；關注語言和文學文本的「無意識」，揭露文學在主體意識形態下建構所扮演的角色；動員這些文本（必要的話還可以用詮釋學「暴力」）在更廣泛的政治環境內努力去改變那些主體。如果我們需要有個典範以進行評論，而且已經和當下與時並進，它的名稱就是：女性主義評論。[19]

---

19 Terry Eagleton, *Walter Benjamin; or, Towards a Revolutionary Criticism* (London: New Left Books, 1981), p. 98.

就像伊格頓稍早把解構當成是辯證法的屬性，他也把女性主義納入馬克思主義批評演化裡的運動。[20] 至於如何同時進行種族、階級和性別的分析，這個棘手的問題，他根本就不考慮，為了確保女性主義批判在「文化實踐」裡的安全位置，甚至以那樣的定位姿態使批判中性化。但是，這種調整作法的動機本身，立刻又被定位在意識形態的基礎內。為女性主義具有的革命馬克思主義潛力，而推崇女性主義批判（透過代理在名單上提到自己的名字，參見他文中的注解 20）伊格頓用三段文字猛烈批評女性主義：他主要的論點就是，女性主義在理論上很薄弱或者主張分離主義，女孩們，加油吧！

如果我要特別討論伊格頓的女性主義，我應該要質疑這個未經驗證的理論前驅。在現在的脈絡下，其他的問題似乎更切題。首先，這個未分化、未歸類、完全統一的女性主義批判從何而來？建構這個客體，使其得以被挪用，然後被貶抑，這樣的姿態就像是建構完全統一的馬克思、馬克思主義、馬克思主義批評者這種關係，我們在這本會議論文集看到不少類似的情況。戴維指責我們沒有去區別女人，在這樣的脈絡下，就變得更可笑。甚至對布思一時興起的和善態度，我們也必須心存戒懼，以免和伊格頓的策略犯下同樣的錯誤：女人的聲音不是一個可以被加入交響樂團的聲音，每個聲音都有性別的差距。

....

20 這是他先前用他自己的姓氏來命名的一個地方——馬克思主義批評進化軸的最後一個就是他自己：「讓我們來回顧一下本世紀重要馬克思美學理論家的名冊：盧卡奇、高德曼、沙特、柯德威爾、馬庫色、德拉沃爾普、詹明信、伊格頓。」（Eagleton, ibid., p. 96）在此應該要提出的是伊格頓的論點隱含了進化論點，這和他的許多解釋是恰恰相反的。

　　為何尋找立論基礎的男性批評者都把女性主義批評當作是最後的希望？或許原因在於，在討論種族和階級議題時，學術分子可能得不到太多關注，但是討論女性奮鬥的議題就不同，他們能「從內部」提供支援。女性主義在學術圈開始萌芽的時候，權威男性有機會接觸，並且有權力去匡正；另一方面，誠如克拉克所言，若中產階級知識分子想要加入其他政治經濟的奮鬥，他們只得遊走於自以為是和陳腔濫調之間。

　　也許克莉斯蒂娃也有力有未逮之處。我認為，把精神分析當作是一種運動，她欠缺政治、歷史和文化的觀點。我也覺得終極的客體性之前的客體（object-before-objectity）一定是獨一無二的母親（Mother），這樣的概念充滿著巨大單一的女性形象，而不是在男性主義親屬關係印記之外異質運作的複數女性。任何新詞不會只有字源上的意義，也沒有任何專門術語在意識形態上是純粹的。因此，我們有必要追本溯源地去探究為何遠古母親被稱為「厭‧斥」（abject）（該詞有「從……被丟棄」的意思，而 object 則有「被丟向……」的意涵），此處的爭論點在於我們光從拉丁字源來討論 abject 這個字是不夠的。

　　詮釋政治生產出「詮釋的政治」會議論文集，這個論文集也提出一些詮釋政治，我嘗試檢視其中的若干面向。首先，我指出廣義意識形態的實用性，接著將注意力放在一些正在運作的意識形態上，諸如：保有至高無上的主體性、排除單體式馬克思（主義），以及排除或挪用同質女性。不過也許意識形態議題另一項最有力的指標（即我們的政治裡隱晦的種族慣用語）是我無法提出的明確指控。

　　《芝加哥灰城期刊》（*Chicago Grey City Journal*）寫了

一篇關於我們這個研討會的報導，就我在受會議邀請被排在一個小組裡發言，肯‧威索克（Ken Wissoker）是這麼說的：「她之所以在場，是因為她翻譯過德希達的《書寫學》（*Of Grammatology*）。」[21] 讀到這句話，我不禁想到伊莉莎白‧亞伯（Elizabeth Abel）寫給我的邀請函，其篇幅洋洋灑灑，內容親切有禮。我的看法是，身為第三世界的女性主義者，她期望我的觀點能為這個會議增色。先不談待在訪客寓所樓上的女僕是有色人種，然後虛情假意一番道貌岸然的說辭，這就說到了湯瑪斯‧麥考利（Thomas Macaulay），當薩依德和我都在臺上發言時，第三世界似乎過度張揚地成為眾所矚目的焦點。當我反思會議上所累積的政治，這似乎激起了最嚴苛的迴響。

---

21 Ken Wissoker, "The Politics of Interpretation," *Chicago Grey City Journal*, 24 November 1981.

第九章
國際架構下的法國女性主義

　　一名在沙烏地阿拉伯大學社會系任教的年輕蘇丹女性對我說，「我寫了一篇結構學派功能主義論文，討論蘇丹女性割禮。」聽到這番話，我有些驚訝。我願意原諒她使用性別歧視字眼「女性割禮」（female circumcision）。不過我們現在已經使用「女陰殘割」（clitoridectomy），因為其他人比我們精確地指出了我們所犯的錯誤。

　　但是結構學派功能主義？依照這個理論，「整合」是「社會控制定義和執行……某種程度的團結」？「互動，從經濟的角度來看」被定義為「是為了提供收入與財富以加強文化模式維繫而構成的」？[1] 結構學派功能主義對社會採取一種「中立」立場，認為社會只是運作的結構。它暗示的利益是去支持一個系統——在這個例子裡是性別系統——因為它能運作。類似像下列的描述讓我們難以贊同這位年輕蘇丹女性採用這樣的方法去研究女陰殘割：

　　　　在埃及只有陰蒂會被割除，而且通常不是全部切除。但

1　Bert F. Hoselitz, "Development and the Theory of Social Systems," in M. Stanley, ed., *Social Development* (New York: Basic Books, 1972), pp. 45 and passim. 感謝 Michael Ryan 教授讓我注意到這篇文章。

是在蘇丹，這個手術是全部移除整個外露的性器官。他們切除陰蒂、兩片大外陰唇（labia majora）及兩片小內陰唇（labia minora）。然後縫合傷口。陰道外開口是唯一原封不動的部分，但是還有其他考量，在癒合過程中，有時為了縮小開口，可能會再加上縫陰手術。結果是在成婚當晚，必須再用尖銳的手術刀或剃刀畫開一、兩處，以擴大開口，讓男性性器官可以插入。[2]

在這位蘇丹女學者的研究裡，我看見自己做為意識形態受害者的寓言：

1950 年代在加爾各答，身為一名上層階級英文系頂尖學生的年輕女性，她的「選擇」大大地受到多重因素所決定。成為美國的英文系教授，恰恰符合當時的「人才外流」風潮。在時機到來之際，奉行女性主義就成了可選擇劇本的最佳組合。透過賈克・德希達批判陽物中心論與露思・伊莉嘉黑解讀佛洛伊德，女性主義理論實踐的形態學變得愈益清晰。（不特別顯眼的長春藤名校博士在美國中西部任教，跌跌撞撞的「選擇」法國前衛批評，這件事本身並不是沒有意識形態批判的旨趣。）料想得到的是，我就是如此認同「女性學者」和女性主義。我逐漸發現在美國確實有女性主義研究領域，被稱作「國際女性主義」：這個場域通常定義的是英格蘭、法國、西德、義大利，和最接近美國利益旨趣的部分第三世界國家，亦即拉丁美洲的

2　Nawal El Saadawi, *The Hidden Face of Eve: Women in the Arab World* (London: Zed Press, 1980). p. 5

女性主義。如果你想要以更宏觀的角度去思考所謂的第三世界女性，你可能會像我的蘇丹同事一樣，受結構學派功能主義影響限制，受到資訊擷取網路啟發，進而問出這樣的問題：「我能為他們做什麼？」

我模糊地感覺到這種連結本身也是問題。容我再重新說明這個問題：什麼是國際女性主義的範圍？下文以個人軼事片段面對了這個問題。在這樣的嘗試中，一些法國文本的共謀性可能既是問題，也是解答。做為問題，「西方」想要「知道」「東方」，因此決定了「西方化的東方人徵候性地嘗試去「知道她自己的世界」；至於做為一種解答，則是推翻及取代（並置「某些法國文本」和「某個加爾各答」）東西方截然的對立。這些話一寫出來，就像是以沒指望的唯心論再重述問題。在這個難題上我沒有什麼選擇。

先從某段難以抹滅的童年記憶開始。

1949 年某個冬日下午，我一個人走在祖父的莊園裡，那兒位於比哈爾和孟加拉（Bihar-Bengal）兩省交界。兩名很老很老的洗衣婦在河邊洗衣服，在石頭上敲打著衣服。其中一個老婦罵另外一位跑到她的地盤了。我彷彿還聽見粗啞嘲弄的聲音指責說：「妳白痴啊！這是妳的河嗎？這河是公司的！」——東印度公司，根據「印度政府改善法」（the Act of the Better Government of India）（1858）印度從其手中轉由英格蘭控制。英格蘭在 1947 年把它的治理權轉移給印度聯邦總督。印度在 1950 年成為獨立共和國。對這些乾癟老婦而言，土地就是土壤和水，是拿來用的，而不是拿來學習的地圖，就像是 119 年前一樣，仍然屬於東印度公司。

　　我早熟到明白她說的話是不對的。要過了 31 年之後，遇到一個幾乎無法說清楚的問題，我才能了解她們的事實是錯的，但有個事實是對的。公司確實還擁有那塊地。

　　我不應該因此就說這些老婦的好話，或是對她們有浪漫的想像，也不應該幻想自己跟她們一樣。學術女性主義者必須學習去跟她們學習，對她們說話，不要自以為我們優越的理論和啟蒙的同情心可以校正她們對政治和性的理解。我們對古老事物特殊美感的堅持，一定會比隨意承認性欲的變動性來得好嗎？無論從怎樣的微邏輯去定義階級、階級所決定的和正在決定的因素，我和這兩位老婦的距離所代表的事實是什麼？

　　此外，我們究竟如何向數百萬的印度鄉村及都市裡文盲女性學習，並對她們說話呢？她們生存在資本主義的「毛孔裡」，無法接觸資本主義動力，這樣的動力為我們帶來共享的溝通管道、共同敵人的定義。把第三世界消息帶給第一世界女性主義者的前鋒書籍，是由有特權的通報者（informant）所撰寫，只有受過訓練的讀者才能夠解讀。「通報者的世界」、她「自己對她所書寫的世界的感受」和非專家的女性主義之間的距離如此巨大，如果配合讀者反應理論的細緻來看，在這裡那些差異很容易被忽略掉。

　　這並不是陳腐國族主義所宣稱的，只有土著人（native）才知道那個情景。我試著要強調的論點是，為了要充分了解第三世界女性，發展出不同的讀者群，我們必須去體會這個領域巨大的異質性，第一世界女性主義者必須學習不再以身為女性覺得有特權。

　　我在討論女性主義時，處理了我對茱莉亞‧克莉斯蒂娃的

《關於中國女人》（*About Chinese Women*）的看法，也清楚地闡釋這些考量。[3] 此處我再度發現了與我自身意識形態受害的連結，「自然化」轉變成特權。

法國理論家如德希達、李歐塔、德勒茲等，都在不同時期對於一切非西方的觀念產生興趣，希望有所接觸，因為就某方面來說，他們都質疑了千年來所珍視的西方形上學的卓越：主體意向的主權、述詞的權力等。有一個大致上模糊闡釋的信念是，這些特質和資本的形態學有某種關係。我們能夠接觸到的法國女性主義，它所企及的讀者群也或多或少是熟悉這個領域的。

在 1970 年代，聲譽卓著的期刊《如是》——克莉斯蒂娃是其中的編輯委員——對中國事物的興趣雖然有點莫衷一是，但始終鍥而不捨。[4] 在我對《關於中國女人》所列的旨趣進行討論之前，讓我們先很快地看看克莉斯蒂娃在書中第一部分提供法國女性的解答：

> 除非是認同一般咸認的陽剛價值（主導、超我、用以建構穩定社會交換獲得贊同的溝通字眼），否則我們無法接觸時間的場景，亦即政治事務，……〔我們必須〕達到這樣的認同，以便逃離躊躇滿志的多態性，女性很輕易舒適地就會安於那樣的狀態；藉由這種認同〔我們必須〕取得

3　Julia Kristeva, *About Chinese Women*, trans. Anita Barrows (London: Marion Boyars, 1977).

4　正如 Philippe Sollers 在 "On n'a encore rien vu," *Tel Quel* 85, Autumn 1980 一文所述，這樣的興趣現在已被取代了。

社會經驗。〔我們必須〕警覺避免這樣的整合可能帶來自戀的第一層獎賞，拒絕同質女性的有效性，最終就是變得有男子氣概：然後採取行動，在社會─政治─歷史舞臺上，表現出她的反面形象：也就是說，首先和那些「悖離潮流」、那些拒絕現況的人一起行動……但是也不是要扮演革命者的角色（不論男女），拒絕所有角色……以便召喚永恆的「真理」──沒有任何形式，非真非假，我們自己的快感、瘋狂和妊娠的回聲──進入到言語和社會象徵的秩序裡。但是該如何召喚呢？透過傾聽；透過認出言語中未說出的，甚至是革命的言語；透過隨時專注於有什麼是不滿足的、受壓抑的、新的、奇怪的、無法理解的、搞亂現況的。（38；強調為筆者所加）

　　這是提供給在階級與種族上享有特權的文學女性的一套指令，她們一方面否定它們的效力，但又可以忽略掉認同另一方價值深具吸引力的影響。[5] 而且，藉由把政治的和時間的、語言的因素看作是一樣，她們也忽略了政治經濟學的微邏輯。以個人主義風格採取行動，而不是有系統的顛覆者，為的是召喚永久的「真理」，就好像文學批評家的任務是去解析西歐前衛藝術家的祕密。「有徵候的符號閱讀」──此處稱之為「傾聽」──對於那樣的文學批評任務又增加了更多細節。[6] 這章的

5　從選舉制度共產主義和社會民主制度對這個問題所做的精闢摘要與分析，可參見 Adam Przeworski, "Social Democracy as a Historical Phenomenon," *New Left Review* 122, July-August 1980.

6　關於克莉斯蒂娃主張文學知識分子是表達異議關鍵的論點，可參見 "Un

結尾會揭示上述這個團體另一條活躍的思想軸線：亦即把馬克思和佛洛伊德放在一起：「意識到歷史和政治的分析者？傾聽無意識的政治家？女性或許會⋯⋯。」（38）

克莉斯蒂娃當然知道，這樣的解答不可能提供給第三世界無名的女性。她的開場白描述了在朱雀城市廣場（Huxian Square）的一些女性：「非常多的人坐在太陽底下。他們無言地等著我們，一動也不動。平靜的眼神，甚至不好奇，但是微微地覺得有趣或是焦慮。無論如何，觀察敏銳的，確定自己屬於一個群體，這是與我們毫不相干的。」（11）在面對這些沈默的女性時，她的問題是有關自己的身分認同，而不是她們的：「〔陝西〕戶縣農民瞪眼看的，那個說話的到底是誰呢？」（15）這或許也是這組思想家的特徵，一般說來，我覺得我自己跟她是比較有連結的。即使他們偶爾有興趣去接觸西方的、形上學及資本主義的他者，他們重複的問題總是固執地自我中心：如果我們不是官方歷史和哲學所說的那個樣子，那麼我們是誰？我們是如何（不）是那個樣子？

所以當她不再對知道自己究竟是誰 —— 在這個特定的時刻，說話、閱讀、傾聽的「我」——的問題鉅細靡遺地鋪陳之後，開始以千年為單位去估算「他們」是誰的現實，我們對這樣的轉變也就不覺得驚訝了：「可以確定的是，親屬規則的革命在中國發生了，大約可追溯到西元前 1000 年。」（46）

這種全面的歷史學規模內在本身並不一致。提到現代中國，她以一種輕快地報導式的口吻，完全不帶任何諷刺意味，很肯

nouveau type d'intellectuel: le dissident," *Tel Quel* 74, Winter 1977.

定地說，透過立法，產生了劇烈的社會—性別結構變化。（118;頁 128）然而，提到古代中國時，她發現了更古老的母系傳承與從母居的社會（她的證據來自馬塞爾‧格瑞尼特的兩本書，撰於 1920、1930 年代，根據的是「民俗舞蹈與傳說」（47），以及李維史陀針對親屬關係基本結構而撰寫的一般著作），歷經強大的儒家傳統直至今日還看得到，因為她猜想這似乎是更優雅的論點（68）。在 10 頁的篇幅裡這個揣測的假設變成是心理學的因果關係。

在另外七十幾頁裡，而且都沒有引用任何的檔案證據，猜想變成了歷史事實：「母系傳統強大體系的影響，以及深受其影響的儒家思想，幾乎不能不考慮。」（151）假使這樣牛猛有力的結論沒有令下列聲明的權威受到質疑，那麼可能是因為在那一點上，作者需要去強化今日農村的女性勝過都市女性：「激烈的生命經驗把她們從一個千年來未曾改變的父權世界拋向現代宇宙，她們被召喚出來要發號施令」？（193；強調為筆者所加）那麼幾世紀來那些維繫女性力量的從母居的遺跡在哪裡呢？

這種一廂情願的使用歷史讓克莉斯蒂娃與她所批評的那些 18 世紀喜愛中國的人沒什麼兩樣，因為「他們扭曲了那些系統，以便把它們同化成是自己的」（53）。在下一頁裡，詮釋中國思想的「基本問題」，被定義（以自我反對的問題來偽裝）為一種區隔的符號學：「這種禮〔同時是內容也是形式〕的異質性違反了象徵主義，只有藉著衍生、透過對立的符號組合（加和減，天與地等）才能實現，這一切的價值都是對等的。換言之，沒有一個單一獨立的象徵原則是以反對自我又肯定自我來

做為先驗法則。」即使身為西方訓練的第三世界女性主義者，哀歎缺乏一般的文本分析和示範，她以最驚人的以偏概全方式去討論中國書寫，而這正是克莉斯蒂娃瞧不起的 18 世紀陳腐觀點：「不只是中國書寫在形象、姿態與聲音的體系論裡，保持了前歷史母系記憶（集體的與個人的），同時還能整合到邏輯象徵符碼，能夠確保最直接、合理的立法──即使這也是最官僚體系的──溝通：所有西方自認為獨一無二的特質，都是榮歸父親所有」（57）。克莉斯蒂娃的文本似乎在此處及其他地方授權尊奉一個基本上是陰柔與基本上是陽剛的定義為非邏輯和邏輯的。無論如何，這個特別的運動最後以「中國人給我們一個『結構主義的』或『敵對的』（矛盾的）肖像」作結（57）。

　　克莉斯蒂娃偏好這個迷濛的過去而不是現在。有關現在的記錄多半是以日期、法律、重要人物、重要地點的方式呈現。兩種記錄之間沒有轉折。反思一個更廣泛的西方文化實踐，「古典的」東方是以一種原始主義的敬意來研究，即使是「當代的」東方，她也以現實政治的輕蔑來對待。

　　有關偉大女性生平的證據採擷自翻譯的傑作選及博士第三階段論文，完全沒有第一手研究；毫無質疑地接受佛洛伊德有關「前伊底帕斯」階段的結論，沒有任何分析中國女性的經驗，克莉斯蒂娃提出下列預測：「如果有一天要問這個問題〔在社會主義國家透過家庭以外各種形式的昇華發現舒解性驅力的管道〕，如果『批林批孔運動』似乎是在分析中國傳統，而不受阻撓，那麼中國在大聲要求「性自由」時，就不會像基督教西方那麼假正經、崇拜物神的神經兮兮，來處理這個問題，這並不是完全不可能的。」（90）無論「基督教西方」做為一個整

體是否追求性自由，關於中國的預測當然是善意的，我的重點
是它的源頭是殖民主義者善意的徵候。

　　《關於中國女人》最令人不安的特色是，在中國的脈絡
下，克莉斯蒂娃似乎鈍化了她文學研究的細膩邊緣。關於古代
中國「在中心的母親」她有許多結論是出自於「所有『房中術』
的教戰手冊——可追溯至西元 1 世紀」，以及「清代的一本小
說……《紅樓夢》」（61, 79）。讓我們忘掉她根本沒有做任何
文本分析，甚至對譯文也不討論。但是我們還是得問，這些手
冊有代表性嗎？還是只是邊緣的？「正常」或「反常」？有任
何階級或分類嗎？此外，「文學與人生」的關係是如此毫無問
題，所以可以把《紅樓夢》當作是「精準的描繪貴族家庭」，
因為它「目前在中國被當成是階級鬥爭和家庭內部／之間態度
無法解決的連結證明？」（78-79）。一個有「中國經驗」的中
國人用中文去研究它，會有什麼不同嗎？只有西方人有資格去
討論寫實主義再現性的論爭嗎？[7] 克莉斯蒂娃對於自西元 150 年
以來的中國女性文人，以重要主題切入，做了全面的摘要概述，
類似的問題再度令讀者感到困擾。她對某位詩人提出了印象式
評論，指出她是「位居最偉大的詩人之列，不僅是在中國，在
全世界的文學亦然」（50）：「李清照為中國詩詞的普遍特色
更添上音樂性，這是其他詩人少有的：渾然天成的韻律和頭韻
交織，文字本身的形狀，創造出即使是最沒有聽覺或視覺元素

---

[7] 李約瑟對道教裡陰性象徵有趣的事實所抱持的態度就像，在 *The Grand Titration: Science and Society in East and West* (Toronto: University of Toronto Press, 1969) 一書中所示完全都是懸而未決的。

的語言，也承載了身體、世界和感官的共生共存，這樣一種語言無法被標記為「音樂」或「意義」，因為它是兩者同時兼具。」這首詩於是被「引用」兩次——第一次是英文轉譯及字面上的翻譯，接下來再以「翻譯」呈現（法文版由菲利普・索雷所譯）。如果把殘留的歐洲文化感當作是整體，為中國讀者提供如此快速的中文處理，那麼16世紀的法國女詩人露易絲・拉貝（Louise Labé）會變成什麼樣呢？在兩個譯文裡最後幾行之間的落差，我們要怎麼去理解呢：「這次／怎一個字／愁就了得？」和「這次一個／字死也不夠？」相對地「自由」意譯成「讓你從幸福中抽離一會兒」，又怎麼解釋？

　　再來看看現代中國文學，本書一開始謹慎抱歉的口吻就被遺忘了：「讓我們來檢視針對現代小說裡家庭心理學或其再現的若干研究發現，以了解這些封建／儒家風俗在今日中國的影響」（95）。據我所知，作者文學資訊的來源——一些簡單的統計數字——是傅立曼（M. Freedman）所編《中國社會的家庭與親屬關係》（*Family and Kinship in Chinese Society*）一書中陳郁立（Ai-Li S. Chin）所寫的單篇文章〈現代中國小說的家庭關係〉。[8] 因此，她竟然可以輕描淡寫地說：「〔母女〕問題在西方就有了伊勒克特拉（Electras），她們以父親之名去謀殺母親，以僭奪她們的地位。這些問題會受到女性之間那些情感熱烈而古老的敵對而強化嗎？中國文學在這方面並不是很明顯。」（146；強調為筆者所加）

8　Stanford University Press, 1970. 參見 *Chinese Women*, p. 98n, p.145n.

　　這把我們帶到克莉斯蒂娃書中某種原則性的「反女性主義」，這或許和法國的「新哲學」有關。[9]「這些伊勒克特拉永遠被剝奪了處女膜，因為父親之故而顯得很好鬥，對興奮冷感，是戲劇性人物，這些女性因為社會共識逼迫而想要逃脫現況，例如尼姑、『革命分子』、『女性主義者』」（32）。我認為那樣的情緒取決於某些未經檢視的問題上：神話（伊勒克特拉的故事）、神話的社會文學構成（阿斯奇勒斯的《奧瑞斯提亞》（*Oresteia*），為了公民合唱團的比賽而做，由富裕公民所擁有、自由業的劇團所演出），與人類行為「不可改變的結構」之間有什麼關係？佛洛伊德採用希臘神話來討論父女關係，尤其是在〈分析的可結束與不可結束〉（"Analysis Terminable and Interminable"）結尾，背後隱藏的議題為何？雖然克莉斯蒂娃有時以類似《反伊底帕斯》的口吻說話，她並沒有明白說明這些問題，而這些問題正是該書的基礎。[10]

　　這種原則性的「反女性主義」，把信任放在個人主義式的批判前衛風格，而不是可以自稱為革命集體性，本身就是一種普遍的知識反撲——比方說，這可以由《如是》期刊在 1968 年 5 月事件對法國共產黨失望，以及 1970 年代初期左派連盟的運動之後，開始思考中國的過去做為代表。

9　關於這個運動有點過時且比較教條式的觀點，可參見 Michael Ryan and Spivak, "Anarchism Revisited: A New Philosophy?" *Diacritics* 8, no. 2, Summer 1978.

10　*The Standard Edition of the Psychological Works of Sigmund Freud* (London: Hogarth Press, 1964) vol. 23: Gilles Deleuze and Félix Guattari, *Anti-Oedipus: Capitalism and Schizophrenia*, vol. 1, trans. Robert Hurley, et al. (New York: Viking Press, 1972).

在這樣一個黨派衝突裡，不可能提出如何對「沒有面目的」中國女性說話的問題。甚至連在朱雀城市廣場沈默不解的女性面前，究竟是誰在說話的問題，現在也必須以全面宏觀邏輯的語言來發問。「我們的印歐一神論世界……顯然還是領先的」（195），以及「中國女性的祖先比任何人都知道房中術的祕密……所以她們和男性很相像」，這樣的中國情況必須當作是事實來呈現（198），在印歐與中國兩者之間存在著真正的差異。所以當中國共產主義攻擊這些在父權社會被當成是「陰柔的」趨勢──「實際的、物質主義的、心理的」──其實不是真的。因為，在中國，前父權社會體制一直沒有真正消失，所以讓女性可以去接觸真正的、而非代議的權力。我在前面已指出，至少在這本書裡，我這認為這種殘留的母性權力證據是極度可疑的。然而，這正是克莉斯蒂娃的「理由」，用以主張在中國，共產黨對陰柔的壓迫不是真正壓迫「陰柔女性」：「共產黨直接對女性說話，訴諸她們的能力，以假定象徵功能（結構限制，社會律法）：這種能力本身在傳統裡有基礎，因為它包含了在*儒家之前與背後的世界*」（199；強調為筆者所加）。

對於這種宏觀邏輯緬懷東方前歷史的鄉愁，我最後一個問題是傷感而可預測的：那我們呢？「印歐」世界的「一神論」支持了中國與西方之所以不同的論點，這並不是完全一神論的。光榮的、頹廢的、複數的、壓迫的、超過千年多神傳統的印度，必須要被排除在印歐圖象之外，這樣的差異才能成立。

克莉斯蒂娃為普遍化的西方說話的事實，就是「自然化轉變為特權」，我拿來和我自己的意識形態受害情況做比較。她檢視現代中國女性的前儒家文本，她自己的保加利亞前歷史在

巴黎聲音的嚴峻光線下甚至沒有一點陰影。我緊抓住一段孤獨的段落：

> 對我而言——在「人民民主」下接受教育，受益於這樣的好處，而且也受制於它的檢查制度，把這一切拋在腦後，以離開自己的童年世界，或許不是沒有帶著自己的「胎記」——對我而言，系統裡「缺失」的，其實就是頑固地拒絕承認有任何缺失（156）。

這裡是誰在說話？嘗試著回答這個問題，或許會讓我們更了解朱雀城市廣場的沈默女性，以有資格的嫉羨注視著「西方的侵入」。

我要說的是，刻意地把法國高調「女性主義」應用在不同的特定政治情況，可能是不得要領的。不過，假定國際女性主義是在西歐脈絡下來定義，那麼異質性就變得可以管理。以我們自身做為學術女性主義者的情況來說，我們可以開始思考去安排分類。我們不知道的也都可以努力去解決。每個領域都有專家。我們可以從實際的假設他們和我們之間沒有嚴重的溝通障礙來運作。對於未被描繪的各洲大陸沒有焦慮，對於錯誤起頭沒有什麼迷信的恐懼，沒有什麼非找到答案不可的問題。

在這樣的脈絡下，經過幾週努力去定義和命名「美國」和「英國」女性主義，接下來我們就可以去問法國女性主義的獨特性是什麼了。我們應該考慮的一個事實是，大家最能夠接受的一派法國女性主義，卻是深受主張不可能回答那樣一個問題的哲學所影響。

　　對於課程的這個部分，我們已經有一本必讀教科書：《新法國女性主義：傑作選》（*New French Feminisms: An Anthology*）由伊蓮·馬柯斯（Elaine Marks）和伊莎貝拉·柯提芙朗（Isabelle de Courtivron）編輯。[11] 在美國，法國女性主義，或是更明確的說，法國女性主義理論，目前一直是法文系和比較文學系的「基進」前緣所感興趣的，一般女性主義者似乎沒有那麼關注。這樣的一本書適合跨學科水學使用。這和英格蘭的情況有些不同，當地的馬克思主義女性主義已經採用了主流（或是男性主義者）的法國「理論」——至少是阿圖塞和拉岡——來解釋主體的建構（意識形態或性欲的主體），以生產更明確的「女性主義」批判馬克思意識形態和再生產的理論。[12]

　　因為一面倒的「文學」興趣，對法國女性主義文本而言，最相關且急迫的，似乎是明確的陰柔論述的問題。在性欲與意識形態的十字路口，女性往往被建構成（如果這是合適的字眼）客體。做為主體，女性必須學習「『用別的方法』說」或是「讓人聽得到……在論述的洞裡安靜地受苦」（夏維爾·高提耶，163）。

　　這個「說」（書寫）的計畫和克莉斯蒂娃「聽」（閱讀）的計畫之間的關係很清楚。在女性主義小說或小品文加散文加詩的風格裡，這樣的書寫往往但非必然地相當普遍。例如希蘇的《超越深淵籌備婚禮》（*Préparatifs de noces au-delà de*

11　Amherst: University of Massachusetts Press, 1980. 在論文的這個部分，我隨意地引用了 *New French Feminisms*，只有列出篇特定文章的作者和頁碼。

12　我希望在下一本討論解構主義、女性主義和馬克思主義的書中對這樣的挪用做進一步討論。

l'abîme）或是莫妮克・維提格（Monique Wittig）的《女同志身體》（*Lesbian Body*）。[13] 這和波特萊爾所認可的散文詩「召喚魔術」有強烈的連繫——無法決定的暗示力量，而不是可決定的參考值，能夠全面壓倒及破壞表意傳統。法國女性主義理論家或革命論述通常不會特別提到波特萊爾，是不是因為他的實踐仍然是在令人尷尬的男性主義頹廢姿態裡（渥爾特・班雅明連結到「高度資本主義」，《高度資本主義年代的抒情詩人》）[14] 所致？

這些理論家所看重的人物仍推馬拉美和喬伊斯莫屬。茱莉亞・克莉斯蒂娃和愛蓮・希蘇這兩位女性主義論述理論家是在美國最具知名度的，她們也不否認這一點。克莉斯蒂娃似乎認為，如果女性可以普遍地加入前衛陣營，就能完成她們論述的可能性（166）。希蘇特別贊許詩的力量（因為「小說家是再現的同盟」〔250〕），認為克萊斯特（Kleist）或是韓波可以像女性一樣說話。老一輩的女性主義作家，如莒哈斯（「女性的修辭，能安於有機體裡，就是在身體裡」〔238〕——而不是在心靈，主體的位置），或是娜塔莉　薩羅特（Nathalie Sarraute）都是連結到法國新小說主流前衛現象的作家。

就某個意義來說，法國女性主義決定性的特色就是建立女

---

13 Irigaray, *This Sex Which Is Not One*, trans. Catherine Porter (Ithaca: Cornell Univ. Press, 1985); Cixous, *Préparatifs de noces au delà de l'abime* (Paris: des femmes, 1978); Wittig, *Lesbian Body*, trans. David Le Vay (New York: William Morrow, 1975)

14 Cf. Ernst Bloch, et al., *Aesthetics and Politics*, trans. Ronald Taylor (London: New Left Books, 1973.)

性論述，能夠反映出法國前衛延續傳統的結盟。這可以參考前衛派，亦即表現主義和寫實主義之間的政治潛力之間的論爭。[15]

　　比起消費者／讀者而言，這是一個對於生產者／作家更有政治意義的活動。赫伯特・馬庫色（Herbert Marcuse）的話對作家比對讀者而言來得更有效力：「在辯證思想和前衛文學的努力之間有個內在連繫，這樣的努力是去打破事實對文字的力量，說出一種語言，不是建造、執行和從事實獲益者的語言。」[16]即使是迅速一瞥 19 世紀晚期和 20 世紀美國現代語言學會期刊書目最長的條目，就可以證明，前衛生產的「政治」能量，在現有的學術體制內，產生的僅僅是堆積如山的注釋，使這些文本回復為命題論述。事實上，在這樣的情況下，《女戰士》（*Les Guérillères*）或是《給我猜個謎語》（*Give me A Riddle*）（舉個不是法文的例子）的力量和應該是要顛覆「傳統論述元素」的「解放過的文本」可以有所區隔，但是其實彼此共享了「最經典的色情文學的所有要素」（貝努亞特・格魯特，頁 72）就是他們所討論的，他們具體的去修改，而不是在明顯的形式上效忠，歐洲的前衛文學。這個差異即使是最「解構」的閱讀裡也都堅不可破。

　　尋求女性論述不只是和文學前衛有關，更與我先前所提、討論到《關於中國女人》的哲學前衛相關。這個團體的路徑從

---

15 參見 Ernst Bloch, et al., *Aesthetics and Politics*, trans. Ronald Taylor (London: New Left Books, 1977).

16 *Reason and Revolution: Hegel and the Rise of Social Theory* (Boston: Beacon Press, 1960), p. x.

德希達的〈人的終結／目的〉開始。[17] 路易·阿圖塞展開對沙特的批評，用他自己 1960 年的「費爾巴哈的『哲學宣言』質疑沙特的人文主義實踐理論，以及人類學家式的解讀馬克思。[18] 阿圖塞的立場是科學的反人文主義。德希達在他的論文裡（寫於 1968 年，因此有他的力道）所描述對法國哲學的挑戰，主要也是針對沙特及他的人類學家式的解讀海德格提出批判，他的立場可以說是反科學及反人文主義。（沙特淪為攻擊對象的時間並不長。回應沙特做為法國人文主義哲學家重要性的論點，是由米歇爾·勒杜厄夫（Michèle Le Doeuff）在紐約所主辦的《第二性》13 週年紀念所發表的〈西蒙波娃與存在主義〉提出[19]。勒杜厄夫的論文提醒我們，法國哲學當前的反人文主義舉措是「後沙特的」，也是「後結構主義的」，法國女性主義的論述理論家也恰恰代表了和西蒙波娃的斷裂。）

　　在〈人的終結／目的〉，德希達描述了當代法國哲學的趨勢，而不是針對他自己的思想，雖然他確實暗示了他自己的研究方法是和別人不同的。在這篇論文裡，「人」既不是和女人區隔，也不是特別把她包含進來。「人」只是哲學的主角。

　　〔在存在主義裡〕形上學熟悉用語沒有斷裂，很自然地把哲學家所說的我們連結到「我們—人類」（we-men），人類整個視野。雖然歷史的主題很明顯地出現……人的概

17　*Tr. Edouard Morot-Sir, et al., Philosophy and Phenomenological Research, 30*, no. 1, September, 1969.

18　in *For Marx*, trans. Ben Brewster (New York: Vintage, 1970).

19　Trans. Colin Gordon, *Feminist Studies* 6, no. 2, Summer, 1980.

念的歷史卻從未被質疑過。一切的發生都好像假定了「人」
這個符號是沒有源頭的，沒有歷史、文化、語言的限制。
（35）

　　要對德希達的描述做進一步的討論，就必須先找出標記
文本。我們可以說尚—法朗司瓦・李歐塔的《力比多經濟》
（*Economielibidinale*）就是個中代表，法國女性主義者對馬克
思的使用，和這部作品有密切關係。[20]

　　對李歐塔而言，佛洛伊德把「人的基礎」多元化仍然只
不過是一種「政治經濟學」，它是透過力比多投資（德文的
Besetzung，英文的 cathexis，法文的 *investissement*，在此提供
了一個方便的類比）來計畫安排。透過這樣的「力比多」經濟，
把「力比多馬克思」放在「力比多製圖學」（117）裡，在力比
多寓言的主宰下，就出現了強大的「文學批評」注釋，與「異
化哲學和能指的精神分析」（158）之間、或是「資本主義社會」
和「賣淫」（169）之間的類比，互相衍繹發生，然而這和階級
鬥爭、以及其與世界市場經濟文本彼此共謀的微邏輯與變動的
特殊條件卻幾乎毫無關連。[21]

　　我已經說過「新哲學」對1978年左派聯盟是否可能的反應。
在這個簡略的摘要裡，那樣的反應可以說是反人文主義的（反
對享有特權的主體）、反科學的（反對精神分析和馬克思做為

20　(Paris: Minuit), 1974, p. 10.
21　有關政治經濟學特許的隱喻裡欠缺特殊性的討論，尤其是德希達的若干文
　　本，可參見 "Il faut s'y prendre en s'enprenant à elles," in *Les fins de l'homme*
　　(Paris: Galilée, 1981)。

特定的或「局部的」實踐），也是反革命的（反對集體性）。

正是在這種對「人」的普遍符號解構的脈絡下，批判人在「形上學」傳統的存在（一種可以「生產」德希達在評論布朗修時所說的「女性元素」的「解構主義」，但它不代表女性個人）[22]，以下由克莉斯蒂娃所提出關於「女人」這個特定符號的陳述應該一讀：

> 在更深層的層次〔根據我們的要求是比廣告或口號來得深刻〕，一個女人不可能「是」；它是某個甚至不屬於存在次第的事物。因此女性主義實踐只能是否定的，與現有一切扞格不入……在「女人」這上面，我看到有些無法被再現的，有些是在之上或超越命名原則及意識形態的……某些女性主義者要求恢復一種無知的浪漫主義，對身分認同的信仰（陽物中心論的逆轉），如果我們把它們和性別差異兩極的經驗相比，就好像在喬伊斯或阿鐸式散文的經濟裡所見……我很仔細地檢視前衛作品的特殊層面，它們消解了認同，甚至是性別認同；在我的理論闡述裡，我試著挑戰形上學理論指責我標示為「女人」的部分——我想，這就是使我的研究成為女人研究的原因。（137-138）

我已經表達了我對不論是文學或哲學的前衛必然的革命潛力這樣的前提不滿，對於喬伊斯從性別認同浮現出來，甚至為女性運動提供適當的思維模式，甚至還覺得有點好笑。重點或

22　"The Law of Genre," *Glyph* 7, 1980, p. 225.

許是指出，即使我們知道如何消解身分認同，我們未必能逃離性別歧視的歷史決定論。[23] 但是我必須要承認克莉斯蒂娃文本其實是法國女性主義最好部分的女性隱性雙重計畫：在反對性別歧視方面，女性團結為生理上受壓迫的社會階層；在支持女性主義方面，人類訓練好以便為意識蛻變做準備。

　　在這個男性反人文主義前衛哲學家的陣營裡，德希達最公開地審視「女性之名」做為推論為「人的終結／目的」充電計畫的可能性。在《書寫學》（Of Grammatology）他說明主權主體的特權不僅是與聲音中心論（聲音意識的優越性）、理體中心論（文字做為律法的優越性）有關，同時也與陽物中心論（陽物做為〔法律〕身分仲裁者的優越性）相關。[24] 在〈雙重場景〉（La double séance）[25]（處女膜的寓託同時是內在與外在的）、《喪鐘》（Glas）（哲學做為欲望母親的計畫）、《馬刺》（Eperons）（女性做為肯定的解構主義）、〈文類的律法〉（The Law of Genre）（女性元素做為雙重肯定），及〈活下去：邊界限〉（Living On: Border Lines）（雙重內陷做為文本效果）某

----

23 雪萊對他的兩任妻子哈莉葉特、瑪麗的態度是這裡要討論的。「生命」未必是「在文本之外」。我在本書第二章及 "Displacement and the Discourse of Woman" in Mark Krupnick, ed., *Displacement: Derrida and After* (Bloomington: Indiana University Press, 1983), pp. 169-195. 一文對這個問題有較詳盡的討論。

24 Derrida, *Of Grammatology*, trans. Spivak (Baltimore: Johns Hopkins University Press, 1976).

25 "La double séance," *La dissemination* (Paris: Seuil, 1972); Glas (Paris: Galilée, 1976): "The Law of Genre" (op. cit.); "Living On: Border Lines," in HaroldBloom, et al., *Deconstruction & Criticism* (New York: Seabury Press, 1979).

種女性的文本性被建立了。

　　愛蓮·希蘇最直接關注德希達這條思考主軸。她在深具影響力的〈梅杜莎的笑〉（"The Laugh of the Medusa"）（258）及〈出擊〉（"Sorties"）（91）提及德希達的作品時頗為贊許。特別是在後者，她利用德希達推翻與取代階層式二元對立的方法論。文本一開始列出了一系列的二元對立，希蘇說到女人：「她沒有進入對立，她不是與父親配對的（父親是和兒子配成對的）。」稍後，希蘇運用了德希達的「殘餘」（restance, remains）的概念或是最小理想化，給予女人分散的、差異的身分認同：「她不存在，她也許是不存在的；但是她一定有些什麼」（92）。[26] 她提到男人與他特別的「苦難，他想要（在）起源的欲望」（92）。她以一種肯定的風格，利用社會—政治主題與意識形態「文本性」，把自己放在德希達—傅柯的問題意識裡：「男人和女人都被限制在千年文化決定因素非常複雜的網絡裡，實際上是無法分析的：我們既無法討論『女人』，也不能討論『男人』，而不致於被困在意識形態劇場裡，在其中再現、形象、反映、神話與認同的增殖不斷地轉變、變形、改變每個人的想像次第，並且提前先讓所有的概念化變得無效。」（96）[27]「我

---

26 關於德希達的殘餘（*restance*）或最小理想化概念的討論，可參見 "Revolutions that as Yet Have No Model: Derrida's Limited Inc."

27 可以參考 Clément, "La Coupable," in *La jeune née* (Paris: Union Générale d'Editions, 1975), p. 15。這個網路—網—組織—文本是「文本性」無法整體化但又總是被掌握的「主體」。在巴特來說就是「可寫的」，我們被書寫進更完整充分的文本裡。德希達在 "Ja, ou le faux-bond" 一文中討論得更有說服力。我們應該要透過這些術語來理解傅柯權力微觀概念，把文本性的主題看作只是歷史化約成語言的看法，這是大錯特錯的。

們既無法討論『女人』，也不能討論『男人』。」這樣的情緒
與我前面所引的克莉斯蒂娃的段落有異曲同工之效。我的重點
是，我們不是去追求女性身分認同，而是藉由否定的方式去臆
想女性論述，這樣的決定與解構有關——現有論述模式揭露了
男性對自我身分認同強調的解構——這是由主流法國反人文主
義陣營所發起的。

希蘇把這個多重決定意識形態劇場連結到「每個人想像次
第」不可能的異質性上。她在這裡指的是拉岡的「不可治癒地
欺騙」想像的概念，「基本上是主體與他的〔可能有誤〕自我
的自戀關係」；這種與其他主體的關係是我的「對手」；與世
界的關係是從意識形態反射的連結；與意義的關係是透過相似
與統一而形成。[28] 對手的庫存提供了揚棄的材料，以進入象徵面
向，要改變想像對手的庫存是女性論述計畫重要的一環：「假
設真實的主體位置與這個論述相呼應是另一件事。我們得切入
意識形態所有的沈重疊層，這是自家庭與私有財產開始即伴隨
而來的。只有在想像力之中才得以完成。這正是女性主義行動
的精神：改變想像以便能夠在真實中行動，改變語言的形式，
因為語言的結構和歷史一直以來都受制於父系傳承，因此也是
男性主義的律法」（凱撒琳·克蕾蒙，頁130-131）。[29] 安東妮特·

28　J. Laplanche and J.-B. Pontalis, *The Language of Psycho-Analysis*, trans, Donald
　　Nicholson-Smith (New York: Norton, 1973), p. 210. 這個精鍊的定義和其在女
　　性主義脈絡的應用之間的鴻溝，再次令我們連想到字典的使用有其隨之而
　　來的危險。

29　克蕾蒙此處使用「想像的」和「象徵的」，比較接近口語用法，或許是因
　　為情境的緣故。她主要是針對憤怒的女性主義者因為對馬克思主義─女性
　　主義理論家忿忿不平而發此語。

傅克（Antoinette Fouque）下列的一番話說明了，「意識形態」和「象徵的」空間是由想像次第所標記的：「女性不可能允許自己去處理政治問題，而同時掩蓋無意識。如果她們這麼做，那麼充其量她們就變成了在意識形態上能夠攻擊父權體制的女性主義者，但是沒法在象徵層次上使力。」（117）

　　現在希蘇做為最德希達式的法國「反女性主義的」女性主義者，她知道想像的重新銘刻不可是由主權主體所發起的計畫；就像她明白「不可能去定義書寫的陰性實踐，這是會保留的不可能性」（253）。因此，在希蘇的論點中，想像繼續臣屬於持久的改變，概念緊抓著殘餘永遠被延宕。這是法國反人文主義解構主體主權的經典論點。從佛洛伊德的「我（自我）義不容辭的追求它（本我）以建構自我」主張出發：「我是」必須被解讀成「它所在之處是我該變成的」〔wo es war soll ich warden〕。當然最明顯的是，它連結到拉崗的訓誡，象徵次第對想像的掌握是隨機如點彩派似的（pointillist）：就像是沙發墊上的鈕扣一樣隨意安上。然而，希蘇展開〈梅杜莎的笑〉的夸夸其談，確實使用了拉崗的理論。她質疑了解釋每個符碼的實踐都指涉到父親之名，或是其別名，有陽物的母親：「那力比多呢？我不是讀了〔拉崗的〕〈陽物的重要性〉……[30] 如果新女性，現在剛剛到來，勇於創造理論之外的，她們就會被能指警察盯上，按上指紋，勸諫，被規範去遵循她們應該要知道的秩序；被手段力量分派到表意鏈上精確的位置，以保障優越「能指」的利益。我們被重新納入（re-membered）連線，如果不是

30　Lacan, *Ecrits*, trans. Alan Sheridan (New York: Norton, 1977).

回到父親之名，那麼新的轉變可能把你帶回到陽物母親的位置」
（262-63）。[31] 她揭示了陽物是「尊榮的能指」，她和德希達〈真
理的供給者〉（"The Purveyor of Truth"）文中的立場一致地批
判拉岡的陽物是「先驗能指」，對於德希達勾連陽物母親做為
男人事業限制的立場，則取自於他的《喪鐘》。[32] 當她寫下：
「不要留在精神分析的圍欄裡」（263），我相信她不只是在說
正統的或新佛洛伊德派精神分析。的確，對於女性身為知識或
欲望客體，並不是連結到主體—客體，而是連結到眼睛—客體
的辯證，她選擇了梅杜莎做為標誌，以戲謔嘲諷這樣的概念。
她寫道：「你只是必須直視梅杜莎，才能看見她。」（255）我
相信她是在重寫「你只是必須去注視著羅馬的貝里尼的雕像，
才能立即了解她〔聖德瑞莎〕狂喜高潮了。」[33] 因為接下來她就
用明顯的方式召喚男性生殖器：「快速抖動讓它們硬起來了！
為了它們自己！它們需要害怕我們。看看顫抖的珀耳修斯們*
（Perseuses）倒退著向我們走來，身配驅邪象徵。」

　　我們也許可以把希蘇和克莉斯蒂娃並置在一起，不太實際

31　希蘇所說的是男性主體的兩個軸線：伊底帕斯規範（發現父親之名）及戀
　　物偏差傾向（對母親的戀物傾向，做為占有幻想的陽物）。

32　"The Purveyor of Truth," trans. Willis Domingo, et al., *Yale French Studies*,
　　52,1975.

33　Lacan, "God and the Jouissance of the Woman," in *Feminine Sexuality: Jacques
　　Lacan and the écolefreudienne*, trans. Juliet Mitchell and Jacqueline Rose
　　(London: Routledge & Kegan Paul, 1982). 另外亦參見 Stephen Heath 精彩的
　　論文 "Difference," *Screen* 19, no. 8, Autumn, 1978.

*　　譯注：在希臘神話裡，珀耳修斯受到諸神幫助，得到許多法寶和指示，他
　　倒退著走，從會反光的盾牌看梅杜莎，這樣一來，他就不會變成石頭。再
　　用寶劍砍下她的頭，成功地完成了國王交付給他的艱難任務。

地來測量兩者之間的距離。前者明確的說，傾向於解構主義形態學，因此批判拉崗的陽物中心論；後者大致說來則是傾向法國反人文主義。克莉斯蒂娃說：「我在『女人』上看到的是某些東西無法被再現」；希蘇說：「男人主張有兩種不可再現的事物：死亡與陰性的性」（255）。

（事實上，克莉斯蒂娃與德希達思想的連結可追溯至六〇年代。德希達固定會投稿給早期的《如是》。不過她的計畫向來是不要去解構起源，而是考古學式地、公式化地，恢復她定位為符號之前的潛在原初空間。多年來，這個空間取得了名字，並且連結到特定意識形態組合的住戶：生成文本、馬拉美式前衛、古代亞洲語言學、柏拉圖的陰性空間，現在則有歐洲文藝復興與巴洛克的精緻藝術、長期以來的基督教神學、個人經驗，他們兩人都處理了懷孕生子的神祕。）[34]

和克莉斯蒂娃一樣，希蘇也不會去質問，指稱某些「男人」，特別是前衛派的男人，在這個特殊意義上有可能是「女人」，究竟是什麼意思。就這方面來說，還有她談「雙性」的論點，有時會讓人聯想到佛洛伊德，他不讓女性精神分析師說話的方式就是說她們和男人一樣好。[35] 但是我們必然會從政治的、歷史的、意識形態的差別上，去區分陽物中心論的男性與

---

34 "L'engendrement de la formule," *Tel Quel* 37 & 38, Spring & Summer, 1969; *Révolution du langage poétique* (Paris: Seuil, 1974); "Motherhood According to Bellini," *Desire in Language: A Semiotic Approach to Literature and Art*, trans. Thomas Gora, et al. (New York: Columbia Univ. Press, 1980); "Héréthique del' amour," *Tel Quel* 74, Winter, 1977. And passim.

35 可以參考 *La jeune née*, p. 160. "Femininity," *Standard Edition*, vol. 22, pp. 116-117.

女性批評者，這樣的問題並沒有被提出來。[36] 而且，德希達不時地堅持解構並不是否定形上學，我們無法實踐自由戲耍，這一點是希蘇沒有看見的：她寫道：「承認去書寫就是運作（在）兩者之間，質疑相同與他者的過程，沒有他者什麼也活不了，消解死亡的工作──首先就是想要兩個和兩者，一與他者的集合並不是凝結在奮鬥與驅除的序列，或是某種形式的死亡，而是藉由從一進入到他者不同主體不停止的交換過程，變得更有活力，直到無限。」（254）德希達對人文主義─陽物中心論的批評，大多涉及了解構力量的限制、以及不可能維持在中間不變。除非我們意識到我們不可能避免採取立場，無心的立場就被選定了。此外，「書寫」在德希達來說，不只是與韻文與散文的生產一致而已。它是運作及破壞知（認識論）、存在（本體論）、做（實踐）、歷史、政治、經濟學、體制等「結構」的名稱。它是一個「結構」，其「源頭」與「終結」必然是暫時的、不在場的。「在書寫經典概念最低決定因素裡的基本述詞」被呈現出來，並且與德希達在〈簽名事件脈絡〉（"Signature Event Context"）裡所使用的「書寫」概念相比較。[37] 因為希蘇似乎把德希達有關書寫的書寫模式等同於散文和韻文的生產，像「……女性是身體。更多身體，因此更多書寫」（258）這樣的陳述是令人困惑的。

　　在國際女性主義這樣的課程裡，關於希蘇是否忠於、或是

36　我嘗試在 "Displacement and the Discourse of Woman" 一文中仔細討論這個問題，參見注解 29。

37　Trans. Samuel Weber and Jeffrey Mehlman, *Glyph* I, 1977, p. 181.

毫無疑問地接受德希達的問題，很快就會變得不重要了。我們
可以在這裡有把握地指出，和反人文主義有所連結的反女性主
義，通常被了解是一種對男人之名或陽物中心論之名的批判，
和其他類型的法國反女性主義不一樣，《新法國女性主義》在
第32頁就對此略提一二。在諸多類型中，我會提到黨派陣線反
女性主義，這是共黨自己說的：「『新女性主義』目前發展出
的學說就是，沒有一個社會，無論是社會主義的或資本主義的，
能夠對女性的期望有正面的回應……如果我們導向以反對男性
當作是支持女性進步的必要行動，那麼我們就是引領女性宏大
希望來到死路一條。」（128）雙重取徑——反對性別歧視與支
持女性主義——的教訓被壓抑了。我贊同意克莉斯汀‧德爾菲
（Christine Delphy）的看法，即使她主張以「唯物論來分析女
性壓迫」，「這個馬克思主義陣線的存在對〔女性〕運動實際
上產生了剎車的效果，這個事實顯然並非意外。」[38]

　　這裡也要和另外一種反「女性主義」區隔開來：「男女存
在的社會模式以及女性的模式，絕對不是與他們做為生理男性
與女性的天性連結，也不是與他們性器官的形狀連結。」（215;
強調為筆者所加）這些是「基進女性主義者」，她們志在形塑
女性主義唯物論，並不是在綱領上或方法論上受到批判人文主
義所影響。和他們不同的是，我當然不會毫無控制地反對追求
女性論述。但是，我當然也會關注「基進女性主義者」對這樣
的追求的批判：

38 "The Main Enemy," *Feminist Issues* I, no. 1 (1980), pp. 24-25.

　　某些女性作家推崇的所謂探索的語言，似乎是連結到一
些男性主宰者掌握的文學派別所宣揚的趨勢，如果不是在
內容上，至少也是在風格上。……提倡身體的直接語言……
不是顛覆性的，因為它等於否定了社會中介的現實與力
量……這是壓迫我們身體的（219）

　　雖然我們應該指出，基進女性主義者的信念——「根據現
在的歷史意義，我既不是女人，也不是男人：我應該是在女人
的身體裡做個人」（226），如果法文裡 personne 這個字眼神奇
的解構潛力沒有被注意到的話（某個人同時也是沒有人）——
可能會導致一心一意想把個人恰當的身分認同當作是一種財
產，那是自我哄騙，也是人文主義的壓迫力量，但是，忽略她
們精警的提醒就是個錯誤了（至少對我們這些沒有直接捲入法
國場域的人而言）。不管在法國或美國，除了德希達這個有趣
的例子外，沒有什麼主流學術反人文主義實際去批判陽物中心
論，因此這一點特別重要。在美國，重點似乎是意義的不確定
性和語言學上的決定。在法國，則是批判身分認同和各種微邏
輯及系譜學的權力結構分析。

　　我們也應該警覺避免某種法國的裝腔作勢，這是自從 20 世
紀初就盛行於英美文學批評的趨勢。美式風格的「法國」女性
主義者急於把自己放進明星套房裡，最糟的情況就是讓我們想
起亞瑟・西蒙斯（Arthur Symons）所寫的《文學中的象徵主義
運動》。[39] 這會凸顯我們自己傾向以很少的政治精確性提出宏大

39　London: Heinemann, 1899.

的解答，而且往往充斥著策略性的反問形式。[40]

在此我不如引述克蕾蒙和希蘇在《新生女子》最後的對談，以便清楚表達我的論點，這段對話經常為人淡忘：

> 希：階級鬥爭是這種龐大的機器，馬克思描述了它的系統，因此到現在還能發揮作用。但是它的節奏並不總是一樣的，這是一種有時最被削弱的節奏。

我們可以感覺到克蕾蒙回應的挫折感，這同樣可以用來指向李歐塔或所有的「詩意革命分子」：

> 克：它看起來是削弱的，尤其是如果被脅迫作如是觀。但是階級鬥爭的現實和它神祕地存在方式，這之間有巨大的落差，尤其是對知識分子而言，他們很難去直接衡量鬥爭的現實，因為他們處於一種認為使用語言和想像才是最重要的位置，而且還可以戴上護目鏡。（292, 294-295）

希蘇模糊地指責了發達資本主義對詩的否定，做為她的回答。

長遠來看，法國女性主義訓練最有用的，就是政治化的「徵候式閱讀」批評例子並不一定總是跟隨著解構主義閱讀的推翻—取代技巧。這個方法如果用來讚美前衛派似乎很有用，但

40　如 *Chinese Women*, pp. 200-201 所揭示，或是 Cixous, *To Live the Orange* (Paris: Des femmes, 1979), pp. 32-34 和 p. 94 所並置呈現。

是用來揭露主流論述就顯得很有爭議。

在伊莉嘉黑的《另類女人的內視鏡》（*Speculum de l'autre femme*）一書中，有數篇論文討論柏拉圖和笛卡兒，她的分析從女性主義者的觀點出發，很精彩地運用了解構主義主題的不確定性、批判身分認同，以及可全面化的分析立足點的缺席。[41] 她也分析了 18 世紀為主的哲學文本，這是她在玫瑰泉（Fontenay-aux-Roses）的女子師範學院（École Normale）女性主義哲學研究小組所進行的研究。行文中有很長的評論，特別是針對希臘的神話主題——她竟然沒有質疑「神話」這個符號的歷史，這樣的缺席我已經在《關於中國女人》的例子中討論過了，這裡則標示了歷史—地理的界限——可以在《新生女子》裡看到。如前所述，解讀馬克思的部分通常是伴隨著其他主題，因此欠缺對馬克思文本清楚的認識。她最精彩的部分是解讀佛洛伊德的文本。這是因為佛洛伊德既是當代對討論女性性欲最重要的男性哲學家，也在《夢的解析》開創了「徵候解讀」技巧。伊莉嘉黑的〈對稱舊夢的盲點〉（"La Tacheaveugle d'un vieuxrêve de symétrie"）已理所當然地成為經典了。在方法論上更仔細、更學術、更複雜，可能也更有見地的是莎拉·柯夫曼的《女性之謎：佛洛伊德文本裡的女性》（*L'énigma de la femme: la femme dans les textes de Freud*）[42]。

就算不是以此立論，這本書也揭露了成為身分認同形上學解構者的可能，但是仍然受限於男性主義意識形態；這種覺知

---

41 *Speculum* (Paris: Minuit, 1974).
42 Paris: Galilée, 1980.

是克莉斯蒂娃和希蘇所沒有的。柯夫曼評論了佛洛伊德意識形態背叛自己對女性瘖啞（mutism）的同情。她揭示佛洛伊德最後發展出對女性性欲的有趣思想路徑：發現女性其實是較強大的性別的三個時刻──三個延續的漫長運動以達到揚棄進入無法辨識的相反面的力量：顯示女性確實是較虛弱的性別。她透過分析前伊底帕斯階段自我矛盾的版本，解構了陰莖嫉羨的「事實」。如果兩性都輕視性，那麼性如何可能？這是男性主義之謎，就像伊底帕斯一樣，佛洛伊德要尋求解答。就像是伊底帕斯的目盲所戴的面具一樣，生物學被化約成陰莖嫉羨，就是佛洛伊德的障眼法。

《女性之謎》一書利用佛洛伊德自己的解夢法以顯示出其意識形態限制，獨立出看似邊緣的時刻，以說明他致力於正常化所引發的倫理─政治議題，這是法國女性主義批評「徵候」──在這個例子裡是解構的──閱讀實踐的優秀示範。如果我們可以超越法國女性主義目前所偏好的文本，把這種批判形態學連結到其他論述的「特殊性」，以詳細說明並建構父權體制的力量，我們就可以獲得絕佳策略去削弱男性主義的先鋒。[43] 這對於女性學者無疑是個利多，她們和世界上絕大多數女性相比，已經是絕對地優越。然而，現今世界上占優勢的社會的論述決定了世界其他地方的形構，這可就不是無足輕重的禮物，即使是在教室裡。

只要我們踏出教室，如果「老師」真的可以徹底踏出去，

----

43 我嘗試在 "Displacement and the Discourse of Woman" 發展這個策略的意義，讀者大概已經發現上述這篇文章和本文互為增補。

不論是法國的或其他的學說,學術女性主義所帶來的危險而不是利益,就會變得更迫切且持續。不論是在美國或是法國,反對性別歧視的體制改變對於第三世界的女性可能沒有太大意義,或者間接的,還有可能是進一步的傷害。[44] 這種斷裂應該要被認識,並且加以研究。否則,焦點仍然是由調查者做為主體來定義。讓我們回到我一開始的顧慮,我得再次強調,「法國」和「英美」女性主義的差異只是表面上的。無論聽起來是如何窒礙難行、沒有效率,我覺得我們都無法逃避去堅持同時有其他的焦點:不只是我是誰?而是其他女性是誰?我怎麼去命名她?她怎麼命名我?這是我討論的問題意識的一部分嗎?的確,因為不去問這樣窒礙難行而關鍵的問題,使得「被殖民女性」做為「主體」,把調查者看成從另一個星球來的甜美和善的生物,她們可以自由來去;或者依照她在殖民文化裡自己的社會化,把「女性主義」看作是一種先鋒階級的標誌,能夠奮鬥的自由是一種奢侈,最後則是認同「自由的性」。當然,這是不對的。我的論點是在我們最複雜的研究、最善意的動力裡,同樣有些東西是不對的。

「法國女性主義言語上最集中討論的領域是對女性快感的描述」(《新法國女性主義》,頁 37)矛盾的是,在這看似神祕的研究領域裡,我找到了重新確認歷史上斷裂但普遍的女性身為性別化主體的「客體」化。

---

44 以美國最簡單可能的例子來看,既然美國大學有可疑的投資,而且多數會議的旅館都以最壓迫的方式聘用第三世界女性員工,即使是聘用更多享有終身職的女性,或是在會議裡增加女性主義議題,這樣單純的勝利可能造成較未發展國家的女性更加的無產階級化。

　　法國女性主義最精彩的部分，的確是鼓勵我們去思考雙重努力（反性別歧視及支持女性主義，陣線是不斷改變的），以及在考慮女性的繁衍自由時，同樣需要雙重視野。因為把女性解放看作是等同於生殖解放，其實是使反性別歧視本身成為目的，把女性主體地位看作是毫無疑問的善，而不去聆聽法國反人文主義所提出的最佳忠告，揭示主觀論正常化的歷史危險；同時也是把普遍的女性交換看作是文化觀點，建構親屬結構，而女性的客體地位清楚地被視為是等同她的繁衍功能，進而將這樣的看法合法化。[45]

　　能夠肯定女性主義、消解性別歧視的雙重視野，認為在理解之前的舉措是有可能的，亦即對於男女繁衍交配之前、孩子是唯一生產過度的循環封閉之前，這個循環的「外在」就是男性在社會上的「主動」生活，這一切提出了質疑。這樣的視野明白「自然已設定好女性快感是獨立於生產需求之外的」（伊芙琳・蘇勒拉，頁155）。

　　男性和女性的性欲是不對稱的。男性性高潮快感「通常」附帶了男性的繁衍行為——射精。女性性高潮快感（當然不是「相同的」快感，只是用同樣的辭彙去描述）並沒有伴隨著異

---

45 Claude Lévi-Strauss, "Structural Study of Myth," in *Myth: A Symposium*, ed. Thomas A. Sebeok (Bloomington: Indiana University Press, 1958), p. 103，對女性主義實現最經典的辯解就是這是另一種對女性的物化 *Structuralist Anthropology*, trans. Claire Jacobson and Brooke GrundfestSchoepf (New York: Basic Books, 1963), vol. 1, pp. 61-62，這似乎是很奇怪地前後不一。因為假使女性真的被象徵化，就普遍性的層次而言，做為符號的使用者而非符號本身，交換者和被交換者的二元對立——親屬關係的建立結構，就會瓦解了。

質的女性繁衍劇本的任何元素：排卵、受孕、懷胎、妊娠、分娩。
陰蒂逃避了繁衍的框架。法律上從繁衍功能來定義女性是交換、
傳遞、擁有的客體，不僅是子宮實際上被「挪用」了，陰蒂做
為性別主體的能指也被抹除了。所有歷史與理論研究女性做為
法律客體的定義，不論是否在婚姻裡，或是財產與合法性的政
治經濟傳遞通道，都會落在各種抹除陰蒂的調查裡。

　　這個領域的心理學研究不能只是局限在女陰殘割對女性的
影響。既然一種至少是象徵性的女陰殘割儀式，向來兼具「正
常的」女性成年禮，以及不被承認的母職之名兩層意義，那麼
或許必須從想像的陽物切除可能，去描繪勾勒出整個女性性欲
的地理，去質問為什麼這一切會發生、又是如何發生？研究的
場域不只是遙遠的原始社會，龐大複雜的化妝、內衣、衣著、
廣告、女性雜誌及色情網絡、對男女老化評判的雙重標準等所
再現的，從皮膚到外表一應俱全的精心打扮，無不是對女性（性
別的）的客體化；更生期對照性無能的公私領域，這一切都是
這個迴路裡的問題。對陰蒂的前理解壓抑或抹除，與定義女性
為性客體、或是生殖工具及生殖代理人的每個舉措都是息息相
關的——除非是透過那些定義或是做為男性「模仿者」，否則
女性根本無從訴諸主體作用。

　　偉大的男性作家有時會以完美的母親或情人或雌雄同體，
捕捉到女性聲音。以離開繁衍軌道的陰蒂離心做為女性規範主
題，目前在我們奧祕的法國女性主義陣營及同志文學運動裡頗
有進展。透過陰柔常規做為對陰蒂的壓抑，以理解提瑞西亞
（Tiresia）——在伊底帕斯情境時的儀式大師——在父權底下
的錯綜複雜身為一名先知，我們得到某種悲傷的快樂：「宙斯

和希拉要求去解決爭端：究竟是那個性別有更大的愛的快感，他回答是女性；希拉很生氣，就把他弄瞎了。但是宙斯補償他，就賦與他長壽和預言的力量」（《牛津古典辭典》）。[46]

雖然法國女性主義沒有說明這些可能性，不過她們對於女性的討論仍然是有意義的，和伊莉嘉黑或「女性主義問題」小組（*Questions féministes*）有所不同。伊莉嘉黑說：「為了讓女性可以達到充分享受身為女人的快感，採取漫長的彎路去分析各種影響她的不同壓迫系統，當然是必要的。宣稱只靠著快感就可以解決她的問題，她所冒的風險就是失去重新檢視快感所仰賴的社會實踐。」（105）「女性主義問題」小組說：「我們一定要回答的──不是……存在於性別化個人行為裡，衡量生物因素的『角色』以及社會因素的『角色』的假問題──是下列問題：（1）在什麼情況下生物的是政治的？換言之，生物的政治功能是什麼？」（227）

如果從「法國」脈絡的限制抽離，去分析陰蒂壓抑普遍被當作是女性過度的壓抑，然後去探究所有「歷史的」、「政治的」、「社會的」面向，那麼「女性主義問題」小組就不需要提出下列的二元對立：「去揭露壓迫、殘割、女性身體的『功能化』與『客體化』是合法的，但是把女性身體當作是追求女性身分認同的重心也是危險的」（218）。我們可能可以這麼說，從不連續的及沒有明確脈絡決定的方式，上述兩種觀點都反對

---

46 與希拉的愉悅連結的進一步禁忌的反諷，可參見 C. Kerényi, *Zeus and Hera: Archetypal Image of Father, Husband, and Wife*, trans. Christopher Holme (Princeton: Princeton University Press, 1975), pp. 97, 113.

以陰蒂抽象化或割除的類型學來決定生物—政治的女性認同。
為了把母職當作是一種「最終的社會性保證」，以分享細緻奧
祕的分析，然後滿懷敵意去攻擊女性主義集體的付出，這也是
不必要的：「真正的女性召喚……在母性被釐清之前是不可能
的……要帶出這一點，我們必須停止讓女性主義變成是新宗教，
一種企業或教派。」[47]

　　這種雙重視野不只是反對性別歧視和支持女性主義。它
也認識到，即使我們重新取得陰蒂過度的主導，我們不可能完
全逃離繁衍定義的對稱。我們不可能排除掉所謂的子宮社會組
織（經由未來世代的再生產以安排世界，而子宮是生產的主要
能動者與途徑）的結構，而偏好以陰蒂社會組織來取代。到
目前為止，因為排除了陰蒂社會組織，才得以建立子宮社會組
織，我們必須了解這一點，才能夠去「定位」子宮社會組織。
（甚至是在妊娠、分娩與哺乳的「事實」之後，恢復母女間持
續的連結是非常重要的，以持續努力抵抗千年來的性別歧視，
透過質疑不言自明、描述性的規範，這樣的努力可以修復心理
上的創傷。不過，為了肯定派女性主義的緣故，這應該也要被
「定位」：把揚棄自然的或生理的連結當成目的本身，以建立
歷史的連續性，這是父權計畫的唯心論次文本。）審視陰蒂
抹除 ── 此處女陰殘割是女性定義為「再生產主體的法律客
體」的轉喻 ── 就會持續地尋求將子宮社會組織去正常化（de-
normalize）。此時此刻，發達資本主義經濟整個複雜的網絡繫
於購買房子，以及擁有家庭的哲學等事實，親密地連結到核心

──────────────────

47　"Un nouveau type d'intellectuel: le dissident," p. 71.

家庭的神聖地位，這顯示了成年女性子宮模式是如何全方位地支持資本主義陽物形式。在這個光譜的另一端，這個陰蒂做為性別主體能指，在特定的女性壓迫下運作的意識形態—物質壓抑，做為最低層的廉價勞工受到多國企業以遙控雇用，在較未開發國家抽取絕對的剩餘價值。是否「父權體制的社會關係可以被繪製成生產模式的社會關係特色」，又或者，是否它是「相對自主結構被書寫進家庭關係裡」；是否家庭是社會化生產的地點，還是意識形態主體的建構；這樣異質的性別分析揭露的會是陰蒂的壓抑，不論是一般或狹隘的意義（其中差異不可能是絕對的），都是受到父權體制與家庭的預設決定。[48]

　　我在述及這樣的性別分析時，強調斷裂、異質性、類型學，因為這個作品不可能自己抹滅種族與階級的問題。它未必要逃避第一世界女性主義對第三世界內建的殖民主義。我們希望，這或許可以推動我們共同但有歷史獨特性的命運。當她的祖母把這受驚嚇的孩子交出來時，血液從她的胯下流出，「解放的」異性戀女性和露水姻緣的戀人在床上——體驗著「自由」活動中最自由的行為——共同面臨了承認她的性高潮「不正常」的「羞恥」；或是接受「特殊的」需要；基進女性主義者和再生產的小圈圈畫清界限，有系統地揭露女同志身體之美；有嫁妝的新娘——燃燒的身體——與女性支薪奴隸——最大剝削的身

48　*Feminism and Materialism: Women and Modes of Production*, ed. Annette Kuhn and Ann Marie Wolpe (London: Routledge and Kegan Paul, 1978), pp. 49, 51。關於否定陰蒂的插入倫理所提出極有說服力的幻想，可參見 Irigaray, *New French Feminisms*, p. 100 我認為這種插入占有的姿態在德希達討論「女性之名」時亦有所發揮。

體，這一切都連結起來了。[49] 我也可以提出其他的清單；每張清
單都會跨越及消解意識形態—物質壓迫。對我而言，這是法國
女性主義最佳禮物，它自己不可能充分認識到這一點，但我們
必須努力發揮；這是一個可以解放我的蘇丹同事的主題，也是
河邊年老洗衣婦可以理解的主題。

49 Sherfey. *The Nature and Evolution of Female Sexuality* (New York: Vintage,
1973); *Our Bodies, Ourselves: A Book by and for Women* (New York: Simon and
Schuster, second edition, 1971).

第十章
絮語論思：何謂價值 [1]

　　主體的述謂（the predication of the subject）是決定價值為何的一項重要因素。現代「唯心主義者」認定的主體述謂是意識（consciousness），而「唯物主義者」則以為是勞動力（labor-power）。意識不是思想，而是主體對客體不可化約的意向。同樣地，勞動力也不是勞動（勞力），而是主體對於自身不可化約的可能性，該主體之於自身不只是充分的，甚至是超乎充分的（super-adequate），它是勞動力：「勞動力與其他普通商品不同，使用勞動力可以創造價值，而且這個價值比花費本身的成本來得更大。」（卡爾・馬克思，《資本論》。第一卷，頁342，譯文經潤飾。）

　　「唯心主義者」和「唯物主義者」的述謂都是排他的，有許多人質疑這種排他的對立性，通常是針對「唯心主義者」所認知的主體述謂提出批評，尼采和佛洛伊德是歐陸兩個最明顯的例子。有時候在論述智力勞動以及體力勞動時，意識會被類比做勞動力。阿圖塞的「理論生產」概念是最具爭議的例子。（《捍衛馬克思》，頁 173-193）。法國的反依底帕斯論述似乎假定了一個沒有述謂或述謂功能的身體。（著名的「沒有器官的身體」就是這種假定下的產物──見吉爾・德勒茲和菲力克

1　我十分感謝 John Fekete 教授對這篇文章深入的批評。

斯‧瓜達里合著《反伊底帕斯：資本主義與精神分裂》）但我到現在還是認為，這頂多就是一種形而上渴望的最後掙扎。既然我堅信主體─述謂的論定就方法論來說是必要的，我對這種反伊底帕斯的主張就不會再加著墨。這篇論文主要的論述在於，如果以馬克思[2]這種唯物主義者的主體─述謂來看待價值，價值究竟是什麼。這個理論工程需要一定程度的普遍性，其特定的政治含義，我在行文中以及結論都會談到。我在此保留理論和政治兩者的對立關係，這是本文的旨趣所在。

在我展開這項工程之前，我會先從實際的解構主義─女性主義─馬克思主義觀點出發，在限定的學科範圍內探討何謂價值。在文學批評中提到經典─形成時，價值的問題就浮出檯面了。從這個角度來看的話，我們首先就要反問：「為什麼」要有經典？經典背後有什麼倫理─政治上的意圖在進行操作？透過批評陽物理體中心主義，解構主義的驅動力即是對經典的欲望去中心化，在釐清陽物中心主義的企圖時，一定會談到女性主義者，而在釐清理體中心主義的企圖時，則一定會涉及對支

2　對這個問題任何嚴肅的思考都必須考慮 Georg Simmel 重要的 *Philosophy of Money* (trans. Tom Bottomore and David Frisby, London: Routledge and Kegan Paul, 1978)。我和 Simmel 的差異相當大。他以類比的方式精彩撰述，但不可能認可「唯心論」和「唯物物」的斷裂。雖然他在技術上意識到剩餘價值的論點，但基本上關注的是價值交換。他反社會主義的立場便成為是反對前馬克思主義的社會主義。他偶爾引述馬克思並沒有透露出他對馬克思文本的認識。不過他對金錢與個人主義間關係的討論，以及 Volosinov 後來稱之為「行為意識形態」的開端，倒是深深影響了我。在某些方面，甚至是他對女性做為商品的看法也對我有所啟發。在這些層面上，他應該和 *Origin of the Family* 的恩格斯及 *The Protestant Ethic and the Spirit of Capitalism* 的韋伯有所區分。

配模式感興趣的馬克思主義者。但是，對解構主義批評家而言，完全消除經典以及旁經典（apocrypha）的對立是不可能的，沒有一種對立是可以完全消除的。（「完全消除之不可能」正是解構主義耐人尋味的述謂。）身為馬克思女性主義者想要尋求替代的經典形成方式，我們會從不同種類及不同形式的舊標準來著手，這樣看來，批評家的責任似乎就是審慎的宣告「立場」。

我們無法避免某種歷史—政治的標準，那種標準被「中立的」學者斥為「感情用事」。在回答那些反面問題時，這種標準受到多重決定的影響，因此而浮現出來，以下這個例子便是典型反問：哪些主體—效應被系統性地消除、被訓練到會自我消除，如此經典的規範才得以出現？若從這個角度來思考，既然文學的經典形成是在更廣泛的成功認識論暴力網絡下運作，那麼會問這類問題的，就不只是女性主義或是馬克思主義的批評家，也包括了反帝國主義的解構主義者。這些反問與主張常常構成特有的新馬克思主義（女性主義—解構主義）對文學價值的觀點。因為我贊同他們的意見，我的文章就從他們的觀點開始闡述，然後再提出比較綜合性（比較抽象？）的看法。

那麼，首先要釐清的是，上文提及的觀點著重支配。無論是對經典的欲望、與古老標準的共謀關係、或是在知識暴力等議題上，以狹義定義的學科實際觀點來看，它所做的只不過是不斷清理（或污染）「唯心主義」領域，同時為價值問題提供養分。然而，以「唯物主義」的述謂來探討價值問題，就勢必要先檢視馬克思對剝削的看法。

在知識分子和歷史學家的小道傳聞中，馬克思研究剝削的

故事廣為人知。大約在 1857 年，馬克思開始研究做為概念現象的貨幣，以回應弗雷德里克・巴斯夏（Frédéric Bastiat）和亨利・查理斯・凱里（Henry Charles Carey）的分析和危機管理的建議，同時也回應蒲魯東（Proudhon）支持的烏托邦社會主義計畫。在這裡，我們必須指出，透過揭開看似一體的概念現象，馬克思揭露了經濟文本。談起文本，烹飪比起紡織來有時似乎是更貼切的比喻，即便後者在詞源學上認可度更高＊。掀開蓋子後，馬克思發現經濟的鍋子不斷處於滾沸狀態。滾燙的鍋中調理著（包涵這個辭彙中所有隱微的意涵）的就是「價值」。我們也必須指出，無論價值一詞聽起來有多麼前衛，在揭露的過程中，價值迴避了本體─現象學問題。我們也必須強調，這不只是要求我們自己再次面對經濟最終決定論的尷尬，而且，如果主體具備了「唯物主義」的述謂，價值這個問題必定會有文本化的答案（textualized answer）。[3]

　　我們先來探討馬克思以連續論（continuist）解釋的價值體系。[4] 以下是簡略的摘要：使用價值的出現指的是一個人生產並

＊　譯注：在英語中，文本（text）與織物的紋理（texture）詞源相同。

3　我必須承認這篇文章接下來提供的「答案」完全不是絕對的。這是我第三度試圖回答這些問題。第一次是〈德希達之後的馬克思〉("Marx after Derrida," in William E. Cain, ed., *Philosophical Approaches to Literature: New Essays on Nineteenth- and Twentieth Century Texts* (Lewisburg: Bucknell University Press, 1984)，第二次是同一篇文章的加長版。("Speculations on Reading Marx: After Reading Derrida," in Geoff Bennington and Derek Attridge, et al., eds., *Post-Structuralism and the Question of History* (Cambridge: Cambridge University Press, 1989)

4　如果我們把馬克思、佛洛伊德、尼采（德希達也把海德格包括進來）做為重要的西方斷裂思想家，其斷裂無論是因為面對不可跨越的鴻溝及平面變動所採用的方法所揭露或不得不然，解構主義式閱讀顯示了他們的文本，

立即消耗完某商品（或者是消耗完未經生產的物品）。交換價值代表的是以一樣物品取代另一樣物品時產生的價值。在貨幣形式出現以前，交換價值是隨機產生的。剩餘價值則是無償生產的價值。不過即使是在這種連續論的版本，價值似乎避開了本體現象學的問題——這是什麼（*tiesti*）。這個問題的答案通常是——價值是物化勞力的表現，不過這個答案仍然沒有正面回答使用價值是什麼。

　　這個連續論的說法在馬克思的著作很常見，當然也不會在恩格斯的作品裡缺席。至於不連續性的暗示，可以由馬克思七本筆記本內容，現在匯集成《政治經濟學批判大綱》，到《資本論第一卷》定稿之間的變化，看得最明顯。由於他第二次修訂這個版本說法，才產生出一套衡量的標準，從《資本論》第一卷到《資本論》第三卷，就能看見這套計算法逐步成形。這套「原始」的連續論觀點在德希達的理論中還可以見到殘跡，他的說法顯然啟發了尚－約瑟夫‧顧伊（Jean-Joseph Goux）的《貨幣學》（*Numismatiques*），顧伊書中大部分證據都來自《資本論第一卷》。顧伊的解讀把勞動價值理論和佛洛伊德與拉岡早期所說自我意識的形塑與意義放在一起談，這是把意識和勞動力類比的一個相當特別的例子。我的解讀表面上看起來會和顧伊作法很相似，所以在下面幾段中，我要特別指出顧伊的理論裡其實也存在連續論的想法。

續 ⋯⋯⋯⋯⋯⋯⋯⋯⋯⋯⋯⋯⋯⋯⋯⋯⋯⋯⋯⋯⋯⋯⋯⋯⋯⋯⋯⋯⋯⋯⋯⋯⋯⋯⋯⋯

　　正是有著斷裂的暗示，和建構連續論點的強大拉力之間所形成的戰場，連續論點要求有穩固的起點（archè）、中間（歷史的跨句連接）和結尾（telos）。大致說來，一般研究嘗試著建立論點的連續性。因此，連續論的版本通常被當作是真正的馬克思、真正的佛洛伊德、真正的尼采。

顧伊的研究表面上看起來是從尊崇非連續論的法國學派衍
生而來。德希達曾在〈白色神話〉（"White Mythology"）中替
《貨幣學》背書，這篇文章本身也是論述非連續論的重要著作。
（參見《哲學的邊緣》頁215，全書下同），我在前文介紹過馬
克思理論中的連續論價值結構，顧伊接收了馬克思的框架，不
過當然也加上自己的某些詮釋。所以，在連續主義的大框架中，
顧伊聚焦於貨幣形式的直線式發展，而且明確的用同構類比（他
很強調這一點）把這種發展和佛洛伊德理論中生殖器性欲的出
現做連結。接下來，他又把重點放在馬克思對某項商品變成普
世等價物的看法：馬克思認為這項商品勢必要排除其商品功能。
這裡他再次套用結構相同的絕對類比，把拉岡理論中，陽物成
為先驗所指的過程拿來作比較。（賈克·拉岡的早期理論簡述
可參見〈陽物的意義〉〔The Signification of the Phallus〕一文。）
以下就是他的論點：「正是同樣的衍生過程，同樣非連續性的、
累進的結構化原則，促成黃金、父權和陽物一樣獲得主導權地
位。陽物成了所有主體的普世等價物，如同黃金是所有商品的
等價物一樣。」（顧伊，頁77，筆者自譯）顧伊以黃金和陽物
的關係，建立馬克思和拉岡之間的關聯；這套論述之所以成立，
是因為他將交換解讀為鏡像行為，因此便可以從拉岡的「鏡像
階段」來解讀價值的起源。顧伊也確實注意到，交換價值是從
「剩餘」中產生的，卻避而不談使用價值的問題，甚至可能認
為這問題令人尷尬。

顧伊的論述的確獨創一格，但長遠來看，他似乎只是意圖
馴化馬克思對價值的分析。兩者的論述在中心化的符號形塑上，
大致型態有許多相似的地方。但若要從這些相似處看出這些被

類比的形成在結構上的本質，就必須排除那些會讓它們變得異質、不連續的力量場域。這樣一來就忘記了馬克思對貨幣的批判，這和佛洛依德對生殖器理論的態度、或是拉岡對陽物的態度，在功能上有所不同。而且，也排除了自我／陽物和貨幣之間的歸屬、支持但非類比的關係。（舉例而言，男性藉由父權合法性的傳承，間接維持了複雜的階級形成，在這個領域裡，貨幣形式就與在陽物辯證中的自我形式彼此支持，賦予主體階級和性別認同的特質。）同時，更忽略了馬克思是個唯物主義辯證思想家的事實，這在他研究看似統一的概念——現象貨幣時最為顯著。對貨幣形式單一線性演進的敘述（顧伊的模型），並不是馬克思最主要的「發現」。正是對價值的充分說明，才展現出馬克思論點的文本性（而不是可回復的連續論架構）和使用價值的定位，勞動力（無法化約的、結構上超越本身的充分——主體是由生產大於本身價值的能力所定義）作為主體述謂的重要性，才得以彰顯。

　　（將貨幣形式的出現和伊底帕斯情節進行適當的類比，也就等於在維護歐陸的馬克思主義。有些馬克思主義者想將其從歐洲起源中解救出來，我個人的政治立場和他們一致。顧伊之後的著作從馬克思和佛洛依德的猶太血統出發，闡述這兩人間的關聯，或許就不足為奇。這個論點或許有點道理，但它並不能解決馬克思主義和精神分析在地緣政治處境上的歷史差異問題。）

　　相較於上述這些問題，要讓馬克思的思想和結構主義形式主義結合，本來問題也不大，偏偏英美連續論硬要以結構主義方式整合所有對馬克思的解讀。對於英美論者的作法，此處的

頭號反對者就是阿圖塞。儘管我對阿圖塞論述中的許多細節有
所批判，但我仍然要向阿圖塞為人遺忘的一部分致敬：他嚴正
反對虛構代罪羔羊，反對這種逆向的個人崇拜。[5] 德希達把阿圖
塞和顧伊一併放入〈白色神話〉中討論，無形中對這一點有所
貢獻。如果只看德希達從《閱讀資本論》裡摘錄的幾段文字，
馬上就能發現，不管是好是壞，阿圖塞想透過馬克思文本中暗
喻間牽強的邏輯，來解讀馬克思的文本。至於顧伊則是有些鬆
散跳脫地推演出他的連續主義解讀。我只引述其中一點，將有
關顧伊的討論告一段落：因為交換價值源自一個人使用價值過

5　對阿圖塞最主要的抱怨是他推崇「科學」、輕忽「意識形態」，以及他把
　　馬克思分成早期意識形態、晚期科學的思想家。我的看法是，以批判實證
　　主義的精神來看，阿圖塞以科學之名隨意拋擲或進行修補，把這當作是方
　　便的隱喻向外篩出〔過濾〕，結果予以重新星集匯萃，雖然他原意是想把
　　馬克思看成是科學家，而不只是歷史哲學家：「當我說馬克思組織了科學
　　概念的理論系統，過去這個領域是由歷史哲學家掌控的，我其實是篩出〔過
　　濾〕一個隱喻，只不過是隱喻而已。」這讓他可以勾勒出兩大塊科學範疇：
　　物理（自然）和數學（理念）。馬克思開創了歷史科學（人類），因為他
　　提出了規則，藉由這套規則，歷史取代語義生成機制做為可以被解碼的記
　　錄。阿圖塞沒有看到的是權威歸納的跳躍：「顯然這個認識論的斷裂並不
　　是可以精確定位的〔ponctuel〕……它開啟了永遠沒有終結的歷史。」據阿
　　圖塞所述，列寧把這變成是截然畫分的計畫：「列寧定義了哲學實踐的終
　　極本質為理論範疇的介入。這樣的介入有兩重形式：在形成絕對範疇時它
　　是理論的；在這些範疇的功用上則是實際的。」這是「狂野的實踐」（根
　　據「狂野的精神分析」（la psychanalysesauvage）或流行心理所做的類比）。
　　阿圖塞「把這普遍化」變成是（新的）哲學實踐，把傳統哲學看作是敗壞
　　的競技場，以科學性的高籌碼下注的遊戲。在這個脈絡下，「意識形態」
　　和「科學」完全不是僵硬沈重的二元對立，而是必須一再重新思考的辭彙
　　(*Lenin and Philosophy*, trans. Ben Brewster (New York: Monthly Review Press,
　　1971), pp. 38-40, 61, 66)。拉岡精神分析主體形成理論和阿圖塞批判意識形
　　態之間的關係，或是佛洛伊德多元決定的概念與阿圖塞矛盾理論的修正兩
　　者的關係，則是建立在已發展的論點，而不是像顧伊是建立在同構類比上。

剩，所以便以存在過度（being-in-excess）為由，將普世的價值象徵（指貨幣—材料）由商品功能中排除，如此的主張，正如顧伊所為，似乎並非明智之舉。以馬克思主義來看，所有的價值皆來自使用價值的剩餘，但價值卻不會因此被排除。而普世的符號被拿來衡量該「剩餘」的標準（或者如顧伊正確地指出，還有「不足」），而符號本身的商品功能被排除，是為了避免它同時在兩個系統裡運作，既要衡量價值，又要保有價值，以致產生判別上的不便。（此處唯一有限的類比就是，陽物理論必須排除它做為陰莖的功能。）藉由膨脹過度概念，馬克思試圖去瓦解價值、交換價值、剩餘價值以及貨幣。事實上，顧伊一方面注意到馬克思經常將貨幣比喻為君王，但另一方面似乎又閃避了價值理論和國家形成理論之間重要的差異。

　　表面上，貨幣看似是個性質單一的現象；馬克思揭開了這層蓋子，因此發現了鍋裡沸騰不息的連鎖反應：價值—貨幣—資本。馬克思當然不完全是黑格爾主義者，但在這裡恰好有這種傾向——和黑格爾的理論相同，上述連鎖反應的方向並非不可逆。合乎邏輯的推演不一定和現實時序相對應。但為了滿足哲學思考和革命熱情等目的，資本這個概念的自我決定在關係式中既能往後推、也能往前推。（或許是因為前者相對比較容易，後者艱難無比，馬克思才開始質疑哲學正義這個概念。）了解這個想法後，讓我們來幫這個沸騰的概念鏈補上彼此的關係連結：

　　　　價值 $\xrightarrow{\text{表現}}$ 貨幣 $\xrightarrow{\text{轉化}}$ 資本

　　（我這裡的版本只是個粗略的摘要，集《政治經濟學批判大綱》中的〈貨幣篇〉、以及〈資本篇〉的第一節內容而成。）至少從兩點可以看得出來，[6] 這個關係鏈大致上是「文本的」：關係鏈兩端是開放的，而且用統一的辭彙來描述這些關係，其實就隱含了關係間的不連續性。因為篇幅有限，有些再清楚不過的事，我在此就不詳細解釋了，時至今日，資本這個概念形成打從一開始，向來都是開放的，這個事實從日常生活的細節、實用的危機處理機制，到一本如《越過荒原》（塞繆爾・鮑爾斯等人主編）這樣著重理性思考的書都可以看出來。在傳統的馬克思政治經濟學理論中，透過將鏈式往前多延伸一個概念，通常就把鏈式的起點封閉起來：

$$勞動^{表現} \rightarrow 價值^{表現} \rightarrow 貨幣^{轉化} \rightarrow 資本$$

　　事實上，近來關於勞動價值論的批判，其基本假設即是建立在馬克思所主張的「勞動表現為價值」。[7]

6　這類文本評論假設的是，（a）以狹義來說，即使「理論」文本也是在語言中生產出來的，（b）「現實」是從斷裂與建構差異配合了「起源」和「結尾」交織而成，所以是暫時的、變動的。「我們不再有現實、世界、再現場域或是書本、主體性場域、作者這樣清楚的三分法，但是安排會把這些秩序的每一個抽出來的某種多元性形成一種連結，一本書不一定要在下一本書找到連續性，也不用在世界上找到它的客體，或是一個、多個作者裡找到主體。」（Deleuze and Guattari, *Mille plateaux*, Paris: 1980, p. 34; 引文為筆者自譯）。

7　我在下文對這段批判有更長的討論。此處是簡要書單以為補充 Piero Sraffa, *Production of Commodities by Means of Commodities* (Cambridge: Cambridge University Press, 1960); Samir Amin, *The Law of Value and Historical Materialism* (New York: Monthly Review Press, 1978); Diane Elson, ed., *Value:*

　　不過馬克思對價值的定義不只是一種代表，也是一種差異。在商品差異中，被代表的或代表其本身的，就是價值：「在商品交換關係中，商品的交換價值與使用價值完全無關，但若從勞動產品中抽取商品的使用價值，即可獲得商品的價值，如同上述的定義。在商品交換價值的交換關係中，這個代表本身（*sichdarstellt*）的常見元素，就是價值。」（《資本論》第一卷，頁128；譯文經潤飾）馬克思所說的是，無論是代表自己或由能動者（「我們」）所代表，這兩者間的差距，跟一名調查人員或是一群調查人員（不論是在經濟學、企畫、企業管理等領域）所代表的空洞隨機的定位，兩相比較之下並沒有更具彈性。只有我先前描述的連續主義式的衝動，能代表這個差異所代表的勞動，就算「勞動」只是指「在商品中客體化」，因此可以持平地說，我們不應該把《資本論》第一卷中的一段文字當作整本書的論證。不過，我們必須謹記，在此討論的是馬克思文章中關於價值的特定段落，也是馬克思立論的依據。為了論述和推演的方便，在這個段落中，經濟鏈或文本起點存在的這種微妙開放性，馬克思自己也必須略過不談，或者，以宏觀的角度來看待這個論點，他必須予以「轉化」。（對於這種「轉化」問題的思考，可參見理查・吳爾夫（Richard D. Wolff）等所著〈馬克思（非李嘉圖）的轉化問題：基進概念化〉（"Marx's [Not Ricardo's] 'Transformation Problem: A Radical

-----

續 ....

The Representation of Labor in Capitalism (Atlantic Highlands, NJ: Humanities Press, 1979); Ian Steedman, *Marx After Sraffa* (London: Verso Edition, 1981); Ian Steedman, et al., *The Value Controversy* (London: Verso Edition, 1981)。

Conceptualization"，收錄於《政治經濟史》（*History of Political Economy*）14 卷 4 期，1982 年。）

接下來我要繼續討論使用價值這個概念的複雜性，也讓價值鏈式的起點成為問題。試想，在前述的價值鏈式中，每一個語素之間的關係都用某個統一的辭彙來涵括，因而產成了不連續性，這種內在的不連續性，也使價值鏈變得文本化。

首先，價值和貨幣之間的關係稱為「表現」（representation），針對貨幣形式出現，成為價值的普世代表物所形成的發展敘事，批評家如顧伊和馬克‧謝爾（Marc Shell）都作出評論，並且各自用心理性慾或語言生產的敘事，提出了適當的類比。（見馬克‧謝爾的《貨幣、語言和思想：從中世紀到現代的文學與哲學經濟學》〔*Money, Language, and Thought: Literary and Philosophical Economies From the Medieval to the Modern Era*〕，但值得注意的是，謝爾對貨幣歷史的描述不如馬克思的分析細緻）。我的重點在於馬克思如何以激進的辯證方法論，把看似單一的貨幣現象拓展開來，換言之，以否定的作用突破開展看似肯定的貨幣現象。在三段式論點的每個階段，馬克思似乎想指出不確定性的可能，而非停滯在矛盾處，而矛盾正是辯證形態最顯而易見的驅動力。

以下是從《政治經濟學批判大綱》一書中所整理出的概要：

定位：貨幣商品，做為一般交易媒介之貴金屬，是透過脫離以自身來交易自身的商品型態而加以定位。「從一開始，它們就代表過剩，這是財富最初所顯現的形態〔最初的樣貌（ursprunglicherscheint）〕（《政治經濟學批判大綱》，166；譯文經潤飾）」。貨幣在促進商品交易時，「有個簡單的事實，

就是該商品是以雙重身分存在，一方面，貨幣是一種特定商品，其自然形態即完美地包含了（潛藏）它的交易價值；而另一方面，它做為明確的交易價值（貨幣），其中所有與此產品自然形態的連結卻又不復存在—這種雙重、差異（*differentiated*）的存在，必須發展成一種差異性（*difference*）（147）」。當交易活動將勞動力視為一項商品時，此模式不僅造成了差異性（difference），也造成了不相關性（indifference）：「在發展完備的交易體系中……人身依附、品味區分、教育等的連結，實際上都遭粉碎撕裂……；個體看似獨立（其實這種獨立追根究柢不過是錯覺，比較正確的說法倒不如說是不相關性）〔Gleichgultgkeit—imSinnederIndifferenz—馬克思強調不相關性的哲學特性〕」（163）。

否定：流通被視為一種不斷重複的循環或總體，在這當中，貨幣是個消失中的要素，促使兩項商品的交換。這裡貨幣的獨立肯定性被視為「對流通的否定」，因為「切斷它與〔流通〕的一切連結，它就不是貨幣，而只是一個普通的自然物」（217）。貨幣出現時，其肯定的身分也被一種較微妙的方式所否定：「如果一個假英鎊（£）取代真英鎊在市面流通，它就提供了絕對相同的服務，彷彿它就是真的」（210）。以哲學的語言來說：概念的自我充分滿足，本身取決於一種否定關係，在此是指貨幣概念與流通整體之間的關係，而此概念之所以能夠運作是基於功能上的不一充分滿足（假＝真）。

否定之否定：當貨幣的確切金額發揮作用，資本開始積累，這就是「實現」（realization）。不過，這裡實體的具體特性遭到否定（因為它不是無產值的囤積物）。原因在於，「要消除

為滿足個人慾望而積累的事物,就是去實現它們」(234)。換言之,積累的合理進程只能藉其本身的決裂來運作,使商品脫離資本生產的循環,進入到對使用價值擬仿物(simulacrum)的消費關係。

我認為,馬克思指出了組成連鎖關係的這三個階段,每個階段皆有不確定的可能性,而不是僅有彼此間的抵觸矛盾:

$$ 價值^{表現} \rightarrow 貨幣^{轉化} \rightarrow 資本 $$

這個經濟鏈的文本化可以摘要如下:烏托邦社會主義者似乎是以貨幣為萬惡之源的假說來立論:這起源是肯定而毋庸置疑的。馬克思應用辯證法研究此根源,並透過否定的作法將其打破。在辯證法的每個步驟中,有時似乎會導致文本的開放性:不相關性、不充分滿足、斷裂。(對於運用義素運動及策略性排除範疇詞的辯證法(organized by the movement of semantemes and by the strategic exclusion of syncategoremes),此處德希達隱隱地予以批判〔〈白色神話〉,頁270〕,恰恰擁護支持了馬克思文本的組織方式。)

我們接著來談下一個關係:「貨幣與資本間的轉化」,這個關係在前文提及的連結鏈已經出現。(這與經濟學中的「轉型問題」不同。)非連續論的一個重要面向,就是所謂的原始或原初的積累。馬克思自己的說明是以詼諧的措詞來強調不連續性,然後再從過程而非起源的角度,來解決不連續性的問題。

我們已經看到,貨幣是如何轉化成資本;資本如何創造

剩餘價值，剩餘價值又如何創造更多的資本。但資本積累是以剩餘價值為前提；剩餘價值是以資本主義生產為前提；資本主義的生產則仰賴商品生產者手中大量資本和勞動力的可用性（availabilty）。所以，整個過程似乎是無窮無盡的循環，要從這一循環中抽離出來，我們只能透過假設「原始」〔ursprünglich，原初的〕積累……先於資本主義的積累，才有可能實現；積累並非資本主義生產方式的結果，而是它的源頭。這種原始積累在政治經濟學中扮演的角色，大概就和原罪在神學扮演的角色一樣。亞當咬了一口蘋果，自此人類便有了罪。（《資本論》，第一卷，頁 873）

馬克思的解決方案：

資本關係預設「工人」和「勞動結果的實際擁有權」是完全分開的……也因為如此，所謂的原始積累，不過就是將生產者和生產手段分開的一種歷史過程。（《資本論》，第一卷，頁 874-875）

馬克思將源頭的問題轉變成過程的問題，這個方法承襲自黑格爾的思想，在《哲學和經濟學手稿》中，馬克思早期處理「創造人類和自然的造物者是誰？」這個問題時，也用過相同的手法。（《早期著作》，頁 357）

然而，一旦資本發展完全 —— 在這個結構時刻（structural moment），也就是在沒超經濟強制（extra-economic coercions）的情況下，榨取、占用、實現剩餘價值的過程開始運作 —— 資本邏輯就會出現，並產生這類的資本。這個結構時刻並不是和前資本主義生產方式對剩餘價值的強制榨取同時發生，也不是

和生息資本、商人資本（由買低賣高所積累）的積累同時發生。
如同馬克思所強調的，這個時刻以勞動力為主體的定義述謂，
帶來一種歷史可能性。的確，我們可以說：「解放」勞動力或
許能描述該述謂的社會可能性，這時候主體被假定為在結構上
自身超乎充分（structurally super-adequate to itself），絕對可以
從必要勞力上生產出剩餘勞動（definitely productive of surplus-
labor over necessary labor）。而正因為這是這個主體絕對超乎充
分的必要可能性，它也就恰恰是資本的源頭，馬克思對此提出
一個精闢的見解，他認為資本消耗的正是勞動力的使用價值。
如果批判政治經濟學的問題只是為了重新恢復使用價值的社
會，那麼這個結構時刻恐怕就很可疑。「科學社會主義」將自
己和「烏托邦社會主義」做出區別，後者預設勞動力處於資本
邏輯以及薪資邏輯之外，藉此重建使用價值。這種假設隱含的
強烈異質性，馬克思從早期的《哲學和經濟學手稿》到後來的
著作都不斷提到，但也僅僅是粗略帶過。確實，我們或許可以
說，在革命實踐中，對於社會正義的「旨趣」，會「不合理地」
把非邏輯的力量帶進資本和自由勞動之間穩定的使用價值關
係，這種關係屬於一種哲學正義。如果按照邏輯推衍結果，革
命實踐必須要持續不間斷，因為這種實踐沒有任何理論—目的
論的正當理由。把這種兩端開放的狀況稱之為對文本性的介入，
或許並非全然的天馬行空。依照「所有社會生產方式中共有的
形式基礎」，以較嚴謹的最大化社會生產力聯合勞動的概念來
運作，或許不失為一個限制這種介入力量的替代方案。（《資
本論》，第三卷，頁 1016）

　　在連續論浪漫的反資本主義者眼中，正是使用價值的地

位（以及奠基在使用價值上的簡單交換或貿易）以一種模糊的方式，提供所謂社會「價值」最穩定的重心，即使學院派經濟學把使用價值簡化到只是一種物理係數，也不能改變這一點。這個定位毫不費力地容納了文字處理器（我稍後會對此再加著墨）、獨立商品的生產（例如手工皮製涼鞋），還有我們的學生抱怨著他們讀文學只是為了樂趣而非詮釋，我們那些富有「創造力」的同事，對評論之外的批評嗤之以鼻、以及主流批評家對於「理論」的敵意。另一方面，按照我的解讀，正是使用價值質疑了價值的整個文本鏈結，讓我們得以窺見另一種可能性：即便是文本化（在語言學和符號學化約論所隱含的限制下，已經是一種進步），到頭來可能也只不過是另一種排除隨機性的方法。

　　因為如果用典型的解構主義手段來剖析，使用價值會同時處於價值判定系統的外部和內部（關於解構主義「手段」的討論，參見德希達《立場》，頁71）。之所以會處於外部，是因為使用價值無法用價值的勞動理論來衡量，處在交換的循環之外：「一件東西可以是使用價值，卻未必是價值。」（《資本論》，第一卷，頁131）。但是，使用價值又並非完全處在交換的循環之外。就某些方面而言，交換價值就是價值的種名*，也是使用價值的剩餘或寄生物：「這個（交換的）特徵尚未全面地主導生產，而只考慮到剩餘，也因此自身或多或少就是剩餘的……意外地擴大滿意、享受的領域……因此只在某些地方發生（原本位在自然群落的邊界，可接觸到外來者）。」（《政治經濟

----

*　譯注：生物學上生物的拉丁文學名由兩個部分組成，分別是屬名和種名。

學批判大綱》，頁204）

這個部分—整體的關係在此處內外翻轉。（德希達稱此為「套疊」（invagination），參見《字形》（*Glyph*）（1980年，第7期）中的〈文類的法則〉，關於我對「套疊」的看法，見《重置：德希達及其以降》（*Displacement: Derrida and After*），馬克·庫魯普尼克（Mark Krupnick）編，頁186-189）。寄生部分（交換價值）也是整體的種名，因此使用價值得到了寄主的標準內部位置，同時也排除了使用價值，排除使用價值後，價值才能定義〔The parasitic part [exchange value] is also the species term of the whole, thus allowing use-value the normative inside place of the host as well as banishing it as that which must be subtracted so that Value can be defined.〕。此外，因為使用價值的情況可能是，勞動者想要消耗工作本身（的情意），那種必要的可能性使得以下二者變得不確定，一是「唯物主義」以勞動力為主體述謂，或者是經過資本邏輯校準組織的超乎充分。就那種必要可能的「特殊案例」而言，這個述謂不能再被視為社會必要勞動之上過剩的剩餘勞動。情意必要勞動的問題牽涉到隨之而來的慾望問題，也因此以另一種角度質疑資本邏輯純粹的哲學正義，不見得會轉變為烏托邦理想主義。

如果將情意必要勞動（在社會化消費資本主義的現況中是有可能的）視為勞動，而沒有仔細留意國際分工，這種觀點的命運恐怕就僅淪為政治前衛主義。儘管安東尼奧·奈格里（Antonio Negri）誠懇地倡議世界經濟體系，我認為他的無償

勞動理論，在這一點上可能有問題。[8] 將範疇詞策略性地排除在系統之外，重要的義素單位才得以控制形態學（德希達），這樣的抵抗或許可連結到使用價值的異質性，作為一種私人的文法。然而對德希達而言，資本大體上來說就是帶有利益的商業資本，因此對他而言剩餘價值就是資本的超乎充分，而非「唯物主義式」主體述謂項對本身的超乎充分，這種受限的看法，只能導向在資本和主體或商品和主體間的「唯心主義式」類比。

　　社會必要勞動的概念是以辨別生存與再生產的意義為前提。必要勞動指依據現行的價格結構，工人用以「再生產」自身所需的勞動力，以保持對資本最大功用。讓我們以固定資本與可變資本幾個層面的關係為例，現在倘若出生─成長─家庭─生命的動態關係受到與之相同的關注，「唯物主義者」將主體視為勞動力的斷定，就另一方面而言便被賦予不確定性，因此不會為不同形式的烏托邦主義和「唯心主義」所「駁斥」。而女性主義者陷入霸權的實證主義或正統辯證法時，則和主流馬克思主義者一樣，經常忽略這種價值文本性的擴張。[9] 他們偶爾會嘗試阻止此種擴張，方法是將其視為（馬克思主義與女性主義間的）對立，或採取連續論者的精神，將家庭社會化或形成意識形態的功能列為製造工人的直接手段，並因此參與了為

8　對這個理論精彩的剖析可參見 *Zerowork: Political Materials 1 & 2* (December 1975 and Fall, 1977) 的緒論及整個專刊。這個思想最革命性的一點是勞工階級包含了無薪者及有薪者。我認為在社會化資本下無薪職和邊陲資本主義的無薪職地位和定義皆有所不同。

9　明顯的例外是 Diane Elson, "The Value Theory of Labour," in Elson, ed. *Value*. 我在本書第五章亦提出相似的論點。

資本家生產剩餘價值的循環。他們也企圖在資本邏輯中，將家務勞動合法化。這些立場多數取決於情況緊急的程度。而因為我本身與他們有所接觸，批評時無法保持客觀的角度，本文最後一頁便是明證。為他們提供替代方案，在實際上其實頗為困難，因此在結語中我的評論傾向推崇，也就不言自明了。

接下來我們討論價值鏈「文本性」的最後一項。我們已經討論過，以流通做為總體，或在馬克思解讀貨幣的否定時刻，貨幣被視為對流通形成了否定關係，因為「切斷與流通的所有關係後，貨幣就不再是貨幣，而成為單純的自然物」。如此的流通具有形態的（如果不是「真正」的）力量，將貨幣回歸自然，從價值的文本性逐出。然而也正是流通賦予貨幣形式文本性，文本性做為結構描述，顯示分化（包括正與負）的運作，開啟了身分—做為—充分的關係。在接下來的段落中，流通就是發揮了這樣的作用，在貨幣形式本身內以受限的充分循環來運作：「你可以隨意地將 1 盎司黃金亂丟亂拋，它永遠也不會就此變成 10 盎司……。但是在流通過程中，1 盎司實際上重 10 盎司。」馬克思將這個現象描述為：將硬幣的「此在」（Dasein）視為「價值符號」〔Wertzeichen〕。「貨幣的流通是個外部的活動〔auBereBewegung〕……金錢和各形各色的手、皮包、口袋、皮夾相互摩擦，硬幣在這個過程中逐漸磨損……它在使用過程中是會消耗的」（《政治經濟學批判大綱》，頁 108；將 Dasein 譯為「它產生的作用」讀來令人費解）。

如果在第一個辯證「時刻」，流通過程擁有形態上的潛能，得以抵銷貨幣，讓它回歸自然，那麼在第三個「時刻」，流通便要承受自身被否定的風險，成為精神（Mind）：「生

產連續性的預設是，流通時間已經被揚棄〔aufgehoben〕。資本的本質預設了它經過流通的不同階段，這和它在思想表現〔Vorstellung〕的情形不同：在思想表現中，一個概念以思緒的速度〔mitGedankenschnelle〕轉換成另一個概念，轉瞬間完成；但在這裡比較像是以時間畫分的情境」（《政治經濟學批判大綱》，頁548，譯文經潤飾）。因此，藉由揚棄流通轉變成精神，（價值的）生產做為連續的整體，便會否定價值本身。如果價值沒有透過消費加以實現，嚴格來說，就不在生產的迴圈內，那麼價值就不是價值了。因此，資本做為最高階的價值表現「預設了它會經歷不同階段」。誠如前文所言，若考量到使用價值的套疊，這個論證就站不住腳。

　　資本的流通時間在電信溝通中是否被揚棄，轉化為精神的速度（或是其他）？價值（的勞動理論）在微電子資本主義中是否顯得過時？容我先在此標記出這些耐人尋味的問題，稍後再以更多篇幅討論。

　　馬克思在探討價值文本性時，將主體述謂定為勞動力，這層考量無法解答「何謂價值」這個本體現象學問題，但我們藉此得以一窺價值的評估、形成機制有多複雜。它告訴我們，無論廣義或是狹義的價值形式（一般認為經濟圈屬於狹義的價值形成），無疑都有共犯關係，同時也暗示將經濟的相關考量斥為「簡化論」只是虛張聲勢。我已經提出了幾個不同的論點，以證明以下這些論斷無效：把貨幣形式發展過程和精神分析分析敘事，做一個充分的類比；或在其中看到隱喻或語言的類比；把家庭勞動或知識勞動涵蓋在價值生產的概念中，而這個概念在資本邏輯的範疇內延伸。如果把意識本身涵蓋在主體的「唯

物主義」述詞下，那麼，會出現哪些價值形成的敘事呢？

　　如果在「唯心主義」類比下的意識，透過意向性，被視為是之於自身必然超乎充分，那麼我們就能夠詳細記錄特定普世等價物，這樣的等價物是用來量度可以鬆散地稱之為「思想」的價值生產。就像貨幣商品排出了商品功能一樣，這些等價物也不再被視為是「自然例子」。（因為這些類比必然是鬆散的，最後那個詞已經是最明確的表達了。）

　　這類普世等價物的其中一個例子就是「普世的人性」——心理上以及社會上的——它是文學和社會中價值的試金石。如果有人說，從這種普世等價物不同形式的轉變來看，某些「重要」文學的「讚譽」是以資本累積來表現的，那麼他可能是半開玩笑。阿圖塞「理論生產」模型中的「純粹理論」可以看成是另一種普世等價物。沿用顧伊的類比來說，若將價值的相對化視為一種退化，倒退到所有商品都能被「貫注觀想」為價值形式的敘事階段，就等同於佛洛伊德的多相變態階段，也可以導向美學，如同象徵主義和後現代主義那樣豐富。

　　顧伊對佛洛伊德—拉岡的性器期陽物出現敘事加以粉飾，視之為價值的普世等價物，對此我已經加以評論。尼采在《道德譜系學》（*The Genealogy of Morals*）中舉出了物件從一般交換循環中分離、變形的兩個關鍵時刻。這兩者很值得一提，因為這本著作是他嘗試有系統地「批判道德價值」，要「質疑這些價值的價值」〔in Fragestellen〕（《政治經濟學批判大綱》，頁 348，譯文經潤飾）。尼采的努力並不是著力於我稱之為以勞動力當作「唯物主義」的主體述謂，而是對於以意識當作「唯心主義」主體述謂，提出了批判，主要是透過「語言學」和「生

理學」雙重的決定因素來進行〔尼采，《道德譜系學》與《瞧！這個人》合訂本，頁20〕。因為這是價值作為完全抹滅的、不連續的符號鏈──進行中的記號鏈──的歷史的再銘刻，貨幣（以罪與罰做為交換系統）及硬幣上刻紋斷裂的參照關係到處充斥。而更關鍵的時刻，就是貨幣商品的分離，這在「開始」時提過一次，在「現在」這時刻發生時又出現一次，分別所指為代罪羔羊的分離以及揚棄前述姿態以轉為悲憫。這種揚棄正是眾所周知的時刻，在基督教故事中，債主做為上帝之子，為了債務人犧牲自己，（《道德譜系學》與《瞧！這個人》合訂本，頁77、72）（尼采理論中任何「開始」和「現在」的概念都會有問題，因為尼采對成功的譜系學研究方法提出強烈的警告：「整個過程以符號記錄下來的所有概念都難以定義；只有那些無歷史的才可能定義。」（同上，頁80）

　　我認為對馬克思而言，在價值的論述中，哲學上的重要時刻肯定是貨幣商品的分離，而非銘刻或鑄造。這裡馬克思以外語做為概念隱喻相當有趣，值得一提。通常我們討論語言（language）時，這個英文字似乎開頭都保持大寫，即使表面上是用小寫或用「言語（*parole*）」這個字來改寫也一樣。透過必要的前批判語言概念，亦即在母語裡，「字詞」和「現實」是不可分離的，馬克思提出了一個很複雜的主張，那就是價值形式的發展和字詞、現實（能指和所指）區隔開來，這個現象只有透過學習外語才能領略：「把金錢和語言做比較是……錯誤的……。種種想法最早從來源語譯成外語於是得以流通、得以交換，這才比較好的類比，但這種類比的相似性並不在語言本身，而是語言的外異感（《政治經濟學批判大綱》，頁163；

假設這是技術上的討論，那麼就必須尊重語言學中辭彙的明確性，我自然不會把字詞／現實等同於能指／所指）。值得注意的是，索緒爾採用了貨幣形式出現後才產生的由交換而形成的價值概念，就必定指稱了「政治經濟學……涉及了對價系統……〔介於明確的〕勞動和〔明確的〕薪資」，他藉此告訴我們，即使是在我們的母語裡，差異就一直在起作用，就算是最「原生」的，語言也總是已經存在某種「外異」；即使是在語言「無形的本質」裡，「語言學的能指……並不是由物質實體建構而成，而只是由差異組成，這種差異將其聲音形象與其他形象區分開來。」（《普通語言學教程》，頁 79、118-119）

　　經濟與文化之間的二元對立如此根深蒂固，以至於如果要由「唯物主義的」主體述謂出發，將價值問題的意涵全面概念化，其實是相當困難的。這些意涵災難性地產生了新的評估，我們無法預知這個目的論的時刻。我們能想到的最佳作法是持續地消除對立，要考慮的事實是，一、文化與經濟兩種價值系統的共謀關係，會表現在我們所做的每一個決定上；二、經濟簡化論的確是個真正的危害。矛盾之處在於，資本本主義式人文主義的官方意識形態是人文主義的論述，實際上卻是暗中利用「唯物主義」對價值的假設來建構其思想。第一世界的馬克思文化研究者無法在唯物主義的主體述謂框架下，去提問價值是什麼，因為這個問題會迫使人們認識到，在國際分工之下，西方的文化研究或許涉及了剝削文本。[10] 或許有點隨興所至，不

10　Hazel Carby, et al., eds., *The Empire Strikes Back: Race and Racism in 7os Britain* (London: Hutchinson, 1982) 是明顯的例外。該書作者不僅意識到英國

過在此且讓我們跳脫理論，再想想文書處理器，這是極度方便又有效率的書寫工具，有了文書處理器，我們就可以在更短時間內產出更大量的文字，也很容易上手。寫作的「品質」——也就是「唯心主義」的價值問題——以及手寫內容的使用價值——情意必要勞動——在此顯得毫不重要。（當然不可否認的是，文字處理器本身就能產生情感上的使用價值）。在「唯心主義」的圈子裡，從洛德教授（Professor A. B. Lord）到神父沃爾特‧翁（Father Walter J. Ong）的論述帶起一股趨勢之後，我們甚至可以這麼說：我們沒有參與到寫作的「起源」，卻可以大肆譴責書寫對口述傳統造成的傷害；不過，我們現在身處於電信通訊的起源期，又被注重效率的歷史意識形態全面包圍，卻無法正視當前的種種轉變，這種轉變是在編寫程式時，策略性地排除隨意拼裝（bricolage）之隨機性而造成的。（參見洛德，《故事的歌手》（The Singer of Tales）；沃爾特‧翁，《口語與書面》（Orality and Literacy））。

　　這些並不是我要強調的反對論點。我希望大家注意的是，即便流通時間達到了思想（以及其他）明顯的立即性，由那樣達成的明顯巧合所確保的生產連續性，必須由資本所瓦解：達到此目的的手段，是將買辦國家的勞動儲備排除在這個立即性之外，如此一來，可確保多國投資不會透過將勞工階級同化到消費人本主義，而充分實現自身。[11] 在《資本論》第一卷中，一

續

　　和國際分工間的種族歧視，也注意到在英國研究種族關係不可能假裝是對第三世界的普遍研究。

11　對這個現象有愈來愈多的研究，以下期刊可茲參照。*NACLA, The Bulletin of Concerned Asian Scholars*, and *Economic and Political Weekly*. 以下作品也

個不言而喻的道理是，科技創新催生了相對而非絕對剩餘價值
的生產。（《資本論》，第一卷，頁 643-654。「絕對剩餘價值」
是一種在方法論上不可化約的理論虛構）。由於相對剩餘價值
的生產與實現，通常伴隨科技發展與消費主義的社會化成長，
使資本支出無止盡地持續增長，因此，在資本主義中就存在著
矛盾的驅動力，那就是去生產更多的絕對剩餘價值和更少的相
對剩餘價值，做為其危機管理的一部分。根據這樣的驅動力，
符合資本「利益旨趣」的方式是以相對原始的勞工法規及環境
規範，來維繫買辦運作的方式。再者，在電信通訊研究與隨之
而來的競爭快速發展之下，固定資本與可變資本間的最佳關係，
已因前者淘汰速度日益加快而被中斷，所以買辦運作模式也往
往不得不接受來自後工業主義經濟體報廢與過時的機械設備。
若是以本文的哲學用語來敘述這個問題：亦即在勞動力作為超
乎充分的主體，似乎在電信通訊中否定自我，隨著國際勞動分
工變動的路線，就會不斷地產生這種否定關係的否定。這就是
為什麼任何對勞動價值論的批判，不論是指出在後工業主義下
這個理論行不通，又或是批評這個理論是經濟指標的微積分，
都忽略了第三世界的黑暗存在。[12]

提供了入門的參考資料 Kathleen Gough and Hari P. Sharma, eds., *Imperialism and Revolution in South Asia* (New York: Monthly Review Press, 1973), Part 1; Samir Amin, *Unequal Development: An Essay on the Social Formations of Peripheral Capitalism*, trans. Brian Pearce (New York: Monthly Review Press, 1976); and Cheryl Payer, *The Debt Trap: The IMF and the Third World* (New York: Monthly Review Press, 1974) and *The World Bank: A Critical Analysis* (New York: Monthly Review Press, 1982)。

12 參見 Deborah Fahy Bryceson, "Use Value, The Law of Value and the Analysis of Non-Capitalist Production," *Capital Class 20* (Summer 1983)（我和 Bryceson

　　而眾所皆知的是，因為近來國際勞動分工現象惡化，女性成為最大的受害者，她們是現今這個緊要關頭真正的勞動剩餘大軍。就她們的例子而言，父權社會結構導致她們的勞動成為超級剝削的新焦點（參閱瓊・納許（June Nash）與瑪麗亞・派翠西亞・費南德茲─凱麗（Maria Patricia Fernandez-Kelly）合編的《女性、男性與國際勞力分工》（*Women, Men, and the International Division of Labor*）。如前所述，考量生殖繁衍與家庭在那些社會關係裡的位置，就應該指出純粹的（或自由的）「唯物主義」主體述謂是排除性別的。

　　文學界必要時會強調最能代表美國傳統的是個人亞當主義，以及邊界的鬆動。[13] 就學界的政治行動主義而言，自由精神發揮得最充分的，就是去分析計算特定反抗措施可預測的策略效果：抵制消費商品、示威抗議在實施種族主義內政的國家裡投資，以及聯合反對種族滅絕的外交政策。試想電信通訊業在鞏固國際勞力分工以及壓迫女性所扮演的角色，在這種自由精神下，人們毫無節制地熱情資助資訊電腦化的擷取以及理論的

續 ....

　　在理論細節上不同，但與我此處的論點無關）我對「第三世界」的說明主要是「邊陲資本主義發展模式」，透過「帝國主義與在地剝削階級的結盟」運作 (Samir Amin, *The Future of Maoism*, trans. Norman Finkelstein (New York: Monthly Review Press, 1982), pp.9-10。

13 暫且不論必要的資格驗證，這個論點強調了美國 19 世紀、部分 20 世紀的相關評論，大致的軸線可以追溯自 F. O. Matthiessen, A*merican Renaissance: Art and Expression in the Age of Emerson and Whitman* (London: Oxford University Press, 1941)，接著是 R. W. B. Lewis, *The American Adam: Innocence, Tragedy and Tradition in the 19th Century* (Chicago: University of Chicago Press, 1955) 再到 Sherman Paul, *The Lost America of Love* (Baton Rouge: Louisiana State University Press, 1981)。

生產，但自由的精神應該讓這種行為接受同樣的謹慎檢視。要
「釋放」主體在勞動力的超乎充分，意味著超經濟強制的不存
在。由於實證主義的視角在美國這種後工業文化之中，只看得
到後者，也就是支配，因此電信通訊除了承諾主體擁有無限制
的自由之外，似乎什麼貢獻也沒有。在「世界其他地方」，像
剝削這種經濟強制形式是隱而不見的。

　　這些感想在公共論壇發表時曾招來美國一名著名左派人士
嘲弄的評語：「她連卡布奇諾都不會給工人喝！」我不是真的
在說文學批評家不應使用文書處理器。我的重點是，因為喝卡
布奇諾的工人主動地忘記生產咖啡的機器在剝削中的實際價格
（actual price-in-exploitation），正如處理文字的批評家忘記生
產文字的機器在剝削中的實際價格。因此，我們就必須問，「唯
物主義」是怎麼看待價值問題的。這當然不是說所有文學批評
家都必須考慮這樣的問題，但若當今的美國文學批評家決定，
唯有在未受承認的「國族主義」觀點的「生產力」框架內，才
去問價值問題，那麼無論她到哪裡，大家都不會認真的把她當
一回事。（當然，真正的問題在於，人們會認真看待她，而跨
國意識形態再生產的作品也會一直持續下去。）如果我在此所
採取的立場被誤認為某種讓人尷尬的經濟決定論，以下是我的
說明：「在此〔經濟決定論〕有不足，也有超越。要留意的是，
了解經濟決定論的超越並不會變成其內在，也就是認知到……
一個溝通管道（parcours，路徑）的必要性。這個管道必須在文
本中留下航跡（sillage，航跡），如果沒有航跡或軌跡，徒留結
論的簡單內容，也就是極端先驗的文字」——那些我努力解釋
與揭露的經濟的文本性論述——「會非常類似前批判文本」——

經濟決定論——「相像到兩者難以區分。我們現在必須仔細思考這個相似性的法則。」（德希達，《論書寫學》，頁61）。在這篇文章中，我做的無非是要激發這種思考，主張順著馬克思的思維，我們就有可能把經濟文本放在「抹除畫掉」（under erasure）的狀態下，也就是說，去看到經濟文本運作不可避免且無所不在的重要性，而我們仍然要質疑它做為最終手段的概念。（這恰恰也強調了「放在『抹除畫掉』」下同時意味著肯定與否定。）1985年，沃爾特・班雅明說了一句名言：「每種文化的記錄同時也是野蠻的記錄」（《啟迪》（*Illuminations*），256），這句話應該是馬克思主義價值論研究的起點，而非終點。「文化論」否定在全球運作下經濟文本的地位，就不可能理解隨之而來的野蠻主義的生產。

　　另一方面，如果有另外一種想法是，從長遠來看，透過跨國經濟，每一個人最後都會擁有打字機與卡布奇諾（更別說槍枝和奶油了），用這種方式評估的批評家就一定要有心理準備，勢必得加入薩米爾・阿明（Samir Amin）和已過世的比爾・華倫（Bill Warren）之間的辯論，其中幾點我在前文已經概述過了〔參考沃倫《帝國主義：資本主義的先驅》（*Imperialism: Pioneer of Capitalism*）；阿明〈資本主義的擴張或危機？〉（"Expansion or Crisis of Capitalism?"）〕。這位批評家必須準備好承認，歐元機制與「市場全球化」（我們解讀為「全球危機」）所擬議的統一教會，並沒有為這個不切實際的期望增加太大的可信度。

　　或許在此應該介紹〈市場全球化〉（"The Globalization of Markets"）這篇文章，文章作者西奧多・萊維特（Theodore

Levitt）是哈佛商學院愛德華‧卡特學派企業管理教授（Edward W. Carter Professor of Business Administration），也是市場行銷系的系主任。以這篇文章來說明我試著定義的種種態度，真是最具代表性不過。因為萊維特教授是由大企業（下面引述的段落就提到「人民和國家」）的角度來論述，他並不關注國際勞動分工所造成的分裂。他針對金錢和勞動分工之間的關係建立出以下的理論，他認為金錢是統一的概念，這又是由「經驗」成為被盲目崇拜的概念而促成的：「沒有人會默默接受匱乏；每個人都想要更多。某種程度上，這也解釋了勞動分工和生產專業化的現象。這些現象讓人民和國家能夠透過貿易把自身情況（這裡刻意選用「情況」這個模糊的詞）提升到最好。達成這種關係的中介〔這個字用法恐怕有誤〕多半是金錢。經驗告訴我們，金錢有三種特質：稀少，難以取得、瞬息萬變。因此人們自然就會重視金錢。」[14]我一直想表達的是，當代揚棄金錢的態度似乎質疑了「唯物主義」的主詞述謂，然而這種原始的金錢概念必然與這種揚棄形成了共謀；後現代主義雖然一方面使用各種現代化的空話，另一方面卻不斷地再生產「前現代」情況。在萊維特教授的文章裡，這兩種觀點無法合流，只能分別並列呈現。以下引述一段：「當今金錢只不過是電子衝動（electronic impulses）。透過光速（馬克思對流通的定義是思想的速度，這是不可能達到的限制），金錢可以輕鬆在距離遙遠的中心（或甚至比較落後的地區）之間往來。某張債券的價

14　Theodore Levitt, "The Globalization of Markets," *Harvard Business Review* 61:3 (May-June, 1983), 95. 感謝 Dennis Dworkin 讓我知道這篇文章。

格改變了千分之一，就會造成大量金錢立刻從倫敦轉移到東京。這個系統對於世界各國的企業如何運作，產生了深遠的影響。」（萊維特，頁 101）

這裡的觀點只有一個焦點，而且通常文學學者不會用批判的角度來閱讀（講得好像他們會去讀似的）。我一直嘗試解釋的不光是上文提到的並列關係，還有文中用看似科學的語彙，把剝削加以濃縮或當成紀念碑來處理，像是下文中說的「具有規模效率的條件」（這裡提到的「價值」恰恰好是統一的連續論式定義，和馬克思學說中，去除了歷史、倫理和哲學責任的價值定義是一樣的）：「在快速變化的世界裡，最難存活的企業可能是那些用高附加價值的產品主宰狹小國內市場的公司，而這些產品的市場在其他地區可能更小。加上運輸成本」——唯一明確列出的成本——「在比例上相對較低，因此地緣較遠的競爭對手，便開始透過具有規模效率的條件，生產更低價的產品，陸續進入那些公司受到保護的市場」（萊維特，頁94）。

這些「走向全球化」的人，體現了人類的共通特性：「一種自古以來便存在的動機，要讓個人貨幣流通得愈遠愈好。這是普世價值，不僅是動機，更是實際需求」（萊維特，頁96）不過，針對人文教育的基本矛盾，萊維特誇張地戲謔嘲諷，他描述了全球市場普世化中的知識暴力：「做生意的目的就是要爭取並留住顧客。或者用彼得‧杜拉克（Peter Drucker）更細緻的說法就是：創造才能留住顧客。」[15]

---

15 Ibid., 101. 根據以意識形態召喚主體為消費者，值得注意的是符號場域忠實地再生產了資本主義者及父權社會關係：「消費者」（是男性）並不知道

　　這就是經濟化約論運作的方式。說什麼與經濟無關，其實是默默為其助陣，把事情合理化。相對於全球化思維，它對「多國思維」的意見，可以從管理階層聽到第一世界勞工不准在休息時間喝杯卡布奇諾時，感到震驚的反應略知一二：「這種多國思維，因為多年來的失敗經驗以及跨國問題，因此變得謹慎膽怯，如今鮮少挑戰現存的海外企業作法。更常見的是，如果有任何模式脫離了國內本來的作法，便會被抨擊為愚蠢、不敬、

續 ....

自己要什麼；「經理人（不應該是）自信滿滿地結合了行銷概念扭曲版本，根據這樣的想法主張，你是給消費者自己想要的」。不過，我們現在討論的東西是自動洗衣機，顯然我們真正的目標是「家庭主婦」（是女性）：「胡佛牌媒體訊息應該是：這臺洗衣機可以減少日復一日沈重家務，家庭主婦們，這是妳應該擁有的，有了它，妳就可以有更多時間陪小孩和丈夫。宣傳也應該針對丈夫，在為自己買車前應該先買一臺洗衣機給太太，這是他的責任。非常地便宜，加上現在的大促銷，對於先前特定特色就可以一筆勾銷。」（98）在消費主義的父權關係論述裡意識形態再生產和國際分工的增強之間的關係，以及在社會化資本裡的女性主義個人主義論述國際分工的再生產與增強，這兩者有些類似。舉例來說，檢視《女士雜誌》電子通訊看起來單純沒有問題的評估，考量主體「唯物論的」謂語，這個雜誌考量到社會場域也是意識形態機器，我們不能預期《女士雜誌》的讀者知道上述的考量。（順帶一提，時間問題如何在「敘事」脈絡下被逆轉，電子通訊的敘事生產語言如何尋找掌握無害的「現實」，這需要更長的討論，我希望未來再加深究。）「羅伯・威廉斯（Roberta Williams）不知道自己想做什麼，直到 3 年前她設計了第一個微電腦冒險遊戲，她現在是頂尖的家用電腦遊戲設計師……和人合夥經營的事業營業額為 2,000 萬美元……冒險遊戲裡遊戲街臺遊戲連續動作及利用「即時」（業界對連續行動的暗語，內建在遊戲裡）有些地方很好玩。」在同一期雜誌裡，內文提到女性主管的「追求事業」用了一些很有病徵的隱喻，「過程基本上是作媒……妳不需要有紅娘常識般的直覺〔最強烈的意識形態〕來判斷誰和誰在一起，或是季辛吉的外交手腕。」（Ms. 12:2, August 1983, 20, 73）一方面是女性主義個人主義和軍事工業情結間的關係，另一方面則是在資本主義圈子裡反性別歧視的問題被了解為女性主義，對我來說這裡具有十分多元的決定因素，而無法在一個注解裡說清楚的。女性苦難和普世姊妹情誼未經檢視的生殖器價值學的出現也是此處的議題。使情況更複雜的是霸權男性主義的無所不在。

或是不切實際。這是種過時的想法。」（萊維特，頁 101；強調為筆者所加）

在此，我要以 1983 年 10 月 23 日發表於《紐約時報》星期天增刊一篇名為〈華爾街的電路線〉（"The Wiring of Wall Street"）的文章，建構一個敘事。（我之所以選擇《紐約時報》是因為它涵蓋範圍廣泛，包括報紙的周日增刊、《科學人》雜誌、《今日心理學》以及《國家詢問報》，構成了意識形態機器的一部分，而透過這個機制，消費者可以吸取知識，成為「文化」闡釋的主體。然而是否因此就能提出，《哈佛商業評論》等報刊也是這個體制的一部分，透過這樣的報刊，投資者一經理人接收到他的「意識形態」？正如我在注解 15 中所提出的，女性主義的個人消費主義在同樣的體制裡正逐漸遭到挪用收編。）

在電信通訊出現後，華爾街看似是被「聲音—意識的即時自我接近」和「書寫的能見效益」這兩者之間二元對立的和解（而非解構）所拯救了。正如格奧爾格・齊美爾（Georg Simmel）在上世紀末觀察到的，股票交易是最能夠大幅加速金錢流通的地方：「價值濃縮成貨幣形式以及貨幣交易濃縮成股票交易，這個雙重面相讓價值在最短的時間內，在更多人手中流通」（齊美爾，頁 506）。「股票市場的最大難題是時間管理，最早出現的解決方案在 1972 年問世：紐約證券交易所、美國證券交易所和及它們的證券經紀公司組成了證券業自動化公司。……就在不久前，證券經紀人還按月或按周更新投資資訊；現在，多虧有了電腦，投資可以即時回報」（〈華爾街的電路線〉，頁 47）。值得注意的是，儘管在後工業資本主義社會中，

時間已經因此受到管理，高階馬克思理論將時間歸類為變化的
載體，藉此駁斥勞動價值論：「若考慮到產出不變……一個產
業所採用的不同生產手段的比例也不變，那麼關於收益的變動
和穩定度，就不會有問題（蘇瑞法，《商品的生產》（*Production
of Commodities*），卷五）。如果金錢可以透過電腦以意識的速
度流通，它同時也承續了書寫的能見效益。「國家證券交易協
會董事長葛登・麥克林（Gordon S. Macklin）曾說：『在 1971
年以前，我們的市場雜亂無章、毫無組織，大多數時候是看不
見的』。」（〈錯綜複雜的華爾街〉，頁 73）。這種意識與書
寫二元對立的化解，顯然並未「駁斥」佛洛伊德後期將精神視
為「*Wunderblok*」，或神祕書寫板的解構原型（參見德希達《書
寫與差異》（*Writing and Difference*）中〈佛洛伊德與書寫場景〉
（"Freud and the Scene of Writing"）一文）。如果真有什麼不同
的話，矽晶片似乎賦予那純粹虛擬性「具體思維」，德希達將
這種差異稱為「死去時間的作用」（關於佛洛伊德對具體思維
的警告，詳見佛洛伊德著《標準版》，第四卷，頁 281；德希達
的文字摘自《論書寫學》，頁 68）。

　　然而這並非我在此所要強調的反對理由。我要指出的是，
即使電腦拓展理性思維的新領域，卻無法達成隨意拼裝，也無
法編撰出一個程式，讓某項功能使用跳脫原來所設計的用途。
（這是個著名的問題，就是如何設計程式讓電腦和鳥類一樣，
能利用隨手得來的材料築巢，而這問題則令侯世達*和其他人大

---

*　譯注：Douglas Richard Hofstadter（1945 年 2 月 15-），中文名侯世達，美
　國學者、作家。他的主要研究領域包括意識、類比、藝術創造、文學翻譯

感興趣）。眾所皆知，激進的原型解構文化實踐明確告訴我們
要由隨意拼裝來著手，用力把文化元素從原來被賦予的功能中
拉扯出來，「再聚集」這些元素。班雅明曾寫，「我們對攝影
師的要求是他有能力替照片下標題，將照片從商業流行中拉扯
出來，賦予照片創新的使用價值〔Gebrauchswert〕」，即使他
推薦以隨意拼裝做為文化實踐，其實他就是含蓄地「拼湊」或
改善連續論的使用價值概念（我不需再重複之前的論點）。這
種推崇可以在他最早的理論裡發現，透過時間上不可化約的他
異性，他把寓言視為對廢墟及片段的心神貫注（或占據）。（班
雅明，〈作者即生產者〉《回憶：散文、格言、自傳書寫》，
頁230）在德勒茲和瓜達里大膽提出的原本無法運作的機器概念
中，也可以見到這一點。我們不妨這麼說，對德希達而言，透
過將引用定位為原創，他使隨意拼裝激進地變成對所有關於充
分及合法性意識形態的質疑。[16] 這些定位現在漸漸匯集成一股力
量，在後現代政治經濟裡，去處理後現代文化現象所浮現出來
的種種意識形態的可能性。[17]

　　這種文化理論實踐的可能性，破壞了後現代股票交易中完
全一致的文本，但是在這段敘事裡，這種可能性甚至不是我要
強調的。我的批判可以在這段有關舊股票電報機的段落裡寓言

續 ....

以及數學和物理學探索。

16 感謝 Tony Snyder 向我建議這一點。

17 代表性的論文非詹明信此篇莫屬 Fredric Jameson, "Postmodernism Con-
sumer Society," Hal Foster, ed., *The Anti-Aesthetic*。而這篇文章的修訂版本
"Postmodernism, or the Cultural Logic of Late Capitalism" 則另外收錄。他對
這些可能性抱持著模稜兩可的態度。

式的摘要看得到，「從充滿故事的過去中留下來的，只有老舊的股票電報機。交易開始 15 分鐘後，股票電報機——1867 年的先進科技——早已落後繁忙的交易 6 分鐘了。若讓股票電報機加速趕上現在的交易量，那就會快到看不清機器上的數字。」（〈華爾街的電路線〉，頁 47）

我們必須記得《資本論·第一卷》也是「1867 年的先進科技」，這本書在那一年出版。我一直想要證明馬克思主義的歷史論述——「過去的故事」——絕不是過時的工具。如果把這種論述延伸至認識論暴力，把帝國主義的認識論暴力視為危機—管理，也涵蓋現今對帝國主義的錯置，這種論述就可以讓我們全面解讀政治經濟的文本。用這種方式「加快速度」，並不會讓國際勞動分工中不可化約的裂痕變得模糊不清。〈華爾街的電路線〉文中首先提出「時間管理」的概念，然後引用雷曼兄弟控股公司副董彼得·索羅門（Peter Solomon）說過的話，「提出一種解釋：『電腦讓我們知道如何管理風險。』」（〈華爾街的電路線〉，頁 47）而像股票報價機一樣既不便又過時的馬克思理論，卻揭露出管理遊戲裡「時間」和「風險」之間被忽略的那個詞：危機。

現在讓我們回頭去看幾頁之前談過的文本的概念—隱喻。藉由重新陳述前幾頁的主張，我想指出，就算靠著電腦，雷曼兄弟*「每工作 15 分鐘就能賺進大約 200 萬美元」，整個經濟文本也不會全都變成這種狀況，除非它能像羊皮紙一樣刮掉重寫，蓋過另外一個文本，在另一個文本裡，斯里蘭卡的女工要工作 2,287 分鐘，才能買得起一件 T 恤。「後現代」和「前現代」的文本被寫在一起。此外，齊美爾在將近一百年前提出的說法

也值得注意，他說發展完善的貨幣形式自然會促進「個人」概念的形成：「如果自由代表的是只遵守自己的原則，那麼資產和所有人之間，由貨幣衡量收益這種形式創造出的距離，就能提供某種目前尚未出現的自由。」（齊美爾，頁334）可以想見，像華爾街這種「後現代化」最大的受益人就是美國每位獨立的小投資人。這種看似超越歷史的「個人主體」，「必須要忠於後現代主義的真理……並且把全球認知圖繪的創造與投射當作是其使命。」（詹明信，〈後現代主義或晚期資本主義的文化邏輯〉，頁92），只要沒有人去仔細界定後現代在特定空間內的主體生產，所謂獨立主體就會是這種沒有前途的個體。

　　正因為有這種危機管理和規範的框架，我認為應該要探究西歐經典文學風格形塑的歷史，是如何在大眾的默認下，被當作是整體文學風格的演變。我並不是鼓勵用各種反動懷舊價值來對抗經典，像是一味推崇勞工階級文化、故意摒棄精英式的標準、崇尚猶太基督教以外的一切異教神話、羞怯地提倡「尼加拉瓜的詩歌」等等。事實上，我在此描繪的歷史敘事版本如果加以擴大，就可以呈現出，在前述這些懷舊的評量規範之中，帝國主義認識論暴力被當成危機管理的歷史，即便到今天仍然在運作。

----

* 譯注：史碧瓦克在撰寫這篇論文時，成立於1850年雷曼兄弟控股公司仍然是全球重要的投資金融機構，在2008年初，雷曼兄弟曾被美國《財富雜誌》選為財富五百強公司之一，為當時美國第四大投資銀行。但在2008年9月受到次級房貸風暴連鎖反應波及，最後宣告破產。以後見之明來審視，史碧瓦克在當時已預見了資本主義的危機。

我們在看待一般的歷史分期時，應該檢視它在政治經濟的世界體系所要求的歷史正規化中，究竟扮演什麼樣的角色，探討它和價值的生產及實現的關係，「後現代」是它的最新徵候。這樣的評估可以將「唯物主義的」價值闡釋，納入前文所提及的、在我們學門中價值的實際定位，強調「剝削」在理解支配現象時扮演的角色。[18]

在〈馬克思（非李嘉圖）的「轉化問題」〉一文中，理查‧沃夫（Richard A. Wolff）、布魯斯兄弟（Bruce Brothers）、安東尼奧‧柯拉瑞（Antonino Collari）指出，當「馬克思……考量一個社會客體，在這個社會客體中，流通過程為生產過程提供有效的先決條件，……最重要的規模必然是被消耗的生產手段的生產代價，而不是具體呈現在生產手段裡的抽象勞動時間」（沃夫等著，〈馬克思的「轉化問題」〉，頁574）。到目前為止，我最主要的論點是：若不談勞動價值論，就等於是遺忘了唯物主義主體述謂的文本內涵和價值論內涵。然而，我引用的這個段落似乎恰如其分地描述觀點轉移，必須暫時地把這個理論放置一旁。轉移的結果是，「交換的等價物必須藉由競爭資本主義中特定程序建構，它以資本總額平均利潤率的形式，等

---

18 馬克思在此處之所以有用，並不是因為他是歷史哲學家，而是因為他是危機理論家。他在危機概要理論裡充分說明了國際分工，而不是談西歐以外世界生產模式的規範敘事。關於危機理論精要記錄，與當代帝國主義危機理論，可參見 Robert I. Rhodes, ed., *Imperialism and Underdevelopment: A Reader* (New York: Monthly Review Press, 1970)。關於馬克思生產、分配及流通理論的系統發展成為危機規範，可以參見 Michel Aglietta, *A Theory of Capitalist Regulation*; Peter F. Bell & Harry Cleaver 對於馬克思自己的危機理論發展提出了一番說明，"Marx's Crisis Theory as a Theory of Class Struggle," *Research in Political Economy* 5 (1982)。

比例分配無償勞動時間，和第一卷的假設不再一致」（〈馬克思的「轉化問題」〉，頁 572，強調為筆者所加，並將原文三句併為一句）。這麼一來，這幾位作者在明確定位勞動價值論的戰場後，卻繼續提出，既然「馬克思聚焦於階級關係，把它當作論述客體……然而，同時又主張，價值概念對生產代價的量化仍然不可或缺。生產代價作為勞動時間的絕對規模，只能被視為是價值的一種特定的誤差」（〈馬克思的「轉化問題」〉，頁 575，強調為筆者所加）

在這幾頁中，我都還沒提及價值—價格關係的問題。而且，對於將價值的定義局限於抽象勞動時間的具體呈現，我更進一步提出了質疑。事實上，我認為《資本論》第一卷的假設本身就是依賴一種可以稱作建構的簡化才得以成立。（《資本論》，第一卷，頁 135）從沃夫等人的立場中可以推論，馬克思對階級（生產方式）的著重點必須調整，才能符合他對危機（世界體系）的論述（世界體系）。但是，無論是沃夫等人看待勞動價值論的立場，還是他們將生產代價一致定義為誤差或差異，在我們看來都無比公正。在經濟學門中，我們必須排除所有使用價值的文本化概念，因此提出底下這一點就顯得非常重要：「馬克思……肯定『價值』和『價值形式（所謂的生產代價）』之間彼此依存，如果僅僅將這兩種概念視為從屬和獨立變數之間的函數關係，就無法表現這種相互依存關係」。[19] 我現在要慢慢

---

19 "Marx's Transformation Problem," p. 576. 附帶一提，這也揭露了一般人因為「你不可能從中推論價格」來「駁斥」勞動價值論的謬誤。馬克思理論以最廣義方式來決定階級關係時，政治、經濟和意識形態都是相對自主的。因此，重點並不是化約價值為價格的計算，特別是在普遍平衡模式裡。Wolff

總結，討論我自己的學科論述範疇，也許主張這篇論文不過是指出這種相互依存關係若干變異裡令人困惑的意識形態空間，這樣的作法應不為過吧。

接下來我要再挪用這篇論文一開始所提的事項：德希達式的「利益」概念，即「審慎申告的利益」。德希達自己對於剩餘價值的了解是等同於資本增值或利益，就像我先前提到的，這個理解相當局限。我只好把它從「謬誤」的譬喻中扭轉回來，然後再次「照字面解釋」。[20] 假設或是如果我們必須提問或是回答何謂價值，在價值生產的文本中，除了體現自身的「利益」以外，好像也沒有其他選擇了。

我提出這個等式，是因為下面的問題至今仍存在：「怎麼解釋有關『基礎主義』的批評，這個問題就像它批評的對象一

續 ....

et. al. 確實將此列入考慮，繼而提出了等式。不過，他們注意到更重要的議題是，馬克思實際關鍵點在於質問了抽象的經濟精密度；即使我在這篇論文裡討論的是馬克思的價值論關鍵點，我只是質問了哲學正義。

20 這個概念化最重要的發展是神祕的 *Spurs: Nietzsche's Styles*, trans, Barbara Harlow (Chicago: University of Chicago Press, 1978) 我認為，神祕的部分原因在於德希達在此試圖使「女性成為他的主體」（他的「旨趣」？）並且隱晦地暗示了「肯定的解構主義」(affirmative deconstruction)。我以下很快就會解釋，我對旨趣的概念必須要冒著蓄意意識的風險。在完成這篇論文這一年來，我在修改最後的編輯建議時開始了解到，保羅・德曼在政治實踐場域裡從「錯誤的」隱喻改變到「字面化」是多麼巧妙地陳述。這需要對德曼在 *Allegories of Reading* 一書中整個複雜論點做仔細的說明，才能夠解釋我在此的改變，和接下來對文本性定義的文法和「譬喻」。「我們稱文本是可以從⋯⋯雙重觀點考量的任何整體：做為衍生的、開放的、非參考的文法系統，以及由先驗表意封閉的譬喻系統，顛覆了文法符碼，而文本賴以存在的正是這套符碼。」這樣的平行參照之所以成立，我們可以指出，在德曼這段文字最後，他以警語式地描述這種顛覆，這種封閉的必要性：「⋯⋯如果文本沒有行動，就不能說它知道。」（強調為我所加。）

樣，沒完沒了，而且也許總是走偏，變成對意識形態的批評，但意識形態至少讓批評暫停，而且停在研究和『政治』實踐上」〔引自多明尼克‧拉卡普拉（Dominick LaCapra）1984 年在衛斯理大學的演講〕。德希達在早期就跟我們保證，「解構主義會遭受對自身的批判所害」，但大部份人都沒有注意到這點。（《論書寫學》，頁 24）之後，德希達不停以沉默來表達這一警告，但大家卻不把他當一回事，說得好聽一點，大家會稱他為一本正經的經驗主義者，說得難聽一點，大家會說他乏味嘮叨。從這幾頁，應該可以清楚看出，我不大認同以讓─弗朗索瓦‧李歐塔（Jean-François Lyotard）仁慈的「異教主義」作為價值論模型，同樣，我也不大認同尤爾根‧哈伯馬斯（Jürgen Habermas）歐洲中心論的理性主義。

　　拉卡普拉所提出的「史學做為傳會」（historiography as transference），是其中比較有趣的解決方案。然而這也同樣存在著挪用無意識運作過程的某些欲望，關於這點我們應加以留意，因為「將過去重複─移置到現在」（拉卡普拉的傳會史學版本），也許是一種在傳會時過於傾向連續論而無害的交易版本。而且「相信要解讀的文本或現象可能回應、甚至足以說服個人改變想法，是實用且具批判性的假定」，如此的說法可能還不夠（拉卡普拉，《歷史與評論》〔History and Criticism〕，頁 73）。有鑑於拉岡對傳會與倫理時刻的關係所提出的精闢闡釋，我在此僅能重述先前的一個疑問，並以文學批評而非史學的角度來說明：

　　　　拒絕討論心理，或討論文本為自我繁衍機制的一部分，

並不會因此而輕易地消除文本與個人之間的差異。主體斷裂的、不連續的隱喻，既背負自身慾望的重擔，也由自身慾望的重擔所背負，確實有系統地誤導並建構文本機制，既背負自身「譬喻表達」的重擔，也由自身「譬喻表達」的重擔所背負。個人無法透過將前者貶為富有成效的削減所留下的殘餘，並且將後者視為是「哲學的」文學批評唯一可能的考量而穩定其地位，然後逃避這樣的重擔。這種介於主體「隱喻」及文本「隱喻」間的對立，也需要不斷被解構，而不是將其階級制度化。（參見本書〈信函做為前沿〉）

　　我所提出的方法──「在價值生產的文本中審慎申告利益」──源自主權主體所產生的最有問題的作用，即所謂蓄意的意識。因此，儘管它必然會受制於以倫理─邏輯為基礎的所有規範，但是也無法保證能解構這種將必要行為凍結為強制理論共性的作為。如果沒有經過看似蓄意的作為，就無法理解欣賞以虛構（當然和文本的相關）去進占包圍這種運作的獨到之處。不管怎麼說，即便是在最自覺的傳會情況下，最多也只能抗拒這種蓄意作為，而無法全然避免。

　　最後，我將引用本文最關鍵的切入點，即開頭的第二段，作為結論，我提到：「『唯心主義者』和『唯物主義者』的述謂都是排他的」。所有述謂都是排他的，因此其運作是依循轉喻原則，以部分代表假定的整體：「一旦僅保留循環的述謂（例如，返回起始點，完成循環），其含意便被置入不是隱喻就是轉喻的譬喻之中」。（德希達，〈白色神話〉，頁264）。由此

看來，「唯心主義者」與「唯物主義者」的主體述謂，便是主體的轉喻。有關如此主體的建構，拉岡寫道：「隱喻的雙重觸發機制正是決定……徵候的機制。而且欲望為『自然哲學』」所帶來的謎團……意味著除了轉喻的錯亂外，並無本能錯亂」（〈無意識裡字母的能動性〉（"The Agency of the Letter in the Unconscious"），《文選》（*Ecrits*），頁 166-167）。既然這兩種述謂都是主體的概念，它們是主體未被公開承認的隱喻性替代一呈現。政治主體介於隱喻與轉喻、徵候與欲望之間，藉由「恣意妄為」而非具理論基礎的作法，申告「利益」，以便將自己與在傳會中的分析師區隔開來。為了避免看似以抽象令人費解的方式進行論述，我再次選用一個最不深奧的資料來源來解釋。以下是《麥格羅─希爾現代經濟學詞典》（*McGraw-Hill Dictionary of Modern Economics*）有關在經濟文本的運作中，以虛構進占包圍蓄意的例子：

> 最初，道瓊平均指數代表股市中每項股份的平均（算術平均數）價格。然而股票分割時，股價發行的平均數會出現替代性問題以及其他因素，因此設計了一項公式以彌補這些變化。雖然道瓊平均指數已不再代表這些股票的實際平均價格，對股價水準與變化依然極具代表性。（178）

我在前面說過「若以『唯物主義的』主體述謂為前提，便無法窮盡價值問題的所有意涵。」就像現今許多馬克思主義理論家一樣，我也必須承認：不管是哪一種理論的形成，全盤理解的視界絕對是不斷延伸而且不可化約地延後。而且這個視界

所瞥見的，也不會是烏托邦（見詹明信《政治無意識》（*The Political Unconscious: Narrative As A Socially Symbolic Act*）103f），因為烏托邦是地形學描述的歷史嘗試，一旦嘗試在真實的社會實踐中，充分地再現烏托邦，它就會成為假象。把這個開放性的結尾稱為「啟示論調」，[21] 我們就可以更確實地面對唯心主義和唯物主義在理論生成中的共謀關係，就算想要刻意疏離唯心主義也一樣。

　　這個論調就是在宣告實踐時刻的多元化啟示，以我們特定的情況來看，就是意識形態─批評、美學─譬喻、意識到經濟因素的展演性或是操作性的價值判斷等等的集合。我小心翼翼的語言應該清楚表明了，這裡的實踐時刻並非「實現」，在多元化啟示中，身體並沒有升起來，所以沒有必要特別把這個主題看成是在討論閹割。為什麼不趁著它組織最鬆散時，指名其概念─譬喻就是身體生存以及舒適的重複動作──歷史將之命名為女性的工作或是用以指稱家務勞動──所代表的展演性以及操作性評價呢？為什麼挪用要理論與實踐（這裡指的是價值評判的立基與形成）兩者間不可化約的不相對應，變成是伊底帕斯的限制呢？

　　我刻意做出這些討論，旨在呈現前批判經濟論以及經濟文本在價值決定過程的角色兩者間的差異，並且在某些「利益」企圖贖回自己前把它描繪出來，既然如此，我毫不歉疚。

....

21 "On An Apocalyptic Tone Recently Adopted in Philosophy," trans. John P. Leavey, Jr., *Semeia* 23 (1982) 我相信能夠在這個晦澀文本裡讀出開放結尾的實際政治。我希望在下一本談德希達的書裡可以仔細討論這一點。目前我以引述一段不是那麼警語式的文字做為說明：「要提高聲調……就是……使內在聲音狂亂，內在聲音就是他者在我們裡面的聲音。」（71）

第三部

走入第三世界

第十一章
〈都勞帕蒂〉（都帕蒂／黑公主）

（瑪哈綏塔・戴薇／著）

譯者前言

我把這個孟加拉文的短篇故事翻譯成英文，一方面是為了主角都勞帕蒂／（Draupadi 或作 Dopdi），一方面也是因為它的壞人角色——森納內亞克（Senanayak）。在森納內亞克身上我看到了與第一世界學者追求第三世界最近似的描述，就先來談談他吧。

以情節來看，森納內亞克是軍官，他逮捕、羞辱了都勞帕蒂。我不想把話說得太滿，主張第一世界生命和調查的工具，實際上和這樣的逮捕、這樣的羞辱，有共謀共犯的關係。[1] 第一世界和第三世界的連結，其實和作者把森納內亞克細膩刻畫成多元論的唯美主義者有關。理論上，森納內亞克能夠認同敵人。但是到頭來，第一世界的多元論唯美主義者還是參與造就了一個剝削社會。所以，實際上，森納內亞克必須要消滅敵人，亦即具威脅性的他者。為了他自己的歷史定位，他做了他認為該做的事、把握所有可能的機會。森納內亞克的作為其實可以用

---

1 對這個暗示的說明可參見 Jean-François Lyotard, *LaCondition post-moderne: Rapport sur le savoir* (Paris, 1979)。

一個詞來代表，那就是所謂的實用主義。也因為如此，即使他成功緝拿，他的情緒依舊相當複雜，理論上他是哀傷的，但實際上他卻是欣喜的。同樣的，雖然我們為第三世界的姊妹感到哀傷，卻也認為這些婦女必須要拋棄自己，盡可能地變得和我們一樣，才有「自由」的一天；我們甚至以身為了解他們的專家而沾沾自喜。沒錯，和我們一樣，森納內亞克的所作所為無非是一種詮釋：他試圖破解都勞帕蒂的歌詞。至於內心世界的擺盪，他也在西方文學裡找到了類比，他既是霍赫胡特（Rolf Hochhuth）所寫的《上帝的代理人》（The Agent）*，也是戴維‧莫雷爾（David Morrell）《第一滴血》（First Blood）的藍波（Rambo），時候到了，他就能擺脫愧疚，對於不確定的未來，森納內亞克把自己比擬為莎士比亞筆下的米蘭公爵普洛斯佩羅（Prospero）[+]。

我在別的地方提過，如果我們跨出自己學術牢籠與第一世界的限制，我們就能理解森納內亞克的雙重思維。[2] 我們為自己

----

* 譯注：羅爾夫‧霍赫胡特（Rolf Hochhuth, 1931-）德國劇作家，他於1963年發表的劇作《上帝的代理人》描述教宗庇護十二世（Pius XII，任期為1939年至1958年）對納粹屠殺猶太人的事件無動於衷，選擇緘默。由於題材具爭議性，引發了熱烈討論，並被譯成多國語言。

+ 譯注：《暴風雨》（The Tempest）是莎士比亞的悲喜劇作品。米蘭公爵普洛斯佩羅由於閉門讀書不理國事而被弟弟篡權，和女兒一起被放逐海上。因得到好心人的幫助，他們僥倖活存，流落到一座荒島。普洛斯佩羅依靠書中學得的強大魔法，解救了島上受苦的精靈，並藉助精靈的力量呼風喚雨，引仇人前來，令他們悔悟、認錯。最後，普洛斯佩羅以博大的胸懷寬恕了仇敵，還為女兒找到了意中人，大家離開海島回歸米蘭。

2 參見我所寫 "Three Feminist Readings: McCullers, Drabble, Habermas," *UnionSeminary Quarterly Review* 1-2 (Fall-Winter 1979-80) 與 "French Feminism inan International Frame"（見本書第九章）。

發聲，信心滿滿地說：個人的也是政治的。但是要去了解世界上其他女性個人在意的生命細節，雖然說不是全無可能，畢竟是很困難的，往往一談到這些婦女，我們就回到殖民主義視角，以便最有效率地擷取資訊。如果我們只透過西方訓練出來的學者所舉辦的各種研討會、所編寫的各種選集，來理解第三世界的女性，我們就無法與她們對話。每當我在女性研究期刊或書皮上看到這些學者的照片——甚至在我自己照鏡子的時候——我看見的都是森納內亞克和他那本反法西斯主義的平裝書。因此，作者瑪哈綏塔透過文學論述，在這作品中揉雜了歷史—政治獨特性和性別歧異，邀請我們一起開始來抹去這個形象。

「解構主義實踐」影響了我對整個故事的詮釋，我同意前衛的詮釋理論有時太過曲高和寡，未必能處理革命女性主義文本。既然如此，解構主義實踐在這脈絡下究竟有什麼作用呢？

解構主義實踐在美國最著名的就是趨向於無限回歸。[3] 不過，我最感興趣的是，在解構主義裡，總能認知到任何研究的出發點都是暫時而棘手的：揭示「追求知識的意志會造成對立」的共謀關係；堅持在揭示共謀時，評論者做為主體本身與其批判對象客體是共謀的；強調「歷史」與倫理政治因素都是這種共犯結構的「痕跡」。這證明了我們並非置身於清楚界定的批判空間，完全沒有任何痕跡，最後，承認其自身論述永遠不足於充分支持其例證。[4] 我當然不是要在這裡一一闡述上面列出的

---

3 我在對德希達 *Memoires* 一作的評論裡發展了這個論點，這篇文章收錄在 *boundary2*。

4 這份清單代表了在德希達作品裡的推薦精選建議："The Exorbitant. Question of Method," *Of Grammatology*, trans. Spivak (Baltimore: Johns Hopkins

特點,只是必須指出,在這篇導言一開始,我已經試著用我們自己的共謀模式,為森納內亞克的形象定位。接下來,我延續著解構主義的解讀實踐,來一一分析都勞帕蒂兼具部落角色和傳統角色兩者間的關係、故事結尾都勞帕蒂的地位,以及對森納內亞克這個名字的解讀*。儘管表面上,法律、違法以及「仕紳革命分子」階級解構的同謀關係,只是詮釋這個故事時的枝微末節,但是如果放到故事的政治背景下看,其實有更大的重要性。

我無法花更多篇幅來解釋解構主義,讓各位了解那首看起來難以理解、無關緊要的歌謠,逃逸出故事情節核心,是如何凸顯出「他者」無法被排除、也無法還原的地位。[5]

〈都勞帕蒂〉最早出現在《火源》(*Agnigarbha*, "Womb of Fire")一書裡,這本小說集結構鬆散,收錄了多篇政治短篇故事。作者瑪哈綏塔在作者序中說:「人生不是數學,人類也不是為了政治而生。我希望改變現在的社會制度,只有政黨政治是不夠的。」[6]

瑪哈綏塔是說孟加拉語的左派知識分子,出身中產階

續 ··

University Press, 1976); "Limited Inc," trans. Samuel Weber, *Glyph* 2 (1977); "Ou commence et comment finit un corps enseignant," in *Politiques de la philosophie*, ed. Dominique Grisoni (Paris: B. Grasset, 1976); 以及我所撰寫的 "Revolutions That as Yet Have No Model: Derrida's 'Limited Inc,' " *Diacritics* 10 (Dec. 1980), 與本書第四章。

* 譯注:「森納內亞克」的孟加拉文原意是「司令官、指揮官」。

5 這是 E. M. Forster 對印度精準概念的跡象,《印度之旅》包含了以法庭裡搖扇工的譬喻,一瞥這樣一個逸離中心的部落族人。

6 Mahasweta, *Agnigarbha* (Calcutta, 1978), p. 8.

級，現年 50 多歲*。她在桑蒂尼蓋登（Shantiniketan）獲得英文碩士學位，這所著名的實驗大學是由中產階級詩人泰戈爾（Rabindranath Tagore）所創建。早在 1970 年代末，她出版《第 1084 號的母親》（Hajar Churashir Ma, *No. 1084's Mother*）後，就以小說家的身分而著稱。這本小說是她唯一一本很快就有英文譯本的作品，風格仍保有過去 20 多年來，孟加拉語小說極度感情濃郁的傳統。[7] 然而，她另一部同時出版的連載小說《森林的權利〔或，森林的占有〕》（Aranyer Adhikar, *The Rights [or, Occupation] of the Forest*），則可以看到一個非常重要的改變。那是一本關於 1899 年至 1900 年蒙達起義（Munda Insurrection）的歷史小說，當中有相當詳盡的歷史考據。

在這部作品中，瑪哈綏塔開始將文學的、街道的、官僚的、部落的孟加拉語，以及各部落語言拼貼在一起，形成獨特文風。雖然有 9,000 萬人使用孟加拉語，但其中大多數住在孟加拉，而非印度的西孟加拉邦，真正識字人口大約只占 25%，因此，在討論瑪哈綏塔的著作時，不該討論它在印度的接受程度，而該討論它在孟加拉語母語者中的接受程度。[8] 簡而言之，瑪哈綏塔的作品廣受讚譽，但中產階級讀者對於其內容有所質疑，依循選舉管道參政的左派人士指控它太過極端，不參與選舉的革命

---

* 譯注：這篇文章寫於 1981 年，瑪哈綏塔生於 1926 年，卒於 2016 年。

7 關於英文學位和革命文學生產關係的討論，可參見我的論文 "A Vulgar Inquiry into the Relationship between Academic Criticism and Literary Production in West Bengal"（論文發表在以下會議：Annual Convention of the Modern Language Association, Houston, 1980）。

8 這是西孟加拉邦 1971 年人口普查平均數字，以及 1974 年孟加拉人口普查推演的數字。

左派人士則表示推崇及認同感。若將比較文學中的接受研究加
以擴大，就得考慮到西孟加拉邦自 1967 年起，一直是由參與選
舉的共產黨聯盟聯合組成的左派陣線政府執政。毋須贅言，瑪
哈綏塔毫無疑問是當代印度最重要的作家之一。

　　通常把孟加拉視為一個民族，是因為他們擁有「使用孟加
拉語」這個共同身分。[9]（不過，孟加拉人對於最純正的孟加拉
語，到底是來自那巴德為普（Nabadwip）還是南加爾各答（South
Calcutta）也有爭議，更別提還有另外二十幾種連普遍使用孟加
拉語的人都不懂的部落方言。）1947 年，在結束對印度統治的
前夕，英國政府將孟加拉畫分為隸屬印度的西孟加拉邦，以及
東巴基斯坦。同樣地，也將旁遮普邦畫分成（印屬）東旁遮普
邦與西巴基斯坦。東、西巴基斯坦的族群及使用的語言並不相
同，而且兩者相距將近有 1,800 公里遠。當初是以穆斯林人口的
分布密度來畫分界線。

　　話雖如此，旁遮普邦的穆斯林人覺得自己更像「阿拉伯」
人，因為他們所居住的土地，就是近 700 年前穆斯林皇帝最早
在印度的屬地，而且他們也認為自己的地理位置更靠近西亞（中
東地區）。說孟加拉語的穆斯林，從階級的角度來看的話，毫
無疑問地認為自己的身分認同是建立在孟加拉文化之上。

　　孟加拉自 19 世紀中葉以來，一直都帶有強烈的左派理性主
義和鬥爭色彩，後來，「左派」一詞才真正成為我們的政治用

9　參見 Dinesh Chandra Sen, *History of Bengali Language and Literature* (Calcutta,
　　1911)。要了解孟加拉文學國族主義，由一篇（一定是偽造的）報導可見一
　　斑，麥考利第一次從印度考察回國後說道：「英國皇冠掌控了兩大文學：
　　英文及孟加拉文。

語。[10] 西孟加拉邦一直都是印度聯邦裡擁護共產主義的三大邦之一，也因此成了印度中央政府在政治上的眼中釘。（與美國各州政府相較，印度憲法制訂各邦政府所擁有的自主權更高。）雖然印度就官方立場而言奉行社會主義，實施混合經濟體制，但以歷史的角度來說，印度從軍事獨裁到民族主義的階級善意，皆顯示出右派特徵。印度識字率低、語言種類繁多、族群複雜多元、人民欠缺政治素養，因此，他們對「民主」的詮釋也就天差地遠。

　　1967 年的春天，在西孟加拉邦北邊的納薩爾巴里村（Naxalbari），發生了一場成功的農民運動。馬庫斯‧弗蘭達（Marcus Franda）曾這麼評論：「西孟加拉的農運大多由來自加爾各答的中產階級主導，然而，納薩爾巴里的運動卻產生了不同背景的領導者，這是首次由部落農耕者等中下階級自主引領的運動。」[11] 這種佃農與知識分子的特殊聯合影響了全印度，各地的納薩爾團體紛紛出現。[12] 長久以來，無地佃農、居無定所的農場工人受到壓迫，但由於政府和地主私下勾結，這種壓迫得以不受法律規範，而這些農民運動的目的即是想反抗這種陋習。的確，這樣看來，這種法律大概在創制時，就先保留了鑽

---

10 Gautam Chattopadhyay, *Communism and the Freedom Movement in Bengal* (New Delhi, 1970).

11 Marcus F. Franda, *Radical Politics in West Bengal* (Cambridge: MIT Press, 1971), p. 153. 感謝 Michael Ryan 提供了關於納薩爾巴里村運動的記錄。以下專著是對此革命非常傑出的研究分析：Sumanta Banerjee, *India's Simmering Revolution: The Naxalite Uprising* (London: Zed Press, 1984)

12 Samar Sen, et al., eds., *Naxalbari and After: A Frontier Anthology*, 2 vols. (Calcutta, 1978).

漏洞的可能性吧。

值得一提的是，這種由農民與知識分子組成的聯盟——即中產階級充任學徒的歷史由來已久——後來也在西方世界復甦，「政治光譜」上不分左派和右派都有類似風潮大力推動。法國「新哲學家」伯納德－亨利・利維（Bernard-Henri Lévy），曾經奉行毛主義思想（Maoism），隱約地將這場運動跟法國 1968 年 5 月「革命」相比，法國學生加入了工人的抗爭活動。[13] 不過，在法國的運動中，學生依然保持自己的身分，只是他們聚集的力量無法持續，不足以削弱知識分子的特權。但反觀印度，利維表示「就如同許多美國大學校長形容美國學運的情形，印度的政治、社會領袖都以同樣的角度解釋納薩爾派分子（即納薩爾巴里運動支持者）的形成背景，認為他們覺得被社會孤立，且受到馬庫色、沙特等作家的影響，在 1960 年代，這些作家影響全球年輕人的思潮甚鉅。」[14]

我想以〈都勞帕蒂〉裡的年輕一代仕紳革命分子，來闡釋我稱之為階級解構的主題，以挑戰質疑上述復甦的聯盟觀點。森納內亞克和這些仕紳革命人士背景類似，但他跳脫不出自己的階級出身。因此，在瑪哈綏塔的故事中，他受到牽制和充分地評判。相較之下，這些仕紳革命人士則隱於暗處，祕密行動。甚至只有在都勞帕蒂獨自一人時，他們的首領才會現聲。我想這是因為他們向來致力於鬆動階級限制，以及化解閱讀（書本

---

13 參見 Bernard-Henri Lévy, *Bangla Desh: Nationalisme dans la révolution* (Paris, 1973).

14 Franda, *Radical Politics*, pp. 163-64; p. 164, n.22.

學習）與行動之間的對立，而不是以一種美學距離將兩者永遠分開，因此，沒有文本能夠完全涵括仕紳革命人士所處世界的權威與輪廓，瑪哈綏塔的故事也不例外。

1970 年，東西巴基斯坦間潛在的敵意轉為白熱化，釀成武裝衝突。1971 年，就在衝突的緊要關頭，印度政府出動武裝部隊，原因似乎是，西孟加拉邦的納薩爾派叛亂分子和東孟加拉邦（現在的孟加拉）的自由鬥士結盟。「倘若游擊戰式的叛亂活動持續發展，他們的勢力無疑地將主導運動中的政治情勢。而正因為這種趨勢，印度當局決定先發制人，出兵干預。」西巴基斯坦是印度在「南亞的頭號大敵」，[15]印度總理利用打敗西巴基斯坦後舉國歡騰的氣氛，（這也是在千年歷史中，印度首次「打勝仗」），得以強力鎮壓納薩爾派叛亂分子，也消滅了農村人口中的叛亂勢力，尤其是當地的部落。因此，1971 年便成為森納內亞克生涯中具指標性的一年。

這就是《都勞帕蒂》的故事背景。這個故事發生的時間正好落入解構主義的兩種模式：一方面，羅織一部違法的法律。另一方面，消除知識分子與農民鬥爭之間的二元對立。要了解彼此的關係與涉及的細節，一定要鉅細靡遺地了解歷史，而這是任何序言都無法提供的。

都勞帕蒂是故事主角的名字。作者筆下的她，具有雙重身分，姓名則有兩種版本，和都勞帕蒂。這有兩種可能：其一是她出身部落，無法正確唸出自己的梵語名字（都勞帕蒂）；其

---

15 Lawrence Lifschultz, *Bangladesh: The Unfinished Revolution* (London: Zed Press, 1979), pp. 25, 26.

二是，這名字的部落語形式（都帕蒂），指稱的正是古老神話裡的黑公主都勞帕蒂。她是通緝名單上的嫌犯，但是她的名字對一個部落女子來說卻並不合宜。

在印度史詩《摩訶婆羅多》（*Mahabharata*）中，都勞帕蒂大概是最為人所熟知的女主角了。《摩訶婆羅多》、《羅摩衍那》（*Ramayana*）都是代表印度所謂雅利安文明的文化典籍。當地的部落在雅利安入侵前便已存在，因此，部落的人無權獲得高貴的梵語名字。然而，不論是對梵文名字的限制或名字的重要意涵，我們也不必看得太過嚴肅。因為這帶有宗教意味、家常化的印度教名字，是都帕蒂出生時她的女主人取的；身為壓迫者的妻子，以一種常見的善意施捨的心情，替這名來自部落的僕人取了這樣一個名字。而故事便以這位女主人的丈夫遭到殺害而拉開序幕。

然而，在文本的層次上，都勞帕蒂這個費解而巧妙的名字的確扮演了重要角色。要推斷這名字所扮演的角色，我們不妨考慮《摩訶婆羅多》這部史詩的殖民功能，從對所謂的「印度的雅利安侵略者」有利的角度去看。《摩訶婆羅多》是經過長期積累而成的史詩，詩人們一代代傳頌這場古老的戰爭，「神聖的」領土也隨之慢慢擴張，世俗的雅利安殖民地也才能披上一層偽裝，和神聖的領土重疊，藉此將自己的地位正當化。[16] 因為這部篇幅龐大、無特定作者的「計畫」太複雜，成了一個遠比《羅摩衍那》更具異質性的文本。例如，《摩訶婆羅多》中

---

16 關於《摩訶婆羅多》這方面的了解，我要感謝新德里尼赫魯（Jawaharlal Nehru）大學的歷史學教授 Romila Thapar。

囊括了許多不同種類的親屬結構和婚姻模式，這點就和《羅摩衍那》大異其趣。事實上，都勞帕蒂正是史詩中一妻多夫制唯一的例子，這在印度並不是常見的婚姻模式。她嫁給了五兄弟，他們的父親是無法與女性行房的般度。在父權體制、父系社會的背景下，她是個特例，也可以說是「特立獨行的」（singular），是個異數，是分離而不成對的。[17] 她的丈夫們並不是她各別的情人，而是各自擁有正統地位，因此是正當的複數。她擁有合法的婚姻，在這種情況下，卻無法確定自己生下的是誰的孩子。一開始的婚姻是一夫一妻制，彼此志同道合，都是社運分子，後來卻遭到多人性侵，瑪哈綏塔以這種情節來質疑這種「異數」（singularity）。

在史詩中，都勞帕蒂的婚姻是複數（一妻多夫制），但她的身分是單數（她可能是一位母親，或行為放蕩的女人），這樣的身分在史詩中被用來彰顯男性的榮耀。她提供了男人之間殘酷交易的機會，也是那場關鍵戰役的導火線。她最年長的丈夫差點在一場骰子遊戲中棄權、失去都勞帕蒂，他賭上自己所有的財產，而「都勞帕蒂也屬於這財產的一部分」（《摩訶婆羅多》65:32）。她特殊的婚姻狀況似乎也導致了她所面臨的困境：「根據聖典，一個女人只能有一個丈夫，但都勞帕蒂卻隸屬於好幾位丈夫，因此跟娼妓並沒有兩樣。若帶她到集會，穿衣或裸體，都沒什麼大不了」（65:35-36）。敵方首領開始拉扯都勞帕蒂的紗麗，而都勞帕蒂靜默地向黑天神克里

17　此處獨特性的意義借自拉岡 Jacques Lacan, "Seminar on 'ThePurloined Letter,' " trans. Jeffrey Mehlman, *Yale French Studies* 48 (1972): 53, 59.

希那(Krishna)的化身祈求。這「永恆的法則」(the Idea of Sustaining Law)(Dharma,法),體現於服飾當中;國王愈拉扯,紗麗卻愈來愈多。最後,都勞帕蒂身上永遠纏繞著紗麗,國王無法在大庭廣眾下脫掉她的衣服。這是黑天神所展現的神蹟。

瑪哈綏塔改寫了這則故事。那些男人輕而易舉地脫下都帕蒂的衣服,而在整個敘事中,這樣的行為是代表法律的執法者,對於都帕蒂所施行的終極政治懲罰。都帕蒂堅持要在眾目睽睽下繼續裸著身子。本故事並沒有透過一位仁慈且像神一般的戰鬥盟友,暗中進行搭救,維護她的尊嚴,作者強調,這正是男性領導權停止的一刻。

我認為,如果將這個現代版的故事視為反駁神話的版本,那就不對了。都帕蒂就是都勞帕蒂,她們一樣勇敢,但都帕蒂也是都勞帕蒂——記載於充滿父權意識、具有權威的神聖文本,以證明男性權力——無法成為的那個人。都帕蒂既重寫也反駁原來的文本。

都帕蒂的態度「在歷史上也算是合乎情理的」。我們第一次看到都帕蒂,是她想著要洗頭髮。她愛著丈夫,堅守政治信念,以表達對丈夫的忠誠。她敬愛先祖父執,因為他們守護了女性的貞潔。(別忘了這令人聯想到美國士兵在派駐戰區留下私生子的史實)*當她跨越性別差異,進入到只有女性才會面臨的處境時,便成了最有力的「主體」,她雖然繼續使用和「貞潔」

---

* 譯注:美軍在第二次大戰後期派駐英國期間留下成千上萬名私生子;在德軍投降後,美軍駐守德國期間也留下超過 37,000 多名私生子;因第二次世界大戰、韓戰、越戰而派駐亞洲的美軍也在這裡遺留下近 100,000 名私生子,在過去十幾、二十年間才開始有跨海尋親的相關協助。

相關的用語，卻可以戲謔地自稱為「你們尋找的對象」，而這也是作者筆下那令人害怕的超級獵物「一個毫無防備的目標」。

　　作者瑪哈綏塔並未將身為部落原住民的都帕蒂浪漫化。革命分子中的決策者，非常「寫實」的，是中產階級年輕男女。他們將書中所學套用到土地上，因而開始了化解書本（理論、「外界」）和自發性／行動（實踐、「內部」）對立的漫長過程。像他們這樣的鬥士是最難打敗的，因為他們既不是部落成員，也不是仕紳階級。孟加拉語的讀者可以一個個認出他們的名字：一個有許多化名，咬斷了自己的舌頭；有幾個幫助都帕蒂夫妻逃出了軍方的封鎖線；還有幾個不抽菸也不喝茶；還有最重要的是──雅里吉（Arijit）。這是個時髦華麗的梵文名字，沒有什麼晦澀典故，其意義簡直和故事太過契合──這名字意謂著「克敵制勝」。但正是他的聲音給了都帕蒂勇氣，讓她選擇犧牲自己，保住同伴。

　　當然，這個象徵男性權威的聲音最後也淡去了；一旦都帕蒂進入整個故事的終局，月升月落和性別差異的附記後語，在這裡，她終於可以透過「不作為」而有所作為，挑戰了男性軍官，質疑他把她看作是不被記錄或是錯誤記錄的客體歷史紀念碑。在這裡，軍官連「這是什麼？」這個權威性的本體論問題都問不出來。事實上，描述都帕蒂最後被叫到長官營帳裡的那個句子，是沒有主語的。我想，把這看成是在變動的歷史時刻裡，一則女性在革命中的奮鬥寓言，似乎也並不為過。

　　正如瑪哈綏塔在文中所言，此處的「部落」指的是桑塔爾族（Santal），和印度孟達部落至少其他九族是不一樣的。他們和種姓制度中所謂的賤民也並不相同；賤民是印度血統，但可

能源自古早的「非雅利安」族裔。甘地曾經給予賤民另一個名字,「哈里真」(Harijan,神的子民),就是試圖喚醒營造一種類似原住民部落的驕傲和團結。瑪哈綏塔遵從孟加拉語稱呼賤民的習慣,以他們在印度教種姓制度中世襲的卑賤不潔的工作稱呼他們,[18] 這是我在譯文中無法重現的。

瑪哈綏塔還利用了另一種近乎戲謔的差異,也就是錫克人和孟加拉人的對比。(錫克教是由拿那克宗師古魯·納奈克(Guru Nanak)在 15 世紀末創立的新興宗教。現今在印度約有900 萬名錫克教徒,主要居住在東旁遮普邦,隔著廣袤的印度河—恆河平原和孟加拉邦相對。錫克人高大健壯,戴頭巾、蓄鬍,和瘦小又知性的孟加拉人很不一樣,常常成為嘲弄的目標,就像波蘭移民在北美、比利時人在法國的處境。)小說裡有個患有糖尿病的錫克軍官阿匠辛(Arjan Singh),信奉《格蘭特·沙希卜》(Granth-sahib)〔錫克教的聖書,我譯為「聖典」〕以及錫克教的 5K 誡律,在作者筆下,他四肢發達、頭腦簡單;而來自孟加拉的森納內亞克邪惡狡猾、想像力豐富,是深具濟慈式否定能力(Keatsian negative capability)的軍官。[19]

這個故事一口氣讀下來,它的整個力道似乎是要將森納內亞克身上理論和實踐看似清楚的區分加以破除。當然,徹底的

---

18 由於資本主義生產模式及帝國公職服務的施行,加上大規模較低種姓階層皈依基督教,種姓和職業間不變的身分連結已經無法維繫。此處微觀可見種姓和階級分類解構的可能性,透過社會階層異質性來作用。

19 如果這個人物的真實參考對象是 Ranjit Gupta,在西孟加拉邦惡名昭彰的警政署長,以政治立場的角度來看,故事中森納內亞克的刻畫微妙的文本性,遠遠超過了對號入座的限制。感謝 Michael Ryan 提出了這個參考點的可能性。

破除是不太可能的，否定能力的理論生產是一種實踐；剷除納薩爾派的實踐則伴隨了一套歷史時刻的理論。這種主張理論和行動之間有明顯界限的假設，其實是以另一個假設為基礎，那就是假設建構理論和實際行動的個別主體能夠掌控一切。至少在整體印歐傳統的歷史上來說，這個享有主權的主體同時也是合法或具正當性的主體，與父權社會鞏固的價值一致。[20] 這麼說來，有意思的是，森納內亞克並沒有姓氏和名字的區別，他從父親那裡取得的名字反映出他的職務（當然這裡不是指種姓制度下的階級）：他的名字是「軍隊指揮官」的意思。事實上，沒有人會去懷疑這究竟是他的名字或是普通的稱謂。他的身分維繫了他能同時將理論與實踐玩弄於股掌之間，也許這樣的安排可以看成是對這個男人看似不證自明的身分所作的批判。如果我的解讀正確，就能和我認為是這篇故事的主要目的相互呼應：運用非理性的恐懼，來破壞名字和身分之間的連結。我們想了解第三世界女性時習慣用的方式是「快速檢索資訊」、「只和容易接觸的社會對話」，如果這些模式能夠被某種非理性的不確定感打破，並且轉而使我們感受到，原本以為所獲得的可能其實是失去，並了解我們的實踐也應隨之調整，那麼我們或許就能和森納內亞克一起體會《都勞帕蒂》的文本效果。

　　小說譯本中的粗體字在原文中是英文。

　　值得注意的是，雙方有關戰爭的文字都是以英文寫的。民族國家政治與跨國經濟結合在一起就產生了戰爭。戰爭的語

---

20 陽物中心論、父權體制間的關係，以及清楚的二元對立，這是德希達批判臨在（presence）形上學的廣泛主題。參見本書第三章的相關討論。

言——進攻(offense)和防守(defense)——是國際性的辭彙。英文在此代表了這種無以名之的異質性世界語。幾世紀以來，在政治和社會壓力下必須學英文的人，為該語言衍生出奇特的用法。所謂「純粹的」語言，究竟在哪裡？就這場革命行動的本質來看，「都帕蒂同志」的說法並不奇怪。[21]正是各種對立的鬆動——知識分子和鄉下人、部落成員和國際主義者——才構成了不確定的「地下組織」，法律上所謂「錯的一方」。而在法律對的一方，這樣的解構瓦解了國家的區別，透過入侵進犯國王—皇帝或資本而得以運作。

　　唯一例外的是「sahib」這個字。在烏爾都語，它的意思是「朋友」，後來在孟加拉語卻幾乎專指「白種人」。它是殖民時期的用語，如今用來指「大人／老爺」。我稱呼森納內亞克為「Burra Sahib」(大人物)*時，心裡想到的是英國殖民時期作家吉卜林+。

....

21 「我最親愛的婆提，穿過阻隔我們的高牆和遙遠距離，我可以聽到你說著，『到了 5 月，同志就離開我們滿兩年了。』另一個女人會點頭。是妳教會他們同志的意義。」(Mary Tyler, "Letter to a Former Cell-Mate," in *Naxalbari and After*, 1:307; 另參見 Tyler, *My Years in an Indian Prison*, Harmondsworth: Penguin, 1977).

* 譯注：Burra，意即為「大」，可參見 http://www.britishempire.co.uk/glossary/b.htm。根據此網站，Burra Sahib 意為「重要的人」或「大人物」。

+ 譯注：約瑟夫‧魯德亞德‧吉卜林(Joseph Rudyard Kipling，1865-1936)，生於印度孟買，英國作家及詩人。英國第一個諾貝爾文學獎獲主。吉卜林所處的年代正值歐洲殖民國家向其他國家瘋狂地擴張，他的部分作品被有些人指責為帶有明顯的帝國主義和種族主義色彩，長期以來人們對其評價各持一端，極為矛盾，他筆下的文學形象往往既忠心愛國和信守傳統，又是野蠻和侵略的代表。http://zh.wikipedia.org/wiki/%E9%AD%AF%E5%BE%B7%E4%BA%9E%E5%BE%B7%C2%B7%E5%90%89%E5%8D%9C%E6%9E%97。

在孟加拉文與英文雙向「翻譯」的議題上，都帕蒂再一次奇特地占據著中間的空間。她是唯一一個使用「counter」（對抗）這個詞的人，其中的「n」不過是將雙元音的「ou」鼻音化了。根據瑪哈綏塔的解釋，這個字是略語，指的是「在對峙中為警方所殺害」，是受警方凌虐致死的暗號。都帕蒂不懂英文，卻很了解這套模式和這個字的意思。故事結尾時，不可思議的是她對該字的用法竟貼近英文的「適當」用法。這是被物化的主體對其政治和性別上的敵人語帶威脅的上訴，要對方遭遇（encounter）——「對抗」（counter）——她，這令向來長於主客體辯證的大師暫時噤聲。然而為何有人能不「懂」某個語言，卻能「正確使用」它呢？

我們無法回答這個問題，因為我們跟森納內亞克一樣，都是站在相反的一方。儘管我們被稱為專家，都帕蒂歌曲在故事中的意義仍然不得而解。受過教育的孟加拉人不懂部落的語言，也沒有政治勢力脅迫他要「懂」。有人可能會誤以為懂得英文的正確用法，是種政治「特權」，如此一來反而阻礙了對語言進行解構，透過了在政治上的流離失所，來「正確」使用它，或操弄另一方的語言，便是解構語言的實踐。

所以，我所遇到的「翻譯問題」主要是來自部落講的特殊孟加拉文。[22] 一般來說，受過教育的孟加拉人，對於這種部落孟加拉語的歧視態度，就和已故的彼得‧賽勒斯（Peter Sellers）* 對印度腔英語的誇大和刻板印象是一樣的。如果我用 D‧H‧勞

22　感謝 Soumya Chakravarti 協助解決英文同義詞及檔案研究若干問題。
*　譯注：賽勒斯（1925-1980）英國演員，1960 年代曾在電影裡扮演印度人著稱。

倫斯筆下的「市井小民」，或威廉福克納作品中的黑人的英文口音來翻譯，可能也令人困窘。我再一次強調，這種語用的差異是非常細微的，我已經盡量用「直白英文」，儘管直白的定義因人而異。

為了不在故事裡增添太多注腳，我在這裡列出了幾個重要語彙：

頁 392：5K 誡律分別是「Kes」（蓄髮鬚）、「kachh」（短衫過膝）、「karha」（戴鐵手鐲）、「kirpan」（佩匕首）、「kanga」（戴梳子，每個錫克教徒都要在頭巾裡藏梳子，也做為身分的象徵）。

頁 396：「活力印度」是一個很受歡迎的電臺節目，聽眾可以自己點播音樂。印度電影業的娛樂電影相當多產，銷往印度國內和世界上其他有印度、巴基斯坦、西印度群島勞工居住的地區。許多電影都是改編自史詩，桑基夫・庫瑪（Sanjeev Kumar）是印度當地偶像級男星，在史詩中，黑天神（Krishna）將都勞帕蒂從脫紗麗的困境中解救出來，在士兵們看的電影裡，森基夫也和黑天神相遇，這種文本的對應或許有點諷刺意味。

頁 398：「村委會」照理說是村民選舉出來的自治單位。

頁 402：「犍帕布彌」（Champabhumi）、「拉達布彌」（Radhabhumi）是孟加拉某些地區的古地名。「Bhumi」就是「土地」的意思。所以，「Banga」是孟加拉，孟加拉全國就叫做「Bangabhumi」。

頁 405：狐狸尾隨老虎是個很常見的意象。

頁 475：紗麗是一條很長的布，衣襬有褶，再加上短上衣

和內衣，就是印度女性的「正統」穿著。穿的是非常簡單的款式，沒有短上衣和內衣，所以文中只說它是一塊「布」。

小說正文

1.

　　姓名：都帕蒂・梅涵，年齡：27 歲，配偶：杜爾納・瑪希〈歿〉，居住地：契拉干，班克拉扎，若通報下落或協助緝捕，賞金 100 盧比……

　　兩名穿著制服的士兵在交談。

　　士兵一：「這是什麼？有部落的人叫都帕蒂？我手上的名單找不到半個類似的名字！怎麼會有人取這種名字？」

　　士兵二：「都勞帕蒂・梅涵。她母親在巴庫里的蘇札・沙胡〈被殺〉家打穀那年生下她，名字是蘇札・沙胡的太太取的。」

　　士兵一：「這些警官整天就喜歡寫一大堆的英文。上面寫她什麼？」

　　士兵二：「**最惡名昭彰的女人，很多人一直都想要抓她**……」

　　檔案：杜爾納和都帕蒂是收割工人，工作範圍從比爾邦、巴爾達旺、穆希達巴德、到班庫拉都有。1971 年著名的巴庫里行動中，有三座村莊被封鎖、士兵持槍掃射，他們躺在地上假

死,但實際上,杜爾納和都帕蒂正是主謀,在這場行動中,叛亂分子謀殺蘇札·沙胡和他的兒子,在乾旱時期霸占上層階級的水井和管井,拒絕將三個年輕人交給警方,這些事件的幕後主腦都是這兩個人。早上清點屍體的時候,沒人找到這對夫妻。巴庫里的長官阿匠辛上尉的血糖立刻升高,這再次證明,焦慮和沮喪也可能導致糖尿病,糖尿病有 12 種來源,焦慮便是其一。

杜爾納和都帕蒂有很長一段時間都像尼安德塔人一樣在黑暗中行動,特種部隊進行武裝搜索,試圖穿透那片黑暗,過程中送了好幾個西孟加拉邦不同地區部落的桑塔爾族人去見造物主。根據印度憲法,不論階級或宗教,所有人都是神聖的,但這類事件還是不斷發生,原因有二:一、這對暗中行動的夫妻擅於躲藏;二、不只桑族人,所有南亞語系蒙達部族的人對特種部隊來說都是一樣的。

事實上,迦喀尼這一帶的森林是出了名的危險,也是班卡扎拉警局的管轄範圍(不過在印度啊,連一隻蟲都可以被算在某個警局的管轄範圍內),甚至連森林的東南邊還有西南邊,都有目擊證人描述得繪聲繪影、鉅細靡遺,說是又看到那幾個嫌疑犯,據說他們攻擊警察局、偷竊槍枝(不過這些強盜的教育程度都不是很高,他們有時候會把「把槍交出來」說成「把槍膛交出來」)、殺死農產經銷商人、殺死地主、殺死債主、殺死執法人員或是政府官員。

在事發之前,一對皮膚黝黑的男女,發出此起彼落的呼嘯聲,就像警笛一樣,他們歡快地操著土話高歌,那歌的內容,連桑塔爾族人都不懂:

撒馬芮　希丘列納可　馬爾　葛耶科披

還有：

哼第　浪峇拉　喀切　喀切
龐第　浪峇拉　喀切　喀切

看來讓阿匠辛隊長得到糖尿病的肯定就是他們了。

政府作業的程序就跟數論派中神我的概念、安東里尼早期的電影一樣，令人百思不得其解，所以又被派來指揮迦喀尼黑森行動的人，就是阿匠辛。從情報那裡得知，在那邊又唱又跳的就是假死逃跑的夫婦後，阿匠辛便陷入呆滯，像個活殭屍。他對這一對黑皮膚的夫婦抱著一種莫名的恐懼，害得他只要看到穿丁字褲黑皮膚的人，就會嚇得臉色蒼白，喃喃地說：「他們要害死我了」，搞得他得喝很多水再尿很多尿。

身著軍服或誦念經文都無法稍解他的憂鬱，最後弄得他說不定得提早退休。阿匠辛到森納內亞克的辦公桌前求救，也不過是預料中的事；森納內亞克是年長的孟加拉人，精於謀略，對極左派政治瞭若指掌。

森納內亞克比反對軍自己更了解他們的動向和能力。因此，他先大肆稱讚了錫克人的軍事天分，然後才進一步解釋：難道槍管的力量是反對軍獨有的嗎？阿匠辛不也有槍嗎，他的把兒也是很有爆發力的。這個年頭，沒了槍，就連錫克教的五戒也只是空談。聽了森納內亞克的這段話，士兵又重拾了對《陸軍手冊》的信心。

　　根據手冊的內容,最卑鄙可恥的戰鬥方式就是拿著原始武器進行游擊戰。每位軍人神聖的職責就是殲滅游擊隊──一看到便要馬上消滅。都帕蒂、杜爾納就是這種類型的戰士,他們用短柄斧頭、鐮刀、弓箭等原始武器消滅敵人。他們的戰鬥力實際上遠遠勝過那些仕紳,並非所有仕紳都是所謂的「槍膛」專家,有些人以為只要拿著槍,就會自動開火,然而,因為都帕蒂、杜爾納不識字,他們這樣的人代代都是靠著實際操作學習使用武器。

　　在此我要提的是,儘管敵方藐視森納內亞克,但他絕非等閒之輩。不論他實際上怎麼做,理論上他很尊重另一個陣營。他之所以這麼做,是因為如果認為「不過是拿著槍在胡鬧玩玩而已」,這種態度既不能了解,也無法摧毀敵人。「要消滅敵人,就要變得和他們一樣」。因此,他了解敵人的方法,(理論上)就是成為其中的一分子。他希望未來將這一切形諸文字,也決定在作品中排除仕紳階級,突顯採收工人的訴求。這些心理運作的過程或許看似複雜,其實他是個單純的人,也和他三叔公吃完龜肉後一樣,就心滿意足了。事實上,他知道正如那首流行老歌的歌詞,世界不停轉變,不論世界怎麼變,他都要抓住訣竅,才能有尊嚴地存活下去。必要的話,他會讓未來的人明白,對於以正確的角度解讀這些事,他掌握到了什麼程度。他心知肚明他現在正在做的事,未來將遭遺忘,然而他也知道,如果能順應不同世界而改變,他就能代表當下的世界。今天他使用「逮捕殲滅」的手段,除去這些年輕人,但他知道人們很快就會忘卻這個記憶和血的教訓。同時,他就像莎士比亞,相信要將這世界的「傳統」傳承到年輕一代的手中。他也正是《暴

風雨》一劇中普洛斯佩羅的化身。

　　無論如何，線報指出許多年輕男女，一批又一批，坐上吉普車，襲擊一間間警局，使得當地居民既惶恐又雀躍，然後就消失在迦喀尼森林中。而自從逃離巴庫里後，都帕蒂和杜爾納幾乎在每個地主家都工作過，因此能很有效率向殺手通報有關攻擊目標的情報，並且得意地宣告自己也是軍人，基層士兵啦。

　　後來，地勢險要的迦喀尼森林被真正的士兵包圍了，軍隊進入森林，畫分戰場，士兵在暗處守著瀑布和泉水，他們飲用水的唯一來源，四處都有士兵看守。在某次搜索中，軍隊線民杜西朗·加勒里發現一名年輕的桑塔爾族人，趴在一塊平坦的石頭上，探頭喝水，士兵趁機用 .303 吋步槍射殺他，他四肢癱平、口吐血沫，大叫：「嗎──荷」，然後就斷了氣。他們之後才發現，他就是可畏的杜爾納·瑪希。

　　「嗎──荷」是什麼意思？是部落語裡狠毒的話嗎？防禦部推敲了半天，還是無法確定。兩位部落專家專程從加爾各答飛來，他們邊查字典邊冒冷汗，這些字典可是由霍夫曼─傑佛與高登─帕默等大師所編的。最後，無所不知的森納內亞克召來強魯，營區的挑水夫，強魯看到那兩位專家時不禁咯咯笑了出來，邊用他的比迪煙搔著耳朵，他說，在甘地王時期，馬爾達的桑塔爾族人的確會在開戰前這麼說！這是打仗喊的口號，這裡誰會說：「嗎──荷」？有人是從馬爾達來的嗎？

　　所以問題解決了。士兵就把杜爾納的屍體留在石頭上，然後穿著迷彩裝爬到樹上。他們像牧神潘一樣，緊抱著枝葉茂密的大樹，靜靜等待，任由大紅蟻咬噬著他們的下體，等著看有沒有人去搬走那具屍體。這是獵人的作法，不是軍人的作法。

但森納內亞克知道，要引這些野蠻人出現，用普通的方法是行不通的。所以他吩咐下屬以屍體作為餌，引獵物上鉤。很快一切便知分曉，他說，我幾乎破解都帕蒂之歌了。

　　士兵便照他的指示行動，但並沒有人來帶走杜爾納的屍體。到了晚上，士兵聽到一陣騷動便開槍，下來一看，發現他們殺了兩隻正在枯葉上交配的刺蝟。叢林線民杜克藍不夠謹慎，還來不及因抓到杜爾納而領賞，脖子就中了一刀。士兵一邊顧著杜爾納的屍體，一邊忍受螞蟻因享受大餐的樂趣中斷而咬人的劇痛。森納內亞克聽到沒人來帶走屍體，生氣地摔他手上那本反法西斯的平裝本小說《上帝的代理人》，大吼：「什麼？」其中一名部落專家隨即興奮地跑進來，像阿基米德發現浮力時忘了穿衣服一樣興奮，他說：「報告長官！我知道『漢得藍布拉』是什麼意思了，那是蒙達語。」

　　就這樣，他們持續追捕都帕蒂，在迦喀尼森林一帶，這個行動持續進行——一定得持續。這對政府當局來說就像臀部長了瘤，不是塗藥膏就能治好，也不是敷藥草就能化膿。在早期階段，逃犯不了解森林的地形，很容易就被抓到，然後依照作戰常規被槍決，這些子彈可都是納稅人的錢。依作戰常規，他們的眼珠、腸胃、心臟、生殖器等等都變成了狐狸、禿鷹、鬣狗、野貓、螞蟻、蟲類的食物，之後賤民再開心地拿他們的屍骨去賣。

　　後來，在兩軍交鋒時，再也抓不到革命軍了。從現況看來，他們大概找了個可靠的嚮導；那人十之八九就是都帕蒂了。都帕蒂愛杜爾納勝過她自己的血肉。現在，拯救那一群流亡之眾

的，無疑就是都帕蒂。

說：「一群」，也不過是個假設。

為什麼？

一開始投身戰場的有多少人？

答案是一片靜默。關於這個答案有很多說法，很多書都在談，最好別照單全收。

長達 6 年的對抗中，究竟有多少人喪命？

答案是一片靜默。

為什麼每次作戰後發現的屍骨，手臂都斷了？沒有手臂的人能戰鬥嗎？為什麼鎖骨移位了？為什麼腿骨和肋骨粉碎了？

有兩種答案。一片靜默。受傷責難的眼神。丟人現眼！提這個幹嘛？會怎樣就怎樣……

森林裡還有多少人？一片沉默。

一支部隊？花納稅人的錢，讓一大支部隊待在蠻荒野地，這合理嗎？

答案：反對，「蠻荒野地」這種說法不正確。軍營裡的伙食好得很，根據不同宗教規範還有膜拜時間，有時候還可以聽「活力印度」、看桑基夫・庫瑪在電影《這就是人生》裡和黑天神面對面。不。這個地方絕對不是蠻荒野地。

還剩下多少人？

答案是一片靜默。

還剩下多少人？真的還有人嗎？

答案說來話長。

細目：「呃，行動還在進行中。貸款人、地主、穀物中盤商、

匿名的妓院老闆、洗手不幹的線民還是很害怕。餓著肚子又衣不蔽體的人還是想抗爭，很難壓制。從某些人的口袋裡，收割農人可以掏到比較多的薪水。同情逃犯的村莊還是保持沉默，帶著敵意。看到這些狀況，人會開始思考……」

都帕蒂·梅涵在其中到底扮演什麼角色？

她一定和逃犯有聯繫。造成恐懼的是其他原因。未被掃蕩的餘黨長時間都在森林裡的原始環境生活，與貧窮的收割農人、部落族人為伍。他們一定已經忘了書本裡的知識。說不定他們把學習書本知識的時間都拿來花在了解他們生活的土地，學習新的戰鬥和求生技巧。如果一個人只有硬記的書本知識和發自內心的滿腔熱血，要一槍幹掉他很容易。如果是不斷磨練技巧的敵人，就沒有那麼容易消滅了。

因此，迦喀尼森林行動不能喊停。原因：《陸軍手冊》警告字眼通通都有寫。

2.

只要抓住都帕蒂·梅涵，我們就可以找到其他人。

都帕蒂走得很慢，腰帶裡捆了一些米飯。穆夏·圖度的老婆煮了一些飯給她。她偶爾會這麼做。等米飯冷了以後，都帕蒂就把飯包進她的纏腰布裡，然後慢慢走。她一邊走，一邊從頭髮裡挑出蝨子來捏死。要是她有煤油，就可以把油搓進頭皮裡，去掉所有頭蝨。然後再用烘焙用的蘇打粉洗頭髮。但是那些混蛋在每個瀑布口都設了陷阱。如果他們聞到水裡的煤油味，

就會循著味道找來。

　　都帕蒂！

　　她沒有回應。她聽到別人叫自己的名字從來不回應。她今天才看到村委會辦公室的公告，要懸賞追捕她。穆須艾·圖度的老婆說：「你在看什麼？誰是都帕蒂·梅涵！通報就有錢拿！」

　　賞金多少？

　　2——200！

　　噢，天哪！

　　穆夏太太在派出所外頭說道；「這次可是準備得很充分，全——是新來的警察？」

　　嗯。

　　不要再來了。

　　為什麼？

　　穆夏太太低下頭去。聽圖度說，又有軍官來了。如果妳讓他們抓住了，村子……我們的屋子就……

　　到時他們又要放火了。

　　沒錯。還有杜西朗的事……

　　那軍官知道嗎？

　　蕭邁和布納出賣了我們。

　　他們現在在哪兒？

　　搭火車逃走了。

　　都帕蒂想起了什麼似的，她說，妳回家吧，不知道會不會有什麼萬一，要是我被捕了，就裝作不認識我。

　　妳逃不掉嗎？

逃不掉的。妳說說看，我還能逃多少次？要是被抓了，他們會怎樣對付我？我會被刑求的。那就來吧。

穆夏太太說，我們也無處可去了。

都帕蒂輕聲說，我不會供出任何人的。

都帕蒂知道，因為從以前到現在她已經聽太多了，她知道一個人面對酷刑時多容易屈打成招，如果身心負荷不了，都帕蒂就會咬斷自己的舌根，堅不吐實。那個男孩就是這麼做的。他們凌虐了他。他們凌虐妳的時候，會將妳雙手反綁，壓碎妳全身的骨頭，你的性器成了慘不忍睹的傷口。**在對峙中遭警方殺害……男性、身分不詳……22 歲……**

都帕蒂邊走邊想，這時突然聽見有人叫道，都帕蒂！

她不動聲色，如果有人喊她的本名，她從不回應。

在這兒，她的名字是烏毗・梅涵。但叫她的究竟是誰？

都帕蒂的腦海裡總收著疑心的尖刺。只要聽見一聲「都帕蒂」，這些刺便全豎了起來，像隻刺蝟。她一面走著，一面拉開記憶的膠卷，她認識的臉孔閃過腦海，一格又一格。是誰？不是修姆拉，修姆拉正亡命天涯。蕭邁和布納也在逃，只是理由不同。不是高羅克，他人在巴庫里。

是巴庫里行動的某個人嗎？在這行動之後，都帕蒂和杜爾納的名字是烏毗・梅涵及馬當・瑪希。這裡只有穆夏和他太太知道他們的本名。在之前的那幫年輕士紳當中，不是所有人都知道他們的真名。

那時真不好過。都帕蒂現在回想起來，可有些困惑。巴庫

里行動就在巴庫里。蘇札·沙胡和老大都講好了，在他的雙拼住宅裡挖２口管井跟３個水井。到處都缺水，比爾邦鬧水荒，但蘇札·沙胡家裡的水仍源源不絕，如烏鴉眼一樣清澈的水。

要用水，就要繳水道稅。到處都乾到快燒焦了。

繳稅後種更多田，對我有什麼好處？

火燒屁股了。

滾開，我才不理你那村委會制度的廢話。分水灌溉更多田地！你要求一半的稻田分給佃農耕種。免費分得田地，大家都高興，那也分點田地給我家，給我錢啊！幫了你的忙，到頭來得到的卻是這些！

你給了什麼好處？

我不是已經供水給村莊的人了嗎？

你是給你的親戚巴古諾。

你沒有用到水嗎？

沒有。賤民沒辦法拿到水。

爭執就是這麼開始的。乾旱時，人心惶惶。從村莊來的沙提許和朱卡，還有那個年輕人，好像叫拉那？他們說，地主兼債主就是一毛不拔，把他做掉。

當晚，蘇札·沙胡家被包圍，蘇札·沙胡拿出槍來，被牛繩綁著。他混濁的眼珠子轉啊轉，還不斷尿失禁。杜爾納說過，兄弟，我會開第一槍。我曾祖父從他那兒領了一小塊稻田，我到現在還免費為他做工還債。

都帕蒂說，蘇札·沙胡看著我就直流口水。我要挖出他的

眼睛。

　　蘇札・沙胡。接著是從休里發的電報訊息。火車專車。軍隊。吉普車並沒有來到巴庫里。前進—前進—前進。釘靴踩過碎石，嘎—嘎—嘎。封鎖。擴音器傳出命令：朱卡・曼達、沙提許・曼達，拉那化名普拉比又化名狄帕克、杜爾納・瑪希、都帕蒂・梅涵，投降、投降、投降了！沒有人投降。殺—殺—殺遍整個村落。

　　啪、啪、啪、啪—空氣中瀰漫著無煙火藥的氣味—啪、啪—日以繼夜—啪、啪。在火焰發射器的肆虐下，巴庫里成了火海。愈來愈多的男女、小孩……失火了，失火了。要保命，封閉運河戰術。黃昏前完畢—完畢—完畢。都帕蒂、杜爾納匍匐前進，才脫離險境。

　　巴庫里掃蕩之後，靠他們自己是不可能逃到巴塔庫利的，全是靠樸帕蒂跟泰帕相助。後來大家決定讓都帕蒂跟杜爾納在迦喀尼森林帶工作。杜爾納向都帕蒂解釋說：「親愛的，這樣最好不過！雖然我們這樣就沒辦法生小孩、建立家庭，但誰知道呢，也許哪天地主、債主、警察全部都被消滅了！」

　　剛剛是誰在背後叫她？

　　都帕蒂繼續往前走。村莊和田地、矮樹叢和岩石——工務局的路標——急促的跑步聲在背後響起，只有一個人的跑步聲。迦喀尼森林還有 2 哩遠。她一心只想著趕快抵達森林。她得讓同伴知道警察又在通緝她了。一定要告訴他們那個混蛋大人物又出現了。要改變躲藏的地點。還有，原訂計畫必須取消，他們先前怎麼處理蘇札・沙胡，原本也要對桑德拉地區的雷其・

貝臘和納蘭·貝臘如法炮製,還不是因為他們壓榨農民,該給的錢不給。這些蕭邁和布納通通都知道。

　　緊張的危機感充塞在肋骨底下。現在她認為跟蕭邁和布納的背叛比起來,身為一名桑塔爾族人一點兒也不丟臉。都帕蒂的血是犍帕布彌(Champabhumi)最純正的黑血,從犍帕到巴庫里,月亮升落了百萬次,他們的血統大有可能和其他血統混合,但是實際上並沒有。都帕蒂以自己的祖先為榮,因為他們身穿黑色盔甲,守護他們女人的血統。蕭邁和布納都是混血兒,是那場戰爭所留下的結晶,這算是駐紮在希昂當卡的美國大兵對拉達布彌(Radhabhumi)的「貢獻」。要不是這樣,就算烏鴉吃自己同胞的血肉,桑塔爾族人也不會相互背叛。

　　腳步聲在她的背後,跟她保持一段距離。米飯在腰帶上,煙草葉塞在腰間。雅里吉、馬利尼、薩姆、曼圖全都不抽煙,甚至也不喝茶。煙草葉和石灰粉,對蠍子咬傷最有療效。我不會交出任何一樣東西。

　　都帕蒂向左轉。這是往軍營的方向。還有 2 英哩。這不是往森林的方向。都帕蒂不打算在後有追兵的情況下前往森林。

　　我以性命發誓。我以性命發誓,杜爾納,我以自己的性命發誓,絕對守口如瓶。

　　腳步聲也跟著轉向左邊。都帕蒂伸手碰了碰腰間,掌心裡握著的半月形彎刀讓她安心。那是把小鐮刀。迦喀尼的工匠個個技術精湛,這樣一把利刃,我們可以幹一場,烏毗!100 個杜西朗也不怕。

　　幸好都帕蒂不是仕紳階級。事實上,說不定他們是最懂鐮

刀、斧頭、刀刃的人。他們靜靜完成工作。不遠處能看見軍營的燈火。都帕蒂為什麼往這兒走？她停了一下，又拐了個彎。哈！就算是整晚閉著眼亂晃，我也能知道自己在哪。我不會走進森林裡，我絕對不會這樣擺脫他，不會逃出他的視線。你他媽的警察走狗，怕死怕得要命，才不敢在森林裡面亂跑。我會讓你跑得上氣不接下氣，再把你扔到水溝裡、讓你不得好死。

絕對不可以透露半個字。都帕蒂看過了新的軍營，她坐在公車站，打發了大半天的時間，抽了根比迪煙，接著發現有幾個警察車隊抵達，又有幾輛廣播車抵達。4顆南瓜，7顆洋蔥，50條辣椒，她直接記下數量。現在，這個消息傳不出去了。他們會明白都帕蒂・梅涵被逆襲了，這麼一來，他們就會逃走。是雅里基的聲音。如果有人被抓了，其他人就要抓準時機，換個藏匿處。如果都帕蒂同志來晚了，我們不會留在原地。我們會留下暗號，標記我們的去向。同志決不會為自己毀了其他同伴。是雅里基的聲音。水聲潺潺。石頭下的木製箭鏃會指出下一個藏匿處的方向。都帕蒂喜歡這個規矩，也非常清楚。杜爾納死了，但讓我告訴你吧，他並沒有讓其他人送命。**因為打從一開始就沒有這種念頭，如果有人守不住嘴，就會害其他人被逆襲**。現在有了更嚴格的規定，簡單清楚。都帕蒂回來，很好，沒有回來，很糟，轉移陣地。如此一來，敵方不會發現這暗號，就算發現了，也無法解讀。

腳步聲從她背後傳來。都帕蒂又拐了個彎。這3英哩半的岩地是進入森林最理想的路，但已經被都帕蒂拋在身後了。前

方有一小片高起的平地，然後又是岩地。軍隊無法在這種岩地上紮營。這裡也夠安靜了，像個迷宮，隆起的每一個小丘都長得一模一樣。這樣很好。都帕蒂會把那警察帶到河畔的火葬場。桑德拉的帕第帕班就是在這裡被火化，獻祭給女神迦梨。

你被逮捕了！

一塊岩石豎起來，又有一塊岩石豎起來，第三塊岩石也豎了起來。年老的森納內亞克馬上露出勝利的喜悅，同時也有失落。如果你要毀掉敵人，就要變得跟他們一樣。他這麼做了。早在 6 年前，他便能預測他們每個行動，現在他還是可以。所以他才得意。因為要跟上文學潮流，他讀了《第一滴血》，書中情節也驗證他的想法和作法是對的。

都帕蒂騙不了他，這是他沮喪的地方。有兩個原因。6 年前他發表過一篇文章，談大腦細胞的資訊儲存。他在文章裡論證說，從農人的角度來看，他是支持這次抗爭的。都帕蒂就是農人。有經驗的鬥士。追捕、殲滅。都帕蒂‧梅涵要被逮捕了。就要被消滅。真遺憾。

站住！

都帕蒂猛然停下腳步。背後的腳步聲繞到她面前。在都帕蒂肋骨底下，如運河般鬆散潰堤。沒有指望了。是蘇札‧沙胡的弟弟羅托尼‧沙胡。兩塊岩石也走向前來。是蕭邁和布納。他們並沒有坐火車逃走。

雅里吉的聲音。就像你贏的時候自己知道，輸的時候自己也會知道，開始採取下一步動作。

現在都帕蒂張開雙臂，仰頭朝天，轉身面向森林，用盡全身的力氣長嚎。1 次，2 次，3 次。第 3 次喚醒了森林外圍樹上

的鳥兒，紛紛拍起翅膀。嚎叫的回聲傳得很遠。

3.

　　都勞帕蒂・梅涵於晚間 6 點 53 分被補。把她帶回軍營花了一小時，訊問又花了整整另一個小時。沒有人碰她，他們還讓她坐在一張帆布露營椅上。8 點 57 分，森納內亞克的晚餐時間到了，他說：「弄她。該辦的事辦一辦。」他就走了。

　　億輪月亮過了，10 億印度曆年過了。100 萬光年後，都勞帕蒂睜開眼，不知為何，看到了天空和月亮。慢慢地，染著血的釘頭從她腦中轉動。她試著移動，但手腳還是被綁在四根柱子上。在她屁股跟腰下方有東西黏黏的。她的血。只有口枷被拿掉了。異常口渴。為了不要脫口說出「水」，她用牙齒咬住下唇。她意識到自己的陰道正在流血。有多少人來性侵她？弄了她、羞辱她。

　　她眼角淌下一滴淚。在昏暗的月光下，她低下頭，用無神的眼睛看著自己的胸部，並且明白，的確，她確實被整了，乳房被咬得皮開肉綻，乳頭都裂開了。總共有幾個人？4 個、5 個、6 個、7 個——然後都勞帕蒂昏厥了。

　　她轉動眼睛，看見白色的東西，就是自己的那塊布，其他什麼都沒有。突然間，她燃起一線希望，或許他們已經把她丟棄，留給狐狸去吞噬。然而她卻聽見腳摩擦地板的聲音，轉過頭去，守衛斜靠在他的刺刀上，色瞇瞇地看著她。都勞帕蒂閉上雙眼，不須等太久，性侵她的過程又再度開始。繼續下去。月亮吐出一絲光線，然後消失，徒留一片黑暗。一具身體四肢

被迫張開，動彈不得，一個個人肉活塞，在它上面移動，上上
下下，上上下下。

然後早晨來臨。

接著都勞帕蒂・梅涵被帶到營帳，丟在稻草堆上，她的那
塊布被扔在她身體上。

接著，吃完早餐，讀完報紙，收音機廣播「都勞帕蒂・梅
涵被捕」的消息等等事情後，大人物下令將都勞帕蒂・梅涵帶
進帳篷。頃刻間，麻煩事發生了。

都勞帕蒂一聽到「快給我走！」的命令，便坐了起來，並
問說：「你要把我帶去哪裡？」

你們要我去哪裡？

大人物的帳篷。

帳篷在哪？

就在那裡。

都勞帕蒂以布滿紅色血絲的眼睛注視著帳篷。她說：「我
就過去。」守衛將水壺向前推。她說，來吧，我這就去。

都勞帕蒂起身，將水倒到地上，用牙齒撕裂她身上的布料。
看到她如此怪異的行徑，守衛說：「她瘋了」，跑去請示如何
處理。他可以將囚犯帶出來，但如果囚犯舉止怪異，他可就手
足無措。因此，他去請示長官。

這個騷動如同監獄中的警報器響起。森納內亞克走出來查
看，大吃一驚，他看見都勞帕蒂，一絲不掛，在艷陽下昂首走
向他。守衛們則神色緊張，跟在後面。

「這是什麼？」他快哭出來了，但是得忍住。

德勞帕蒂站在他面前，赤裸裸地。大腿和陰毛都沾滿血污。

兩個奶子，兩道傷口。

　　這到底是什麼？他想要大吼。

　　德勞帕蒂靠得更近了。她的手放在臀部上，笑笑地說，你搜索的目標，都帕蒂‧梅涵。你要他們把我整一整，你不想看看他們把我整成什麼樣子嗎？

　　她的衣服呢？

　　報告長官，她不肯穿。把衣服都撕了。

　　德勞帕蒂黝黑的身軀靠得更近了。頑強不屈地大笑，使得她的身體晃動著，森納內亞克完全不明白這是什麼意思。她大笑時，慘遭蹂躪的雙唇流著血。都勞帕蒂用手掌擦了擦血，接著以她先前嚎叫般令人膽顫、畫破天際、尖銳刺耳的聲音，她說，衣服做什麼用？你可以剝光我，但是你要怎樣讓我再穿上衣服？你是不是個男人？

　　她看了看四周，挑中森納內亞克白色軍服的前襟，直接朝前吐出血塊，接著開口說話，這裡沒有一個男人能羞辱我。我不會讓你把布披在我身上。你還能怎麼樣？來呀，**對付我啊**，來呀，來對付我！

　　都勞帕蒂用她那傷痕纍纍的乳房頂著森納內亞克，有生以來森納內亞克第一次害怕地站在一個毫無防備的目標前，不寒而慄。*

---

* 譯注：這篇故事感謝 2014 年進階筆譯 10 位同學的參與及付出：方韻菺、林憶珊、歐宜欣、呂致寬、簡捷、方慈安、羅羽君、蔡月媚、陳冠吟、涂宇祺，現在的成果是師生共同心血結晶。

第十二章
底層研究：解構歷史學

改變與危機

　　底層研究群的作品提供了一套改變理論。把印度放入殖民主義討論，通常被定義為是從半封建制度成為資本主義附庸的改變。這樣的定義是把改變放在生產模式的大敘事裡予以理論化，而其中令人不安的意涵在於，這也將改變限制在由封建制度過渡到資本主義的敘事之中。與此同時，這個改變被視為是被殖民者政治化的開端。殖民主體被視為是從本土精英的那些部分的崛起，鬆散地歸類為「資產階級國族主義者」。底層研究群對我而言，似乎是藉由至少兩項不同的提議，修改了這個普遍定義及其理論化：首先，改變的時刻是多元化的，而且是以衝突性、而非轉型式，來呈現這個敘事（所以可以被看作是支配與剝削的歷史，而不是局限在偉大的生產模式敘事裡），其次，這樣的改變是由符號系統裡功能改變所標示或彰顯出來。從宗教的轉變為武力的是最重要的功能改變。不過，在這些選集裡所指涉的符號系統還有許多其他的功能改變：從犯罪到起義，從奴隸到工人等。

　　這種修正或觀點改變最重要的結果就是，改變的能動者被定位在叛徒或「底層階級」身上。

　　（事實上他們對符號系統功能改變的關切——片語「論述取代」稍微短一些——延伸超出了叛徒或底層階級活動的活動

場域。狄皮許・查克拉巴提（Dipesh Chakrabarty）數度撰文討論本土精英左派分子「自覺的社會主義論述」，如何雜亂無章地，試著取代封建權威的論述，並賦與其新功能。[1]帕塔・查特吉（ParthaCharterjee）說明甘地「在新印度國家演化形式裡，從政治上挪用收編了人民」（3.156）。在這三本選集裡有不少篇幅，一絲不苟地記錄甘地興起──他根本不是底層階級──以做為社會文本裡的政治能指，這是這些研究最驚人的成就之一。）

　　符號系統裡的功能改變是暴力事件。即使被視為是「逐漸的」或是「失敗的」，抑或是「逆轉自我」，這些改變本身只能透過危機的力量來運作。保羅・德曼對評論的看法，在此可以延伸為對底層性的討論，就是要事情「整個倒過來」：「在不是危機的時候，或是個人不惜任何代價傾向於避免危機，那麼就有各種方法去接近〔社會的〕……但是就不會有〔起義〕。」[2]然而，如果改變的空間（必然是額外的）還沒有在符號系統先前的功能出現，危機就不可能讓改變發生。表意功能的改變彌補了先前的功能。「表意運動添加某些東西……但是這個補充添加……會執行間接獲得的功能，就所指部分補充其欠缺。」[3]底層研究群審慎地注解了這個雙重運動。

1　Ranajit Guha, ed., *Subaltern Studies III: Writings on South Asian History andSociety* (Delhi: Oxford University Press, 1984), p. 351. 本文之後引用此 3 冊作品時直接以 1、2、3 及頁碼標示出處。

2　Paul de Man, *Blindness and Insight: Essays in the Rhetoric of Contemporary-Criticism* (Minneapolis: Univ. of Minnesota Press, 1983), p. 8.

3　Jacques Derrida, *Writing and Difference*, trans. Alan Bass (Chicago: University of Chicago Press, 1982), p. 289. 所有翻譯引文會視需要而做修改。

　　他們通常把目標設定為製造意識或文化的理論，而不是特定的改變理論。我認為，正是因為如此，所以危機的力量雖然和他們論點向來相去不遠，但在他們的作品裡並未受到有系統的強調，而且有時候還會令人放下心防地將其指稱為「衝擊」、「組合」、「受趨勢所影響」、「統一的情況」、「改變的理由」、「模稜兩可」、「不安」、「轉變」、「帶進焦點」；即使危機有時也被描述為「大轉變」、「著火」，以及更普遍的說法，「整個倒過來」──所有批判的概念─隱喻都代表了力量。[4] 的確，一種穩健的口吻不允許他們充分強調，是他們自己把霸權式的歷史學帶向危機。所以，他們在描述補充性的祕密運作時，就把它看作是辯證法中不可動搖的思辨邏輯。在我看來，他們這麼做似乎是為自己帶來了傷害，因為自封為辯證家，他們為自己開啟了自發行為和意識之間、或是結構與歷史之間的更古老的論爭。他們真正的實踐，我認為，其實更接近解構主義，是在質疑這些對立。改變理論做為符號系統之間功能取代的場域──他們讓我不得不這麼解讀──是閱讀理論最大可能的意義。符號功能取代的領域，是把閱讀的名稱當作是過去與未來的主動交易。這種交易閱讀做為行動（的可能性），即使是最具活力的情況下，也許無非是安東尼奧‧葛蘭西所稱的「說明」，*e-laborate*，它是一種努力解釋。[5] 如果是這麼來看，

4　1.83, 86, 186; 2.65; 115; 3.21, 71. 另參見 Ranajit Guha, *Elementary Aspects of Peasant insurgency in Colonial India* (Delhi: Oxford University Press, 1983). pp. 88, 226, 30, 318; 以下引文出自本書均以 *EAP* 附上頁碼標示出處。

5　參見 Edward W. Said, *The World, the Text, and the Critic* (Cambridge: Harvard University Press, 1983), pp. 170-172 以了解葛蘭西所探討的「說明／努力解釋」。

底層研究群的作品不斷地幫助我們去了解「社會文本」的概念—
隱喻並不是把真實生活化約成書頁。我的理論介入只是謙遜地
提醒大家這一點。

　　我們可以進一步地說，他們的作品預先假設了整個社會組
成（socius），至少這是他們研究的對象，就是尼采所稱的「連
續的符號鏈」（fortgesetzteZeichenkette）。行動的可能性就在
於擾亂這個對象的動力，打破及重新連結符號鏈。這派論點並
不是把意識看成與社會組成對立，而是了解到意識也被建構為
符號鏈，同時又是建立在符號鏈上。所以它是研究的工具，參
與了研究對象的本質。檢視意識就是把歷史學家放在不可化約
的妥協位置上。我相信正是因為這種雙重束縛才有可能去鬆綁
尼采格言式的看法，他的主張依循著符號鏈的意象，同時指涉
這個雙重束縛：「要理解整個過程，所有的概念得從定義抽離
出來；惟有沒有歷史的才有可能被定義。」[6]無論如何，在肯定
與純粹的狀態，這些假設嚴格說來與發現意識（底層階級的此
地）的欲望並不一致。我的論文也將試著發揮闡述這個不一致
的情況。

認知失敗是不可化約的

　　研究群所提供一切論述取代嘗試的記錄，都是失敗的記錄。
對底層取代而言，失敗的理由大都是與殖民當局更大的規模、
組織、力量有關。以國族主義獨立運動為例，他們很清楚地指

6　Friedrich Nietzsche, *On the Genealogy of Morals and Ecce Homo*, trans. Walter Kaufmann (New York: Vintage Books, 1969), pp. 77, 80.

出資產階級基於「利益考量」，拒絕承認政治化的農民的重要性，也拒絕與他們結盟，說明了運作農民政治化的論述取代失敗。不過，此處也有初期演化論，或許是試著避免庸俗馬克思主義對農民的光榮化，而去譴責「農民意識現有層次」，因為事實是「農民團結和農民力量很少是充分或持久的」。（3. 52, 3.115）這一點與整個小組的總體政治是相衝突的──他們把精英霸權對「意識」的理解看作是可以詮釋的建構。

　　要檢視這樣的矛盾，我們首先必須指出，由上而下運作的論述取代，不論是刻意為之或偶然成事，也都是失敗的。查克拉巴提、達斯和恰德拉勾勒出工會社會主義、功能派企業至上論、農民共產主義，嘗試取代半封建進入到「現代」論述，但最後均告失敗。查特吉說明了甘地最初與印度宗教想像論述場域很有活力的交易，必須經過扮裝，如此他的抵抗倫理才能被取代，而進入到資產階級政治符號系統裡。[7]（無疑的如果像「資產階級政治」這樣的「整體」要接受論述分析，取代的微動力就會出現了。）我的論點簡單的說，就是論述場域取代，不論是失敗或部分成功，根據進步論者的規模來看，未必和階級「意識層次」有關。

　　讓我們繼續檢視看似徹底成功的例子，亦即精英歷史學，不論左派或右派，國族主義者或殖民主義者，以這個研究群的分析來看，本身都是由認知失敗所構成的。的確，以改變理論

[7]　此處我使用「想像的」（Imaginary）是鬆散地依循拉岡的用法。簡短的定義可參見 Jean Laplanche and J. B. Pontalis, *The Language of Psycho-Analysis*, trans. David Nicholson-Smith (New York: Norton, 1973), p. 210. 8

做為論述領域取代的場域，如果是他們最普遍的論點，那麼精英歷史學就是緊跟在後的論點核心。這裡並未對有心和無心的疏漏加以區分，根據我的判斷，這是相當適切的。哈迪曼指出了，以底層階級角度出發，國族主義者堅持論述場域取代的（錯誤）認知，是梵化（Sanskritization）的簽名印記（3.214）。他解讀當代分析，如保羅・布拉斯（Paul Brass）黨派主義研究，做為愛德華・薩依德稱之為「東方主義」的徵候（1.227）。我們可以正確無誤地說，當代歷史學許多複雜辭彙成功地屏障這個認知失敗，這個在失敗中的成功（success-in-failure），這種經過審查的無知，與殖民統治是分不開的。達斯則主張，理性期待理論，即新殖民主義霸權式但卻失靈（又是成功的認知失敗）的主要支柱，在印度的「綠色革命阻止了紅色革命」，發揮了影響力（2.198-199）。

在這種成功的失敗認知軌跡，最有趣的動員就是檢視「證據」的生產，歷史真相建築的基石（3.231-270），以及解剖自我鞏固的他者──起義事件的起義分子──構成的機制。在整個計畫的這個部分裡，古哈透過綜合蘇聯和巴特的符號學分析，似乎基進化了殖民印度的歷史學，於是揭露了客觀（成功的、所以是真實的）歷史學的論述性（認知失敗）。進而彰顯了歷史的謬思（The Muse of History）和反起義其實是共謀的（2.1-42 & EAP）。

當然我要闡明的是，以暗示性的演化論或進步論假設，透過意識層次來測量失敗或成功，對於集體實踐來說太過簡化。如果檢視他們所討論的各種活動，無論是底層階級、起義者、國族主義、殖民主義、歷史學，我們會看到普遍領域的失敗。

事實上，集體工作使得成功與失敗的畫分難以決定——因為最成功的歷史記錄是由他們揭露的，但這是和認知失敗交叉影響所產生的。既然他們在底層的案例裡關注的是意識（無論是多麼「負面」）與文化（無論是多麼「有決定性」）；在精英的案例裡，關注的是文化與支配——底層也同樣是在「認知」的劇場裡運作。不管是什麼情況，我們要問的是：認知是在哪裡開始、哪裡結束呢？對於這種將意識分門別類的觀點可能產生的問題，我稍後會再加以討論。此處毋須贅言，根據一般的連貫原則標準，透過他們自己的方法論，除非成功判準是理論虛構，否則不可能衍生出失敗的可能性。[8]

這個研究群的成員用了「異化」這個詞，來代表「自我認知的失敗」。以下是引言。

高估……〔底層意識〕深度的清晰性是……魯莽的……起義分子負面意識的這種特色表達與其他徵候相符合，亦即他的自我異化。他仍然堅持把與英國統治的戰爭看作是獨立於自身的意志計畫，他自己在其中的角色不過是工具性的……〔他們自己的〕帕瓦那（parwana，宣布）……這些作者甚至沒有認出他們自己的聲音，只聽到神的聲音。（EAP 28）

在他的進步論敘事辭彙裡，黑格爾以所謂世界歷史能動者

8　我向來偏好的理論虛構例子是佛洛伊德。*The Complete Psychological Works*, trans. James Strachey et al. (London: Hogarth Press, 1967), vol. 5, p. 598f.

的自我異化縮小來描述歷史的行進。柯傑夫（Kojève）*和他在法國的追隨者區分了歷史敘事者的黑格爾，和勾勒出邏輯系統的思辨黑格爾。[9] 在邏輯系統裡，異化在任何意識行為裡都是不可化約的。除非主體自我畫分以掌握客體，這裡沒有認知、沒有思考，也沒有判斷。《邏輯科學》的第一節和最後一節，分別討論了「存在」與「絕對理念」，這是兩筆關於單純的不可異化性的記錄，不是個人或私人意識可以理解接觸的。從嚴格的哲學觀點來看，（a）精英歷史學（b）資產階級國族主義記錄（c）底層研究群的重新銘刻，都是藉著異化——在德文裡同時有疏離（Verfremdung）和異化（Entäuberung）+的意思——而運作的。德希達在《喪鐘》裡對黑格爾的解讀，甚至質疑了「絕對必然性」和「絕對知識」不可異化性的論點，不過此處我們不需要討論那麼多。我們必須要問相反的問題。馬克思主張人必須努力朝向自決與非異化實踐，葛蘭西主張「較低階級」必須「經由一系列的否定以達成自我意識」，我們要如何來面對他們的主張？[10]

....

*　譯注：亞歷山大‧柯傑夫（Alexandre Kojève, 1902-1968）為出生於俄國的法國哲學家，他將黑格爾哲學融入歐陸哲學之中，對於 20 世紀的法國哲學有重大的影響。

9　關於這一點的精彩討論可參見 Judith Butler, "Geist ist Zeit: French Interpretations of Hegel's Absolute," *Berkshire Review* 20 (Summer, 1985: 66-80).

+　譯注：德國馬克思主義哲學家布洛克（Ernst Bloch, 1885-1977）分析布萊希特的「史詩劇場」（epic theatre）所提出的「疏離效果」，這種效果試圖讓觀者產生抽離感，進而去思考劇中人物的處境，最終能達到改造社會的目的。布洛克定義這種疏離是德文裡的 Verfremdung，至於 Entfremdung 則是馬克思所說的「異化」，與自我或自我生產的產品產生距離。

10　Antonio Gramsci, cited in *EAP* 28.

　　如果我們接受認知「失敗」和「異化」有不可化約性的風險，要回答這個問題，或許就會導致影響深遠的實際後果。配合上述我提及的普遍化及重新銘刻的失敗概念，這個研究群自己的實踐就可以在這個「諸多失敗」的方格上圖示顯現。這顛覆了理論不可避免的前衛論，否則就會變成是批評理論的前衛論了。這是為什麼我希望把他們和解構連結在一起：「運作勢必來自內部，從老舊結構借用所有顛覆策略與經濟資源，從結構上來借用，也就是說不能孤立其元素與原子，解構事業永遠是以某種方式成為其自身作品的研究對象。」[11]

　　這就是解構主義最棒的禮物：質疑研究主體的權威，而不會使其癱瘓，持續地把不可能的情況變成可能。[12] 讓我們在這個特定的例子來探索它的含意。

　　如我們所見，這個研究群追蹤記錄這些意圖取代論述場域的失敗嘗試。解構主義研究方法會讓我們看清一個事實，即研究者自身也參與了取代論述場域的嘗試，他們自己的「失敗」（以一般意義而言），理由就和他們所列舉的研究對象的異質能動者一樣是「歷史的」因素；而且這樣的研究取徑促成了把這樣的因素列入考慮的實踐。否則，為了拒絕承認他們研究的可能影響，因為這可能是政治不正確的，於是就不由自主地「惡意地客體化」底層階級（2.262），以知識來控制他，即使研究者是在為他恢復因果關係與自我決定的不同說法（2.30），研究

---

11 Derrida, *Of Grammatology*, trans. Spivak (Baltimore: the Johns HopkinsUniversity Press, 1976), p. 24.
12 由於在這個研究群裡歷史學家的性別相當明確，因此一致使用「他」來指稱。

者甚至和「律法」成為共謀，因為他們欲望追求整體（因此是全面化）（3.317），而「律法分派給「底層本身」的是「一個未做任何區分的〔專有〕名稱」（EAP 159）。

底層研究和歐洲人文主義批判

　　「宗教詞語給〔東高止山的〕山地人 1 個框架，藉此去概念化他們的困境和尋找解決方案」（1.140-141）近來歐洲詮釋理論的語彙似乎也給這個集體一個類似的框架。他們在尋找替代時，如前所述，也在擴大「閱讀」和「文本」的語意範圍，附帶一提，文字在他們的語彙裡並不是特別重要。這是個大膽的交易，和美國歷史學家所做若干類似的嘗試相較之下，可說是毫不遜色。[13] 他們找出各地都有類似平行的事件，例如古哈研究的「梵文中轉喻延伸及移轉」（atidesa）的概念；或是把在地的置入普遍的情況來理解，例如在《殖民印度農民起義基本面向》（*Elementary Aspects of Peasant Insurgency in Colonial India, EAP*）裡普遍借助英、法、德等國，偶爾也有義大利的起義事件，來做為對照說明；或是如帕塔・查特吉藉由在非洲的人類學研究來探討權力模式，這些都是值得一提的例子。

　　這正是危機力量在論述領域運作，促成了功能取代。在我閱讀《底層研究》選集時，這種批判力量或是帶入危機的趨力，可以在西歐結構主義的後尼采學派中，質疑人文主義的能

---

13 這一點最重要的例子是 Dominick LaCapra, *Rethinking Intellectual History* (Ithaca: Cornell University Press, 1983), 及 *History and Criticism* (Ithaca: Cornell University Press, 1984)。

量找到類似的效果。對於我們的研究群來說，傅柯、巴特、某部分的李維史陀都可做為借鏡。這些結構主義者藉由揭穿主角——主權主體做為作者，權威、合法性與權力的主體——來質疑人文主義。帝國主義主體和人文主義主體頗為雷同，然而反人文主義的危機——就像所有危機一樣——並不會「完全地」動搖我們的集體。斷裂顯示自身也是一種重複。這個研究群所依賴的是以意識做為能動者、總體，以及文化論等概念，但這些概念與人文主義批判並不連貫。他們似乎沒有意識到自身各別的西方「共謀者」的歷史─政治起源。對他們而言，維高斯基（Lev Vygotsky）和洛特曼（YoriLotman）、維克多・透納（Victor Turner）和李維史陀、埃文斯─普利查（E. E. Evans-Pritchard）、韓德斯（Barry Hindess）和赫斯特（Paul Hirst），*就像傅柯和巴特一樣，可以點燃同樣的火焰。既然我們無法指責這個研究群是隨機折衷的超市顧客，我們就必須在他們的實踐裡看出從殖民困境的重複與斷裂：交互衝突的大都會資源的交易品質往往是（後）殖民知識分子沒有面對的議題。

---

* 譯注：列維・維高斯基（1896-1934）是蘇聯心理學家。他認為社會環境對學習有關鍵性的作用，特別強調社會文化是影響學童認知發展的重要因素。尤里・洛特曼（1922-1993）為愛沙尼亞的文學批評家暨符號學家，他所提出的「語義圈」（semiosphere）概念影響深遠。維克多・透納，英國文化人類學家，主要研究象徵、儀式和成長儀式。埃文斯─普利查（1902-1973）是英國社會人類學家，他結合結構功能論以及自身在東非的民族誌記錄，對努爾人與亞桑地人的親屬制度與巫術重新整理，進而重新開啟西方文化重新詮釋原始社會心靈的理解。韓德斯（1939-）為英國社會學家，目前為澳洲國立大學榮譽教授，他和赫斯特（1946-2003）於 1970 年代以英國的阿圖塞理論派而著稱，是重要的馬克思主義社會學家，1980 年代則以批評阿圖塞理論而持續影響政治學理論及馬克思主義的發展。

　　我要提醒讀者的是，就我個人觀點來看，這樣的「認知失敗」是不可化約的。我評論的是「意識」在底層研究作品裡的地位，因此我的重點並不在於為正確的認知舉措提出一套公式。

底層意識的問題

　　我試著從抵觸其理論自我再現的角度去解讀他們的作品，他們對農民或底層意識的譬喻形塑使得這樣的解讀特別有建設性。

　　去調查、發現、建立底層或農民意識，一開始看來似乎是實證論的計畫——這個計畫假設的是，如果適當執行，就能有堅實的基礎，引領到某個可被揭示的東西。以恢復意識的例子來說，這就更重要了，因為在後啟蒙傳統裡，集體以干預主義派歷史學家的身分參與，意識正是使得所有公開揭露成為可能的基礎。

　　而且，這個研究群的確很容易受到這個詮釋的影響。這裡已假設了某種單一反應或是表意理論，「在飢荒及反叛的農民行動」被視為是「反應……單一潛在的意識」（3.112）；而「團結」被視為是「意識的能指」，表意是再現、譬喻形塑、挪用（在獨特且自我充足的大綱裡有著嚴苛的畫分界限），以及銘記。

　　然而即使「意識」是做為不可畫分自我接近的所指或基礎，還是有一種力量在作用，與這樣的形上學相抵觸。因為此處的意識並不是一般的意識，而是歷史化政治物種，亦即底層意識。古哈在一個段落裡提到「先驗」，意思是「超然的，因為知會了霸權敘事」而不是嚴格的哲學意義，他的說法令人讚歎：「一旦農民起義被同化為英國統治、國家或人民〔霸權敘事〕

的事業，那麼歷史學家就很容易放棄原本應該要負的責任，他
應該要去探究及描述起義的特定意識，而且他會輕易滿足於把
這個意識歸為先驗意識……再現他們只是某些人意志的工具」
（2.38）

因為以狹義來解釋意識的歷史特殊性，即使是含蓄地以
廣義的形上學方法論假設來運作，在這個研究群裡總是有對位
（counterpoint）的主張：認為底層意識受到精英的精神感召所
影響，而且底層意識不可能充分還原，總是歪斜於既定的能指，
即使它被公開，也同時被抹滅，它是不可化約地論述性的。比
方說，它在選集中更理論的文章裡主要是「負面意識」事物。
雖然「負面意識」在此被視為是底層階級特殊的歷史階段，即
使論點勢必是歷史化的，但並沒有什麼邏輯上的理由顯示，為
什麼是以意識的正面觀點，而不是這個「負面的」觀點為基礎，
做為這個研究群普遍化的方法論前提。例如，某個「負面意識」
觀點就把它視為，不是底層存在的意識，而是壓迫者存在的意
識（EAP chap. 2, 3.183）。以模糊的黑格爾式描繪，這是反人
文主義與反實證論立場，正是因為永遠有欲望（他者的權力），
才會生產出自我的形象。如果這是普遍化的，就像是我解讀「認
知失敗」的論點，那麼也是底層提供了模型以做為意識的普遍
理論。不過，既然「底層」不可能沒有「精英」思想就憑空出現，
就定義而言，這樣的普遍化是不完整的──以哲學的語言就是
「非原初的」，或是在更早的版本裡，用的字眼是「非原始的」
（*unursprünglich*）。這種「起源的建立痕跡」，正是解構主義
批判簡單起源的再現。我以下要討論的，就是在這個研究群的
作品裡指認這個策略的痕跡的實際結果。

　　一再重申的事實提供了另一個對位點，解構了這些文本裡意識的形上學。這個事實就是，只有反起義的文本或是精英記錄，才給予我們底層意識的消息。「農民對鬥爭的看法可能永遠無法還原，在這個階段無論我們說什麼都只是暫時的」（1.50）；「記錄黃麻生產廠工人意識的問題，他們的反抗意志及質疑雇主權威，只有透過人們在權威當中形成的危機感才能解讀」（3.121）；「應該有可能去解讀反抗意識的出現在那樣的證據裡是必要而普遍的元素」（EAP 15）。可以確定的是，這是「這個階段」的語彙，「反抗意志」、「出現」。然而這裡的語言似乎也很努力地去承認，無論是底層觀點、意志及出現，可能只不過是對解讀計畫的理論虛構。它不可能被恢復，「可能永遠無法恢復」。如果我改變為法國結構主義稍微神祕的語言語域，我可以這麼說：「思想〔這裡是底層意識的思想〕在此對我而言是完美的中性詞，文本的空白部分，差異的未來紀元必然不可決定的指數。」[14]

　　再一次地，在這個研究群的作品裡，原本看似殖民底層的歷史困境，其實可以變成是*所有思想、所有審議意識*（deliberative consciousness）困境的寓言，即便精英並不作如是觀。乍看之下，或許會覺得匪夷所思。再仔細深究就變得順理成章了。我提議以這樣的作法來結束我這個部分的討論。

　　把底層意識放在差異的位置，而不是認同的位置，也就對底層意識完整可靠的理解提出了對位參照：「『人民』和『底

----

14 Derrida, *Of Grammatology*, p. 93. 由於我的意圖只是提供一個轉碼時刻，因此在此並不「解釋」德希達的段落。

層階級』的辭彙在這則〔序論〕注解〔to 1〕裡都被當成同義詞
使用。在這個範疇裡涵蓋的社會團體和元素，再現了全體印度
人民與所有我們描述為『精英』的人口統計差異」（1.82; 強調
為原文所有）我要請讀者參考我先前的一篇文章，文中我仔細
評論了特定的對位：在表面上的量化語言與明確差異的論述之
間的對位，前者是實證論的，以人口統計差異呈現，後者是人
口統計差異，向解構主義姿態開啟了大門。[15]

　　我逐漸地傾向於把底層意識的擷取，解讀為後結構主義者
稱之為底層主體效果的記錄表現。[16]主體效果可以簡單地說明如
下：看似在運作的主體，也許是龐大的斷裂網絡（即「文本」
的一般意義）的一部分，這些網絡是由政治、意識形態、經濟
學、歷史、性欲、語言等千絲萬縷的線路所構成的。（這些線
路如果是獨立的，也可以被看作是許多線編織而成。）這些線
不同的繫結與共同形構是由異質決定因素所決定，而這些因素
又依賴無數的條件而定，這就生產出一個運作主體的效果。然
而連續派和同質派審議意識，恰恰徵候式地表明了，要解釋這
個效果，就必須要有連續而同質的原因，因此預設了一個主導
而堅定的主體。後者其實是效果的效果，它的定位是取代作用，
或者說是以果代因。所以，在下列的描述中，反起義文本就定
位「意志」做為主權原因，而它只不過是底層主體效果的效果，

---

15 "Can the Subaltern Speak?" in Larry Grossberg and Cary Nelson, eds., *Marxism and the Interpretations of Culture* (Urbana: University of Illinois Press, 1988).

16 這個論點最驚人、或許有些太過的安排布署，可參見 Gilles Deleuze and Félix Guattari, *Anti-Oedipus: Capitalism and Schizophrenia*, trans. Robert Hurley, et al. (New York: Viking Press, 1977).

本身也是由危機所召喚出來的特定場合而生產出來的，這在《底層研究》多處均有精確的描述：

> 警察、士兵、官僚、地主、高利貸者及其他對起義抱持
> 敵意的人，在這些報告、急訊、備忘錄、判決書、法律、
> 信件等，寫進了他們的情緒，這無異於是他們意志的再現，
> 這當然是毋庸置疑的。但是這些文件不單單只是從他們的
> 意志取得內容，因為他們的意志是受其他意志所論斷，即
> 起義者的意志。因此有可能把反抗意識的出現解讀為在證
> 據裡必要而普遍的元素。（EAP 15）

從內部閱讀底層研究的作品，但又要從反面來思考，我認為在他們文本的元素確保了要解讀這個計畫，就是擷取底層意識，以試圖消解巨大的歷史學取代作用，並且「定位」主體效果為底層的。所以，我會把它解讀為，從謹慎可見的政治利益出發，策略性地利用實證論本質主義。這就使他們與馬克思站在同一陣線，馬克思定位了拜物，「具體」意識形態決定因素，並且編造了貨幣形式的發展敘事。他們也與提供我們系譜學以取代歷史學的尼采陣線，和傅柯同樣的建構「反記憶」，巴特的符號反轉學（semiotropy）、德希達的「肯定解構主義」。這使他們得以使用反人文主義的批判力量，換言之，也逃不了建構組成的矛盾：亦即本質化的時刻，這是他們所批評的對象，但卻是不可化約的。

這個策略在狹義定義「意識」為自我意識時，最為有用。如此使用「意識」時，馬克思非異化實踐的概念或是葛蘭西

「意識形態連貫」、「群眾自發哲學」的概念就變得很合理
而且很有說服力。[17]因為階級意識並不會與意識——一般的意
識——的基礎層次有關。畢竟，「階級」不是人類現實不可異
化的描述。階級意識在描述層次上本身是策略的、人為的結盟
覺知，在改變的層次上，它嘗試去破壞建構階級輪廓的機制，
而階級這種集體意識正是透過情境而發展出來的。「任何起義
群體的成員」——古哈用了整章去說明群體的集體意識是如何
發展的——「凡是選擇以那樣的底層性去延續的一方，被視為
是對鬥爭所引發的反逆過程帶著敵意，所以是和敵人站在同一
邊的」（EAP 202）。在剝削與主宰的社會場域裡，階級或集
體「意識」的目標因此必然是自我異化的。馬克思的英譯傳統
通常忽略了這一點。比方說，想想下列出自《共產黨宣言》的
知名段落：「如果在鬥爭中〔imKampfe〕反抗資產階級的無
產階級被迫要在階級裡統一聯合〔sichnotwendingzumKlasseve
reint〕，而且，藉由革命手段，必須使自己成為統治階級，那
麼，這麼一來要以武力掃蕩舊有的生產條件，它就要掃蕩階級
對立〔Klassengegensatz〕與階級的條件，廢除自己做為支配者
〔Herrschaft〕階級的身分。」[18]被翻譯成「掃蕩」、「廢除」
的片語，原本在馬克思的文本裡是「aufhebt」。「『Aufheben』
有兩層意義：一方面是保存、維持，同樣地意味著使停止、終
結……我們所提出『Aufheben』的兩個定義可以引述成是這個

---

17 Gramsci, *Prison Notebooks*, trans. Quintin Hoare and Geoffrey Nowell-Smith(New York: International Publishers, 1971), p. 421.

18 Karl Marx and Friedrich Engels, "The Manifesto of the Communist Party," in *Selected Works* (Moscow: Foreign Languages Publishing House, 1951), p. 51.

字在字典的兩個意思。」[19] 在這個「維持與使停止」的精神裡，我們會重寫 EAP 段落裡的「反逆」為「取代」。

在這個集體意識自我異化取代行動的策略旨趣框架裡，由集體意識採取行動，自我決定與未異化的自我意識可以被提出來。在底層研究群所提出的「意識」的定義，有許多跡象顯示，他們事實上關切的意識不是一般的定義，而是這個關鍵的狹義定義。

底層意識做為一種自我意識是「……對於農民角色……獨立思想與推測與猜想的整個領域」（1.188），提供「清楚獨立詮釋〔甘地〕訊息的明確證明」（3.7），使得「主要人物〔起義者〕……之間的會談，認真地衡量訴諸武器的正反兩方立場」有了動力，確實承諾兌現底層意志所有的祈求。

底層意識做為崛起的集體意識是這些作品的主要重點之一。在這諸多例子中，我要引述兩例：「在阿布杜・馬吉德〔一名織工〕這些日記摘要裡不容置疑所再現的是『集體』意識──群體。然而，這種群體意識是模稜兩可的，它跨越了宗教團體、階級、城鎮鄉里（qasba, mohalla）」（3.269）「〔部族〕自身意識做為起義者的主體，因此和它的族裔自我認同是不可分隔的」（EAP 286）。研究群把這個新興集體底層意識的理論直截了當地放在西方馬克思主義傾向的脈絡裡，但西方馬克思主義否定前資本主義底層有階級意識，尤其是在帝國主義的劇場裡。底層研究群的姿態直接挑戰了霍布斯邦「前政治」的概念及功

---

19 Georg Friedrich Wilhelm Hegel, *The Science of Logic*, trans. A. V. Miller (New York: Humanities Press, 1976), p. 107.

能派論點，他們主張在亞洲「農業勞工」和「農民老闆」間存在某種「互惠性與道德經濟」，而霍布斯邦的看法「試圖否定階級認同與階級衝突在亞洲對農業關係的重要性」（3.78）。查克拉巴提分析指出，如果只是去逆轉姿態，並且在殖民脈絡下試著把馬克思觀點的勞工階級意識強施於都市的無產階級身上，而且含蓄地說，如古哈所示，這個意識也被強行施加在鄉村底層身上，在這樣的挑戰裡取代了底層意識的位置，從歷史的角度來看是站不住腳的。

　　讀者如果注意到底層研究群和人文主義批評者之間的接觸點，可能會對「意識」這個辭彙的使用感到困惑。對於像巴特和傅柯這些作者而言，這必然是個後現象學及後精神分析的議題。我所做的是，並不是藉由分析以揭示底層研究群在這樣的共同形構裡不想用「意識」這個詞，來化解這樣的困惑，而是完全只在馬克思與古典馬克思主義傳統所觸及的第二層次集體意識，來處理這個問題。我要說的是，雖然這個研究群並不是刻意地介入後結構主義所了解的「意識」，如果我們把它看作是策略上堅持本質主義的意識概念，那麼我們自己的交易閱讀就被增強了，否則本質主義的意識概念很容易就會落入反人文主義批判口實，而歷史學實踐的眾多強項正是來自於反人文主義的批判。

歷史學做為策略

　　策略有可能是不自覺的嗎？當然不完全如此。不過，想想以下的陳述：「在客體勾連與主體意識的層次之間的階級鬥爭，在某些階段必然會有……歧異」；或者，「大眾在反叛行動中

實際全力參與，仍然可能被錯誤意識矇騙，以致相信戰士英雄的神奇力量……」；又或者，「殖民印度的農民反抗分子只有藉著翻譯倒回他所成長的半封建政治語言，才能做這些事〔學習權力的第一課〕」（EAP 173, 270, 76）。一個理論允許部分欠缺任何策略的編造，就不可能認為自己可以免疫於自身系統的控制。它勢必會受到這種困境可能性所限。如果把論述理論的點點滴滴，以及對人文主義的批判，翻譯倒回本質主義歷史學，底層研究歷史學家就和底層的行為模式連成一氣，只有一種進步論的觀點視底層為低下的，才會主張這樣的結盟是沒有介入主義價值的。確實，正是因為他們堅持底層階級做為歷史主體，這個研究群執行了這種回譯，這只是一種不完全不知情的介入主義策略。

　　如果這被當成是策略，那麼重點放在「反叛意識」的「主權……一致性和……邏輯」（EAP 13）就可以被視為是「肯定的解構主義」：知道這樣的強調在理論上是行不通的，所以歷史學家以深思熟慮描繪的「政治利益」來打破他的理論。[20] 另一方面，如果在歷史上恢復底層主體位置被歷史學家認為是事物不可異化的最後真理的建立，那麼任何對主權、一致性和邏輯意志的強調，就不可避免地會客體化底層，並且落入知識即權力的遊戲裡。即使歷史的論述性被看作是「連續的符號鏈」，如果在符號鏈裡沒有策略性盲目去糾結套住系譜學家，也就不可能具恢復作用的系譜學。傅柯明白這一點，所以在 1971 年強

---

20 德希達在 *Spurs* 一書中以「肯定解構主義」的概念來策畫「旨趣」的概念—隱喻，這也承認了沒有解構主義的例子可以對應它的論述。

調「歷史感」，就像是新聞播報員持續地修改更新每天的新聞
快報，以取代成功的系譜學的傲慢。[21] 正是以這樣的精神，我逆
向閱讀《底層研究》，主張在為底層取得肯定的主體位置時，
它自身的底層性也許可以被重新銘刻為我們這個時代的策略。

　　這樣的重新銘刻有什麼好處？它承認了底層持續從霸權
裡崛起的場域，必須總是與學科的歷史學家所做努力保持異質
性。歷史學家必然在他的作為裡維繫這種自覺，底層必然是地
方的絕對限制，而在這樣的地方，歷史被敘事化成為邏輯。這
是很困難的一課，但是如果學不會的話，只是去提名優雅的
解決方案，當作正確的理論實踐。歷史什麼時候會挑戰質疑實
踐去規範理論，就像是這個例子裡底層實踐規範官方歷史學一
樣？如果《底層研究》裡充斥著那樣的假設，而不是底層的不
成熟特性的歧異論點，那麼他們的計畫就會適當地認清，自己
永遠不可能適合「底層意識」，他們永遠不可能和底層一致，
以其情景式的、不平等方式的進入政治（不只是紀律的，就像
是集體的例子一樣）霸權，做為一種事後描述的內容，那麼這
一切就會適切合宜了。這是馬克思在論費爾巴哈第十一條提綱
時所提，他指出世界的詮釋與改變永遠存在著不對稱關係。
在 habeninterpretier（現在進行式——已完成的動作——羅曼
語動詞，透過公平的價格交易的隱喻，強調意義的建立是與現
象相稱的）和 zuverändern（不定式——永遠對未來開放——

21 Michel Foucault, *Language, Counter-Memory, Practice*, trans. Donald F.
　　Bouchard and Sherry Simon (Ithaca: Cornell University Press, 1977), pp. 156,
　　154.

德語動詞，嚴格說來「意思是」「製造其他」）。後者表達與
habeninterpretiert 相符合的，既不是在拉丁哲學的份量，也不
是挪用與完成的表意，如同 transformieren 的意涵。雖然不是
一個不尋常的字眼，但也不是像德文裡的 verwandeln「改變」
那麼普遍。在有開放意義的「製造他者」（making-other）存
在了理論家與他的主題關係的寓言。（此處沒有辦法對「es
kommtdarauf an」這個連接第十一條題綱兩個部分的句法片語的
豐富含意再加發揮）不僅只是「壞」理論、而是所有理論都有
可能受到這種開放性所影響。

　　即使理論實現了它們持續生產的關鍵重要性，但理論描述
不能生產普世價值，只能生產暫時的普遍歸納。否則，因為它
們可能欲望去宣稱某些不明確的直接介入底層實踐，這些論文
的結論變得很突兀、沒有說服力，有時候則是一系列的延宕了
某個實證計畫。這個被取消的欲望最明顯的例子，就是達斯在
一篇本來頗精彩的論文裡所述，即使他認為普遍歸納可能會讓
底層實踐得以發揚光大，所以對缺乏充分的普遍歸納感到遺憾，
他還是批駁形式化（formalization）是有礙實踐的（2.227）。

　　路易·阿圖塞以下列方式說明學科理論生產的限制：「新
的哲學實踐可以改變哲學。此外，它可以用自己的方式幫助改
變世界。只有幫助……」[22] 湯普森（E. P. Thompson）以一種貶
抑的方式去批判阿圖塞，強調英國式歷史教學勝過法國式的哲

----

22 Louis Althusser, *Lenin and Philosophy and Other Essays*, trans, Ben Fowkes
　(New York: Monthly Review Press, 1971), p. 68.

學教學。[23] 無論在這場歷史與哲學的古老論辯中我們採取什麼立場，我們現在面對的是做為學科，它們都必須維持與底層社會的異質性，而且是斷裂的關係。要承認這一點，並不是向功能派投降。在傅柯學術志業極具影響力的最後階段某個時期裡，他執行了某種像是「放棄」的行為，拒絕「再現」（彷彿這樣的拒絕是可能的），並且強調受壓迫主體的優越，似乎他們可以為自己說話[24]，這件事實很耐人尋味。底層研究群有條有理地追蹤再現，卻無法依循這個路徑。巴特在「定位」符號學之後，很大程度上轉向了自傳，讚揚破碎片段。不只是因為他們對符號學的投入，而是因為他們試圖去拼湊歷史的生命—書寫（傳記，*bio-graphy*），那些活躍生命的傳記只有他處刻意片段記錄才能捕捉一二，這是底層研究群無法依循巴特的地方。他們必須全然地以底層做為歷史主體。一旦他們選擇了這樣的策略，他們就揭示了西方生產的批判人文主義的局限。

　　西方基進知識分子要不就是落入底層的刻意選擇，讓壓迫者獲得他們一直在批判的明白表現的主體性，要不就是完全的不可再現性。後現代主義論述所生產的這種立場邏輯否定，「大眾只是大眾，因為它的社會能量已經凍結了。這是冰冷的水庫，能夠吸收中立任何熱騰騰的能量。它就像是那是半死的系統，投入的能量比收回的多，付出的過高押金維持在人為的剝削狀態。」這種否定造成了主體位置的空洞化：「不要到達一個人

---

23 我在本書第七章簡要地討論了 Thompson 的批判機制。

24 最具代表性的陳述可見 "Intellectuals and Power" in Foucault, *Language, Counter-Memory, Practice.*

們不再說『我』的點，而是到達一個不管人們是否說我都不再重要的點。」[25] 雖然有些西方知識分子對於他們自己的國家裡，當代新殖民主義的破壞表達誠摯的關切，他們對於帝國主義的歷史、建構／抹滅一個主體的認識論暴力，都是認識不清的。那樣一個主體必須要貫注（專注於回應欲望）帝國主義者自我鞏固的他者的空間。幾乎就像是由他們自己所造成的力量，和由那個歷史所核准的無知形成的適當場域是分開來的。

　　所以我的論點是，如果底層研究群認為他們對主體恢復的工作在策略上是很關鍵的，他們就不應該對當代西方反人文主義這個徵候性的空白掉以輕心。帕塔・查特吉在他很有創見的論權力模式的論文裡，引述了傅柯論 18 世紀的一段文字，他寫道：

　　　傅柯在他對精神疾病、醫療實踐、監獄、性欲及人類科學興起的研究裡，試著闡釋這種新的權力政權的複雜性。如果我們以今日世界所謂的野蠻國家的權力政權來看，不只是特徵是「現代的」權力運作模式的主宰似乎受到更古老模式持續的限制及核准，也受到以特定狀態及組成的權力組合所限，這似乎在同時也為統治階級開啟了一個全新範疇的可能性，以運作他們的統治主宰。（3.348-349）

....

25 Jean Baudrillard, *In the Shadow of the Silent Majorities or the End of the Social and Other Essays*, trans. Paul Foss, et al. (New York: Semiotext(e), 1983), p. 26; and Deleuze and Guattari, *On the Line*, trans. John Johnston (New York: Semiotext(e), 1983), p. 1.

我稍早曾寫道，這個群組的作品裡並未有系統地強調危機的力量。比方說，如果在此考量傅柯的例子，就可以把他看作是在歐洲意識裡標示出危機。在閱讀查特吉的文章前幾個月，我曾寫下幾個句子，很奇妙地針對傅柯同一段話有相似的情緒。當然，即使是透過像傅柯這類思想家的影響，我的工作環境仍然參與了新殖民主義意識形態生產。因此，我所稱之為歐洲意識的危機，未必是非常精明的標記，但是在我的行文裡卻更加強而有力地標示出來，這裡我不妨引述以供參考。我以上的論點是第一世界反人文主義後馬克思主義和帝國主義歷史之間的關係，如同查特吉上述很清醒地指出，不只是「擴大範疇的可能性」的問題而已。

雖然傅柯是個傑出思想家，討論了空間權力（power-in-spacing），對帝國主義地形學上再銘刻的覺知卻沒有影響他的前提。那樣的再銘刻所生產的西方局限版本影響了他，因此他也協助鞏固了由此而產生的結果。比方說，我們看看事實的省略，在下個段落裡，17、18世紀（沒有超經濟強制的榨取剩餘價值是文中的馬克思主義描述）新的權力機制藉由領土帝國主義——土地和產品——在「其他地方」而受到保障。在那些劇場裡主權再現是很重要的：「17、18世紀，我們有重要現象的生產，擁有高度精確流程技術的新的權力機制出現，或說發明，……我相信這與主權關係是絕對不相容的……」我要說的是，相信自給自足的西方版本，其實是病態地忽視了西方的生產是由帝國主義事業的空間化—時間化所提供的。有時候這看起來好像是傅

柯對歐洲帝國主義世紀的精彩分析，生產了那個異質現象的迷你版本：空間管理——但是是由醫生、行政發展來執行——但是是在精神病院、對邊緣的考量——但是是經由瘋狂、犯人、孩童。無論是診所、精神病院、監獄、或大學，似乎都是屏障寓言，預先取消了對帝國主義更廣泛敘事的解讀。[26]

　　因此，就算是這種微邏輯或「定位」的主體論述必須在國際分工的另一端，標示反人文主義的論述底層，統一意識的論述仍然必須在這些歷史學家的策略裡占有一席之地。以下兩段由古哈和阿圖塞所說的話，並不是要凸顯標示矛盾，而是哲學層次斷裂的裂口，以及策略的不對稱：古哈在八〇年代寫道，「然而我們提倡以這個意識做為我們的中心主題，因為如果只是事件歷史而沒有主體，就不可能去解釋起義的經驗」（4.11）。一點也沒錯，阿圖塞在 1967 年寫道，「不可能」。

　　　無法否認的，馬克思在決定性的哲學過程範疇受到黑格爾啟發，因為這已經進入到他的作品裡，《資本論》足為明證，還不止於此，費爾巴哈自己都不懷疑這一點。過程沒有主體的概念也出自於他。……起源，與過程目的論的本質是不可分的……必須從一開始就予以否決，這樣一來異化過程就可以是沒有主體的過程……黑格爾的邏輯是肯定—否定起源的邏輯：德希達引介至哲學反思第一個概念

26　Spivak, "Can the Subaltern Speak?"

形式，就是抹除（erasure）。[27]

　　查克拉巴提正確指出，「馬克思認為資本邏輯只有在『人類平等的概念已經獲得大眾偏見固定思維』的社會裡才有可能解讀」（2.263）。意識形態的第一課就是「大眾偏見」誤以為自己就是「人類天性」，原初的歷史母語。馬克思主義歷史學家可能被困在晉升為資產階級個人主義的歷史與文化母語裡。像底層研究群這種群體的集體嘗試開啟馬克思文本，超越其歐洲源頭，超越同質的國際主義，能夠持續的認可異質性，「其目標正是要忘記他的源頭『根植於』語言，而使用新語言」必要被重新銘刻。[28] 重複認可新的與「原本的」複雜性現在成為了議題。為了說明這一點，一方面我嘗試藉由解構集體和它們的調查對象──底層──之間的對立，另一方面則是藉由解構它們和它們的法國反人文主義模式之間似乎存在的連續性。從這個觀點來看，如果不是在歐洲歷史和非洲人類學（很有趣的學科細分）找到他們自己的國際化，我們可以這麼說，他們可能會在墨西哥獨立農民運動的政治經濟裡找到連接線。[29]

你只能反向思考文中這些格格不入的觀點。（有時候可以

27　Althusser, "Sur le rapport de Marx à Hegel," in *Hegel et la pensée moderne*, ed. Jacques d'Hondt (París: Presses universitaires, 1970), pp. 108-109.

28　Karl Marx, "The Eighteenth Brumaire of Louis Bonaparte," in *Surveys from Exile*, ed. David Fernbach (New York; Vintage Books, 1974), p. 147.

29　與當代鬥爭有關的歷史作品，可參見 John Womack, *Zapata and the Mexican Revolution* (New York: Knopf, 1969).

稱作「踰越的時刻」）在此我想以討論這個研究群作品中兩個
這樣的時刻，來總結我的論點。首先，討論一個謠言；其次是
女性在他們論點裡的位置。

謠言

　　嚴格說來，在 EAP 裡對謠言最詳細的討論並不是這個群組
作品的一部分。我想我可以正確地說，對於底層溝通方式，如
謠言在動員起義的本質和角色，古哈的文章很清楚地提出一套
暗示的假設，這在整個研究群組的作品裡明顯可見。這也指出
了他們一般實踐裡的內在矛盾，其實踐傾向於後結構主義，以
及他們支持早期符號學的巴特、李維史陀、葛黑馬，與分類學
的蘇聯結構主義者，如維高斯基、洛特曼和普拉普。

　　史提芬‧安格爾（Steven Ungar）在《羅蘭巴特：欲望的教
授》裡，勾勒巴特從符號學到破壞符號學（semioclasty）再到
符號反轉學的路徑。[30] 不管如何短暫簡要，任何使用第一階段巴
特的理念，都得去駁斥巴特自己對他早期立場的駁斥與否定。

　　批判認同後結構主義反人文主義的知識主體，便使得欲
望去生產一個詳盡的分類，「由後設語言的運作去分派命名」
（2.10），成了大有問題的研究命題。我已經在本文的另一個部
分對此議題有詳盡的討論。上述所列的所有人物都會受到這樣
的指控。此處我想指出的是他們共同的聲音中心論，相信言談
是聲音意識直接立即的再現，而書寫則是言談間接的轉錄。或

30　Steven Ungar, *Roland Barthes: the Professor of Desire* (Lincoln: The University of Nebraska Press, 1983).

者，像古哈引用維高斯基，「口說言談的速度對於形構的複雜過程是不利的，它沒有時間讓人去考慮和選擇。對話暗示了立即而未經預先策畫的發言。」（EAP 261）

有了這樣的認知，書寫的歷史便與剝削的開端發展相生相始。我們姑且採用「狹義」或「限制的」書寫定義，現在就沒有理由去質疑這個記錄清楚的「書寫」故事。不過，我們不需要去訂立一套言說模式來對抗這個限制的書寫模式，這種言說模式奠基於十分粗糙的心理學模式，被賦予了一個完整的自我認同，以暗示「預先策畫」的空間是限制在審議意識裡，並且奠基於如此印象式的實證，以「口說言談的速度」做為「證據」。

相形之下，後結構主義的意識與語言理論指出所有表達，無論是口說或書寫的可能性，都和自我有共同的距離感，所以意義才可以形成——不只是對他人的意義，也包括自我對自我的意義。我在討論「異化」時深化了這個概念。這些理論進一步指出「自我」本身總是生產，而不是基礎，我在討論「主體—效果」也已經闡述了這個概念。如果以歷史陳述來看書寫，我們的自我感生產作為基礎，就會像是書寫一樣地構成：

> 基本要件陳述斷定古典書寫概念最小的決定因子……〔就是〕一個書寫符號……是一個保持的記號……承載著某種力量，打破它的脈絡……這種斷裂的力量與空間相繫……與內在脈絡鏈的其他元素是分離的……。難道不是這3個述詞，配合整個隨之而來的系統，就像一般所相信的，嚴格受限於狹義定義的「書寫的」溝通嗎？難道它們不是在所有語言裡都看得到，比方說在口說語言裡，還有

最終是在「語言」的全面性裡，因為它和這個標記的領域是不可分的，也就是說，和抹除及差異的網絡是不可分的，可反覆性的單元可以和這三個述詞的內在、外在脈絡畫分，也可以與自身畫分，因為正是這種可反覆性建構了它們的認同，不允許它們成為自我認同的單元？[31]

對於理論緊急狀況如何禁止意識形態操控天真的心理主義及實證主義，這種延伸考慮的負擔，我們得轉向德希達的〈簽名事件脈絡〉，上述長長的引文就是出自該文。我們應該有充分理由說，這個思考軸線與抽象決定「具體」的論點是一致的。[32]那樣的論點與依照時間順序無關，而是以邏輯優先性為考量。可惜的是，由於恩格斯致力於使馬克思更易親近的高貴精神使然，「決定」往往被化約成「因果關係」。在此我無法對這個歷史情況多加著墨。不過我們可以說，藉由這個論點發展，去「描述言談為自我立即的表達」不只是看起來標示了欲望的場域，這樣的欲望勢必會忽略自我感生產的複雜性。而且，我們也須承認沒有言談、沒有「自然語言」（不自覺的矛盾修辭），甚至沒有姿勢的「語言」可以表意、說明或表達，而不須透過一套早已存在的符碼中介運作。我們可以進一步地開始懷疑最具權威、潛在最剝削的狹義的書寫——律法符碼——表現，是

---

31 Derrida, "Signature Event Context," in *Margins of Philosophy*, trans. Alan Bass (Chicago: University of Chicago Press, 1982), pp. 318-18.

32 這個概念另一個當代的蛻變可參見 Antonio Negri, *Marx Beyond Marx: Lessons on the Grundrisse*, trans. Harry Cleaver, et al. (South Hadley: Begin and Garvey, 1984), pp. 41-58.

在一個隱含的聲音中心論上運作的，這樣的假設是言談是自我直接立即的表達。

我要說的是，在底層脈絡裡把謠言的權力看作是源自於其參與了非法書寫的結構，而不是律法的權威書寫──這本身就受到律法的聲音中心模式的精神所限制，應該是更恰當的。「書寫，不法之徒，迷失之子。在此我們必須回想柏拉圖總是把言談與律法、理（logos）與法（nomos）連結在一起。法律說話。在《克里托篇》（*Crito*），法律直接對蘇格拉底說話。[33]

接下來再看看 EAP 259-264 的內容，這裡分析了謠言。讓我們別忘了農民的心態是受到傳統──神說的話（*sruti*），亦即聆聽，擁有最高的權威──的聲音中心論所影響的，就像是歷史學家的心態受到西方語言學的聲音中心論影響一樣。再一次的，這是共謀問題，而不是知識的距離。

如果「謠言是最卓越的口說發言」（EAP 256），那麼就必須被看作是「功能立即性」是它的不屬於任何聲音意識。這原本是書寫的標誌特徵。任何讀者都可以「填充」她自己的「意識」。謠言召喚出戰友情誼，因為它屬於每個「讀者」或「傳遞者」。沒有人是起源或源頭。所以謠言既不是錯誤，也不是原始地（起頭地）犯錯，它的流通完全沒有可指派的源頭。這種非法性使得它在起義時輕易可得。它的「絕對」（我們會說：「無盡的」，既然「虛構源頭或許被派在它頭上」）、「短暫」、源頭和結尾無法成立（書寫的清楚圖像），可以被描述成只有

----

33 Derrida, "Plato's Pharmacy," in *Dissemination*, trans. Barbara Johnson (Chicago: University of Chicago Press, 1981). p. 146.

在聲音中心論的影響下，狹義的言談接受模式（「從共同意志發出的言行擔保性」）。事實上，作者自己大概在 15 頁後的文字非常接近這個案例，他注意到謠言的公開語言性受到起義者因世界末日預言觀點的限制──他們也受到聲音中心論的影響。底層、精英權威與歷史學批評家在此是共謀的。然而在「匿名與短暫性……這些清楚特徵」下描述謠言標示了一種矛盾，使得我們在閱讀《底層研究》文本時，可以反向思考。

蘇聯結構主義和法國反人文主義這種奇怪的結合有時會造成誤導。比方說，巴特主張指派作者身分就封閉了書寫，這種觀點應用到謠言應該會提醒我們謠言有類似書寫的特色，而不是強迫我們用維高斯基的話去取代巴特對言談的看法。維高斯基的例子是對話是在兩個立即自我呈現的源頭或「作者」，強調所謂直接語言溝通的優勢。對話應該是「未經預先策畫的」（雖然主體效果理論，或是具體的抽象決定，應該會發現這樣的指稱很可疑）。謠言是某個早已經存在的事物的輪番接替。事實上殖民當局的錯誤就是把謠言當作是言談，把狹義的言談的必要條件強加在某個從參與普遍意義的書寫得到力量的某物上。

底層研究群在此帶領我們來到一個極為豐富的主題。在普遍的書寫結構裡革命的非擁有（non-possessive）可能性，以及底層聲音中心論對書寫的控制，兩者交叉影響，使我們得以接觸到底層哲學世界的微邏輯或微規模的功能作用。比方說，「從天堂掉下來的白紙」一事或是使用顯然「隨機的」材料「去……傳達……塔庫爾自己對書寫的掌握」（EAP 248-249），就能在「起義意識」寓言書寫結構使用上提供我們最錯綜複雜的文本。

在建構甘地為能指時，「大聲朗讀報紙」的角色或許太快被當成是依賴「口說語言」一事就結束了。透過這樣一椿行為，「一個故事從它的主題和源頭地名獲得了認證，而不是通信者的權威」（3.48-49）。我花太多篇幅在這一點，或許足以說明報紙無非是在狹義上的剝削書寫，而「口說語言」做為聲音中心論概念，意指權威應該是直接來自於自我呈現說話者的聲音意識，讀出其他人的文本，就像是「演員在舞臺上的演出」，則是啟動了廣義的書寫。要證明這一點，我們可以看看從柏拉圖的蘇格拉底、霍布斯和盧梭，一直到奧斯丁這一路以來的西方傳統裡說話者和邏辭者之間的對比。[34] 報紙開始報導謠言時（3.88），臆想可能性的範圍就變得更有誘惑力了。調查者似乎受到「絕對及物性」（absolute transitivity）迴路所引誘。

為了不向這種誘惑低頭，就要問以下的問題：注意到一般書寫既定結構與聲音中心論公告的利益之間這種格格不入，有什麼用呢？指出共同的聲音中心論把底層、精英權威和學科批判的歷史學家綁在一起，只有反向閱讀去揭露第一和第三所支持的非法性，又有什麼用？或者，引述泰瑞・伊格頓的話：

> 馬克思是形上學家。叔本華也是。隆納・雷根也是。這樣的動作獲得了什麼？如果是真的，這提供了什麼訊息？在這樣的同質化中有什麼意識形態風險？有什麼差異要被

---

34 霍布斯在《利維坦》討論權威和康德在《判斷的批判》討論天才，是兩部最常被引用的作品。關於這個主題有相當冗長的討論，可參見德希達的〈柏拉圖的藥〉、《書寫學》、〈符號事件語境〉分別探討柏拉圖的蘇格拉底、盧騷、奧斯丁對此的相關討論。

壓抑？這會讓雷根覺得不安或憂鬱嗎？如果對解構主義而言問題在於形上學論述，如果這是無所不在的，那麼有個意義就是在反向閱讀中，我們顛覆了一切，也什麼都沒顛覆。[35]

並不是所有理解世界和運作的方式都可以無差無別地歸為形上學或聲音中心論。另一方面，如果有什麼是精英（雷根）、殖民權威、底層和中介者（伊格頓／底層研究）共享的，而是我們不願承認的，任何藉由那樣的否認而想出的優雅方案都只是標示了欲望的場域。最好是試著去假造可以承受這種承認的重量的實踐，而且，利用書寫結構被被埋葬的運作，做為槓桿，策略性的讀者可以揭示上述 3 個群體之間的不對稱關係。然而，由於「反向閱讀」勢必永遠維持是策略性的，它就永遠無法宣稱建立文本權威可信的真理，它永遠得依賴實際的急迫性，永遠不可能合法導向理論的正統。以底層研究群為例，它們可以免於宣稱建立底層真理—知識及其意識的危險。

女性
這個群組在思考到女性時是非常審慎的。他們記錄了男性和女性參與鬥爭的時刻（1. 178, EAP 130），他們的工作或教育情況都飽受性別或階級歧視之苦（2. 71, 2.241, 243, 257, 275）。但是我認為他們忽視了概念—隱喻女性對他們論述的功

---

35 Terry Eagleton, *Walter Benjamin: or Towards A Revolutionary Criticism* (London: Verso Press, 1981), p. 140.

能的重要性。這個討論將會總結我的論點。

　　以某種閱讀來說，女性做為譬喻在論述系統的功用改變中普遍都是工具性的，就像是在起義的動員一樣。這種工具性機制的問題很少被我們的研究群提出。在起義者多數為男性的論述場域裡，「陰柔氣質」就像是「宗教」一樣重要。在重新銘刻底層、半底層、及本土精英群體等各種不同的社會位置時，聖牛保護變成是一個不穩定的所指，聖牛變成了某種女性的形象。想想在 19 世紀英國，女性接觸「擁有的個人主義」（possessive individualism）是最重要的社會力量之一，那麼暗示「陰柔氣質」對於潘迪非常精確記錄的所有異質群體有相同的論述意義及力量，有什麼意義呢？查克拉巴提所研究的「工人」形象也有類似的研究。但是對於「女性」似乎就沒有那麼幸運受到青睞。

　　在最「古老而本土」的宗教層次，這個層次透過集體的痛苦和外在壓迫「可能給予〔反叛的山地人〕額外的性能力〔可能有誤〕」（1. 98），所有的神祇都是吃男人的女神。這個反叛前的集體性開始醞釀為起義，持續成為犧牲者的是女神而不是男神。即使在這個層次的底層領導的反叛，與「早期精英衝突」比較，我們會發現在較早時期衝突主要肇始於兩次事端，因為男人不接受女人的領導：

　　　　根據安南塔・布帕地（Ananta Bhupati）1836 年的證

---

* 　譯注：「曼薩巴」是印度蒙兀兒王朝受階度，擁有曼薩巴的人稱之為曼薩巴德。

辭，寇剛達（Golgonda）第 17 任地主（Zamindar），維
夏卡帕南（Vishakhapatnam）稅收長，安排賈瑪・德瓦瑪
（JammaDevamma），第 15 任地主的遺孀接任他的位置。
這對於未受諮詢的古登（Gudem）山區頭目（muttadars）
與佃農（mokhasadars）是個冒犯，……他們抗議說以前從
來流有被女人統治過。……在藍帕（Rampa）的曼薩巴德*
（Mansabdar）拉姆・布帕地・德維（Ram Bhupati Dev）
1835 年 3 月去世，由他女兒接管，結果山區頭目就起而反
抗。（1. 102）

以社會符號學來看，吃男人的女神，一方面是崇敬的對象
和促進團結的動力，另一方面則是世俗的女兒和寡婦，沒法被
接受為領袖，其間的差異為何？在北方邦（Uttar Pradesh, UP）
東部，沙西德・阿敏（Shahid Amin）提到收穫時程曆的自然銘
刻（在提到戲劇時就會用到腳本）和殖民壟斷資本迴路的人為
銘刻之間，創造出一種刻意的非巧合。如果這兩者是一致的，
那麼農民和地主的組成會有怎樣的發展當然就非常值得深思研
究了。不過，我想我們也要注意，嫁妝是一定會被提及的社會
要求，這促使了自然需求透過帝國的需求去毀滅農民。性別差
異的剝削利用似乎在眾多方面都扮演如此重要的角色，為什麼
有人會因為把底層建構為（性別）主體而困擾？我們是否該注
意在 1.53 的一名年輕的女兒唱著俗諺，拒絕情人的要求，以保
護她父親的田地？我們難道不該注意這個隱喻的性別分工（以
女性來說，性當然是與自我或意識等同一致的）被視為是財產，

究竟是否要從父親傳承給情人呢？的確，在一個集體裡，大部分的注意力都放在底層的主體性或主體位置上，看見對主體性這麼冷漠的態度的確令人驚訝，更別提女性做為關鍵工具不可或缺的出現，這四句話應該可以說明我的論點：

> 「地位較高的」帕迪達爾階級（Patidar）的男子花完嫁妝錢後，把妻子還給岳父，然後他可以再結婚，得到新嫁妝，這種事並不是不尋常。在帕迪達爾階級中，把女兒領回來是很丟臉的事〔！〕……。他們組成了gols防止破壞性的與「地位較高的」帕迪達爾階級家族進行多次婚姻……因此，我們發現在帕迪達爾種制階級裡，有一個堅強的底層組織形式，提供檢查帕迪達爾階級精英的權力……即使是甘地也不能破壞由21個村子組成的帕迪達爾階級gol的團結。

我看不出來女性做為交換的象徵客體的關鍵工具性怎麼可能被忽略。然而結論是：「gols的團結是階級團結的形式」（1.202, 203, 207）。在殖民權力之下的起義者的例子，女性的條件得到「改善」，只是個副產品，但是差別是什麼呢？男性底層和歷史學者在這裡有共同的假說而團結一致，他們認為負責生育的性別完全是另一個物種，幾乎不需要考慮她們是公民社會的一部分。

在當代印度，這並不是不重要的問題。1899年至1901年的反叛行動在印度的脈絡下，使得千禧年運動基督教去霸權化，所以在1922年至1923年間印度原住民（Adivasis）的戴薇反抗

運動（Devi movement）*似乎觸碰到以女神為中心的宗教出現的可能性，這個運動積極地抗爭將土地重新銘刻為私人財產。[36] 以目前的印度脈絡來看，無論是宗教或是陰柔氣質都沒有顯示出這種萌生的潛力。

　　女性的工具性在兩個廣泛領域裡最為明顯，我刻意留到最後再討論：領土意識的概念和集體權力模式。

領土意識和女性的概念——隱喻

　　領土意識的概念是隱藏在這三冊《底層研究》大部分論文裡。明顯的理論陳述則出現在 EAP 裡。領土意識是「親屬關係、社群原初連繫拉力」的整合，這是「自主動員的……真正機制的一部分」（EAP 118）。在最簡單可能的層次上，很顯然親屬關係的概念是以女性的交換來獲取穩定鞏固。據古哈所述，這種鞏固貫串了印度和穆斯林的宗教區分。「在塔米爾納杜……所有 4 個〔穆斯林社群的細分〕同族通婚有助於加強他們在親屬和領土條件上個別的身分認同」（EAP 299）。「阿拉哈巴德（Allahabad）……梅瓦提人（Mewati）……實行大規模動員他們異族通婚村落的緊密網絡」（EAP 316）。在所有這些例子裡，女性都是起義底層性符號生成過程被忽略的語段。

----

* 　譯注：1920 年代印度西部的原住民受到女神提毗（Devi）的感召，而發起了改變原有生活方式的運動，這樣的行徑使他們與當地的大地主和釀酒酒商產生衝突，這場與宗教連結的人民社會改革運動成功地凸顯了底層人民的自我意識。底層研究群的成員大衛‧哈迪曼（David Hardiman）對此運動做了精闢深入的記錄與分析。

36 參見 Hardiman, "Adivasi Assertion in South Gujarat: the Devi Movement of 1922-3," in 3.

　　我在這篇文章的主要目的是彰顯調查研究中主體與客體的共謀性——底層研究群與底層性。在此，歷史學家的傾向，不是去忽視，而是去重新命名性別差異「階級」或「種姓—團結」的符號生成過程（EAP 316），和農民普遍嘗試著去消解共同血統和共同居住的區別的關係，其實有些類似。以帕迪達爾階級殘酷的婚姻習俗為例，歷史學家曾提到過，但是沒有停下來反思，底層為女性（性別）主體簡單排除的重要意義：「在這〔反抗村子〕每一個村子幾乎所有人口，禁止婚姻取得女性，宣稱血統都是由共同的父系傳承延續，共同血統或神祕的，而且視他們自己是相同的氏族或部族（gotra）。這種共同祖先的信念使得村子肯定確認自己的地位，他們團結一致，對於外人則有細緻的區隔符碼。」（EAP 314；強調為我所加）

　　雖然每個人都不當一回事地接受下列事實，女人，沒有適當的身分，運作著這個共同血統或神祕的父系傳承；而且，雖然根據歷史學家的衡量，「這些以村子為基礎的原初連繫正是反抗動員的基本途徑，一個接一個的村子，1857 年整個印度北部和中部都起義了。」（EAP 315），但我們也許不會停下來去調查女性在這整個動員與整個鞏固過程中主體剝奪的情況，她們的工具性往往被看得十分重要，卻像是漏網之魚，像這樣的底層意識問題必須同樣被當作漏網之魚。

　　「領土意識在阻撓反抗英國統治上的影響力可不小」（EAP 331）。這場抗爭所需是「國家」的概念。今天，在全球經濟學電腦化之後，國家的概念本身在特定方式變得有問題：

　　　　不發達國家加入國際經濟的整合模式已經從單獨依賴剝

削原料和勞工的基礎，轉變成製造業占優勢。這種改變和全球出口加工區（EPZs）的興盛是並行不悖的。出口加工區不只是統一定義或地理上局限的概念，開發中國家提供多國企業一系列的誘因及鬆綁限制，以致力於在出口導向的製造業吸引外國投資。這促成了關於開發的新概念，這往往質疑國家主權既定概念。[37]

如果農民起義和是第一波反抗印度的領土帝國主義的犧牲者與不知名英雄，那麼基於父權體制早已存在的結構和跨國資產主義勾結共謀的理由，現在大家都知道，都市附屬無產階級女性是當前國際分工共同形構的典範主體。[38]我們調查這些「永久的偶然條件」中反抗模式，底層女性的主體建構問題得到某種重要性。

集體權力模式與女性概念

雖然帕塔・查特吉集體權力模式的概念不是在所有研究群組的作品裡都普遍暗示，這對於底層研究群的事業仍然是個重要持續的論點。集體權力結構的重要性，主要是奠基於親屬和氏族，顯然是擁抱了前資本主義世界廣泛的部分。性別差異重要的組合關係和微邏輯上先前重要性都被預先取消，以致於性取向被看作只是眾多驅動這個「生產的社會組織」的元素（2.

----

37 June Nash and Maria Patricia Fernandez Kelley, eds., *Women, Men, and the International Division of Labor* (Albany: SUNY Press, 1983), p. viii.

38 我在〈女性主義文化的政治〉（"The Politics of 'Feminist Culture' "）一文中討論了這個議題。

322）。女性人物的可見度可能不是我們可以公平要求研究群組
執行的任務。然而，對這個讀者而言，在查特吉〈續論權力模
式與農民〉一文中召喚的許多不同類型與文化裡，底層女性主
義歷史學家必須提出女性問題做為結構的、而不是邊緣的議題。

　　如果在解釋領土意識，我注意到共同血統與底層及歷史學
家同時共有的空間記錄，存在某種緊張關係，那麼以「集體權
力模式」為例，我們看到的是親屬關係和「政治」認知之間解
釋的衝突。這是同一場戰爭的版本——明顯的世界性別中立化
最後透過理性來解釋，家務社會被揚棄，歸納在公民議題裡。

　　親屬與政治的衝突是查特吉主要的論點之一。女性在此扮
演什麼角色？在權力場域的擴散，性別分工以進步觀角度是從
上定義為權力分享。那樣的故事是查特吉揭示的權力分類學的
底部。

　　因此可能有其他方式來說明暗示「集體權威結構必須首先
落實在意識形態」、我們的說明會注意到特定的父權結構生產
了「集體是一體的」統整的論述場域。「社群做為整體是所有
權威的源頭，沒有人是永遠代表權力的倉庫」（2.341）。如果
「集體權威體制化」敘事（2.323）是以這種想法來解讀，權力
模式的分類就可以和性取向的歷史互動。

　　維克多‧透納主張集體權力模式的復甦，往往引發了反抗
封建結構的途徑，查特吉引述他的話，指出：「反抗或抗爭往
往採取……群體的形式」（2.339）。這在君主政體去霸權化的
例子中特別引人深思。在這個權力模式快速進展的寓言裡，某
種國王的概念也許補充了社群做為整體的意識形態內建的縫隙：
「一種新首領形式，塔西特斯稱之為『國王』，他是從『皇家

氏族』裡被選出來的」（2.323）。被交換的女性形象仍然製造了「氏族」連貫整體，即使出現的是「國王」。所以，起義社群召喚君主去抵抗封建權威，解釋是他們是重新聚精會神或是重新填充國王，加上共同血統舊有父權意識形態，國王做為父親的隱喻永遠不嫌老舊，這似乎沒什麼好驚訝的。

　　我的重點是，透過所有這些領土意識和集體權力模式異質性的例子，女性的寓託，從一個氏族移到另一個氏族，從一個家庭到另一個家庭，做為女兒／姊妹與妻子／母親，句法上連結了父權連續性，即使她本身被抽乾了適當的身分認同。在這個特定的領域，社群或歷史的連續性，對底層和歷史學者都一樣，是建立在她的不連續性的掩飾而生產的（我的意思是交合的隱喻──哲學上的與性欲上的），都是建立在重複淨空她的意義以做為工具。

　　如果我在此處看起來毫不妥協，或許是高度結構主義和目前的反人文主義之間的距離最適合以兩位著名的男性為人稱頌的兩段話來做說明。第一個是全稱式的排除，忽略了再現在主體建構的角色：

　　　　這些結果只有在一個條件下可以達成：考慮婚姻規範和親屬系統為一種語言……「訊息」應該是由群體的女性所構成，這是在階級、傳承、或家庭之間流通，以取代群體的文字，這是在個人之間流通，但這完全沒有改變這兩個例子裡所考慮的現象的身分認同。……這種曖昧〔在價值和符號間〕在有時針對《親屬關係基本結構》所作的批判，清楚地彰顯出來，有人將其視之為「反女性主義的」作品，

因為女性在此被當作客體……〔但是〕文字不說話，女性
會說話。後者是符號及符號的生產者；所以，她們不可能
被化約成象徵地位或代表。[39]

第二，認識到限制。

表意或概念價值在可以稱之為取用（propriation）過程（挪
用、徵用、取走、占有、禮物和交換、主宰、奴役）裡全都是
向量，它們顯然會形成對性別差異、「兩性間不停止的戰爭」、
「凡人對性別的憎恨」和「愛」、情色等所有尼采式分析的籌
碼或途徑。透過無數的分析，這部分是我在此無法多談的，根
據已經形式化的法律，看起來有時候女人之所以為女人，是因
為給予，把自己給別人，而男人是取、擁有、占有，有時候相
較之下，女人藉由給予、奉獻自己，於是假裝並確保自己獲得
了擁有主宰……性別運作取用比起「這是什麼」、或真理遮蔽
或存在意義的問題是更有力的，因為它無法確定。更重要的
是——這個論點既不是次要的，也不是補充的——因為取用過
程組織了普遍的語言和象徵交換過程的全面性，因此，也包括
了所有本體論的陳述。[40]

我引用了上述李維史陀與德希達的段落，兩人的看法相差
20 年，做為時代的符號。但是我不需要補充說明，在後者，存
在問題和本體論陳述與底層意識現象性有關。

....

39 Claude Lévi-Strauss, *Structural Anthropology*, trans. Claire Jacobson and Brooke
    GrundfestSchoepf (Garden City: Anchor Books, 1967), p. 60.
40 Derrida, *Spurs*, pp. 109-111.

後記

在這些篇幅裡，我一再強調研究主體和客體的共謀。在這篇論文裡我的角色，做為研究主體，完全是寄生式的，因為我自己的客體是《底層研究》本身。然而，我也同時是它們的客體。置身於當前文化帝國主義的學術劇場裡，有一張進入法國精英理論工作室的入場券，我在這座宮殿裡帶進高壓電的消息，沒有我們的話，什麼也運作不了，然而這個角色至少在歷史上是諷刺的。

既然後結構主義者主張所有工作都是寄生的，稍微傾向我們希望適當地處理的部分，批評家（歷史學家）和文本（底層）總是「無法控制自己」嗎？共謀鏈並不會在文章結束時停止。

第十三章
〈乳母〉

（瑪哈綏塔・戴薇／著）

1.

　　從前，我的阿姨她們住在樹林裡，她們在那兒安家立業。阿姨從來不曾輕聲溫柔地對我說，親愛的，來，來吃一顆糖，妹妹，來塊蛋糕。

　　阿姨對她好不好，雅修達想不太起來，彷彿一出生就做了康卡利加倫的妻子，跟他生了 20 個孩子。扳起手指頭數一數，有的已經不在人世。她想不起來什麼時候肚子裡沒孩子、那一天早上不害喜，只有康卡利不停地鑽入她的身體，像是靠著一盞油燈在黑暗中探索的地質學家。她根本就沒有機會思考自己能否承擔母職，但這就是她的生活方式，也是她養大一群孩子的方式。母親就是雅修達的天職，**專業的母親**，不像她老闆家裡的那些太太以及女兒，個個都是**外行的母親**。這個世界是專業者的天下，這城市，這國度，全都容不下外行的乞丐、扒手或是妓女。即便是路上和人行道上的雜種狗，或是在垃圾堆裡貪婪撿食的烏鴉，對突然竄起、自以為是的新手，也絕不會有好臉色。母職，是雅修達的專業，也是職業。

　　就因為賀達爾先生的新女婿有一輛斯圖貝克，賀達爾家最

小的兒子才突然想要學開車。這孩子老愛突發奇想，只要生理
或是心理上的興致一來，不即刻達到目標絕不罷休。他在下午
無所事事的時候最容易心血來潮，旋即努力不懈的投入，有如
巴格達的哈里發。不過迄今為止，這一連串心血來潮，並沒有
讓雅修達不得不以母親為專職。

　　有天下午他慾火焚身，侵犯了家裡的廚師。廚師身上塞滿
了米、偷來的魚頭和白蘿蔔，所以顯得笨重，而且慵懶無力，
她乾脆攤在那兒，說：「算了，隨你便吧。」就這樣，巴格達
夢淫妖掌控了他，向廚師發洩，事後他流下懺悔的眼淚，嘟囔
著說：「阿姨，不要講哦。」廚師回答：「有什麼好講的？」
然後很快就睡著了。她的確什麼也沒說，甚至還覺得，自己的
身體能吸引到年輕男孩是件值得驕傲的事。可是，那男孩作賊
心虛，看到盤中比別人還多的魚和薯條便開始擔心，只要廚師
跑去告密，他就死定了。有天下午，他體內的巴格達精靈控制
了他的腦袋，他跑去偷了母親的戒指，把戒指塞到廚師的枕頭
套裡，大聲嚷嚷終於讓廚師被踢出家門。又有天下午，他偷了
父親的收音機拿去典當。他的爸媽怎麼想也想不出來，為何一
到下午這孩子就會變成這樣，畢竟他父親可是看過天文曆，選
出良辰吉時，嚴守哈里薩的賀達爾家傳統，才創造出這孩子的
啊。事實上，你一走進這個家的大門簡直就像是來到 16 世紀一
樣。到現在，他父親跟太太溫存的日子還要遵照天文曆呢。但
是這些事都只是死路一條。雅修達之所以會以母親為職，並不
是因為這些下午的古怪衝動所造成的。

　　有天下午，康卡利加倫留下老闆一人顧店，把偷來的一堆
咖哩餃和甜品藏在腰布裡拿回家。他每天都會這麼做，他和雅

修達吃米飯，三個孩子會在天黑前回到家，吃掉這些不新鮮的咖哩餃和甜食。康卡利加倫在甜品店負責攪拌桶裡沸騰的牛奶、下廚，還要去有獅子雕像坐鎮的女神寺廟裡，把「堂堂正正的婆羅門做的食物」發送給來朝聖的人，這些人可高興自己不是「耍手段擠進婆羅門階級的假貨」呢。他每天都會偷點麵粉或其他小東西回家，好幫助家計。下午吃過東西後，他總會對雅修達產生淫念，摸了摸他太太的壯觀胸部後再睡個午覺。那天下午，他一如往常的回家，一想到他太太又大又圓的胸部，他就忍不住興奮，想到待會兒飛上天的快感。他心想自己真是有遠見，娶了個年輕的太太，不會讓她過度操勞，把她餵飽了，每天下午就可以爽一爽。就在他這麼想的時候，賀達爾的兒子心滿意足地開著斯圖貝克在康卡利加倫面前轉了個大彎，輾過了他的腳和小腿。

　　一群人立刻圍了上來。畢竟是發生在家門口的車禍，「差點就換成是我血肉橫飛了！」擔任朝聖者嚮導的納賓驚叫道。他的工作是將朝聖客帶去拜見沙卡地聖母，在大太陽底下，他的脾氣格外火爆。聽他這麼一吼，賀達爾家的人只要在家的都跑了出來。賀達爾的一家之主開始痛斥他的兒子：「你差點就撞死了一位婆羅門，你這個混蛋，沒腦筋嗎？」看到自己的斯圖貝克名車沒撞得太嚴重，最小的女婿這才鬆了口氣，為了證明自己並不是財大氣粗而且還有點人性，他以最虔誠的穆斯林的口吻說：「要讓他死在這裡嗎？不送他去醫院嗎？」——康卡利的老闆也在廟前人群裡，看到撒落一地的咖哩餃和甜點，差點想要罵：「什麼婆羅門嘛？居然還偷東西！」。話到嘴邊硬是給吞了回去，說道：「快送他去醫院吧！」。最小的女婿

和賀達爾家長很快的將康卡利加倫送去了醫院。主人感到很難過。在二次世界大戰的時候，他以廢鐵買賣協助同盟國對抗法西斯——當時康卡利還只不過是個小伙子。當時對婆羅門的敬畏之心，潛進了賀達爾先生的血液裡。雖然康卡利的年紀跟他的孩子差不多，但是如果他無法在早上見到婆羅門僧侶，那麼他就會跪拜撫摸康卡利的腳，並從他龜裂的腳板邊拿一小撮泥土，放進自己嘴裡。康卡利和雅修達在祭典日來到他家，當他的媳婦懷孕時，還送了雅修達布料和口紅當禮物。現在他對康卡利說——「康卡利！別擔心，孩子。只要有我在，絕對苦不到你。」他以為康卡利的腳已經被絞成碎肉，他沒辦法再去嚐他腳邊那些塵土了。他很氣自己這樣的想法，並開始啜泣著說：「那兔崽子做了什麼好事。」他在醫院對醫生說：「一定要想辦法救他，不用考慮錢的問題。」

但醫生也救不回他的腿。康卡利成了個瘸腿的婆羅門，賀達爾大爺為他做了雙拐杖。就在康卡利撐著拐杖回家的那天，他得知賀達爾家每天都會給雅修達送食物去。納賓只不過是個三級朝聖者嚮導，只能分到13%的祭品，因此一直很自卑。在電影裡看過幾次拉瑪克里斯納的事蹟，他受到了啟發，於是稱女神為「我的摯愛」，而且嚴格遵守時母迦梨敬拜者的行徑，每天都喝得醉醺醺的。他對康卡利說：「我用你的名義在摯愛腳前獻上鮮花。她說我也是康卡利家的一員，因此，他會康復出院的。」向雅修達提起這事的時候，康卡利說：「什麼？我不在的時候，妳竟然和納賓搞上了？」雅修達一把抓住康卡利疑神疑鬼的腦袋，塞進自己宏偉的雙峰說：「大宅院每天派兩個女僕睡在這兒盯著我。我怎麼可能看得上納賓？你難道不相

信你老婆的忠貞嗎？」

　　事實上，康卡利也聽說了妻子在大宅院裡轟轟烈烈的獻身。雅修達曾在地母廟禁食，參與婦女的儀式，也曾長途跋涉到郊外，跪在地方上宗教導師的腳跟前祈禱。最後，她夢見獅座女神化身為產婆，拎著個包袱對她說：「別擔心，妳的丈夫會回來的。」康卡利被這事震攝住了。賀達爾大爺說：「看見了嗎，康卡利？不信的雜碎會說，地母託夢怎麼會扮成產婆？但我要說，祂會像母親般的孕育，也會像產婆般的守護。」

　　然後康卡利說：「大人啊！我哪有辦法繼續在店裡工作！總不能用我的拐杖在桶子裡面攪吧。您就像神一樣，可以用各種方法養活眾人。我不是在向您乞討，但請賞我一口飯吃吧！」

　　賀達爾大爺說：「是的，康卡利！我已為你留了個好地點。我會讓你在走廊角落擺個攤。乘獅的地母女神就在對面，那裡會有川流不息的香客，你可以在那裡賣些乾的甜點。宅院裡現在有婚禮，是我那兔崽子老七結婚。如果哪天不能擺攤，我就會給你送吃的去。」

　　聽到這麼說，康卡利真是喜出望外，有如久旱逢甘霖。他回到家裡告訴雅修達：「還記得迦梨陀娑的詩嗎？因無而飽，若有則失。我命中注定的，怎樣！老闆說，他兒子的婚禮結束後，就會幫我擺個攤。在那之前，他會給我們送吃的來。要不是腳斷了，哪會這麼好康？感謝地母保佑，太好了！」

　　在這個墮落的時代，大家都對乘獅女神的旨意和願望繞著康卡利加倫・巴地頓朵一個人打轉而感到驚訝，乘獅女神自己也是在150年前透過託夢裡才被人找到的。賀達爾大爺的心意改變，這也是地母女神的意願。他可是住在獨立的印度，這樣

的印度不會去區分人種、王國、語言、各式各樣的婆羅門階級、各式各樣的卡雅斯塔階級等等。但他從前是在英屬印度時期發財的，當時的政策是採取分而治之。賀達爾大爺的心態是在當時候就形成的。因此，他不相信任何人，無論哪一種人；穆斯林、旁遮普、奧利雅、比哈爾、古加拉特或是馬拉塔人，通通都一樣。不管是看到不幸的比哈爾小孩，或飽受飢餓之苦的奧利雅乞丐，在42吋戈帕爾名牌背心底下，他那被層層贅肉保護的心，也不曾泛起一絲憐憫。他是哈里薩成功之子。他在西孟加拉看到一隻蒼蠅時會說：「家鄉那兒的蒼蠅又肥又大，在這該死的西部什麼都是又乾又扁的。」看到這樣一個人竟然會對西孟加拉的康卡利加倫如此滿懷仁慈關愛，所有廟裡的人都驚呆了。有一陣子大家都在談論這件事。賀達爾大爺是位愛國者，他看到姪兒或子孫們在教科書上閱讀國家領導人的傳記，他就會跟他的員工們說：「太荒謬了，為什麼要讓他們看這些來自達卡、邁門辛、哲索爾的人物的傳記呢？我們哈里薩人可是用殉道神祉的骨頭做的。終有一天大家會發現，其實《吠陀經》和《奧義書》最早是在哈里薩寫的。」現在他的員工告訴他：「您的心已經改變了，竟然對一個西孟加拉人有這麼多慈愛，您將會看到這一切都是神的旨意。」大爺聽了以後非常高興，他大笑著說：「婆羅門沒有東、西之分。如果有條聖線掛在一個人的脖子上，就算他是在拉屎，你也得尊敬他。」

於是，同情憐憫仁慈的香甜暖風處處吹拂，遍布四周。一連幾天，每當納賓想起乘獅女神，雅修達的豐乳肥臀便在眼前蕩漾。納賓想，就像乘獅女神以接生婆的樣貌出現在雅修達的夢裡，也許女神也會以雅修達的面貌出現在他的夢裡，這個念

頭讓他的身體有了反應。比他位階高、可以領到廟裡一半獻祭的朝聖嚮導對他說：「不管男的女的都會得到這種病。你撇尿的時候，把白色忘憂草的根插在耳朵上就會好。」

但納賓可不這麼想。有一天他對康卡利說：「身為地母女神之子，我不會拿地母的神力亂開玩笑，不過我想到一個計畫。以「瑪哈曼陀羅」禱文之名來騙點小錢應該沒什麼大不了。我跟你說，從夢裡生出 1 個果帕神像就得了。我阿姨從普里買了一尊果帕石像，我把它拿給你，然後你就說那是你從夢裡得到的，這樣馬上就會引起騷動，錢財自然滾滾而來。一開始是錢，接著就是人們對果帕的奉獻。」

康卡利說：「兄弟你真可恥！我們可以拿神明開玩笑嗎？」

「滾開！」納賓斥責道。沒隔多久便證明了如果早聽從納賓的意見，康卡利的生活會很好過。因為賀達爾大爺突然死於心臟病，如莎士比亞所描述的美好蒼穹，在康卡利和雅修達頭頂上出現裂縫。

2.

賀達爾大爺這回真的讓康卡利的世界天搖地動。因為他的施捨，大家從康卡利身上看到了神的意旨，不過這一切已消失，就像選前政黨開出的熱騰騰支票，選後就像神話中的英雄變得無影無蹤。就像歐洲女巫，用刺針戳破了康卡利和雅修達的彩

色夢想氣球，兩個人於是墜入萬丈深淵。家中的葛帕、尼帕、
蕾達拉妮三個小鬼一直哭鬧要東西吃，不斷折騰他們的媽媽。
孩子吵著吃東西也是稀鬆平常的事。自從康卡利殘廢以來，他
們一家都是吃著來自賀達爾家的美饌。這回，康卡利也想吃東
西，他模仿神的兒子果帕嗷嗷待哺的模樣，試圖把頭枕在雅修
達的胸上，結果惹來一陣咆哮。雅修達是個徹頭徹尾的印度女
人，對丈夫和孩子的全然付出到了一種不可理喻、盲目衝動而
且愚蠢的地步。從娑提、莎瓦翠、希多女神到女演員妮魯帕‧
羅伊、薔德‧歐斯曼妮等所有印度女性普遍具備著極度棄絕與
寬恕的意識，雅修達自然也不例外。

　　看到像這樣的女人，世上惹人厭的人都了解到，古老的印
度傳統仍然無所不在，他們懂了，因為大家記得有這樣的女人，
所以才會有下面這句格言：「女性的一生就像烏龜一樣，可以
不斷堅持下去。」、「即使心碎，她也不會吭一聲。」、「把
她火化了，她的骨灰將飛揚，只有此時我們高聲歌頌她、讚美
她。」老實說，對於眼前的不幸，雅修達從來沒有埋怨過她的
丈夫。她對康卡利流露的母愛，絕不少於她對孩子們的愛。她
想成為大地之母，用富饒之愛，滋養她殘廢的丈夫和絕望的孩
子們。聖人並沒有寫下雅修達對她丈夫的慈母之情，反倒是將
男女間的關係解釋為人的本性和人性原則。但這是他們昔日的
作法，那時他們剛從另一塊土地踏上這塊半島。這是這塊印度
土地的力量，在這裡，所有女人都會變成母親，而所有男人繼
續沉浸在神聖的童真時光。每個男人都是神聖之子，每個女人
都是神聖之母。儘管有人不同意這種說法，希望塗改目前的海

報，導向「永恆的她」（像是「蒙娜麗莎」、「西班牙熱情之花」（La pasionaria）*、「西蒙波娃」等等），取代舊式觀念，而且以那樣的態度來理解女人，但他們終究還是印度年輕人。值得注意的是，受教育的印度紳士，在外頭期望女人能剛柔並濟；一跨進家門，他們希望女人說話時像神聖之母，行為要像革命女鬥士。這是最複雜的過程，因為他了解，這位莎菈黔朵拉女英雄，一定會多餵英雄一大口飯。莎菈黔朵拉顯而易見的簡樸和其他相仿作家的作品，事實上非常的複雜，需要在傍晚安靜地享用一杯木蘋果汁後，才能好好思考這類課題。在西孟加拉邦，追求知識和理性主義的人，常常嬉鬧、娛樂過度，因此，他們應該更需要倚靠木蘋果來保持頭腦清醒才對。我們現在不知蒙受了多少損失，因為我們不知道相對地更要強調木蘋果這類草藥療法。

　　不過，在我們敘說雅修達的一生時，養成一再叉出到旁枝末節的習慣是不對的。讀者的耐心，不像加爾各答街道上的裂縫，不會因為時間而變多。但事實上，雅修達身處兩難。當然在主人的喪禮期間，他們有東西吃可以充飢，但是在一切都過

---

* 　譯注：這是西班牙著名的女性革命家伊西多拉‧多洛雷斯‧伊巴露麗‧戈麥斯（Isidora Dolores Ibárruri Gómez；1895-1989）的筆名，她於 1920 年加入西班牙共產黨，1936 年至 1939 年西班牙內戰時期，參與領導西班牙人民反對法西斯叛亂的鬥爭，曾有名言：「寧可站著死，絕不跪著生！」西班牙共和國被顛覆後，她流亡國外 38 年，在佛朗哥去世和共產黨合法化後，她於 1977 年回國。同年她重新當選為西班牙議會的議員，後因健康狀況不佳而辭職。
　　參見 https://zh.wikipedia.org/wiki/ 多洛雷斯‧伊巴露麗。

去後，雅修達把蕾達拉妮緊抱在胸前，往雇主家走去。她打算要和女主人商量，請求能在素食伙房當廚師。

　　老闆走了，老闆娘悲痛不已。不過律師告訴她，老闆已將房子以及米倉的所有權都轉移給她。這個安排讓她倍感安心，給她力量重新掌管這一大家子。現在她完全能夠了解不能吃魚以及魚頭的感覺，不過她發現其他食物也能提供溫飽，像是上等的奶油、最高級的牛奶甜點、鮮奶油以及特級香蕉。老闆娘在躺椅上放鬆，腿上抱著 6 個月大的孫子。目前她的兒子裡面有 6 個已成家。也因天文曆指示幾乎每個月夫妻都能行房，樓下的一排產房可以說是全年無休，女醫師與助產士莎瑞菈也長年進駐。再加上老闆娘的 6 個女兒，一年半就生一個，家裡於是一片狼藉，盡是毯子、棉被、餵食湯匙、奶瓶、防水布、嬌生嬰兒粉還有嬰兒澡盆。

　　老闆娘的孫子不肯喝奶，弄得她心煩意亂，一看到雅修達，鬆了口氣道：「妳來得正是時候！趕快給他喝點奶吧，他媽生病了。這個小壞蛋，用奶瓶餵都不吃。」雅修達立刻接過孩子餵奶，很快的孩子就安靜下來。老闆娘還因此特地要求她待到晚上 9 點，這中間不知道餵奶多少回。廚師裝了一大碗咖哩飯要她帶回家，雅修達看到，一邊餵奶一邊說：「老闆娘！老闆答應我們許多事情，可是他不在了，所以我也不去多想。可是老闆娘，妳的婆羅門兒子的腿沒了。妳要我做什麼工作都可以，我這麼要求不是為自己，而是為了我的先生與孩子。可不可以讓我幫妳煮飯？」

「親愛的，再看看吧。我要再考慮一下。」老闆娘不像老闆一樣，那麼推崇婆羅門。她不認為康卡利失去雙腿跟他兒子下午的一些消遣有什麼太大關係。對康卡利來說那場意外是注定好的，不然為什麼那天走在路上，太陽那麼毒辣他還笑得那麼開心？

她羨慕地看著雅修達突出的雙乳，說道：「上天派妳來當著名的豐碩之牛，乳頭擠一下奶就源源不絕的出來！之前來我們家的乳母，奶還沒有你的四分之一多呢！」

雅修達說：「老闆娘，妳說的沒錯！葛帕3歲才斷奶，當時肚子裡的還沒有這個，可是奶依然多到不行。老闆娘，這麼多奶到底是打哪來的啊？我明明吃的不好用的也不好！」

雅修達豐沛的奶量，成為老闆娘家所有女人夜間的話題，她們老公也都知曉。那個因為媽媽生病而給雅修達餵奶的孩子，是老闆娘二兒子的小孩。這個二兒子非常怕老婆。他的兄弟們只要看到天文曆上的好日子到了一定會行房，不管有愛沒愛、就算不是很想要或是滿腦子都在想公事也一樣。而二兒子雖然行房的頻率一樣，有一點卻跟他兄弟們不同：他做愛時心中充滿了對太太的愛。對他來說，太太不斷的懷孕，全都要感謝老天爺，不過，他也希望太太的容貌身材不受影響。他常常在想卻怎也想不通，女人到底要如何才能連生好幾個小孩還能長保青春美麗。今天，聽聞雅修達豐沛的奶量，他突然冒出一句：「有

了！」

「有啥？」

「有辦法了！我知道要怎麼減輕妳的痛苦。」

「怎麼減輕？你把我燒了就再也不會痛了。這每年生一胎的身體，能夠完全恢復嗎？」

「可以的，一定可以的。我有一個上天賜予的工具，可以讓妳年年懷孕，身材還是一樣好。」

夫妻倆針對這件事情做了番討論。隔天早上，二兒子來到老闆娘房間，低沈的耳語一番，一開始老闆娘表現的很猶豫，後來她想了想，認為兒子的提議絕妙。媳婦都是要當媽媽的，要餵小孩吃奶。她們會生到不能生為止，但是長期餵奶會導致身材走樣，使得他們老公失去興趣，開始打野食甚至是騷擾家裡的女傭。男人在家裡得不到，只好向外尋求藉慰，這很正常。總之遇到這種情形，她沒有立場阻止兒子偷吃。不過如果雅修達當奶媽，問題就解決了。只要每天提供她三餐、節慶時送她新衣、每個月一點薪水就夠了。老闆娘自己常常需要安排婦女儀式，雅修達還可以幫忙扮演多產的婆羅門婦人，這樣挺好，可以幫忙減輕小兒子的罪行——畢竟是他讓雅修達的日子難過。

老闆娘一跟雅修達提出這個建議，她馬上就同意了。雅修達覺得自己的胸部真是寶一對。晚上，當康卡利的手又摸了上來，她說：「欸，我還要靠它們來養家，你可不要太粗魯。」想當然爾，康卡利整晚都猶豫不已，但是當他看到老闆家送來的那些穀類、油以及蔬菜，他那果帕的心思立刻消失無蹤。受

到創造之神梵天啟發，他對雅修達說：「肚裡有小孩，乳房才有奶。妳必須要去面對、受難。妳是個忠貞不二的妻子，是女神。妳要懷孕，肚子裡有小孩，用妳的雙乳把他養大。這就是為什麼地母女神以助產士形象出現在妳的夢裡。」

雅修達覺得這番話很有道理，她雙眼噙著淚，說道：「你是我的丈夫，我的大師。如果我忤逆了你，請立刻糾正我。痛從何處來？老闆娘不是生了 13 個孩子嗎？果樹結果會痛嗎？」

就這樣，規則確立了。康卡利成了專業父親，雅修達的工作就是當媽媽。現在，只要看雅修達一眼，就算是嘴巴最硬的人，也都承認這首虔誠之歌的深奧。歌詞如下：

當媽可沒這麼容易？
不是只把小孩生下了事！

賀達爾宅裡，鋪了石頭的中庭一旁有幾間大房，裡面住著 10 來隻吉祥的乳牛，牠們被當作是群牛之母，由兩個比哈爾人看管。這些牛有數不盡的果皮、麥糠、稻草、牧草還有糖蜜可吃。賀達爾太太認為牛吃得愈多、產奶量就會愈高。雅修達在賀達爾家的地位可比聖牛要來得高，因為老闆娘的兒子是梵天的肉身，而雅修達哺育了他們的子嗣。

賀達爾太太密切關注著雅修達分泌乳汁的量。她喚來康卡利，說：「我的婆羅門兒子，是這樣的，你以前在店裡負責大

鍋的攪拌工作，現在何不開始煮飯，讓雅修達回家可以休息一下。她自己有兩個孩子，這邊還有兩個，餵奶餵一天之後怎還會有力氣煮飯？」康卡利忽地想通了。來到樓下，那兩個比哈爾人遞上嚼用煙草，說：「老闆娘講得好。我們服務聖牛之母——你老婆是世界之母。」

從那一刻開始，康卡利開始煮飯給家人吃，還帶著孩子跟他一起做菜。不論是大蕉咖哩、扁豆湯或是醃魚，到後來都難不倒他。獻給乘獅女神的羊頭肉，也被他拿來煮咖哩，動不動就送給納賓吃。羊頭咖哩好吃到收買了兇狠、愛吸大麻又酗酒的納賓，他幫康卡利在濕婆神王廟找到了一份差事。雅修達每天都吃煮得恰到好處的飯和咖哩，身體變得如工務處官員的銀行戶頭，吹了氣似的。此外，老闆娘還會送她牛奶，而且只要她一懷孕，就會拿到果醬、蜜餞和甜點。

事到如今，再鐵齒的人都不得不信服，乘獅女神以助產士的形象顯靈在雅修達的夢中就是為了這個原因。不然，這種事根本前所未見、前所未聞哪。竟然有個女人不停懷孕生小孩，卻像個乳牛一樣，毫不猶疑地把自己的奶水餵給別人的孩子。納賓腦子裡邪惡的念頭也沒了，取而代之的是強大的虔誠之心，一看到雅修達就大喊：「母親、母親、親愛的母親！」這一區的居民重燃了對乘獅女神的信仰熱潮，甚至社區裡人人都覺得自己也受到女神光輝的照耀。

雅修達成了眾人崇拜的對象，甚至受邀在婚宴、洗禮、命

名或配戴聖線儀式上擔任生育女性的主要代表。大家甚至也以同樣眼光看待尼帕、葛帕、內諾、朋恰和帕它爾，因為他們全是雅修達的孩子。每個孩子長大後也配戴了聖線，並開始幫寺廟引導朝聖者。康卡利也不必幫蕾達拉妮、艾塔拉妮、帕瑪拉妮和其他女兒找老公。納賓幫她們全找了模範老公，這些忠貞母親的忠誠女兒全都自己成立家庭，效法濕婆神當家做主。雅修達在賀達爾家的地位也提高了，賀達爾家的丈夫都很開心，因為他們翻閱天文曆時，太太再也不會腿軟。他們的孩子都是喝雅修達的奶水長大，所以丈夫在床上想當「聖嬰」就可以當聖嬰，太太們再也沒藉口拒絕了。不過，太太們因為能保持身材，卻也落得開心，還能穿「歐洲剪裁」的上衣和胸罩呢。濕婆神之夜禁食了一整晚，看了整晚的照片後，她們不用再餵小孩喝奶。這一切全都要歸功於雅修達，雅修達也因此變得愈來愈口無遮攔，餵小孩時就坐在老闆娘的房間裡說：「其他的女人生了孩子就要吃藥，血壓升高就要看醫生。太誇張了吧！看看我！我現在每年都在生小孩！我的身體開始衰退、或是乳汁開始乾涸了嗎？我的皮膚開始起皺紋了嗎？聽說還有女人會靠注射來讓乳汁不再分泌，真是瘋了！」

賀達爾家目前的父叔一輩，以前嘴上的鬍子一長出來，就成天愛吹口哨調戲家裡的女傭。但年輕一輩的男丁都是被奶媽餵大的，女傭和廚子都是奶媽的朋友，在他們眼裡也像是母親，於是他們開始去女生學校逗留。女傭都說：「雅修達！你就像個女神，讓這整間房子的氛圍都變了！」有一天，賀達爾家的小兒子蹲著看雅修達哺乳，她說：「親愛的，我的幸運小子！

都是因為你輾斷了他的腳,我才會有今天的地位!這是誰的旨意呀?」賀達爾家的小兒子回答:「是乘獅女神的。」

其實他很想知道,康卡利加倫沒了腳要怎麼當梵天?但是這問題侵犯了神聖領域,所以他沒有問出口。

這全是乘獅女神的旨意!

3

康卡利的小腿是 50 多歲時被輾斷的,故事來到了現在。在 25 年內……抱歉,應該是 30 年內,雅修達懷胎 20 次。到最後,一直當奶媽根本賺不到錢,因為賀達爾家吹起了一股新的風潮。先來說說過去 25 年或 30 年間發生的事吧。一開始雅修達只有 3 個兒子,後來她又懷孕了 17 次。賀達爾夫人過世了,她生前很希望自己的其中一個媳婦能跟她一樣好運。這家裡有個習俗,如果夫妻生了 20 個兒子,就要辦第二次婚禮。但是媳婦們在第 12、13、14 個小孩時就喊了停,起了壞念頭、一同說服他們的丈夫,跟醫院串通。這全是新風潮帶來的不良影響,聰明人絕對不會讓新風潮吹進家裡的。我祖母曾跟我說過,以前有某位紳士會專程跑到她家讀思想開放的雜誌《星期六通訊》。他絕不讓這種東西進他的家門。「妻子、母親或姊妹一讀到那樣的報刊」,他會說:「她就會放聲說『我是個女人!我才不要乖乖當母親、當姊妹或當妻子。』」問他說會有什麼後果,他接著就會說,「她們會穿著鞋子煮飯。」新風潮的力量會擾亂女

性內闈的安寧，這是永恆不變的道理。

　　賀達爾家一直以來都遵守著 16 世紀的傳統。但是隨著家裡的權力結構轉變，兒子們也開始搭建新房子、搬出去分家住了。最令人討厭的變化就是為人母這件事，老太太的孫媳婦們進家門前都受過完全不同的教育。老闆娘說了家裡有很多錢、很多東西可吃呀，卻徒勞無功。老先生曾想要讓加爾各答一半都是賀達爾家人，但是曾媳婦們一點兒也不願意，向老太太頂了嘴後就去工作場所找丈夫。就在此時，乘獅女神寺廟裡帶領朝聖者的嚮導們大大吵了一架，不知道是誰把女神的畫像翻了過來。老闆娘想到地母女神棄她而不顧，更是傷心欲絕，整個夏天吃了過量的波蘿蜜，上吐下瀉最後丟了命。

4.

　　死亡解放了老闆娘，但是活著比死亡還痛苦。雅修達真心為老闆娘的死感到哀傷。社區內長者過世時，通常是專業的巴希妮哭得最哀傷，她是家裡的老傭。但是雅修達的飯票跟著老闆娘一起升天了，於是她哭得甚至比巴希妮更哀傷，讓大家都嚇了一跳。

　　「受庇佑的母親呀！」巴希妮哭喊說：「妳喪了夫，沒了皇冠，妳成了一家之主，保護大家！究竟是誰犯的罪讓妳被帶走了，母親！母親，我叫妳別吃太多波蘿蜜，但妳都不聽我的話，母親呀！」雅修達讓巴希妮喘了口氣，趁她停下來時接著

哀號著:「妳沒什麼好留念的,母親!妳受到神的祝福,何必留在這罪惡的世界上!媳婦們撼動了王權!樹說我不結果,上天哪,這是何等的罪孽!妳怎麼能容忍這般天大罪孽,母親!乘獅女神還棄妳於不顧,母親!妳很清楚善行之家已變成罪惡之所,這不是妳的錯,母親!妳的心跟著主人一塊兒死了,母親!妳辛苦讓身子撐下去只是因為妳想到了家人。家裡的太太們、媳婦們哪!以朱砂留下她的腳印吧!如果家裡保有腳印,那家子將會得到幸福!如果妳每天以額頭碰觸腳印,痛苦和疾病就不會纏身!」

雅修達跟在屍體的後面,邊哭邊走上河邊的階梯,看著屍體被焚化,接著在回程時說:「我親眼看到一輛馬車從天上下來,帶著老闆娘、我們的母親,從柴堆裡離開,到天上去了。」

守喪期結束後,年紀最大的媳婦對雅修達說:「婆羅門姊姊!家人分崩離析,老二和老三要搬去白勒加塔的家,老四和老五要去瑪尼克塔拉和巴格馬里,老么要搬去達克夏爾沃的房子。」

「有誰會留下來?」

「我會留下來,但我會把樓下的房間出租,家裡都快破產了。妳用妳的奶水養大了所有人,我們家每天都送食物到你們家。最後一個孩子也斷奶了,但是母親還是持續送食物給妳送了8年。她開心就好,她的孩子們從來不吭一聲。但是這樣下去可不行。」

「大媳婦,那我該怎麼辦?」

「如果妳為我的家人煮飯，自己的伙食也有著落。但妳家人的伙食該怎麼辦？」

「什麼意思？」

「決定權在妳手上，畢竟妳還有 12 個孩子要養呢！妳的女兒嫁出去了，我聽說妳的兒子為朝聖者做嚮導、吃廟裡的食物、在庭院裡躺下來休息。我聽說妳的婆羅門丈夫在濕婆廟裡找到了工作，妳還要什麼呢？」

雅修達擦了擦眼淚說：「讓我去找那婆羅門老公談談！」

愈來愈多人來到康卡利加倫的寺廟朝聖。「妳在我的寺廟裡能做什麼？」他問道。

「娜倫的姪女都做些什麼？」

「她打理廟裡面的雜事，也負責煮飯。妳很久沒有在家煮飯了，廟裡的事妳更做不來吧？」

「大宅院不會送飯來了。你的賊腦筋想過這一點嗎？你以後要吃什麼？」

「不用妳操心，」

「那麼長時間以來不是我在操心嗎？現在廟裡看起來很賺錢，不是嗎？你存下廟裡賺的每一分錢，然後吃掉我用血汗掙來的食物。」

「是誰在顧孩子還有煮飯？」

「本來應該男主外女主內的，但我的命運卻大不同。然後

你又吃掉了我的食物，現在你得給我吃的。天公地道。」

康卡利回嘴說：「妳能從哪裡拿吃的？就憑妳也進得了賀達爾家？還不是因為我撞斷了腿。主人本來是想幫我做個小生意的，這些妳都忘了嗎？賤人！」

「誰賤？你比我更賤！靠女人吃軟飯，算什麼男人！」
兩人互揭瘡疤，什麼狠話都說絕了。最後，康卡利說：「我不想再看到妳，給我滾！」
「你別後悔！」
雅修達氣沖沖地走了。在這同時，不同的進香嚮導團體也共同密謀，要將神像的臉轉回正面，不然怕會大難臨頭。因此，廟裡辦了許多大型的法會。雅修達也跑來跪在女神的腳前，她那雙上了年紀、不再泌乳的大胸脯已經開始疼痛不堪，她想將疼痛交託給乘獅女神，並請求指點迷津。

雅修達躺在中庭三天三夜。或許乘獅女神也呼吸到新空氣了，她並沒有託夢給雅修達。更過分的是，當雅修達斷食三天虛弱的回到家裡，她的么兒來跟她說：「老爸會留在廟裡，他要納巴和我負責搖鈴，每天就可以賺些錢，也可以拿到些聖食。」
「我知道了！老爸在哪？」
「躺著呢。格拉琵阿姨正在抓他背上的痱子。給了些錢打發我們買糖吃，所以我們就跑來找妳啦。」

　　雅修達知道，她不但對賀達爾家沒用了，康卡利也不需要她了。她中斷了齋戒，然後跑去跟納賓抱怨。當初就是他轉了神像的方位，經過一番協商後，他才擺平和其他朝聖者嚮導之間的爭執，解決了難近母三個重大祭典春季、秋季及11月大祭的香火錢問題。之後，他把神像轉回原位。他喝了點小酒、抽了根大菸，現在正在跟地方候選人嗆聲：「你沒有捐錢給地母？女神現在恢復神力，現在我看你怎麼當選！」

　　納賓本人就是個活生生的例證，就算是在這種年頭，只要是在寺廟的餘蔭下，就會有神蹟出現。他曾經轉過神像，還因為這些嚮導不像拉票團體一樣團結，所以信誓旦旦地表示地母很反感。現在呢，既然神像也轉了，他覺得地母應該也回心轉意了吧。

　　雅修達問：「你在碎碎念什麼東西啊？」

　　納賓回答：「地母神威啊。」

　　雅修達說道：「你以為我不知道你轉了神像喔？」

　　納賓回嘴：「閉嘴啦！雅修達，神明給我神力、智慧，所以只有我才能做到這件事。」

　　「你一動了手腳，地母的神力就消失了啦。」

　　「消失了？那你說為什麼風扇在轉，你還坐在底下？走廊天花板上什麼時候裝過電風扇了？」

　　「好吧，信你一回。那你告訴我，你為什麼要燒掉我的運氣？我對你做過什麼壞事？」

　　「妳幹嘛問我？康卡利又沒死。」

　　「為什麼要等到他死？他現在跟個死人沒兩樣。」

「妳到底怎麼啦？」

雅修達擦擦眼角，語氣沉重地說：「我拉拔大這麼多人，一直都是主人家的奶媽，你也知道，我一直都是清清白白。」

「我當然知道，妳是地母的一部分啊。」

「地母雖然備受尊崇，但祂的『一部分』就快要餓死了。賀達爾家不再庇蔭我了。」

「妳為什麼要和康卡利吵架呢？哪個男人受得了被罵吃軟飯？」

「那你為什麼要叫你姪女去廟裡？」

「都是天意啊。格拉琵本來就喜歡往廟裡跑，慢慢地，康卡利發現自己是護法來投胎，格拉琵就是他的靈魂伴侶。」

「好個靈魂伴侶！我要是看到她扶我老公走路，我一掃帚打飛他們！」

但是納賓說了：「那可不行。康卡利正值壯年，就憑妳？不可能滿足他了。更何況，格拉琵的哥哥是個混混，看他妹看得可緊呢。如果我抽 10 根菸，那傢伙就要抽 20 根，還踢我肚子，叫我滾蛋。我去康卡利那兒幫妳說話，但他說叫我別提到妳。他說妳只認主人不認老公，既然主人家是天堂，住那裡就好了。」

「好！」

雅修達回家，覺得世界不公不義，幾乎要發瘋。她看不慣空蕩蕩的房間，不管餵不餵奶，她都習慣要把孩子摟在懷中。當媽媽是會當上癮的。奶水斷了，可是癮頭是不會斷的。孤伶伶的雅修達跑去跟女主人說：「我還會燒菜，還會伺候您，如果您不給我錢，也不要緊，請您不要拋棄我。家裡那王八現在

住在廟裡，我那些不肖子也跑去那兒，我持家是為了誰啊？」

「妳就住下來吧。妳是孩子的奶媽，又是個婆羅門。待著吧，但我話說在前頭，日子辛苦得很哪，妳得和其他人一起住在巴希妮的房間，不要和他們起衝突，主人的老三跑去孟買，娶了個當地姑娘，他現在心情壞得很，稍微有點聲音就會生氣。」

雅修達會好命，完全是因為會生孩子，生不出來之後，開始大難臨頭。現在可說是她的困境，以前雅修達乳汁豐富又忠心耿耿，當地尊崇拜地母的人家曾經非常尊敬她。運氣亨通的時候，人總會覺得輕飄飄不自然，那是天性；開始走衰的時候，卻無法紆尊降貴，就好像跌倒了，卻不學著怎麼吃土。用以往的方法，奢求得不到的東西，就會被小蝦米狠狠教訓一頓。

同樣的事，也發生在雅修達身上。巴希妮那群人，以前都幫她洗腳，還把洗腳水喝掉，現在倒是說得輕鬆「妳自己洗盤子吧。妳要是我主子，我就幫妳洗。但妳現在跟我一樣，只是個僕人罷了。」雅修達大吼：「我什麼身分，妳知道嗎？」大媳婦責罵她說：「這就是我擔心的。地母保佑，讓妳昏頭啦？這位婆羅門大姐，要知道，是妳自己說要住在這兒，我可沒綁妳來。安分點吧！」

雅修達知道，自己說的話再也沒有份量了。她默默煮菜、幹活，到了傍晚就跑去廟裡哭，泣不成聲。她聽到濕婆廟的晚禱音樂，擦乾眼淚站起身，自言自語：「救救我吧，地母！難道我最後只能坐在路邊當乞丐嗎？這樣妳滿意了嗎？」

　　接下來，就只能在賀達爾家，每天煮飯、每天向地母抱怨。更慘的是，她老是覺得要暈過去了，真不知道為什麼事事不如意，腦子裡一團混亂。她坐著煮飯時，就想到自己是這家的奶媽，回家的時候，身上穿著漂亮紗麗，手上還拿著大宅院給她的食物。現在她只覺得胸前一片空蕩，空虛莫名，她從來沒想過，會有一天再也沒孩子吸她的奶。

　　她失了魂，把咖哩和飯端上桌後，卻忘了吃。有時候她向濕婆神禱告：「如果地母帶不走我，請祢帶我走吧。我活不下去了。」

　　最後，是大媳婦的兒子問了：「媽，奶媽是不是生病了？她好怪喔。」

　　大媳婦說：「再看看吧。」

　　大兒子則說道：「看到沒，她可是個婆羅門，要是出了什麼事，我們就造了孽啊。」

　　大媳婦前往一探究竟，發現雅修達剛煮好飯，躺在廚房地板上，把紗麗攤開墊著。大媳婦看她衣不蔽體，說道：「大姐啊，妳的左乳頭怎麼這麼紅，天啊，紅通通的！」

　　「誰知道啊，感覺裡面有顆石頭在推著呢。硬得要命。」

　　「到底是什麼？」

　　「誰知道，可能是因為我餵過很多小孩吧。」

　　「亂講，除非有奶水才會結石或發膿，妳最小的孩子都10歲了！」

　　「那個死掉啦，一出生就死了，他之前那個倒是活著。隨便啦，造孽喔。」

「明天醫生要來看我孫子，我請他來看看。我看這情況不太妙。」

雅修達閉著眼睛說話：「乳頭好像變石頭了，裡面有石頭……一開始像有硬塊，會動，現在不動了，一點也不動。」

「去看醫生吧。」

「不行，我不給男醫生看診。」

晚上醫生來了，大媳婦在兒子陪伴下和醫生說：「她說不會痛，沒有燒灼感，但是突然就倒下來了。」

醫生回：「去問問乳頭有沒有縮起來，腋下是不是腫得鼓鼓的？」

聽到「腫得鼓鼓的」，大媳婦就覺得醫生怎麼那麼沒禮貌，不過還是去問問，她做了實地勘查，回報給醫生說：「她說這情況已經有一陣子了。」

「她年紀多大？」

「從大兒子算起來，她應該55歲了吧。」

於是醫生說：「我來開個藥。」

醫生走出門外，跟大兒子說：「聽說妳家廚子胸部有問題，應該要帶她去癌症醫院。我是沒看到她，不過聽起來，她可能得了乳腺癌。」

大兒子之前一直活在16世紀的生活中，最近才剛剛踏入20世紀。他有13個孩子，女兒經他安排相親都結婚了，兒子也長大成人，成家立業。但即使到了現在，他的腦袋還是充斥著18世紀的黑暗時代和19世紀孟加拉文藝復興之前的想法，還是打死不肯注射天花疫苗，聲稱：「只有低下階層的人才會得天

花啦，我不用打。我出身高貴，尊重婆羅門、敬拜神明，才不會生病。」

他對癌症的診斷嗤之以鼻，還說：「最好是癌症啦。哪有那麼容易得癌症啊，妳聽錯了，她擦個藥就好了。妳隨便說說，我就要送婆羅門的女兒去醫院嗎？」

雅修達自己也說：「我不要住院，我要去死。我之前生小孩都沒住院，你現在叫我去？那個燒屍體的傢伙去了醫院之後，回來就跛腳了。」

大媳婦說：「好吧，給妳草藥膏擦擦，一定有效，裡面的硬塊就會流出來。」

但是草藥膏一點用也沒有，慢慢地雅修達開始吃不下，元氣大傷。左乳不能蓋上紗麗，有時候感覺像在燒灼，有時候會痛，最後多處皮膚都裂開來，還長了瘡，只能臥病在床。

看到這種慘況，大兒子嚇壞了，如果婆羅門死在自己家怎麼辦？他把雅修達的兒子都找來，嚴厲地說：「生病的是把你們拉拔長大的媽媽，現在快死了。快把她帶回家，讓她在自己家裡臨終前看到所有人。」

康卡利知道了以後痛哭流涕。他走到雅修達暗不見天日的房間，他說：「老婆啊，妳是個好女人，神明保佑妳，連帶也保佑我。我拋棄妳之後，兩年後廟裡的盤子就被偷了，我背上還長好多膿瘡。狡詐的格拉琵誘騙納普拉，打開保險櫃把東西偷光光，跑到塔拉凱斯瓦爾開店。跟我回家吧，我照顧妳。」

雅修達說：「把燈點亮。」

康卡利點了燈。

　　她給他看左乳，膿汁四溢，她說：「你看看這些爛瘡，你知道有多臭嗎？你要怎麼照顧我？你幹嘛過來？」

　　「主人叫我來的。」

　　「主人不要我了。」她嘆口氣，「我沒救了，你又有什麼辦法？」

　　「不管怎樣，明天我帶妳走，今天我先去整理房間，明天一定帶妳離開。」

　　「男孩們都好嗎？諾布雷和郭爾以前還會來看我，現在都不來了。」

　　「那些兔崽子都很自私，畢竟是我的種，都像我一樣沒人性。」

　　「明天你會來嗎？」

　　「當然，一定會來！」

　　雅修達突地笑了，笑得令人心碎，卻又勾起了舊日情懷。

　　雅修達說：「親愛的，你還記得嗎？」

　　「記得什麼？」

　　「你以前都怎麼逗弄我的胸部？不然你睡不著？我的大腿從沒空著，這一個才剛離開我的乳頭，下一個就來了，接下來還有主人家裡的男孩們要餵。我現在好奇，當時我怎能辦到？」

　　「老婆，每件事我都記得！」

　　此刻，康卡利說的是真心話。看到雅修達殘破、消瘦、飽受疾病所苦的身體，就連康卡利自私的身體、天性、只知道滿足身體下半部的良知，都憶起了過去，他握住雅修達的手說：「妳在發燒？」

「我一直在發燒,我想是因為傷口發炎了。」

「這股腐敗的臭味從哪裡來?」

「是我的傷口。」

雅修達閉著眼睛說話,接著她說:「帶聖醫來,他以前用順勢療法治好了葛帕的傷寒。」

「我會打給他,明天我就帶妳走。」

康卡利離開了。隨著他離去,拐杖敲擊地面清脆的聲響,雅修達沒有聽見。雅修達閉著眼睛,以為康卡利還在房裡,她了無生氣地說:「什麼要能餵奶才算是母親,全是騙人的話,尼帕和葛帕不來看我,主人家的男孩們根本懶得理我,也不管我過得怎樣!」她胸部上的傷口彷彿有 100 張嘴、100 隻眼,不停地嘲弄她。雅修達張開眼睛問說:「你有聽到嗎?」

她這會兒才知道康卡利已離去。

有一晚她請巴希妮去買力寶健康皂,在黎明時,她用肥皂洗澡。臭啊!真臭!只有貓或狗的屍體在垃圾桶裡腐爛,才會有這種味道。雅修達這一輩子都用肥皂和香油,小心清洗她的胸部,因為主人的兒子以前都會吸吮她的乳頭。為什麼到最後,這對乳房卻要背叛她?肥皂的刺激,灼燒著她的皮膚,但雅修達依舊用肥皂清洗自己,她的腦袋嗡嗡作響,一切都是那麼黑暗,雅修達的身體、腦袋裡彷彿有一把火在燃燒。黑色的地板很清涼,雅修達攤開她的紗麗,隨之躺下。她的胸部實在太重了,讓她無法站著。

雅修達躺下後，因為發燒，失去了意識和知覺。康卡利正好來了，但看到雅修達這樣，他嚇到全身無力。終於，納賓來了，厲聲喊道：「這些人還有人性嗎？她用自己的母奶把這些男孩養大，他們居然沒有請醫生來？我打電話叫哈利醫生來。」

哈利大爺看了雅修達一眼就說：「去醫院。」

醫院不收病得如此嚴重的病人，經過宅院大兒子好說歹說，醫院總算收了雅修達。

「到底怎麼了？噢，醫生老爺，到底是什麼問題？」康卡利問，哭得像個小男孩。

「是癌症。」

「奶子也會有癌症？」

「不然她的癌症從哪兒來？」

「但是她在主人家餵過 20、30 個男孩——她的奶水非常多——」

「你剛剛說什麼？她餵了多少個小孩？」

「應該有 50 個。」

「你說 50 個！」

「是的，先生。」

「她自己有 20 個小孩？」

「是的，先生。」

「天啊！」

「先生！」

「怎樣？」

「是因為她餵了太多小孩，所以——？」

「沒有人能確定到底為什麼有人會得癌症，但是如果哺乳過度——你之前從來都沒想過這個問題嗎？她不會在一天內變得這麼嚴重吧？」

「她之前都沒和我在一起，先生，我們鬧翻了——」

「我明白了。」

「您覺得她情況怎樣？她會好起來嗎？」

「好起來！看她能活多久吧！你在癌症末期才把她帶來，沒人在這時候還能活下來。」

康卡利哭著離開。下午稍晚，受不了康卡利的哭鬧，老闆大兒子的次子去找了醫生。其實他並不關心雅修達，但是因為父親一直叨念，加上經濟上他需要父親的資助。

醫生把所有事情都解釋給他聽，癌症不會在一天就發生，都是因為長期累積。為什麼呢？沒有人知道。要如何知道自己得了乳癌？乳房內部靠近上方的腫塊會轉移，內部的硬塊會漸漸變大變硬，像是壓力凝聚在同一處，接下來胸部的皮膚會慢慢變黃，乳頭會萎縮。接著，腋下淋巴腺會遭感染。如果有潰瘍發生，就是出現傷口，那就是乳癌末期了。至於發燒，從嚴重程度來看，有可能是在第二期或第三期會出現。因為只要身體有傷口就會發燒，這是次要的症狀。

次子聽不懂那些專有名詞。他問：「她會死嗎？」

「會！」

「她還要這樣受罪受多久？」

「我想不會太久。」

「既然救不活了，你現在還能怎麼治療她？」

「止痛藥、鎮靜劑、治發燒的抗生素。她的身體狀況非常、非常糟。」

「她什麼都不吃了。」

「你沒帶她去看醫生嗎？」

「有啊。」

「醫生沒跟你說是什麼情況嗎？」

「有。」

「醫生怎麼說？」

「可能是癌症，叫我們帶她去醫院。可是她不肯。」

「為什麼不肯？她這麼會死掉啊！」

次子回到家說：「如果當時阿倫醫生宣布她得了癌症，她就接受治療，可能還有活命的機會。」

他母親說：「如果你這麼懂，為甚麼你不帶她去治療？我可沒有阻止你。」

在次子與他母親心底，彷彿有股自骯髒死水的泡泡湧現出來的無名愧疚感以及憐憫之情，但隨即消逝無蹤。

愧疚感說——她跟我們生活在一塊兒，我們從來都沒正眼瞧過她，當病魔纏上她了，我們也完全不當一回事。她是個傻人兒，哺育了我們這麼多人，但我們都沒照顧她。現在每個人都在她身邊，她在醫院快死了。這麼多個孩子，丈夫也還活著，當她只能靠我們的時候，我們卻——！她的身體曾經是那麼的

有生命力，汩汩不絕地分泌出奶水，我們萬萬都沒想到她會得
這個病。

消逝的愧疚感說——有誰能改變命運呢？冥冥中就注定了
她會死於癌症——誰阻止得了？再說她也不應該死在這裡——
到時她的丈夫、她的兒子會問我們她是怎麼死的？我們這麼做
並沒有錯。沒人可以怪我們這麼做。

大兒子向他們保證，「阿倫醫生說了，沒有人得了癌症還
可以存活下來。我們這位婆羅門姊妹得的癌症可能需要切除乳
房、子宮，但即便做了這些，最終還是會死。父親教導我們要
尊敬婆羅門——我們秉承著父親的恩典。倘若婆羅門姊妹死在
我們家中，那我們還得做懺悔儀式。」

有一些病人情況比雅修達輕微，卻死得比較早。醫生們都
很驚訝，雅修達竟然能在醫院裡撐到快一個月。一開始，康卡
利、納賓以及兒子們都陸陸續續地來探望，但雅修達的情況一
直是老樣子，持續昏迷、發燒、神智不清。在她乳房上的瘡日
漸潰爛，大到最後整個乳房都成了傷口。上面覆蓋著滿是殺菌
藥水的消毒紗布。但乳房潰爛所散發出的刺鼻臭味，卻靜靜地
像煙燻一樣瀰漫整間病房。這使得康卡利和其他親友漸漸都不
來探望她。醫生也說了：「她沒有任何反應嗎？這樣更好，神
智清醒反而更受罪。誰受得了這樣的凌遲呢？」

「她知道我們來過嗎？」

「很難說。」

「她有進食嗎?」

「透過管子進食。」

「這樣能活嗎?」

「你真的很──」

　　醫生明白自己現在這麼生氣是因為雅修達的情況很糟。他氣雅修達、康卡利、還有那些不把乳癌徵兆當一回事的婦女們,最後在這種煉獄般的痛苦折磨中死去。癌症經常把醫生和病人都擊敗。一個病人的癌症意味著病人的死亡以及科學的失敗,當然也是醫生的失敗。人們可以使用藥物來對付繼發症狀,如果不能正常進食,可以用打點滴來取代,如果肺部的呼吸功能壞了,我們還有氧氣可以注入,但是癌症的發展,其擴張、擴散、至到致命,是人們沒辦法制止的。癌症一詞是個統稱,會因發生在身體不同部位、惡化的情況而異。其特徵是毀滅身體病發的部位,擴散癌細胞,在被移除後繼續滋長,製造毒血症。

　　康卡利沒聽到他要的答案,於是離開了病房,回到寺廟。他對納賓和兒子們說:「一切都白搭啦!她誰也認不得、眼睛閤得老緊、啥事都不知道。醫生已經盡力搶救了。」

　　納賓問道:「如果她死了呢?」

　　「醫院有主人大兒子的電話,醫院會通知他們。」

「如果雅修達想見你呢？我說康卡利，好歹你太太也受到神明的保佑，對你如此忠貞不二。多少人靠著她的奶水長大，看看她的身材……她可從未不守婦道，也沒有多看別的男人一眼。」

說完這番話，納賓陷入了沮喪的靜默。事實上，自從看到雅修達乳房上的膿瘡，納賓那顆嗑藥嗑壞、喝酒燒壞的腦袋，便陷入了理智和肉慾的天人交戰，就像兩隻發情的蛇彼此纏鬥著。比如他會對自己說：「我曾經對她有慾望嗎？」「難道那醉人的雙峰將成為絕響？」「嘿！不過是凡俗肉身罷了。只有瘋子才會為一具臭皮囊瘋狂。」

康卡利對這番談話沒興趣。他的心早已拒雅修達於千里之外了。那天他看到雅修達在賀達爾家的樣子，心情著實受到影響，後來隨著雅修達入院，他也真的非常著急，不過那種焦急已經漸漸冷卻。當醫生宣布雅修達將不久於人世，康卡利幾乎不痛不癢地把雅修達拋在腦後。父子一個樣，對兒子們來說雅修達早已是陌生人。他們印象中的母親，總是梳著高髮髻，穿著一身閃亮的白色紗麗，有著堅毅的個性，和那個正倒臥在醫院的垂死之人天差地遠。

乳癌讓雅修達昏迷，這對她而言是種解脫。雅修達知道她被送進醫院而且人正躺在醫院，也知道這種昏沉是因為藥物所致。她虛弱又恍惚的腦袋轉著：賀達爾家的兒子是不是有人當了醫生？他肯定是要利用這個機會報答她過去的哺育之恩。但

是賀達爾家的兒子高中畢業後個個承襲了家業。不管現實狀況為何，為什麼醫院沒半個人讓她從惡臭的乳房中解脫？是何等的腥臭，何等的背叛啊？她知道家中的生計就靠這對乳房支撐著，所以她得一直懷孕，讓乳汁飽滿。乳房不就是用來裝乳汁用的嘛。她用香皂悉心清潔乳房，因為乳房過於沉重，所以就是年輕的時候也從不穿襯衣。

鎮靜劑的效力退了，雅修達大喊著，「啊，啊，啊」。她張著充滿血絲的雙眼，熱切地搜尋護士和醫生的身影。當醫生來到她的身旁，她痛苦地呻吟著：「虧你喝我的奶長這麼大，現在居然這樣折騰我？」

醫生對旁人說：「她覺得人人都喝過她的奶水。」

接著又是一劑鎮靜劑，以及伴隨而來的昏睡麻痺。疼痛，劇烈的疼痛。癌細胞就在體內逐漸散播開來，以人類宿主為代價。不久，雅修達左胸的膿瘡爆裂，留下火山口般的傷口。腐敗的惡臭讓人唯恐避之不及。

有一天晚上，雅修達覺得手腳冰冷，她知道自己的大限已到。雅修達無法張開眼睛，但她知道有人在觸摸她的手。注射針扎進她的手臂，她呼吸困難。這是免不了的。到底誰在看照她呢？是她曾經用奶水哺育過的人嗎？是那些她因為生育而餵養或是為了溫飽而餵養的對象嗎？雅修達想，畢竟全世界都受過她的哺育啊，他們怎可讓她這樣孤單地死去。不管是每天查

房的醫生、為她蓋上白布的人、用推車推送她的人、將她安置在火葬場的人，抑或是執行火化的賤民，都是她哺育過的孩子啊。你必須是雅修達才能哺育整個世界，但如此一來，你注定得死得無依無靠，身邊連個伺候飲水的人都沒有。但是總該有人陪她走完最後一程吧。他會是誰？誰會是他？是誰？

雅修達於晚間 11 點去世。

醫院致電賀達爾家，但賀達爾家晚上習慣把電話線切掉，所以電話沒響。

雅修達・戴維，印度教徒女性。她的屍體躺在醫院太平間，之後被送到火葬場焚化。她的屍體由一名賤民焚燒掉。

雅修達是神的化身，旁人過去和現在都遵照她的想法行事。雅修達的死亡也是神的死亡。當凡人接受神格，她注定要被所有的人遺棄，而且孤獨地死去。*

....

* 譯注：這章譯文是 2013 年進階筆譯課師生共同努力的心血結晶，感謝修課的 7 位同學：蔡力薇、徐昊、吳品儒、歐陽鳳、劉宜欣、王湘菲、李依冰的參與及付出。

第十四章
底層的文學再現：
來自第三世界的女性文本 [1]

　　歷史學家遇到一個再現底層階級的文本，看到的是反起義或性別化。他認為這個文本賦與了底層階級一個新的主體位置，可能是性別化的或其他位置。

　　文學教師遇到一個再現性別化底層階級的文本，她覺得感同身受。她認為這個文本使得主體位置的分派變得明顯可見。

　　這兩種作法雖然類似，但並不完全一樣。藉由教授瑪哈綏塔・戴薇的〈乳母〉（"Stanadayini",〔Breast Giver〕）的各種解讀策略，這篇論文在相似與差異之間循環。[2] 文章的最後，我希望強硬要求讀者至少能思考以下的提議：

1. 這些目標的展演，歷史學家和文學教師的表現，必須批判性地「打斷」彼此，讓彼此陷入危機，這樣才能為支持他們的人服務，尤其是他們都聲稱自己是有全面代表性的。

2. 文學教師因為自身體制的主體位置，能夠也必須「重

1　感謝 Jill Matthews 教授對這篇文章的建議。
2　Mahasweta Devi, "Stanadayini," *Ekshan* (Autumn, Bengali year 1384)。我的譯文〈乳母〉收錄於本書第十三章。引文出處頁碼在內文中均以括號呈現。

新群集」（re-constellate）文本以充分發揮其作用。她
能夠也必須將文本抽離正確的脈絡，然後放在陌生的
論點裡審視。

3.　如果從西方馬克思女性主義、西方自由派女性主義、
法國女性身體的深度理論這些論點來看，〈乳母〉可
以告訴我們這些理論的若干限制和缺失。

4.　這或許對當前所謂「第三世界」文學持續的底層化帶
來若干啟發。

　　無論是精英方法論與底層材料，總是不免有所偏頗，關於
這個問題，本論文也會加以討論。我認為我們應該說，無論是
就歷史的或文學的角度出發，都不可能以任何詮釋性的論文來
解決「怎麼處理」性別化的底層階級的問題。像這樣的一篇論
文或許可以讓我們了解，比起呼籲正視社會正義需求的刻不容
緩，或是女性領域的無法逃避，這個問題所涉及的範疇和政治
其實來得更加嚴肅。

歷史學家與文學教師

　　歷史記錄的生產是事件的論述敘事化（The production of
historical accounts is the discursive narrativization of events）。歷
史學刻意地「不要理論化」，它所追求的目標，是在考量同時
期對立歷史記錄的情況下，以價值中立的散文形式帶出「真正
發生了什麼事」。自從「理論」入侵了歷史學科，加上密歇・
傅柯令人不安地如影隨形，所以無論是懷疑或承認「事件」向
來都是由論述建構，而且歷史學的語言也總是逃不開語言，這

樣的說法已經不再是過於前衛的主張了。

> 每個客體都是做為論述的客體而被建構的，這樣的事實
> 和思想以外是否有世界存在無關，也與寫實主義／理想
> 主義間的對立無關。地震或磚頭掉下來是當然存在的事
> 件，……但是它們做為客體的特殊性是由「自然現象」或
> 是「上帝憤怒的表現」所構成，就有賴於論述場域的結構
> 而定。被否定的並不是這樣的客體外在於思想存在，而是
> 相當不同的主張，它們會建構自身為外在於任何出現的論
> 述條件的客體。[3]

「事件如何存在」的想法本身會因為不同方式而變得複雜，
比方說，海德格或高能物理學的看法就截然不同；主張任何事
情都與其對立無關的說法令我困擾。[4]然而，即使避開這些危機，
我們仍然要把歷史和文學再現之間的活躍關係做為論述形構。
先把這一點記在心裡，讓我們來看看早期傅柯一段為人稱頌的
文字，在此他建構了「論述」的定義，與上述所引拉克勞和墨
菲（Laclau and Mouffe）的說法相近。

　　傅柯這段話所檢視的問題，不只是關於事件是否外在於論

3　Ernesto Laclau and Chantal Mouffe, *Hegemony and Socialist Strategy: Towards a Radical Democratic Politics*, trans. Winston Moore and Paul Cammack (London: Verso, 1985). p. 108.

4　這兩者在作品裡雖然是較形上學的層次，但是結合地相當巧妙。Ilya Prigogine and Isabelle Stengers, *Order Out of Chaos: Man's New Dialogue with Nature* (Boulder: Shambhala Publishers, 1984).

述而存在，還涉及到語言（句子、命題、符號）是否只是為了報導事件而存在。傅柯區分了語言做為句子、命題、符號，和他稱之為「陳述」（statement, [énonciation]）兩者間的不同。

除了其他方面，陳述是語言的「存在功能」，據此我們可以……決定……它是否「有意義」。[5] 陳述涉及了主體（「我」的位置）的定位：

> 陳述主體不應該被視為完全等同於形構作者。陳述主體事實上並不是書寫或口說句子連結現象的原因、根源或起點……它不是一系列運作恆常的、靜止不動的表演舞臺〔foyer, 門廳〕……它是確定的空白位置，可以被不同的個體填充……如果一個命題、一個句子或一組符號可以被稱為「陳述」，這不是因為有一天某個人說出來，或是在某處留下了它們暫時的標記；而是因為主體的位置可以被指派。描述某個形構為陳述，不在於分析作者和他說了什麼（或是想說什麼、或是說了不想說的話）的關係，而是要確定主體要成為陳述的主體，一個個體能夠和應該占據的位置是什麼。[6]

這種對陳述的了解並不代表去忽視句子報導或顯示的究竟是什麼，而是去分析這個什麼是如何完成的先決條件。這就是

5　Michel Foucault, *The Archaeology of Knowledge and the Discourse on Language*, trans. A. M. Sheridan Smith (London: Tavistock, 1972), p. 86. 所有翻譯的引文必要時都做了調整。

6　Foucault, *Archaeology*, pp. 95-96. 強調為筆者所加。

「論述形成」：「客體的形成、表達模態的形成、概念的形成、
策略的形成。」[7] 就算是最簡單的報導或顯示，也無法避免這些
手段。傅柯要求我們記得那些內容被報導或訴說，同樣地經過
報導或訴說的過程，因此也就涉及了主體的定位。此外，任何
人處理報導或故事（歷史學或文學教育學的材料），在這些處
理中都能夠也必須占據某個「我」一位置。這個特別的「我」一
位置是個符號。例如它可能是社會政治的、心理一性的、學科一
體制的或族裔一經濟的源頭。所以，傅柯使用這個字「指派」：
「主體的位置可以被指派。」要掩飾這件相當明顯的事，其實
隱藏了一個議題。為了本論文之目的，要謹記在心的「我」一
位置（主體一位置）是：作者、讀者、教師、底層、歷史學家。

　　大家都知道傅柯最後和這個計畫漸行漸遠。[8] 但是根據我明
智的判斷，有許多底層研究歷史學家仍然是在這個較廣泛的意
涵下運作。這些意涵其中之一是，歷史學家的檔案或考古學的
作品，和某種解讀的作品很相似，如果抽離出心理學或性格學
正統，通常是與文學詮釋相關。這樣看來，彷彿歷史的敘事化
是像文學一樣的結構或文化化。我們必須重新思考虛構源自於
真理做為否定的概念。在檔案歷史學的脈絡下，不可能去追本
溯源虛構的可能性。[9]

　　關於歷史處理真實事件，文學處理想像事件，我們現在或

7　Foucault, "Discursive Formations," *Archaeology*, pp. 31-39.

8　特別可參照 Foucault, "The Confession of the Flesh," *Power/Knowledge: Selected interviews and Other Writings 1972-1977*, trans. Colin Gordon, et. al. (New York: Pantheon, 1980), pp. 196-198.

9　Jacques Derrida, "Limited Inc," *Glyph* 2 (1977), 尤其是 p. 239。

許會將其視之為程度上而非種類上的差異。歷史和文學事件案
例的差異，總是透過所謂的「真實效果」[10] 而被當作是形成差別
的時刻。被稱為歷史的似乎總是比被稱為文學的要來得更真實。
我們使用這兩個不同的辭彙，就是證明。[11] 這種差異永遠不可能
徹底地系統化。事實上，連結闡釋差異的方式也有隱含的議題。
歷史學家對虛構的抗拒，其實說明了兩件事實，其一是歷史和
文學的書寫具有社會引申義，即使這些活動和我們今天所了解
的意思是不相同的；其二則是，歷史學和文學教學法都是學科。

　　瑪哈綏塔・戴薇自己與歷史論述的關係看起來相當清楚。
她向來關注歷史中的個人。一直到《第 1084 號的母親》（*Hajar Churashir Ma, No. 1084's Mother*）（1973-1974），她的文風屬
於五〇、六〇年代主流孟加拉語小說的普遍感傷風格。對這名
讀者來說，《第 1084 號的母親》的視野——個人經由立即重要
性的政治事件而帶向危機（「殲滅都會納薩爾派的高潮時期」）
驅使瑪哈綏塔從原本視為是「文學的」或「主觀的」，進入到
被視為是「歷史的」形式實驗。[12]《火源》的故事（1978 年選集）
標示了這個困難抉擇的場域。在《森林的權利〔或，森林的占
有〕》（1977 年），她的風格開始傾向成熟的「歷史小說」，

10　Roland Barthes, "The Reality-Effect," in *The Rustle of Language*, trans. Richard Howard (New York: Hill and Wang, 1984).

11　這兩個字透過一種相近的差異而連結，當然不會在所有語言都「一模一樣」。不過，差異一定存在。比方說，在現代法文與德文裡，「歷史」和「故事」這兩個詞大致是一樣的，但從英文的角度，就會有所不同。最終的區別在於真實的和經過審查的非真實。

12　Samik Bandyopadhyay, "Introduction," in Mahasweta Devi, *Five Plays: Mother of 1084/Aajit/Bayen/Urvashi and Johnny/Water* (Calcutta: Seagull Press, 1986), p, xi.

歷史想像進入了小說。事實（歷史事件）與虛構（文學事件）的區分在所有這些舉措都在運作。的確，她一再強調合法性是她對小說中說再現的一切做了徹底的研究。

這類小說的效果有賴於「真實效果」。雅修達（〈乳母〉）、都勞帕蒂（〈都勞帕蒂／都帕蒂（黑公主）〉）、柏夏·孟達（《森林的權利〔或，森林的占有〕》）的可能性，就在於她們確實可能在特定歷史時刻做為底層而存在，這樣的歷史時空是由正統假設所想像測試過的。底層研究歷史學家想像一個歷史時刻，鮮為人知的人物，受到某種反起義或支配性別文本材料所支持，他們的存在就變得有可信度，歷史論述就可以有連貫性地成形，假設通常大同小異。閱讀或書寫文學的人就和閱讀或書寫歷史的人一樣，幾乎沒有什麼身分可以聲稱底層地位。差別在於底層做為客體，一個是被預設或想像的，另一個則是真實的。我要說的是，在兩個例子裡其實多少都是如此。作家藉由聲明做了研究而承認這一點（我的虛構也有歷史成分），歷史學家則是檢視再現的機制以承認這一點（我的歷史也有虛構成分）。正是根據這樣的主張，我向底層研究群提出以下論文。我希望他們可以接受，和指稱歷史也只是文學的說法相對照，我的簡短聲明是截然不同的。

作者自己的解讀：主體位置

根據瑪哈綏塔·戴薇自己的說明，〈乳母〉是印度去殖民之後的寓言。[13] 就像是主角雅修達一樣，印度是租用的母親。所

---

13 未出版的介入，底層研究會議，加爾各答，1986 年 1 月 9 日。

有階級的人民、戰後的有錢人、思想追隨者、本土的官僚體系、離散者、宣誓保護新國家的人民，通通都虐待她、剝削她。如果沒有做任何事去維繫她的存在，為她付出，如果科學的協助來得太遲，她就會死於過度耗損的癌症。我認為如果延伸解讀這個故事結局，也許得到的「意義」就是：占人口多數的印度教崇拜宗教裡眾多女神，造成了反向性別歧視，過度影響了意識形態建構的「印度」。只要這種霸權文化自我再現把印度呈現為女神—母親（掩飾這個母親是奴隸的可能性），在這種自我再現允許的情況下，強大期待的重擔令她崩潰瓦解。

　　從底層研究的觀點來看，這個有趣的解讀並不是很有用。印度的再現是透過把底層當作隱喻。根據寓言的規則，隱喻的媒介（vehicle）和題旨（tenor）之間的連結邏輯必須是絕對明顯的。[14] 在這種解讀的強制規定下，媒介的「真實效果」勢必會被貶抑。底層必須被看作是具有更重要意義的媒介。如果堅持這種解讀的話，我所提議的歷史學家和作家之間的交流，就不可能被證明是有道理的。為了要揭示瑪哈綏塔‧戴薇的寓言，必須被故事排除的，正是試圖去再現底層的這種努力。因此，我冒著風險把這個看起來太清楚明白的解讀放在一旁，揭櫫文本以收拾千絲萬縷遭到排除的努力。

　　在去殖民化背景下，我得先檢視隱含在底層研究裡的一個普遍論點：如果連貫性地去披露國族主義興起反抗帝國主義的

---

14 「關於主體〔此處印度是奴隸／母親〕思想的梗概是題旨……媒介則具體呈現題旨——這樣的類比〔此處雅修達的獨特性是底層階級〕……藉此來傳布題旨」。(Sylvan Barnet, et al., A Dictionary of Literary, Dramatic, and Cinematic Terms (2nd edition, Boston: Little, Brown, 1971), p. 51.

故事，那麼本土底層的角色必須被策略性地排除在外。那麼就
可以主張，在領土派帝國主義鞏固勢力初期階段，沒有任何有
組織的政治反抗出現。透過接觸了帝國主義的文化面向，被殖
民的國家開始有國家概念的情感。這時真正的反帝國主義抵抗
才開始發展。[15]

　　以事實和虛構的對立來說，其中蘊含了某種準理論的敏銳
判斷力。為了確保判斷力可以成立，必須運作的排除至少有兩
個層面。首先，假使在帝國主義劇場裡，國族主義是唯一有解
放可能的論述，那麼我們就必須忽略帝國主義與前帝國主義的
數百年間有無數底層反抗的例子，這些反抗行動往往受到國族
主義的力量壓抑，因為從領土帝國主義到新殖民主義，在這種
改變地理政治緊要關頭時，國族主義是起了作用的，而在當前
抗爭情況似乎特別一無是處。[16] 其次，如果只考慮帝國主義文化
的解放可能性，就不會有人注意到，把國族文化理想輸入到殖
民劇場時產生的扭曲。[17]

　　國家的公民必須為國家付出，而不只是從國家取用東西。
瑪哈綏塔自己解讀〈乳母〉的大意，正是激進國族主義諸多口

15 這是 Benedict Anderson《想像的共同體》（*Imagined Communities: Reflections on the Origin and Spread of Nationalism*. London: New Left Books, 1983）一書中隱而未顯的基本假設，我對此的批評立場和 Guha 的評論相仿，參見 Ranajit Guha, "Nationalism Reduced to 'Official Nationalism,' " *ASAA Review* 9, 1 (July 1985).

16 Edward W. Said, "Culture and Imperialism" (the Clark Lectures, University of Kent, December 1985).

17 參見 Partha Chatterjee, *Nationalist Thought and the Colonial World: A Derivative Discourse* (London: Zed Press, 1986) ，康乃爾大學的政府學系教授 Uday Mehta 也從事相關研究，討論洛克的自由主義。

號的其中之一。它涵蓋的情緒包括〔「親愛的母親，妳養了7,000
萬個孟加拉孩子，但是你並沒有讓他們有人性」——泰戈爾〕，
到「別問你的國家為你做了什麼」（約翰‧甘迺迪，就職演說）。
即便是最佳可能的個人政治，瑪哈綏塔‧戴薇對自己撰寫故事
所提供的解讀，涉及她做為作者的主體位置，彰顯了被視為是
帝國主義文化產品的國族主義敘事。這也使得我不得不將它置
於一旁，而想去了解她的文本做為陳述，說明了什麼是必須被
放置一旁的，才能使她的解讀浮現出來。

教師與讀者：更多主體—位置

　　瑪哈綏塔的文本在許多方面或許顯示了，國族主義敘事對
於從屬階級的生命向來是毫不相關的。從以前到現在，國族主
義的精英文化以各種方式參與了殖民者。[18] 在瑪哈綏塔的故事
裡，我們看到那種參與的遺跡。就某個意義而言，被殖民人民
的精英，是在其孕育環境的「自然」土壤之外，接受了議會民
主政治和國家等理念的餽贈，而我們見證了這些理念的廢墟。
我們之中有些人會猜想，像這樣的故事做為教學工具（在某種
論述形成裡，是從教師的主體—位置內部而產生），即使是在
其自然孕育環境，也可以解構那些理念。對我們而言，重要的
是，在〈乳母〉裡，最不受這些理念影響的廢料殘跡，就是底
層做為性別化的主體，這個主體—位置與底層做為階級—主體

18　David Hardiman 在 "Bureaucratic Recruitment and Subordination in Colonial India:
The Madras Constabulary, 1899-1947," (*Subaltern Studies*, vol. 4) 一文中針對
這個主題檢視了若干既定看法。

是不一樣的。在正統文學批評圈子裡，作者解讀的權威仍然占了一席之地。藉由傅柯，我努力去解釋為什麼我聚焦在底層做為性別主體上，而不是做為印度之母寓言的意素（seme）。

如果「使底層階級成為他們自己歷史的主體，這樣的需求對現代印度歷史及社會晚近的諸多書寫提供了新鮮的批判動力」，那麼關於「使」底層性別（不）可能成為自己故事主體的文本，對我而言有某種相關性。[19] 在這篇文章最後，我會討論把「不可能性」的「不」放在括號裡之必要。

歷史和文學教學法的說明，挪用並散播了報導和故事，事實上代表了兩種不同的心態。[20] 這裡所呈現的〈乳母〉的解讀把主體一位置指派給教師／讀者，有助於打擊文學教學法某種趨勢，這種趨勢迄今仍然以遙控的方式，形塑了印度最富盛名的教學機構的精英，亦即在美國盛行，可能也包括英國，所謂文學批評和文學的基進教學。

這種英美主導的基進讀者，只從國族主義與族裔性來檢視，反動地同質化第三世界。印度的基進讀者抗拒這種同質性，想要與精英印度機制閱讀理論的學生有所區隔，結果從事的閱讀實踐，就和英美正統位置的讀法一樣，反而無從區別了。印度讀者，在後殖民人文主義教育影響圈下（我使用這個笨拙的術

---

19 Hardiman, " 'Subaltern Studies' at Crossroads," *Economic and Political Weekly* (Feb 15, 1986).

20 *Mutatis mutandis*. Louis Althusser, "Ideology and Ideological State Apparatuses (Notes Towards An Investigation)," *Lenin and Philosophy and Other Essays*, trans. Ben Brewster (New York: Monthly Review Press, 1971) 阿圖塞的文章似乎仍然是這個現象最權威的解釋。學科生產如歷史學及文學教學法都可能落入「教育的」和「文化的意識形態機器」之間的分類。

語，因為社會學家、經濟學家、醫生、科學家等並不是外在於
這個影響圈之外），一個沒有面目的人，採取了這樣的正統立
場，當成是閱讀文學的「自然」方式。這樣的立場受到作者「原
本視野」的說明而更有說服力。在這個特定的例子裡，那樣的
說明（解讀故事為寓言）會禁止正統位置裡隱含的另一個假設
的實現，亦即從心理學或人物性格假設我們「感受到」這個故
事，彷彿它是關於不存在的人的閒話。一般讀者可以輕易地跨
越這樣的矛盾。在這之中，歷史學家、人類學家、社會學家與
醫生可以知道，或顯示任何團體對「自然」意義的認知，都是
透過有錯誤的常識，由論述建構而成。然而，如果是涉及到他
們自己對於閱讀文學「自然」方式的前提，他們就不會承認這
可能是建構的，主體一位置可能是被指派的。在後啟蒙時代歐
洲，這種閱讀方式已經掌控了數百年之久，區隔了我們本土精
英和未受教育者，這樣的閱讀方式會影響我們的情感。[21] 我不會
去討論情感歷史性或現象性這種深奧的論點。[22] 我也不會建議有
正確方式去訓練我們的情感。的確，不只是「虛假意識」是「意
識形態的」。傅柯的觀點，或是以此處為例，解構主義立場也
會使得我們不得不承認「真理」是建構而成，我們不可能避免
去製造它們。

21　Terry Eagleton, "The Rise of English," *Literary Theory: An Introduction*
　　(Minneapolis: University of Minnesota Press, 1983).
22　對情感的歷史性最熱血沸騰的討論可參考美國色情作品的辯論。關於情感
　　的現象性可參見 Robert C. Solomon, *The Passions* (Notre Dame: University of
　　Notre Dame Press, 1976)。關於佛洛伊德對後者議題貢獻引人深思的討論可
　　參見 Derrida, *Of Grammatology*, p. 88。

　　為了避免掉進去探問真實閱讀或真實情感的危險必要，我
要提出另一個方案。讓我們先小心翼翼地捍衛被文學「自然地」
「感動」的正統權利，並且在作者的權威面前顫抖。藉由一個
稍有不同的論點，讓我們思考「文學」是語言的使用，而閱讀
的交易特質是得到社會保證的。文學文本存在於作者與讀者之
間。這使得文學特別容易變得有教化意義。文學一旦負有教化
意義，通常就會被視為是「主題」安排的場域，甚至是解開主
題性、不可閱讀性、不確定性的主題。[23] 雖然是有點「不自然」，
但這並不是一個特別「精英」的研究途徑。一方面，馬克思主
義文學批評和齊努亞‧阿契貝所說的「所有藝術都是宣傳，但
不是所有宣傳都是藝術」，也可以當作是一種「主題的」研究
途徑的例子。[24] 另一方面，某些「精英」研究途徑（解構主義、
結構主義、符號學、結構主義─精神分析、現象學、論述─理
論，雖然未必是女性主義者、讀者反應論、互文性、或語言學），

....

23　我引用這些特別的主題當然是在描述解構主義文學批評。即使德希達在評估
　　自己作品時，對於「主題」這種太過實證主義的用語相當審慎，我還是採
　　取了這樣的定位 ("The Double Session," *Dissemination*, trans. Barbara Johnson.
　　Chicago: University of Chicago Press, 1981, p. 245）。事實上，在這篇廣為
　　引用的 "Varieties of Deconstructive Practice" 一文中，以「主題」來說，我
　　區分了德希達解讀文學和解讀哲學文本的不同。我提到這一點是因為這個
　　論點同時也是學科生產的議題：哲學和文學的分野，就像歷史和文學教學
　　的分別一樣。關於最巧妙的公式化約解構主義為主題解讀相關討論，可
　　參見 Barbara Johnson, "Teaching Deconstructively," in G. Douglas Atkins and
　　Michael L. Johnson, eds., *Writing and Reading Differently: Deconstruction and
　　the Teaching of Composition and Literature* (Lawrence: University of Kansas
　　Press, 1985)。關於我自己涉獵主題化「肯定解構主義」的例子可參見本論
　　文注解 81。

24　Quoted in Abiola Irele, *The African Experience in Literature and Ideology*
　　(London: Heinemann, 1981), p. 1.

也都可以歸納進來。

（瑪哈綏塔・戴薇本人可能並沒有讀過太多她的文本所啟發的批評作品，如果有任何讀者對這件事實感到不安的話，或許就不需要再讀下去了。）

（精英）研究途徑：馬克思女性主義的〈乳母〉

像瑪哈綏塔・戴薇自己這類寓言式或譬喻式的解讀，會化約文本所呈現信號的複雜性。讓我們思考另一種寓言式或譬喻式的解讀。透過所謂的馬克思女性主義主題，可以揭示這種解讀。特別是美國的馬克思女性主義正統及某些（雖然不是全部）英國同儕，這些主題以廣義的前阿圖塞學派可以來揭示方式開展出來。[25]

以下是有代表性的概括說法：「使女人在階級社會處於臣屬地位，是因為在女人生小孩期間，男人提供維生手段給女人，而不是性別分工本身，構成了物質基礎。」[26]

如果我們要教授〈乳母〉，做為馬克思女性主義主題批判安排的場域，我們要指出文本逆轉了這個概括說法。主角是底層的雅修達，她的丈夫被有錢人家最小的兒子撞倒而跛腳，

----

25 美國反經濟學的「文化」馬克思主義，無論是女性主義者或男性中心的，都批評阿圖塞的作品，因為阿圖塞結構化生產模式敘事而削弱了階級鬥爭的重要性。在英國，Thompson 批判廣泛的影響力反映在 *The Poverty of Theory and Other Essays* 一書中，他斷定阿圖塞利用黑格爾做為史達林的代碼，藉由結構化敘事的生產模式而背叛了馬克思主義的精神。關於本質主義議題的討論，可以看到英國的後阿圖塞主義及英國馬克思女性主義者之間有某種結盟。Toril Moi 的 *Sexual/Textual Politics* 便是一個很好的例子。

26 Lise Vogel, *Marxism and the Oppression of Women: Toward a Unitary Theory* (New Brunswick: Rutgers University Press, 1983), p. 147.

結果雅修達就變成這戶人家的奶媽。她不斷地受孕和分泌奶汁養活丈夫和家人。以價值生產邏輯來說，他們都是生產手段。以性繁衍的邏輯來說，他是她的生產手段（雖然不是由她所擁有），好比原野的野獸或是負重的野獸是奴隸的生產手段。事實上，即使上述引文逆轉了馬克思女性主義的概括說法，放在性別的脈絡裡，雅修達的困境也破除了馬克思所延用的著名羅馬區分法，區隔了「說話工具」（*instrumentumvocale*─雅修達，女人─妻子─母親）和「工作野獸」（*instrumentum semi-vocale*─康加利，男人─丈夫─父親）。[27] 這一點值得注意，因為馬克思女性主義對價值勞動理論最重要的批判之一就是，在討論社會再生產或勞動力再生產時，沒有把性的再生產納入考慮。[28]

雅修達出售的勞動力大大改變了勞動的政治經濟學或是性別分工，而她的勞動力是物種女性獨有的。我們甚至可以稱之為從一個社會再生產模式到另一個的轉變時刻。或許我們也可以稱為價值出現及其立即取用與挪用的時刻，這些改變是在延伸的家務經濟裡發生的。因為我們可以將其稱之為從家庭的到「家務的」轉變。〈乳母〉使得古典恩格斯女性主義論述進退

27 Perry Anderson, *Passages from Antiquity to Feudalism* (London: New Left Books,1974), pp. 24-25.

28 眾多著名的例子可參見 Mary O'Brien , *The Politics of Reproduction* (Boston: Routledge & Kegan Paul, 1981), Annette Kuhn and Ann Marie Wolpe, "Feminism and Materialism," in Kuhn and Wolpe, eds., *Feminism and Materialism: Women and Modes of Production* (London, 1978). Rosalind Coward, *Patriarchal Precedents: Sexuality and Social Relations* (London: Methuen, 1983). 亦可參見 Lydia Sargent, ed., *Women and Revolution* (Boston: South End Press, 1981).

維谷，這派論述把家庭看作是從家庭到公民的、私人的到公共
的、家庭到工作、性到階級的轉變能動者。我們應該要指出，
〈乳母〉的故事也藉由把焦點帶回到母職的女性，取代了新的
馬克思女性主義對這種立場的批判（以下的引述）：「把家庭
等同於維繫勞動力的唯一場域，誇大了它在立即生產層次的角
色。藉由再現世代的替換，在全面社會再生產的層次物神崇拜
了家庭。」[29]

在〈乳母〉裡（交換）價值的出現與其立即的挪用，可以
用下列主題說明：

為自己的小孩從自己身體所產生的奶水是使用價值。只有
在使用價值有多餘時，才會有交換價值。無法被使用的就被交
換。只要雅修達奶水的（交換）價值一出現，就立刻被挪用。
好的食物和持續的性服務被提供，這樣她才能保持在分泌最多
奶水的最佳狀態。她為自己的小孩所生產的奶水原本是透過「必
要的勞動」。她為她主人家的小孩所生產的奶水是透過「剩餘
的勞動」。的確，故事中是這麼描述這個轉變的起源：「但是，
今天，聽到他的妻子說到雅修達剩餘〔surplus，故事原文即用
了這個英文字〕奶水，次子突然就說：『有辦法了』。」（227）

為了讓她能在最佳狀態下生產剩餘，性別分工很輕易被逆
轉了。她的丈夫得去做家事。女主人說，「現在負責在家裡煮
飯，讓她可以休息。家裡兩個，這裡三個，她怎麼可能餵了五

---

29 Vogel, *Marxism and the Oppression of Women*, pp. 141-142. 關於恩格斯派女性主
　義的公允批判可參見 Coward, "The Concept of the Family in Marist Theory"。我
　覺得可惜的是她的批判被用來把我們帶回到佛洛伊德。

個小孩，最後還有力氣煮飯？」（228）雖然撫養小孩是間接地「投資未來」，雅修達的身體生產了剩餘，為她的勞動力擁有者所充分消耗，所以並沒有資本累積（如果奶水裝瓶，然後在市場販售而獲利，那麼就有資本累積了），這件事實未必就會讓這個特別的寓言或或譬喻式解讀失效。就像是廟宇的經濟一樣（提供丈夫父權的逃避路徑），這種家庭／「家務」轉變以相對自主的方式在買辦資本主義的毛孔裡存活，而這種資本主義的輪廓只有在瑪哈綏塔的故事裡很隱晦地陳述。如果在這個前資本主義剩餘挪用裡，我們假設雅修達的奶水代表的是在限定的「家務」領域裡的「一般等價物」，我們或許可以宣布這個情況是馬克思會描述成「簡單再生產」，[30] 這顯然有股不經意的反諷味道。

　　這項關於某些馬克思女性主義「主題」發揮作用的說明，在預先假設女性工作通常是沒有價值的生產時，就變得結結巴巴。我並不是提議把女性置入勞動—過程裡。在那個敘事裡，女性比較不是「自由勞動」的規範。我其實是半想像女性身體的產品在歷史上往往被理想化的一個領域，就像是在古典馬克思的論點裡，自由（男性）勞工在資本主義底下會變成「無產階級」的原因，並不是他只有身體，而是他的產品，做為一個價值術語，很容易被理想化。同樣的，商品很容易被轉化成商品—資本。[31] 不過，「無產階級」（proletarian）這個詞——「一

30 Karl Marx, *Capital*, trans. David Fernbach (New York: Vintage Books, 1978). vol. 2, pp. 469-471.

31 Marx, *Capital*, vol. 2, pp. 180 and 18of. in general.

個人除了子嗣外，即無其他為國家服務，」（OED）——持續
承載著抹滅性的記號。難道我是在提倡為某種奇怪的理論背書，
主張勞動力由分娩與泌乳的權力所取代？還是我建議在芬妮·
菲—莎洛瓦（Fanny Fay-Sallois）傑出的作品《19 世紀的巴黎保
姆》（*Les Nourrices à Paris aux XIX sièle*）裡可以讀到這個特定
女性活動，即專業母職的研究，應該收在任何有關底層研究的
專書裡？[32]

　　我說的是既是更多也是更少。我不覺得有什麼特別理由在
其自身局限裡，受到某種傾向毫無批判的包容，而必須去限制
古典馬克思分析的效用。任何對策略排除的批判，都應該把分
析前提帶向危機。馬克思主義和女性主義必須變成彼此持續的
干擾中斷。文學的「存在模式」，就像語言存在模式一樣，在
於「了解的目標基本上並不等於認識所採用的形式，而是……
去了解其新穎處，並不是去認識它的相同……了解者，屬於同
一個語言社群，能夠去了解語言形式並不是固定的、一模一樣
的信號，而是變化的、會調整的符號……主宰一個語言的理想
就是藉由純粹的符號性來吸收信號性。」[33]

　　做為使用者，占據不同體制化的「我」一位置，了解原本
一樣的信號，總是大概陳述同樣的事物，她持續地以異質方式
疏遠那個巨大化的自我認同，「適當的意義」。[34] 我們可以從馬

32　(Paris, 1980.)

33　V. N. Volosinov, *Marxism and the Philosophy of Language*, trans. LadislavMate-
　　jka and I. R. Titunik (Cambridge: Harvard University Press, 1973), p. 68.

34　此處我並非主張個別差異。就「孤立的個人經驗」社會特質，可以參見
　　Volosinov, *Marxism and the Philosophy of Language*, pp. 89-94。至於更本質主

克思女性主義主題的觀點用〈乳母〉，一個論述文學生產，去
考慮這個觀點如何幫助我們與兩個一模一樣的命題拉開距離，
而那兩個命題是隱晦地做為底層研究分析的主要基礎：

1. 那樣的自由工人是男性（因此是價值浮現和價值挪用
   的敘事；女性身體特有的勞動力很容易受到嚴格意義
   的價值生產所影響）；
2. 女性的天性是生理的、照顧人的、重感情的（因此是
   專業母親）。

近年來有許多女性主義的研究很合理而清楚地分析修訂了
這些命題。[35] 我會在這一節的最後討論兩個比較有爭議的例子。
這樣努力思辨的研究，對於我們集體事業十分寶貴，也確實論

續 ···

義的形式，假設有所謂的「生命立即性」，我們或許可以用阿多諾的話來
說：「他〔原文照引，可能有誤〕希望了解生命立即性的真理，必須去思
考它的疏離形式，即使是在最隱祕的藏身處裡決定個別存在的客觀權力。」
（Theodor Adorno, *Minima Moralia: Reflections from a Damaged Life*, trans. E.
F. N. Jephcott, London: New Left Books, 1974, p. 15）。體制的主體位置是社
會的空位，當然不是由不同個人以相同方式來填補。所有對主體位置的普
遍化都是不可能總體化的。

35 參見注解 28，最知名的例子可參見 Ann Oakley, *The Sociology of Housework*
(New York: Pantheon, 1975)。Anne Ferguson, "On Conceiving Motherhood and
Sexuality: A Feminist Materialist Approach," in Joyce Trebilcot, ed., *Mothering:
Essays in Feminist Theory* (Totowa: Rowman &Allenheld, 1984)，這篇論文
我在下文會加以討論。更進一步的討論可以從「國際家務給薪運動」的
相關論文為基礎，擴充到其他專著，如 Gary S. Becker, *Human Capital:
A Theoretical and Empirical Analysis with Special Reference to Education*
(Chicago: University of Chicago Press, 1983).

說推演使性別進入現有的典範。[36] 相較之下，強調文學的文學性，教學法邀請我們與理性的持續計畫保持距離。沒有這樣輔助性的拉開距離，無論是立場或反立場，同時都在理性的論述之中，會持續地使彼此都變得合理化。女性主義和男性主義，仁慈的或好戰的，也許不可避免地會變成彼此的反對面貌。[37]

　　回到我們以馬克思主義—女性主義主題對〈乳母〉的虛構想像，讓我們來檢視雅修達與她乳房的「異化」：

> 雅修達覺得自己的胸部真是寶一對。晚上，當康加利的手又摸了上來，她說：「欸，我還要靠它們來養家，你可不要太粗魯。」……雅修達這一輩子都用肥皂和香油，小心清洗她的胸部，因為主人的兒子以前都會吸吮她的乳頭。為什麼到最後，這對乳房卻要背叛她？……她知道家中的生計就靠這對乳房支撐著，所以她得一直懷孕，讓乳汁飽滿。（pp.463, 479, 486）

　　就像是薪資工人無法區分必須勞動和剩餘勞動，所以性別化的「無產階級」——除了她自己（去生產的權力）的子嗣外

---

36 關於在現有的典範裡討論女性主義知識，我聆聽了 Susan Magarey 的論文 "Transgressing Barriers, Centralising Margins, and Transcending Boundaries: Feminism as Politicised Knowledge," unpublished paper, conference on "Feminist Enquiry As A Transdisciplinary Enterprise," University of Adelaide, August 21, 1986 獲益良多。

37 此處我想到的是最早的解構主義立場：立場的逆轉使彼此都獲得正當性，因此持續地依序取代彼此。關於後來建議從理性計畫抽離出來的討論，可參見 Derrida , "The Principle of Reason: the University in the Eyes of its Pupils," *Diacritics* 13.3 (Fall 1983).

別無所有地為家庭服務，而不是為城邦服務──對所謂母職的神聖性產生疑問。一開始，瑪哈綏塔嘲弄地提出：

> 當媽可沒這麼容易
> 不是只把小孩生下了事！（p.464）

最後這變成了雅修達最終感受的判斷：「『什麼要能餵奶才算是母親，全是騙人的話，尼帕和葛帕〔她自己的兒子〕不來看我，主人家的男孩們根本懶得理我，也不管我過得怎樣！』她胸部上的傷口彷彿有 100 張嘴、100 隻眼，不停地嘲弄她。」（p.479）

相較之下，她最後的判斷，養母的普世化，是個「錯誤」：「不管是每天查房的醫生、為她蓋上白布的人、用推車推送她的人、將她安置在火葬場的人，抑或是執行火化的賤民，都是她哺育過的孩子啊。」（pp.486-487）這樣的判斷只有在瑪哈綏塔自己忠貞的國族主義解讀才有可能是「對的」。

馬克思從家庭轉換到「家務」社會再生產模式的寓言，在此只不過是牽強附會的可能。為了要建構這個寓言，我們必須接受基本的假設，「必要勞動」原始狀態是泌乳的母親生產使用價值。是誰的使用價值？如果你考慮她處在主體─位置，這是交換的情況，有了孩子，有立即的及未來的心理─社會情感。即使我們把這個故事讀做是關於印度之母的原型國族主義寓言，這種交換的失敗是故事的實質內容。正是這種失敗，小孩的缺席，由結尾神祕的回答─問題─並列結構標示出來：「但是總該有人陪她走完最後一程吧。他會是誰？誰會是他？是

誰？雅修達於晚間 11 點去世。」（p.487）

　　瓦解（專業）母職和哺育他們最微小的特殊性，〈乳母〉使我們能夠去區分自己與某種「馬克思主義—女性主義」公理學的不同，這派論點是必須要忽視底層女性為主體。

　　我引用了麗茲・佛格爾（Lise Vogel）的代表性概論說法，如果她標示了某種正統，安・弗格森（Anne Ferguson）在〈論孕育母職〉（"On Conceiving Motherhood"）讓我們看到透過情感的問題，有跳脫這種正統性的可能：

　　雖然不同的社會在不同時間有不同的性／情感生產模式，跨文化的常數還是在不同的中產階級父權性／情感生產模式有所影響。這是女性做為母親，被放在一個以母親為中心的嬰兒和幼兒照顧結構的束縛，這個束縛確保了母親在這個性／情感親職三角關係裡，付出的比得到的多，女同志和單親也同樣臣屬於這樣的三角關係裡。[38]

　　「母親付出的比得到的多。」如果這個廣泛的概論被擴大到家庭（「自然」母親）與「家務」（「支薪的奶媽」）的分野都消失了，這當然可以充當我們的常數，也可以當作我們學生的好工具。[39] 我們也認該認識到，這樣的擴大或許會讓我們錯誤再現重要細節。像〈乳母〉這樣的文本，即使只是當作社會學證據的教材，都顯示了寫下以下的句子是多麼不精確：「在

38　Ferguson, "Conceiving Motherhood," p. 176.
39　事實上 Ferguson 認為養母是眾多「社會母職（認養母親、繼母和養母、年長的姊姊、其他形式的母親代理人）形式的其中之一，包涵了第二層或不同形式的母女連結」（177）。文章後面會討論到〈乳母〉如何處理不同的母子關係。

階級與階層分明的社會裡，不同的經濟階級和種族／族群團體會有不同的性／性別理想，雖然有這樣的情況時，較低層的階級通常被分類為天性上較次等的男性和女性類型。」[40]（我當然指的是婆羅門的階級底層性和底層性裡種姓標記可怕的作用。雅修達是所有這些因素共謀的犧牲者。）有可能不只是「三個主導系統〔階級、種族／族群、性／性別〕之間的關係是「辯證的」，而且在去殖民的劇場裡，即使與上述三種大系統各有關連，本土與帝國主義的支配系統也是「辯證的」。確實，這個關係未必是「辯證的」，而是不連續的、「斷裂的」。

修正派社會主義—女性主義通常會貶抑馬克思主義系統的基本議題。[41]比方說，弗格森寫道：「我的理論，和古典馬克思主義的一個趨勢不同，並不會獨尊經濟領域（事物的生產以符合人類物質需求及社會剩餘能被挪用的態度），以其做為所有人類支配關係的物質基礎……事物的生產和人的生產……互相穿透。」[42]

....

40 Ferguson, "Conceiving Motherhood," p. 156.
41 這必須和資訊貧乏的反馬克思主義立場人士區隔開來。我想到的是一些很有說服力的文章所做的普遍假設，如 Catharine A. McKinnon, "Feminism, Marxism, Method, and the State: An Agenda for Theory," in Nannerl O. Keohane, ed., *Feminist Theory: A Critique of Ideology* (Chicago: University of Chicago Press, 1982), Luce Irigaray, "The Power of Discourse" and "Commodities Among Themselves," *This Sex Which is Not One*, trans. Catherine Porter (Ithaca: Cornell University Press, 1985), pp. 82-85, 192-197, Rosalind Coward, "The Concept of the Family in Marxist Theory," *Patriarchal Precedents*。值得一提的是，雖然 Ferguson 對馬克思關於價值和意識形態的立場過度簡化，一般來說她在評估歐美地區各種支配系統之間的關係，在政治上普遍有相當精闢的見解。
42 Ferguson, "Conceiving Motherhood," p. 155.

　　這是對佛格爾這類的一概而論很大的進展。但是過度簡化
了馬克思對經濟領域的看法。那個領域是價值生產的場域，不
是事物。我先前曾提到，是身體易受價值生產所影響，這使得
它容易被理想化，所以就插入了經濟的因素。這是價值勞動理
論的基礎，正是在此價值從雅修達勞動力浮現的故事滲透入馬
克思主義，並質疑它的性別特定的前提。另一方面，透過性的
再生產與情感社會化的人的生產預設了母親具體呈現的不是女
性人類，而是母親，因此正確地說，是屬於政治和意識形態（支
配）的領域。[43] 當然它會滲透經濟領域（剝削）、價值生產領域、
身體持續異化的領域，勞動力的本質使得身體易受其影響。即
使弗格森對母親有最大的同情，但是她忽略母親身體，使得她
也忽略了女性做為價值生產的主體。〈乳母〉教會我們的一課
或許只不過是：當像這樣的經濟因素（此處是以女性身體顯示）
進來，母親就被分化了，女性可以剝削，而不只是支配。意識
形態維繫並交互滲透這種剝削運作。

　　安娜・達文（Anna Davin）精準的作品〈帝國主義與母職〉
（"Imperialism and Motherhood"）說明了在階級鬥爭的脈絡裡性
／情感控制的發展。（「帝國主義」和「戰爭」都是政治能指，
用來做為意識形態的動員。）[44] 在達文的文章裡，資本主義發展
的大敘事不受斷裂和中止所影響。她描述英國國家主體的建構，

43　Hannelore Mabry 的文章 "The Feminist Theory of Surplus Value," in Edith Hoshi-
　　no Altbach et al. eds., *German Feminism: Readings in Politics and Literature*
　　(Albany: State University of New York Press, 1986) 很巧妙地試圖結合這兩個
　　領域。
44　Anna Davin, "Imperialism and Motherhood," *History Workshop* 5 (1978).

是建築在英國母親的身體上。[45] 公共輿論被積極地建構，以使私人的運作能夠被判定。若是比照辦理，這些論點從優生學和教育母職技巧的回聲，到今日在印度的本土精英之中，仍不絕於耳。雅修達為其意識形態生產所累，她滋養癌症的空間在那樣的敘事裡是看不到的。

在達文的論文裡，中心參考點是階級。家庭完全是城邦的隱喻。養母是聖母瑪莉亞。基督教，官方宗教，對於世俗國家的意識形態沒有太大幫助。

這個精巧的敘事和〈乳母〉令人困惑的雜音之所以配合不足，讓我們不禁問道：為什麼要全面化？為什麼對美國的性／情感生產做出精明概論的社會學研究必須要生產「跨文化常數」？為什麼揭露英國性別動員的研究足以去解釋帝國主義與母職的關係？相反的，為什麼〈乳母〉召喚的是性別化底層的獨特性？關鍵到底是什麼？這些籌碼和帝國主義的籌碼有什麼不同？這個故事會把我們帶回到這些問題。

精英研究途徑：自由派女性主義的〈乳母〉

在美國有一種同質化和反動批判描述第三世界文學的趨勢。還有第二種趨勢，未必與第一種相關，就是女性主義教師和學生模糊意識到主流女性主義裡的種族偏見，在教學法和課

---

45 參見 Jennifer Sharpe, "The Double Discourse of Colonialism and Nationalism: the Production of A Colonial Subject in British India," Dissertation Abstracts (University of Texas-Austin). 譯按：該部博士論文後以專書出版，書名為： *Allegories of Empire: The Figure of Woman in the Colonial Text*, Minneapolis: University of Minnesota Press, 1993。

程安排上挪用了第三世界女性作品的譯本：「黑人和第三世界
女性主義組織在不同的種族和族裔群體裡發展，以嘗試解決群
體內部家庭與個人親密關係的社會危機，這樣的危機目前是跨
越種族／族裔界限的。在白人女性運動裡有影響力的成員和群
體目前試著與黑人女性主義者結盟，部分原因是因為白人女性
運動裡的種族歧視。」[46]

這種基本善意的動力有些問題，現在逐漸受到檢視。[47]極度
渴求第三世界文學文本的英譯是善意，也是問題。我因為翻譯
這個文本，所以我對這兩點都有貢獻。我覺得必須要指出文本
自身與自由派女性主義主題的關係。這讓我得以直接處理精英
途徑去研究底層材料的問題。

抗拒以「精英」方法論來研究「底層」材料涉及認識論／
本體論的混淆。這種混淆是因為未被承認的類比而造成：底層
不是精英（本體論），歷史學家也不可以透過精英方法（認識
論）去知道。

這涉及的是更大的迷惑不解：男人可以理論化女性主義、
白人能夠理論化種族歧視、中產階級可以理論化革命嗎？[48]問題
其實是只有前者理論化，才會在政治上令人無法忍受。因此很

46 Ferguson, "Conceiving Motherhood," p. 175.

47 參見 Chandra Talpade Mohanty, "Under Western Eyes: Feminist Scholarship and Colonial Discourses," *boundary 2* 12,3/13,1 (Spring-Fall 1984) and "Feminist Theory and the Production of Universal Sisterhood," unpublished paper, conference on "Race, Culture, Class: Challenges to Feminism," Hampshire College, December 1985, and Spivak, "Imperialism and Sexual Difference," *Oxford Literary Review* 8, 1-2, 1986.

48 連結這三組成對概念的不對稱默默地揭示了這三個支配系統之間的斷裂。

重要的是這些群體的成員必須警覺自身被指派的主體一位置，假使忘記這第二組名詞的群體所指涉的集體性開始參與生產關於自己的知識，他們也勢必在污染第一組的某些特權結構得到好處，這樣就太不誠實了。（否則本體謬誤就會永遠存在：如果只是身為女人，那是不幸的——現在是男人；身為黑人——現在是白人；而且身為底層——現在是精英——只是個人的錯。）因此葛蘭西提到了底層地位提昇進入霸權；馬克思提到聯合的勞動從「所有社會生產模式普遍共有的形式」獲益。[49] 這也是底層研究者作品的假設之一背後的理由：底層自己的語彙不允許他去知道他的奮鬥，因為那樣一來他就說明自己是主體。

如果女人／黑人／底層，透過先前轉喻為男人／白人／精英的某些結構的衝突，繼續運作為自我邊緣化的純粹論，如果男人／白人／精英的善意成員參與了這個邊緣化，因此使得可怕的舊時光合法化，我們就有了嘲諷正確政治的圖像，留下了持續底層化的場域。這是在〈乳母〉裡搬演的性別化底層的孤單。

（只有底層能了解底層、只有女人能了解女人的立場，不可能當作是理論的前提，因為它預設了知識基於認同的可能。無論主張這種立場的政治必要性為何，無論試圖去「認同」他者為主體以便去認識她的可取之處為何，知識是有可能的，而且是靠著不可化約的差異，而不是認同來維繫的。我們

---

49 Antonio Gramsci, "Some Aspects of the Southern Question," *Selections from Political Writing: 1921-1926*, trans. Quintin Hoare (New York, 1978): Marx, *Capital*, trans. David Fernbach (New York, 1981), vol. 3, p. 1016.

所知道的永遠是知識的過度。知識對其客體從來就不夠。我們所討論的理想知道者在戰鬥立場的理論模型是一個人認同她自己的困境。這其實是知識的不可能與非必要性的人物寓托。此處實際的——需要主張底層身分認同——與理論的——沒有知識生產計畫可以假設身分認同為起源——是一種「打斷」（interruption），持續地把每個名詞帶入危機。）

我把注意力帶到霸權（此處指的是美國）和正統（此處指的是印度）閱讀的共謀，試著關注第三世界村料持續的底層化。在這一點，我希望以下的說法不會太令人驚訝，我認為，英美的非馬克思主義反種族主義女性主義者使用第三世界女性作品英譯本，使得某種版本的精英對決底層位置得以持續鞏固。（這個群體涵蓋的範圍有反馬克思主義、浪漫的反資本主義進入企業主義反馬克思主義——基於術語上的方便，我稱這整個社群是「自由派女性主義」。）自由派女性主義第三世界批評經常選擇它的構成分子，本土後殖民精英、不論是不是離散群體，這件事實使得這個立場更加強化。

如果瑪哈綏塔的文本取代了馬克思主義─女性主義分析家務勞動的術語，它也能質疑這個自由派女性主義的選擇。它戲劇化在帝國主義之下本土階級形成，及其與朝向女性社會解放運動的連結。以作者評論強烈嘲諷的聲音，她描寫了父權家長「他從前是在英屬印度時期發財的，當時的政策是採取分而治之。賀達爾大爺的心態是在當時候形成的。……在二次世界大戰的時候，他以廢鐵買賣協助同盟國對抗法西斯。」（pp.457, 455）帝國主義者的心態被取代，複製買辦資本主義者。如果「東方與西方」意味著為帝國主義者的全球區分，在這個後殖民空

間的細微異質製圖學裡，這個片語指的是東孟加拉和西孟加拉。東孟加拉（今天的孟加拉）做為專有名詞具有夢幻景象般的地位，本土區分現在只是指涉帝國和前帝國的過去。賀達爾老爺絕對不會認同這個「孟加拉」以外的「印度」部分——「他不相信任何人，無論哪一種人；穆斯林、旁遮普、奧利雅、比哈爾、古加拉特或是馬拉塔人，通通都一樣」。（p.457）

這個句子是印度國歌知名歌詞的回音，明顯的文化紀念碑：「旁遮普、身毒、古加拉特、馬拉塔、達羅毗荼、烏特卡拉（奧利薩）、孟加拉。」國歌是規範性的國家認同轉喻。瑪哈綏塔嘲笑細目列舉，以轉喻的方式來描述國家，即使是指涉規範的轉喻，國歌，測量規範與構成之間的距離。這樣的測量反應了世俗印度的陳述句，開啟了以下的段落：「他可是住在獨立的印度，這樣的印度不會去區分人種、王國、語言……」（pp.456-457）。讀者無法找到一個穩定的參考點來指涉這個瑪哈綏塔解讀的受虐待的印度之母。

即使是在古老的「東孟加拉」，看起來似乎是賀達爾老爺的「國家」認同（瑪哈綏塔的字眼是「愛國主義」），達卡、邁門辛、哲索爾——為人所稱頌的城市、鄉鎮、人們渴望的地區。「哈里薩」，這個人的出生地，他聲稱是最霸權的建構基本，古印度的文化傳承：「終有一天大家會發現，其實《吠陀經》和《奧義書》最早是在哈里薩寫的。」（p.457）當然這有一大部分都仰賴於兩名孟加拉人的特殊幽默而製造出來的效果。但是把這種分子沙文主義和分化的帝國主義運作連結在一起，就像這篇小說所做的，其實是對太輕易的定義提出警告，如同黑格爾的「歷史童年」，移轉到阿多諾在《最低限度的道德》

（*Minima Moralia*）對於「前資本主義人們」的審慎，滲透到哈伯馬斯不經心地承認，他對現代主義的倫理政治辯護，必然是歐洲中心論的，或者進入克莉斯蒂娃熱烈呼籲要保護歐洲幻想的未來，以對抗野蠻第三世界的入侵。[50]

　　這種對「國家」認同的挪用不是「為了國際主義者的目的去承受本質主義的誘惑」。[51] 國際主義者的風險是遙遠的出席。這種「國家的」自我情境是由矛盾所標示的，欲望本質的失敗。首先，它試著奪取婆羅門教的起源，《吠陀經》和《奧義書》。接下來就聲稱自身是被婆羅門所吸收：「婆羅門沒有東、西之分。如果有條聖線掛在一個人的脖子上〔身為婆羅門的符號〕，就算他是在拉屎，你也得尊敬他。」（p.457）這種主張身分認同的兩步驟作法，是掩飾對於婆羅門的野蠻對待，這個婆羅門在種姓上是精英，但是在階級上是底層。（以階級操縱為例，「貧窮是個人的錯，而不是階級社會內在的問題」；以種姓操縱為例，暗示的假設則是相反的：婆羅門整體就是優秀的，但個人就未必如此。）[52]

　　我仔細耙梳賀達爾老爺身為「愛國者」這段描述的豐富質地（國族主義化約成荒謬），因為，雖然他是父權家長，透過他們接觸他的政治、經濟、意識形態生產循環（「他是英國統

50　Georg Wilhelm Friedrich Hegel, *Lectures on the Philosophy of History*, trans. J. Sibree (New York: Dover, 1956), p. 105; Adorno, *Minima Moralia*, p. 53; Jürgen Habermas, "A Philosophico-Political Profile," *New Left Review* 151; Julia Kristeva, "Mémoires," *L'infini* 1.

51　Meaghan Morris, "Identity Anecdotes," *Camera Obscura* 12 (1984), p. 43.

52　Davin, "Imperialism," p. 54.

治時期發財的……〔他的〕心態是那時候建構的」），賀達爾
家的女人成為似乎是外在於父權體制控制的再生產解放物種。
雅修達「無產階級者」只有在第一階段有用：

> 雅修達在賀達爾家的地位也提高了，賀達爾家的丈夫都
> 很開心，因為他們翻閱天文曆時，太太再也不會腿軟。他
> 們的孩子都是喝雅修達的奶水長大，所以丈夫在床上想當
> 「聖嬰」就可以當聖嬰，太太們再也沒藉口拒絕了。不過，
> 太太們因為能保持身材，卻也落得開心，還能穿「歐洲剪
> 裁」的上衣和胸罩呢。濕婆之夜禁食了一整晚，看了整晚
> 的照片後，她們不用再餵小孩喝奶。（p.466）

　　但是從家庭到「家務」的轉變在更大的敘事裡是沒有地位
的，女性意識形態解放有它的階級困境：「……為人母這件事，
老太太的孫媳婦們進家門前都受過完全不同的教育……老先生
曾想要讓加爾各答一半都是賀達爾家人，但是曾媳婦們一點兒
也不願意，向老太太頂了嘴後就去工作場所找丈夫。」（p.468）
　　另一步，我們可以自由幻想進入到許多芭拉蒂・穆赫吉
（Bharati Mukherjee）女主角的世界，印度妻子的丈夫在美國
工作。[53] 如果他們又另外開始上學，我們就有享有特權的自由
派第三世界女性主義的本地通報人。我們能不想像這一代的賀
達爾家女兒自己去念研究所，吸吮雅修達乳汁的反叛者和女英

53　Bharati Mukherjee, *Wife* (Boston: Houghton Mifflin, 1975) and *Darkness*
　　(Markham, Ontario: Penguin, 1985).

雄，羽翼豐富的女性主義者，寫下像〈女超人的背叛〉（"The Betrayal of Superwoman"）：

> 我們必須學習勇於表達工作對我們的意義，不要覺得罪惡或尷尬。這並不是什麼隨便可以放棄的事，丈夫的工作變遷沒跟我們討論，就要我們辭掉工作跟隨他。……我們必須援助那些自覺孤單的女性，分享彼此的經驗，互相支持。我們要接受自我，像是「從來沒學會怎麼做果醬的女人」、「直到週五下午才開始安排週末社交生活」、「我們很悲傷，但是我們也很高興。」這就是我永遠的樣子。[54]

這段文字是一名在美國的印度離散女性所寫，文中完全沒有歷史感或主體位置。瑪哈綏塔的雅修達在 1980 年代死亡。這段歷史讓這名離散女性說：「這是我們永遠的樣子。」瑪哈綏塔文中的自由派女性主義主題的批判安排，使我們必須記得，這段話的「我們」也許不只是寄生在帝國主義（賀達爾老爺），而且也寄生在性別化的底層上（雅修達）。小說和文學教學法在這裡可以執行道德經濟的意識形態動員，這是說話者的歷史先例單純善意的追本溯源所不能做到的。這兩者必須相輔相成、互為彼此的「中斷」，因為證據的重擔仍有賴於歷史研究。我不厭其煩地再三強調這顯而易見的事，單憑邏輯和法律模型的學術示範結構，不可能促成反霸權的意識形態生產。

---

54 Parvathy Hadley, "The Betrayal of Superwoman," *Committee on South Asian Women Bulletin* 4,1 (1986), p. 18.

　　或許值得一提的是，自由派女性主義的左翼希望藉由定義女性為性別階級，以匡正馬克思主義。[55] 我們有可能讚賞這種作法的情境力量，當作是確保女性問題不會被貶抑的嘗試。但是如果從理論的角度來看待這所謂的匡正，那麼女性之間要求一致的呼聲，也許就會帶有學術或社團主義階級的印記。

　　在這樣的脈絡下，瑪哈綏塔自己的解讀就多了幾分真實性。曾媳婦離開家（帝國主義的遺緒），無論如何地荒謬怪誕，總之剝奪了修雅達的謀生手段。這可以解碼為後獨立時代的印度離散者，特別是「人才外流」的一波。這是向故事致意，在這個外移潮和雅修達的生病及死亡之間，沒有直接的「邏輯」或「科學」關連存在，就好像雅修達的勞動和她的結局之間，也無法建立這樣的關連。嚴格說來，無論她的疾病病理是什麼，能夠拯救她的是比較好的健保。迄今我想說的是，如果〈乳母〉做為一個可用的文本，她的疾病的前歷史和特殊的本質，與不平等的性別化有關，因此是相當關鍵的。

　　雅修達的故事並不是陰柔主體性發展的故事，一個女性的成長小說，這是自由派女性主義文學批評的理想。這並不是說雅修達是「平板的」人物。回到我一開始所說的話，對於人物的發展或主體性的意識成長的了解，並不是這個寓言的重點，也不是這個底層再現的重點。沒有選擇的那條路標記了曾媳婦的進步。把底層放在她自己歷史的主體位置，未必使她成為個

---

55 Zillah Eisenstein 最早提出的前驅論點 "Developing A Theory of Capitalist Patriarchy and Socialist Feminism," in Eisenstein, ed., *Capitalist Patriarchy and the Case for Socialist Feminism* (New York, 1979) 同時揭示了這個作法的優缺點。

人主義者。

　　在寓言和再現之間的變化線之間，鬆解題旨和媒介之間的對立，瑪哈綏塔的雅修達也擴充了女性政治身體的主題。在自由派女性主義裡，女性主義身體政治是由生育權的抗爭而定義的。

　　當然對於確立女性生育與否的權利至關重要，像〈乳母〉這樣的文本藉由把雅修達的底層和寓言符號意涵，帶出雙重場景，提醒我們關鍵的努力必須是在一個更大的框架裡，女性主義勢必會失去清楚的種族─及階級特定的輪廓，這是有賴於排除女性等同生育的或性交的身體。（關於忽視強制絕育、偏好墮胎權上，美國的黑人及西語勞工階級女性就說明了這一點；但是這仍然是最低限度定義女性等同身體的框架裡。）如果女性身體只是被用來當作國家（或是任何其他事物）的隱喻，女性主義者正確地反對這種抹滅女性身體物質性的謬誤。瑪哈綏塔自己的解讀，如果太照字面解釋，或許就踰越了她文本的力量。但是，在那樣的灰暗地帶，雅修達是底層性的能指，也是去殖民化國家「印度」困境的隱喻，我們再一次地被迫將自己與女性整體（Woman）與女性性交的、生育的身體認同拉開距離。

　　在故事裡，生育小孩也成了自由勞動，沒有任何顯而易見的經濟以外的強迫就能挪用剩餘生產。（幾乎是毫不經心地，沒有信口開河地指涉自由的力比多選擇，〈乳母〉就鬆解了同意性交與強迫性交〔強暴〕的界限。[56]）解決雅修達問題的答案

56 這並不是不同意把性侵犯等同於暴力，參見 Catherine A. McKinnon, *Sexual*

不可能只是生育權，還有生產權。男人完全否決了她擁有這些權利，就連精英女性也否決她。這就是第三世界人口控制潛在的矛盾。[57] 以詭辯的男性主義者假意關切「生存權」來反對女性生育權，無論是在這裡或在其他地方都是不成立的。[58] 然而，以所謂的「工作權」法律來反對女性生育權，也不會是此處唯一的議題，正是因為這裡的主體是女性，而問題不只是階級，還有性別。

　　〈乳母〉並不能提供確切的答案，也沒有記錄明確的證據。做為可用的文本來教授，它提出了建設性的問題、矯正勘誤的懷疑。

「精英」研究途徑：女性身體理論的〈乳母〉

　　做為可教授的文本，〈乳母〉從工作的觀點質疑西方馬克思主義女性主義貶低價值理論的層面，從母職做為工作，質疑其忽略了母親做為主體。它同時也質疑了西方自由派女性主義，只重視來自第三世界土本的或離散的精英，並且把女性整體認同為生育或性交的身體。所謂的女性主義「理論」，通常是與過去30年法國的發展相連結，被前兩個陣營認為是不實際而且

Harassment of Working Women: A Case of Sex Discrimination (New Haven: Yale University Press, 1979)。

57 參見 Mahmoud Mamdani, *The Myth of Population Control: family. Caste and Class in An Indian Village* (New York: Monthly Review Press, 1973). 關於這個矛盾令人遺憾的連結可參見 Germaine Greer, *Sex and Destiny: the Politics of Human Fertility* (New York: Harper & Row, 1984).

58 就單一議題階級脈絡來使用這個片語，可參見 "Right to Life, but..." *Economic and Political Weekly* 20.29 (July 20, 1985), editorial.

精英的。[59] 我不想加入這無謂的紛爭。我認為，如果〈乳母〉能夠介入這個奧祕理論領域的某些主題，那麼它就可以顯示那個空間的某些限制。

我會限制自己只討論把絕爽（*jouissance*）當作是性高潮愉悅的問題。如果把女性等同於她的性交或生育身體，可以被視為是極簡化及化約的，女性的性高潮愉悅，發生在性交或生育的過度，就可以被視為是跳脫這種簡化認同的途徑。針對這個主題有非常多相當多元的書寫。[60] 瑪哈綏塔的文本似乎對這個議題是沈默的。我曾經聽過一位說孟加拉語的女性作家在公開場合說：「瑪哈綏塔·戴薇寫作像個男人一樣。」因此我會討論男性書寫關於女性沈默的文本：賈克·拉岡的〈情書〉（"A Love Letter"）。[61]

在這篇文章裡，拉岡提出了一個相當扼要的觀點形構，之後的研究生涯則加以發揚光大：「無意識預設了在說話本體裡某處有某種東西，知道的比他多。」[62] 如果這個意思是主體（說話本體）更像是知道的地圖或圖表，而不是一個知道的個

---

59 這種普遍感受太過常見，所以很難充分地記錄下來。但注意在 "French Texts/American Contexts," *Yale French Studies* 62 (1981) 一文裡出現有趣的弦外之音。

60 具代表性的著作可參見 Irigaray, "When Our Lips Speak Together," *This Sex; Monique Wittig, The Lesbian Body*, trans. David Le Vay (New York: Avon, 1975); Alice Schwarzer, "The Function of Sexuality in the Oppression of Women," in *German Feminism*, and Spivak, "French Feminism in An International Frame." 我還沒有見到 no, 26 of *Les Cahiers du grif* (Paris/ Brussels), entitled Jouir。

61 In *Feminine Sexuality: Jacques Lacan and the écolefreudienne*, trans. Juliet Mitchell and Jacqueline Rose (London: Routledge & Kegan Paul, 1982).

62 Lacan, "Love Letter," p. 159.

人自我，如此即銘刻了對聲稱知的權力的限制。這樣的形構和
以下思想家所提出的概念都屬於類似的實驗，例如早期盧卡奇
精彩地運用黑格爾提出的認識論圖表（是知的階段地圖而不是
一個知的個人心靈成長故事）做為「內在意義」（immanent
reading）列表；馬克思的意識形態概念；巴特的可寫文本
（writable text）不同於可讀文本（readable text）的概念。[63] 詹
明信近來擴大了這個非常拉岡的立場，發展為「政治無意識」
（political unconscious）的概念。[64]

　　如果我們以拉岡的話來說，這個知—位置，書寫自身與書
寫我們，「他者」了自我。這是說話本體超越自身掌握做為他
者的地圖。思想是這個知—項目、知識的地圖繪製，超出自身
進入並勾勒出審慎的意識。由於這個認識論圖表也建構了主體
（及「他者」它），在這個副主體意義上知也是存在。（如果
我們把這個存在是知的地圖理解成社會—政治的、歷史的集合，
是集體建構的主體，但不是完全可知的，這會生產出物質性先
於或包涵意義。）[65] 正是在這個意義上拉岡寫道：「反對哲學傳
統所支持的存在，這是安住於思想的存在，而且是它的相關因
素，我主張我們都被絕爽玩弄。思想就是絕爽……有一種存在

63　比方說，可參見Hegel, *Aesthetics: Lectures on Fine Art*, trans. T. M. Knox (Oxford:
　　Oxford University Press, 1975), Georg Lukács. Theory of the Novel, trans. Anna
　　Bostock (Cambridge: MIT Press, 1971), and Roland Barthes, *S/Z*, trans.Richard
　　Miller (New York: Hill and Wang, 1974).

64　Jameson, *The Political Unconscious: Narrative As a Socially Symbolic Act*
　　(Ithaca: Cornell University Press, 1981).

65　有可能以這種方式化約阿圖塞對拉岡的解讀，參見 Althusser," Freud and
　　Lacan," in *Lenin and Philosophy*。

的絕爽。」[66]

　　思想，像絕爽一樣，不是由性器官定義的性高潮快感，而是存在的過度，逃離主體再生產的循環。這是他者在主體的標記。現在精神分析只能透過這那表意機制設想思想是可能的，藉由把閹割當作是懲罰而使陽物代表律法。雖然拉岡一再強調這一點，我們不是真的在討論男性的性器官，而是把陽物當作能指，它顯然還是一個性別化的立場。所以當思想把自己想成是一個不可能被知道的地方，總是逃離再生產的證據，據拉岡的說法，它想著女人的絕爽。[67]

　　假使一個人試著要理解這一點而不預設男性性別化位置的身分認同及思想（說話）主體位置，女性絕爽的獨特性和不對稱在一個異性戀組織的世界裡似乎就是不可避免的。它仍然會逃離快感化性交的再生產做為使用價值的理論虛構的封閉迴路。[68]它仍然會是不可交換的過度可以被想像和提出的位置。這一個，而不是男人性別化思想，才是一般意義的女人的絕爽。

　　我無法同意從狹義定義去同意拉岡所說的女性絕爽，「在陰道滿足與陰蒂高潮之間的對立」是「相當微不足道的」。[69]我

....

66　Lacan, "God and the Jouissance of the Woman," in *Feminine Sexuality*, p. 142.
67　德希達曾經參與並批評這種客體性別定位的定義，他在 *Glas* (Paris: Galilée, 1981), 書中縮寫黑格爾的絕對知識 (*savoir absolu*) 為 *Sa*，超越了個別主體的掌握，認為這樣的客體不可能看作是陰柔的，在法文裡 *Sa* 是所有格代名詞，只是指涉了客體是陰性的。
68　關於使用價值做為理論虛構的討論，可參見 Spivak , "Speculation on Reading Marx: After Reading Derrida," in Geoff Bennington and Derek Attridge et al., eds., *Post-Structuralism and the Question of History* (Cambridge University Press, 1989), pp. 39-40.
69　"Guiding Remarks for A Congress," in *Feminine Sexuality*, p. 89.

們無法繪製出從一般意義變成是狹義的絕爽的界限。但是我們可以提議，因為絕爽是不可交換的過度馴化為交換，從「這是什麼」滑向為「這個價值是什麼」再滑向「這是什麼意思？」，這（而不是閹割）正是表意浮現之際。女性解放，女性有權書寫自傳，女性有權接近思想模稜兩可地帶，必須隱含在這個馴化之中。因此，以廣義的「書寫像個男人」的絕爽來稱呼瑪哈綏塔對於〈乳母〉的成見，就把一個複雜立場化約為霸權性別化的貶抑簡單性。

廣義的絕爽：雅修達的身體

　　在〈乳母〉裡，雅修達的身體，而不是她被物神化的審慎意識（自我或主體性），是知識的所在（place），而不是知的工具。這不可能做為論點。文學語言，就歷史上的定義而言，賜與我們的無非是與理性主義計畫保持一定的距離，無論社會科學計畫基進與否，同樣地保持這樣的距離。這種拉開距離的作法是對計畫的補充。對立永遠不可能有正面角色。雅修達身體的角色做為所在，生產出癌症，在這樣的所在去殖民化的邪惡知識做為養母的失敗被提出來，癌症做為一種過度，與陰蒂高潮的獨特性是截然不同的。

　　他者的言說以神祕的句子記錄下來。這是對雅修達最後「有意識的」或「理性的」判斷的回應：「『什麼要能餵奶才算是母親，全是騙人的話』，……她胸部上的傷口彷彿有 100 張嘴、100 隻眼，不停地嘲弄她。」（p.479）

　　這是他者唯一一次「說話」。疾病尚未被診斷或命名。他者住著百雙眼與百張嘴，身體的銘刻轉變為解體但仍具人形的

能動，這使得胸部，在再生產的循環裡有決定意義的女性器官，變成了多元化幾乎像臉一樣的部位。[70]（在孟加拉語口語用法普遍的轉喻建構，照字面翻譯應該是「以100張嘴」等，「意義」，當然也是「有」。）他者同不同意雅修達對於母親身分的判斷，對這故事重要嗎？「嘲弄」什麼也沒告訴我們。

先暫且想想我所翻譯的片語，「不停地嘲弄她」：*Byan-gokortethaklo.*

此處第一個值得注意的事是雅修達的判斷和回應之間缺乏同時性。後者是持續的——「不停嘲弄」——彷彿雅修達的話只是打斷。（我們回想這些話是她當時誤以為她先生還在房裡而說的。就算是正常的互為主體的交換，這也是個失敗。）我們或許可以把論述塞進流離失所、分解破碎的他者的嘴裡和眼裡。我們不可能編造互為主體的對話。癌症的地位做為底層女性身體絕爽的譬喻化做為在去殖民化的思想之中，在此被完整保留。

讓我們專注在 byango 這個字上，大致可以譯成「嘲弄」。ango 這個字——身體（有器官的），和 deho 不同——身體做為整體——使自身內部能感覺。梵文本字 vyangya 最初的意思是變形的。第二層意思——嘲弄——說明特定的嘲弄是由身體的扭曲、自己的形體變形而造成的。現代孟加拉語已經失去了梵文的意義，其原意可以鞏固我試著提出的解讀：隱含的意義只

---

70 關於讓全然他者有面子的討論，參見 Derrida, "Violence and Metaphysics: An Essay on the Thought of Emmanuel Lévinas," in *Writing and Difference*, trans. Alan Bass (Chicago, 1978) 以及 Paul de Man, "Autobiography As De-facement," *The Rhetoric of Romanticism* (New York: Columbia University Press, 1984)。

能透過（姿勢）的暗示去理解。[71] 語言自我變形，對你示意，嘲弄了表意，這就是 byango。意義的極限，女性身體政治的絕爽，在這個句子裡標示出來。

這是完全不同於只是把癌症當作為另一個隱喻，入侵性別未分化身體政治的隱喻，如蘇珊・桑塔格在《疾病做為隱喻》（*Illness As Metaphor*，又譯《疾病的隱喻》）所列舉的。[72] 看看癌症歷史做為隱喻在英美世界過去數百年的脈絡裡有什麼不同，應該是很有趣的討論。重點基本上是心理學化的：「疾病透過身體說話，這是戲劇化心理的語言。」[73] 從這個歷史的內部，桑塔格要求對疾病「去隱喻化」。這帶出兩個天差地別的議題：在哲學上，有可能有任何事絕對地去隱喻化嗎？在政治上，有必要把去殖民化的劇場帶進現實的去隱喻化場域，穿透不同階段的買辦資本主義，直到它可以成熟為「表現的個人主義」，這樣它才開始有資格進行去隱喻化嗎？換言之，這個主張的政治層面必須直接挑戰我們面對「發展」的論點。毫無疑問地，「發展」的情境能動者，特別是反離散本土服務專業人士，如〈乳母〉裡的醫生，通常都是無私善良的。然而我們要注意到，如果我們要把他看得比較有個性，他會是唯一內化官僚體系平等主義的角色，以致於依據絕對標準去評斷雅修達：「醫生明白自己現在這麼生氣是因為雅修達的情況很糟。他氣雅修達、康加利、還有那些不把乳癌徵兆當一回事的婦女們，最後在這

----

71 Subhas Bhattacharya, *AdhunikBanglarPrayogAbhidhan* (Calcutta: D.M. Library, 1984), p. 222.

72 Susan Sontag, *Illness As Metaphor* (New York: Random House, 1979).

73 Sontag, *Illness*, p. 43.

種煉獄般的痛苦折磨中死去。」（p.484）

　　關注女性身體絕爽主題，〈乳母〉可以被解讀成不只是顯示（種族與階級特定的）拉岡理論的性別化運作。也彰顯了單純結構精神分析式解讀策略的局限。

　　在〈情書〉裡，拉岡重寫「我思故我在」為「有……動物發現自己在說話〔所以我們假設它是在「思考」〕，所以接下來，藉著占據〔占有欲望和主宰，hesetzend，全神貫注地〕能指，他是它的主體。」[74] 如果我們同意主權主體批判，我們就可以輕易地接受這是持續的審慎。「從那個時候開始，每件事都是在幻想的層次發生，但是這樣的幻想是可以充分拆解的，所以他知道的比他在行動時所想的要多得多，這是個事實。」

　　知識是在說話本體整個地圖上呈現或展示，思想是存在的絕爽或過度。我們已經在討論雅修達身體做為文本中知的所在，提出這個立場的隱含意義。但是，為了要「完美地」去「拆解」占據這個文本的幻想，我們就必須與精神分析劇碼分道揚鑣。

　　我在他處曾推測強制的自殺（而不是閹割）或許開始說明「印度教」幻影秩序。[75] 與其說伊底帕斯（表意）與亞當（救贖）的故事，倒不如說條件化自殺的多重敘事或許規範了生命過程特定的「印度」感（這些敘事是「規範的心理傳記」）。當我們開始考慮「完美」分析的問題時，我們必須去分析本土心理傳記敘事的底層化。精神分析的體制化，聲明科學性的建制（我

74　Lacan, "Love Letter," p. 159.

75　In "Can the Subaltern Speak? Speculations on Widow-Sacrifice," *Wedge* 7/8. (Winter/Spring 1985).

們必須把拉岡的批判置於其中），以及強行施行於殖民地的措施，都有自己的歷史。[76] 和我先前提出的數個問題中有一個類似的問題也在這裡出現：接觸本土規範心理傳記霸權，就像是精神分析的霸權，必然透過體制化，尾隨著帝國主義政治經濟學的敘事嗎？在女性主義「理論」裡，我們陷在只有「性別化」之中，而不是精神分析的顯著的帝國主義政治。

綜上所述，把拉岡連結女性絕爽和上帝命名，以及〈乳母〉的結局並置，測量這兩者的距離，或許是件有趣的事。拉岡把這個問題，即男人所問的「女人可以暢言絕爽嗎？」轉移了陣地，在此女人也會遇到他者的問題：

> 因為在這裡，她自身亦臣服於他者，就像是男人一樣。他者知道嗎？……如果上帝不知道仇恨，恩培多克勒（Empedocles）明白他比一般人知道得少……這或許會讓人說男人愈是把對上帝的困惑歸罪於女人，他就愈少仇恨，他也就愈渺小，畢竟有愛就有恨，他愛得就會更少。[77]

在瑪哈綏塔故事最後，雅修達自己據說是「神的彰顯」。這與敘事其他的邏輯是不一致的，雅修達很顯然是由賀達爾家庭的緊急狀況所擺弄的。引入哲學─神論論述也顯得突兀而嚴肅，特別是整個故事一直是嘲諷式的注解女神（乘獅女神

---

76 Franz Fanon 對於 "Colonial War and Mental Disorders" 一文的評論在此特別具有參考價值。(*The Wretched of the Earth*, trans. Constance Farrington, New York: Grove Press, 1963).

77 Lacan, "Love Letter," p. 160.

或乘獅）與神祕神—女（印度教神話裡「原始的」雅修達）意
識形態的使用。此處能動者的性別並沒有明確結論（英文翻譯
迫使我們必須選擇性別）。因為瑪哈綏塔‧戴薇沒有從男人性
別化位置去呈現這個結論，是否有可能當男人把女人放在上帝
的位置時，我們並沒有被化約成男人的情感萎縮狀態。是否有
可能在此我們有的不是閹割的論述，而是強制自殺論述？「雅
修達是神的化身，旁人過去和現在都遵照她的想法行事。雅修
達的死亡也是神的死亡。」（p.487）*icchamrityu*（有意志死
亡），在印度教規範心理傳記裡最善意的強制自殺形式，雅修
達的死亡可以看作這一種有意志死亡嗎？女人也有資格選擇
icchamrityu（從 *tatvajnana*，即主體「它」性的知識，所形成
的一種自殺類別）嗎？在此性別化問題與精神分析或反精神分
析無關。它是女性接觸知識局限的知識矛盾問題，最強烈的能
動性的肯定，否定能動性的可能，不可能是自身做為自殺的例
子。[78]〈乳母〉透過他者在（女性）身體的（變）形而確認這個
接觸途徑，而不是在（男人）心靈超越的可能。以 *icchamrityu*
的脈絡來閱讀，文本最後一句話變得十分得模糊。確實，陳述
的肯定或否定價值變得無法決定：「當凡人接受神格，她注定
要被所有的人遺棄，而且孤獨地死去。」（p.487）

　　以上可以看作是「嚴肅」呈現廣義的女性絕爽主題，但有
個相當奇怪的時刻，我們或許可以把它解讀為，狹義的女性絕
爽的難以理解。

　　〈乳母〉以雅修達做為專業母親的一般描述開始，馬上就

78　Spivak, "Can the Subaltern," p. 123.

跟著一段簡短敘事，鑲嵌在另一段甚至更短的參考文字，文本很努力地想指出邏輯的不相關：「但是這些事都只是死路一條。雅修達之所以會以母親為職，並不是因為這些下午的古怪衝動所造成的。」（p.453）

這個段落在說廚師的事。就像雅修達一樣，她也因為賀達爾兒子的祕密活動而丟了工作：「他去偷母親的戒指，把戒指塞到廚師的枕頭套裡，大吵大鬧成功讓廚師被踢出家門。」（p.453）我們不知道她故事的最後結局為何。以敘事價值來說，廚師是真正的邊緣。她的聲音凸顯了女性快感的神祕不可解：「有天下午他慾火焚身，侵犯了家裡的廚師。廚師身上塞滿了米、偷來的魚頭和白蘿蔔，所以顯得笨重，而且慵懶無力，她乾脆攤在那兒，說：『算了，隨你便吧。』〔事後〕……他流下懺悔的眼淚，嘟囔著說：『阿姨，不要講哦。』廚師回答：『有什麼好講的？』然後很快就睡著了。」（p.453）

（我並不是說我們應該對身體的損害讓步，拒絕作證——就好比文化控制規模的另一端——沒有人能說關於性—情感生產的文本，如《李爾王》邀請讀者發瘋，然後在暴風雨裡亂走。如果我們身為教師要抵抗的是自由派—國族主義—普遍論人文主義，加上各種虛假要求藝術自主和作者權威，我們就必須準備好承認要求情節直接模仿政治正確行為，會導致數不盡的「社會主義者」或「女性主義者」寫實主義及新的「人民陣線」。）

在這個從故事消失的邊緣的聲音，在「隨你便吧」和「有什麼好講的？」這種不在乎的口氣之中，瑪哈綏塔也許標記了

女性身體快感不可化約的奧祕難解。[79] 這並不是精英女性主義文學實驗性的、隨興所至的高調藝術語言。逃離故事化約邏輯（包括作者解讀和教學介入），這種交換以俗諺包裹。正如高譚‧巴德拉（Gautam Bhadra）指出，正是在俗諺無法凍結的活力之中，底層符號生成過程得以維繫。[80]

　　的確，有什麼好講的？廚師不是故事的重要角色，不可能認真地提出反問。這幾乎好像是這個說出來的故事，雅修達的故事，其實是頑固地誤讀了反問的問題，這樣的反問把回答──說出故事──的（不）可能條件，變成是故事可能的條件。[81] 每個經驗、思想、知識的生產，所有人文主義學科生產，也許特別是在歷史或文學裡的底層再現，它的起源都有這種雙重束縛。

　　有影響力的法國女性主義理論家茱莉亞‧克莉斯蒂娃提議

....

79 「想要睡覺的願望是令人難以決定地富有意義的傾向，這是一種標示或重複，或是想要遺忘的願望，能夠接受這樣的假設，那麼一個人便能認知一個有意義的形式。」Cynthia Chase, "The Witty Butcher's Wife: Freud, Lacan, and the Conversion of Resistance to Theory," revised version, unpublished paper, conference on "Psychoanalysis and Feminism," State University of Illinois, May 1-4, 1986.

80 在 1986 年 1 月 9 日加爾各答的底層研究會議所提出的建議。我相信這是相似的動力驅使德希達在 *Glas* 書裡右側扉頁放置 Jean Genet 無法系統化的俗諺，以對照左側黑格爾作品裡哲學辭彙的定義建置。亦可參見我在本書第十二章有關「謠言」的討論。

81 多數的修辭性疑問句，例如廚師問「有什麼好講的？」暗示了否定的答案「沒有」。雅修達藉著（誤）以為問題是字面上的，所以回答：「這個」而揭露了故事。這是「肯定解構主義」詞法，對所有事情都說：「是」，並不是做為恰當的否定，導致策略性排除的綜合體，而是藉由不可化約、最初的錯誤，不會允許全面化其實踐。這樣的肯定並不是多元論或是壓抑忍耐的「是」，這是從權力位置所給予的。〈乳母〉做為表達，或許是總是妥協的肯定解構主義的一個例子。

重寫佛洛伊德的伊底帕斯家庭羅曼史版本。她理論化「賤斥的」（abject）母親，不公平地與「想像的」（imaginary）父親配對，提供了原初自戀模型使嬰兒可以說話。[82] 這裡的焦點很堅定地聚集在孩子上──而且，由於克莉斯蒂娃是基督教的護教論者（apologist）──特別是在聖子身上。如果這位賤斥母親圖像學的某些細節似乎符合雅修達的困境，我想我們應該以策略性地排除文本整個政治負擔，來抗拒召喚連貫閱讀的辭彙的誘惑。克莉斯蒂娃提議前原初空間（pre-originary space），在此性別差異是被取消的──所以一方面善良的基督教的上帝之愛（agape）可以看作是最早的性欲，以及另一方面邪惡眼中的去殖民空間裡社會凝聚力的失敗，在這裡性器快感或社會情感的問題受到框限。[83]

我們當然無法比較意識形態分析討論和精神分析質問的重建。[84] 克莉斯蒂娃在文化的大寫主體再現與建構之中討論童貞瑪利亞的地位，非常接近同構普遍化，所以我認為與瑪哈綏塔批判全國父權體系動員印度教聖母和聖子相互參照，會有很大的

───────────────────

82 Kristeva, "Ne dis rien," *Tel Quel* 90 (1981). 感謝 Cynthia Chase 讓我注意到這篇文章。

83 順帶一提，她在此的方法是保守的，她取消了佛洛伊德假設裡最激進的一點，亦即嬰兒期性欲。（「在後佛洛伊德理論家手中，毫無疑問地受到佛洛伊德自己記錄中遲疑的態度所強化，正統假設再次確立立場。」Jeffrey Weeks, "Masculinity and the Science of Desire," *Oxford Literary Review* 8.1-2 (1986), P. 32.）她把前原初空間實證化、自然化為心理場景，使得這只不過是不可避免的方法論上的假設。

84 克莉斯蒂娃是公開反對馬克思主義的。把她的作品和阿圖塞相提並論──「召喚」是他在談意識形態「呼喚」主體所用的概念（"Ideology and the State," *Lenin and Philosophy*, pp. 170-77）──算是我給她一次機會。

啟發。她處理活躍的多神論是把可能性放在有許多接觸母子場
景的機會。這個故事是在這個場景的兩種使用之間展現出來。
全心全意乘獅女神的形象，她的正式圖像是母職的榮耀由許多
成人神聖子嗣環繞，民主地切割了彰顯世界許多部門的管理，
反應在加爾各答的寺廟區。全心給予照顧的雅修達的形象提供
了父權體制性別意識形態主動原則。以瑪哈綏塔稍早的短篇故
事〈都勞帕蒂〉為例，她動員了神祕女性的形象對應於充分發
展的女神。克莉斯蒂娃指出童貞瑪利亞不對稱的地位，藉由建
構想像父親與賤斥母親而成為聖母。[85] 瑪哈綏塔把剝削／支配帶
進神祕故事的細節裡，告訴我們雅修達是養母。把養育變成是
專業，她看見母職的物質性超越它做為情感的社會化，超越心
理學化做為賤斥，或者超然做為神聖的媒介。

....

85　參見 Kristeva, "Stabat mater," in Susan Rubin Suleiman, ed., *The Female Body
in Western Culture: Contemporary Perspectives* (Cambridge: Harvard University
Press, 1986)。基於一神教公開宣稱基礎來普遍化陰柔氣質，駁斥「進步主
動論」是「陰性精神病」的不同說法，這篇廣受好評的論文是對母職的頌讚，
左側版面幾乎是毫不掩飾自傳性「證據」，右側則是關於討論女性偏執的
「聖母」全面性的歷史精神分析結論。參考 Ferguson 精彩的論文，我已經
提及了突兀出現「跨文化參考點」（參見頁 16-17）。這些匆促且往往誤導
的定義時刻召喚出想像的「第三世界」影響女性主義思維。比方說，在愛
森思坦的文章裡，「前資本主義社會」的描述「男人、女人、小孩都在家
裡、田裡或是在生產生活必須物資的大地上一起工作」，〔而且〕女人是
繁衍者和照顧孩子的人，但是工作的組織限制了這種性別角色區分的衝擊」
（《資本主義父權》，頁 30）。〈乳母〉所提供的去殖民空間異質性裡性
別化的記錄，立刻矯正了這樣的說法。在克莉斯蒂娃文中，聖母在瞬間挪
用了轉世再生說法：「聖母瑪莉亞沒有死而是——呼應道家及其他東方信
仰，肉體從一個地方轉移到另一個地方，永無窮盡的輪迴，這本身是母體
兼容並蓄的印記——她只是轉化（Suleiman, *Female Body*, p. 105）。

特別考量性別化

　　針對乘獅女神和雅修達的經濟，我再多說一些。

　　再現如此底層（不管性別為何）的基本技巧是彷彿凝視的客體是「從上而下的」。[86] 值得注意的是，不管何時〈乳母〉如此再現雅修達時，眼睛—客體的情況都被折射為特定的宗教論述。在印度多神教裡，無論男神或女神，均比照受尊敬的人一般，也是凝視的客體，「從下往上的」。透過安排刻意混淆這兩種凝視，女神可以被用來掩飾女性壓迫。[87] 在敘事第一部分整個事件連鎖發展最後的改變原因變成是乘獅女神的意願，這是如何利用後者來掩蓋雅修達被剝削的例子。我們都知道，事件真正的原因是愛騙人、又被寵壞的賀達爾家最小兒子一時性衝動所致。在接下來的段落，他成了凝視的主體，客體則是正在哺乳的雅修達，某種神祕雅修達做為聖（養）母哺育聖子的活生生的圖像。男人（高高在上的）偽裝成是從下往上的，所以底層可以假裝為聖像。被取代成為聖像角色，她就可以被用來主張支配女性的意志，乘獅女神：「有一天，賀達爾家的小兒子蹲著看雅修達哺乳，她說：『親愛的，我的幸運小子！都是因為你輾斷了他的腳，我才會有今天的地位！這是誰的

86　凝視的問題在電影理論裡有最充分的討論，參見 Laura Mulvey, "Visual Pleasure and Narrative Cinema," *Screen* 16.3 (1975). E. Ann Kaplan, *Women and Film: Both Sides of the Camera* (London: Methuen, 1983), Teresa de Lauretis, *Alice Doesn't: Feminism, Semiotics, Cinema* (Bloomington: Indiana University Press, 1984). 亦可參見 Norman Bryson, *Vision and Painting: the Logic of the Gaze* (New Haven: Yale University Press, 1983) 感謝 Frances Bartkowski 推薦這本書給我。

87　參見 Spivak, "Displacement and the Discourse of Woman"。

旨意呀？』賀達爾家的小兒子回答：『是乘獅女神的。』」
（pp.466-467）

　　瑪哈綏塔呈現雅修達為被父權意識形態所建構。事實上，
故事稍早她坦率的自信來自於意識形態的信念。[88] 如果文本質疑
了強暴和同意性交的區別，底層雅修達並沒有參與這個質問。
她會說，「你是我的丈夫，你是大師。如果我忘記了而忤逆你，
請糾正我。痛從何處來？……果樹結果會痛嗎？」（p.464）（她
在責罵曾媳婦因為拒絕生小孩而「造成」老主人死去時，她也
用了同樣的隱喻來說明女性生育功能的「自然天性」──性別
化的意識形態基石。）她也接受傳統的性別分工：「女性天生
就該煮飯服侍男人。但我的命運卻大不同。……靠女人吃軟飯，
算什麼男人？」（p471）

　　的確，瑪哈綏塔利用底層雅修達來衡量「印度」支配的性
別意識形態。（此處性別一致性比階級差異更全面。）與此相
對的是西方刻板印象清單，某種西方女性主義（瑪哈綏塔用「西
蒙波娃」做為轉喻）也被提出來：

> 雅修達是個徹頭徹尾的印度女人，對丈夫和孩子的全然
> 付出到了一種不可理喻、盲目衝動而且愚蠢的地步。……
> 所有印度女性普遍具備著這種極度棄絕與寬恕的意識……
> 她對康加利流露的母愛，絕不少於她對孩子們的愛……這

---

88 在這個連結裡，參見 Temma Kaplan 在 "Female Consciousness and Collective
　　Action: the Case of Barcelona 1910-1918" in Keohane ed., *Feminist Theory* 一
　　文中提出有趣的「女性意識」概念。

是這塊印度土地的力量，在這裡，所有女人都會變成母親，
而所有男人繼續沉浸在神聖的童真時光。每個男人都是神
聖之子，每個女人都是神聖之母。即使有人不同意這種說
法，希望塗改目前的海報，導向「永恆的她」（像是「蒙
娜麗莎」、西班牙「熱情之花」、「西蒙波娃」等等），
取代舊式觀念，而且以那樣的態度來理解女人，但他們終
究還是印度年輕人。值得注意的是，受教育的印度紳士，
在外頭期望女人能剛柔並濟；一跨進家門，他們希望女人
說話時像神聖之母，行為要像革命女鬥士。（pp.459-460）

　　作者作用的權威刻意地被提出。提醒我們故事不過是作者
的建構。指涉孟加拉語小說另一個派別的典故把這個故事放在
文學史裡，而不是現實的溪流。作者以一種誇飾賣弄的姿態恢
復自我，重新回到她的故事：「不過，在我們敘說雅修達的一
生時，養成一再又出到旁枝末節的習慣是不對的。」（p.460）
雅修達的名字同時也是質問父權意識形態，經由敘事行為獲得
了作者公開的核准。根據那樣的意識形態，雅修達養育的果實
是黑天神克里希那（Krishna），他吹著牧笛的陽物中心情色，
駕著戰車的理體中心抹除軍國主義而為正確因緣的模範，在
19、20世紀孟加拉國族主義裡被擁抱為私人和公共的形象。[89]
　　作者小心翼翼與女主角的性別意識形態召喚所拉開的距
離，在故事結局被消解了。即使瑪哈綏塔・戴薇在最後藉由太

89 在眾多例子裡且舉兩例以茲說明，Rabindranath Tagore, *Bhanusingher Padabali*
(1291, Bengali year) 及 BankimchandraChattyopadhyaya, *Krishnacharitra* (1886)。

平間裡未被指認的屍體名牌（「雅修達·戴薇，印度教女性」）
以褻瀆體制化英文來陳述自己，某種敘事反諷，意在強化作者
功能，似乎仍然是完整無缺地保留下來。[90] 作者功能在策略上廣
為所知的反諷立場，正是在最後三個主張裡受到了質疑。

　　這些總結命題的語言和術語提醒我們這些精深的印度教聖
典，單純的敘事宗教轉移，透過神學用語，進入到玄想哲學物
種：「雅修達是神的化身，旁人過去和現在都遵照她的想法行
事。雅修達的死亡也是神的死亡。當凡人接受神格，她注定要
被所有的人遺棄，而且孤獨地死去。」（p.487）

　　以底層做為歷史主體持續地翻譯宗教論述為戰鬥論述，
這是很普遍的論點。以性別化主體為底層的例子，〈乳母〉重
述了這樣一個翻譯的失敗。它鬆解了哲學—神論的印度教（主
要是由帝國主義文化提出的當代概況而衍生）和人民多神論的
印度教之間的階層對立。它說明了前者的傲慢可以與後者意識
形態的受害是共謀的關係。這是透過使作者功能和主角困境的
區隔變得無法決定而達成的。因此，如果故事（*énoncé*，話）
告訴我們翻譯或從宗教到戰事論述取代的失敗，文本做為陳述
（*énonciation*，說）從宗教論述變成是政治批判論述，參與了
這樣的翻譯（現在與它的失敗已無從區分）。

　　〈乳母〉做為陳述，藉由與作者的「真理」妥協，以區隔
女主角的「意識形態」，而執行了這一點。解讀結尾莊嚴贊同
的評斷，我們不再肯定目前「框住」意識形態的「真理」是否
有任何資源是不需要意識形態或外在於它的。就像是廚師的故

90　感謝 SudiptoKaviraj 向我提出了英文在〈乳母〉是一種褻瀆的媒介。

事，我們開始注意到這個敘事其實有其他的框架，是在嚴格的
作者反諷之外。我們記起來，這些框架其中之一使得這個世界
的養母在文本裡是沒有母親的。文本卷頭語來自於匿名世界的
打油詩，而且第一個字召喚出 mashipishi，這是阿姨、不是媽媽，
甚至不是婚姻關係的阿姨嬸嬸等，而是親屬關係銘刻之前的懸
置的長輩女性，兩位未指名的親戚的姊妹，懸置在自然與文化
的邊緣，在 Bangan，這個地方的名字同時指的是森林和村子。[91]
如果敘事重述了情感的失敗，這些有趣的、無情感的應該是負
責撫養的阿姨們的反敘事（又是另一個非故事）以另一種方式
威脅了我們詮釋的連貫性。

　　篇名強而有力維繫了我們在這些篇幅中努力鋪陳的解讀。
並不是「Stanyadayini」這個詞是我們期待的，意思是「哺育者」
或「乳母」。而是「Stanadayini」──付出乳房者、生產的異化
手段的付出者、部分客體、區隔女性和母親的器官。這種新名
詞的暴力使得癌症變成壓迫性別化底層的能指。正是以情感之
名寄生乳房的情感，消費了身體政治，「癌細胞就在體內逐漸
散播開來，以人類宿主為代價」（p.486）。這句原文是在孟加
拉文內文裡以英文呈現，凸顯了「人類」這個詞。此處再現代
表或定義的人類範例，以英文和科學客觀語言呈現，是個女性。

　　「大部分第三世界小說仍然都是寫實主義風格」（然而第
一世界的國際文學已經發展為語言遊戲）是個預料得到的普遍
化說法。這往往是缺乏熟悉原始語言所致。瑪哈綏塔的文章非
常特別地融合了街頭俚語、東孟加拉的方言、家庭與僕人日常

────────────────────

91　這對我的論點並不重要，但是在孟加拉文確實有個地名是 Bangan。

家居語言、以及不時出現嚴肅高雅的孟拉加文。雖然個別因素
的再現都非常精確（我無法在譯文裡重現這些面向），但是這
種融合而傳達出一種刻意拙劣的句法，造成的效果絕對不是「寫
實的」。此外，故事結構行為也有一種寓言式的框架：從家庭
轉變到「家務」所帶出來的家庭與地區性廣泛改變的壓縮且不
可能的清單，以及 30 年去殖民化的迅速敘事，配合它誇張的人
物，不過是兩個例子。

　　我認為最有趣的部分是文本自身對文學寫實主義的評論，
必須透過性別化來達成。就像天真地把寫實主義風格理解為真
實呈現人生，所以在政治上也同樣是天真而有害地，把性別化
當作真實呈現自然。瑪哈綏塔以寫實主義呈現性別化的真理是
如此刻意地神祕而荒謬，所以甚至是對母語者而言，都幾乎是
難以理解的。她的參考對象是孟加拉文學最偉大的傷感寫實主
義作家，莎拉恰德拉‧查特吉（Saratchandra Chatterjee）。沒有
什麼族群誌或社會學說明「木蘋果汁」的「延伸義」可以施展
這個學科詭計：

　　　　因為他了解，這位莎菈黔朵拉女英雄，一定會多餵英雄
　　一大口飯。莎菈黔朵拉顯而易見的簡樸和其他相仿作家的
　　作品，事實上非常的複雜，需要在傍晚安靜地享用一杯木
　　蘋果汁後，才能好好思考這類課題。在西孟加拉邦，追求
　　知識和理性主義的人，常常嬉鬧、娛樂過度，因此，他們
　　應該更需要倚靠木蘋果來保持頭腦清醒才對。我們現在不
　　知蒙受了多少損失，因為我們不知道相對地更要強調木蘋
　　果這類草藥療法。（p.460）

　　說到符碼，我們或許可以說要診斷所有第三世界文學的英
文譯本，由於對原作的強制無知，做為一種寫實主義尚未成熟
到語言遊戲，所以是「相對地強調木蘋果這類草藥療法」的物
種。這樣一種極簡化的解讀為瑪哈綏塔的故事所做的摘要說明
就只不過是印度性別化「寫實主義的」圖像。

　　我這篇論文稍早的版本是在底層研究研討會（1986 年 1 月）
發表的，瑪哈綏塔也發表了她自己的解讀。大衛・哈迪曼在會
議上得出了以下的結論：「〔瑪哈綏塔〕實際的風格呈現了精
彩的劇場，讓蓋雅翠得以搶盡風頭。」[92] 依哈迪曼所述，「毫不
令人驚訝的是」，瑪哈綏塔的解讀顯然「大大地不同於蓋雅翠・
史碧娃克的」，其程度之嚴重，必須將之形諸於書寫；我在其
他地方評論過某些底層研究作品隱含的善意的性別歧視。[93] 然而
我必須要指出，哈迪曼的姿態很明顯是男性主義的：把她們當
作是凝視的客體，讓女性成為敵人。超越這種特定的男性偷窺，
超越把底層存在（subaltern being）和精英的知（elite knowing）
對立起來的本體論／認識論的混淆，當理論顯然是不同於她或
他自己未認可的理論立場，能超越本土主義者對理論的抗拒，
我希望這些篇幅的討論可以清楚地說明，在場面調度上，文本
持續地自我排練，無論是作者或讀者都置身在前臺。如果教師
利用文本為工具，默默地想要有一番作為，也無非是為了慶祝
彰顯文本的疏遠隔絕（apartness, *étre-à-l'écart* 距離存在）。矛
盾的是，這樣的疏遠隔絕使得文本受到歷史的影響，這樣的歷

---

92 Hardiman, "Subaltern Studies," p. 290.
93 Spivak, "Subaltern Studies," pp. 356-363.

史遠遠超過作家、讀者、教師的歷史。在那樣的書寫場景，無論作者權威再怎樣的合情合理，都必須滿足於站在翅膀上。

現代名著譯叢
在其他世界：史碧瓦克文化政治論文選

2021年12月初版　　　　　　　　　　　　　　　　　　定價：新臺幣620元
有著作權·翻印必究
Printed in Taiwan.

著　　者	Gayatri C. Spivak	
譯注者	李　根　芳	
叢書主編	黃　淑　真	
特約編輯	陳　益　郎	
封面設計	廖　婉　茹	

出　版　者	聯經出版事業股份有限公司	副總編輯　陳　逸　華
地　　　址	新北市汐止區大同路一段369號1樓	總編輯　涂　豐　恩
叢書編輯電話	(02)86925588轉5322	總經理　陳　芝　宇
台北聯經書房	台北市新生南路三段94號	社　長　羅　國　俊
電　　　話	(02)23620308	發行人　林　載　爵
台中分公司	台中市北區崇德路一段198號	
暨門市電話	(04)22312023	
台中電子信箱	e-mail：linking2@ms42.hinet.net	
郵政劃撥帳戶	第0100559-3號	
郵撥電話	(02)23620308	
印　刷　者	世和印製企業有限公司	
總　經　銷	聯合發行股份有限公司	
發　行　所	新北市新店區寶橋路235巷6弄6號2樓	
電　　　話	(02)29178022	

行政院新聞局出版事業登記證局版臺業字第0130號

本書如有缺頁，破損，倒裝請寄回台北聯經書房更換。　　ISBN　978-957-08-6132-7 (平裝)
聯經網址：www.linkingbooks.com.tw
電子信箱：linking@udngroup.com

In Other Worlds: Essays in Cultural Politics
© 1987 by Methuen, Inc
Introduction to the Routledge Classics edition © 2006 Gayatri Chakravorty Spivak
Authorized translation from the English language edition published by Routledge, an imprint of the
Taylor & Francis Group LLC;
All rights reserved;
本書原版由 Taylor & Francis 出版集團旗下，Routledge 出版公司出版，並經其授權翻譯出版。
版權所有，侵權必究。

Linking Publishing Company is authorized to publish and distribute exclusively the Chinese (Complex
Characters) language edition. No part of the publication may be reproduced or distributed by any means,
or stored in a database or retrieval system, without the prior written permission of the publisher.
本書繁體中文翻譯版授權由聯經出版公司獨家出版。未經出版者書面許可，不得以任何方式
複製或發行本書的任何部分。
Copies of this book sold without a Taylor & Francis sticker on the cover are unauthorized and illegal.
本書封面貼有 Taylor & Francis 公司防偽標籤，無標籤者不得銷售。

國家圖書館出版品預行編目資料

在其他世界：史碧瓦克文化政治論文選/ Gayatri C. Spivak著 . 初版 .
新北市 . 聯經 . 2021年12月 . 544面 . 14.7×21公分（現代名著譯叢）
ISBN　978-957-08-6132-7（平裝）
譯自：In other worlds: essays in cultural politics

1.史碧瓦克（Spivak, Gayatri C., 1942-）　2.文化研究　3.女性主義
4.後殖民主義　5.女性文學　6.文集

541.2　　　　　　　　　　　　　　　　　　　　　　110019298